EL EXPOSITOR BIBLICO

LA BIBLIA, LIBRO POR LIBRO

7

Deuteronomio, Juan, Job
Proverbios, Eclesiastés, Cantares

52 Estudios intensivos de la Biblia
para maestros de jóvenes y adultos

CASA BAUTISTA DE PUBLICACIONES

CASA BAUTISTA DE PUBLICACIONES
Apartado Postal 4255, El Paso, TX 79914 EE. UU. de A.

Agencias de Distribución

ARGENTINA: Rivadavia 3474, 1203 Buenos Aires, Teléfono: (541)863-6745. **BOLIVIA:** Casilla 2516, Santa Cruz, Tel.: (591)-342-7376, Fax: (591)-342-8193. **COLOMBIA:** Apartado Aéreo 55294, Bogotá 2, D.C., Tel.: (57)1-287-8602, Fax: (57)1-287-8992. **COSTA RICA:** Apartado 285, San Pedro Montes de Oca, San José, Tel.: (506)225-4565, Fax: (506)224-3677. **CHILE:** Casilla 1253, Santiago, Tel/Fax: (562)672-2114. **ECUADOR:** Casilla 3236, Guayaquil, Tel.: (593)4-455-311, Fax: (593)4-452-610. **EL SALVADOR:** Apartado 2506, San Salvador, Fax: (503)2-218-157. **ESPAÑA:** Padre Méndez #142-B, 46900 Torrente, Valencia, Tel.: (346)156-3578, Fax: (346)156-3579. **ESTADOS UNIDOS:** 7000 Alabama, El Paso, TX 79904, Tel.: (915)566-9656, Fax: (915)565-9008; 960 Chelsea Street, El Paso TX 79903, Tel.: (915)778-9191; 3725 Montana, El Paso, TX 79903, Tel.: (915)565-6234, Fax: (915)726-8432; 312 N. Azusa Ave., Azusa, CA 91702, Tel.: 1-800-321-6633, Fax: (818)334-5842; 1360 N.W. 88th Ave., Miami, FL 33172, Tel.: (305)592-6136, Fax: (305)592-0087; 8385 N.W. 56th Street, Miami, FL 33166, Tel.: (305)592-2219, Fax: (305)592-3004. **GUATEMALA:** Apartado 1135, Guatemala 01901, Tel: (5022)530-013, Fax: (5022)25225. **HONDURAS:** Apartado 279, Tegucigalpa, Tel. (504)3-814-81, Fax: (504)3-799-09. **MEXICO:** Vizcaínas Ote. 16, Col. Centro, 06080 México, D.F., Tel/Fax: (525)510-3674, 512-4103; Apartado 113-182, 03300 México, D.F., Tels.: (525)762-7247, 532-1210, Fax: 672-4813; Madero 62, Col. Centro, 06000 México, D.F., Tel/Fax: (525)512-9390; Independencia 36-B, Col. Centro, 06050 México, D.F., Tel.: (525)512-0206, Fax: 512-9475; Matamoros 344 Pte., 27000 Torreón, Coahuila, Tel.: (521)712-3180; Hidalgo 713, 44290 Guadalajara, Jalisco, Tel.: (523)510-3674; Félix U. Gómez 302 Nte. Tel.: (528)342-2832, Monterrey, N. L. **NICARAGUA:** Apartado 2340, Managua, Tel/Fax: (505)265-1989. **PANAMA:** Apartado E Balboa, Ancon, Tel.: (507)22-64-64-69, Fax: (507)228-4601. **PARAGUAY:** Casilla 1415, Asunción, Fax: (595)2-121-2952. **PERU:** Apartado 3177, Lima, Tel.: (511)4-24-7812, Fax: (511)440-9958. **PUERTO RICO:** Calle 13 S.O. #824, Capparra Terrace, Tel.: (809)783-7056, Fax: (809)781-7986; Calle San Alejandro 1825, Urb. San Ignacio, Río Piedras, Tel.: (809)764-6175. **REPUBLICA DOMINICANA:** Apartado 880, Santo Domingo, Tel.: (809)565-2282, Fax: (809)565-6944. **URUGUAY:** Casilla 14052, Montevideo 11700, Tel.: (598)2-394-846, Fax: (598)2-350-702. **VENEZUELA:** Apartado 3653, El Trigal 2002 A, Valencia, Edo. Carabobo, Tel/Fax: (584)1-231-725, Celular (581)440-3077.

Primera edición: 1997
Clasifíquese: Educación Cristiana
Clasificación Decimal Dewey: 220.6 B471
Temas: 1. Biblia—Estudio
2. Escuelas dominicales—Currículos

ISBN: 0-311-11257-9
C.B.P. Art. No. 11257

4 M 6 97

Impreso en EE. UU. de A.

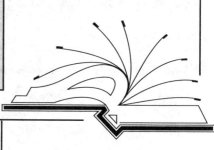

EL EXPOSITOR BIBLICO

PROGRAMA:
"LA BIBLIA, LIBRO POR LIBRO"
MAESTROS DE
JOVENES Y ADULTOS

DIRECTOR GENERAL
José T. Poe

DIVISION DE DISEÑO Y DESARROLLO
DE PRODUCTOS

DEPARTAMENTO DE
EDUCACION CRISTIANA

COMENTARISTAS
Deuteronomio
José Angel Samol
Juan
Juan Carlos Cevallos
Job, Proverbios,
Eclesiastés, Cantares
James Giles

AGENDAS DE CLASE
Deuteronomio
María Victoria Flores
Juan
María Luisa de Cevallos
Job, Proverbios,
Eclesiastés, Cantares
Edgar O. Morales

ASISTENTE EDITORIAL
Gladys A. de Mussiett

EDITORES
Nelly de González
Mario Martínez

C O N T E N I D O

Descripción General de La Biblia, Libro por Libro

El objetivo general del programa *La Biblia, Libro por Libro* es facilitar el estudio de todos los libros de la Biblia, durante nueve años, en 52 estudios por año.

El libro del Maestro tiene ocho secciones bien definidas:

1 **Información General.** Aquí encuentra el tema-título del estudio, el pasaje que sirve de contexto, el texto básico, el versículo clave, la verdad central y las metas de enseñanza-aprendizaje.

2 **Estudio panorámico del contexto.** Ubica el estudio en el marco histórico en el cual se llevó a cabo el evento o las enseñanzas del texto básico. Aquí encuentra datos históricos, fechas de eventos, costumbres de la época, información geográfica y otros elementos de interés que enriquecen el estudio de la Biblia.

3 **Estudio del texto básico.** Se emplea el método de interpretación gramático-histórico con la técnica exegético-expositiva del texto. En los libros de los alumnos esta sección tiene varios ejercicios. Le sugerimos tenerlos a la vista al preparar su estudio y al enseñar. Un detalle a tomar en cuenta es que las referencias directas o citas de palabras del texto bíblico son tomadas de la Biblia Reina-Valera Actualizada. En algunos casos, cuando la palabra o palabras son diferentes en la Biblia RVR-1960 se citan ambas versiones. La primera palabra viene de la RVA y la segunda de la RVR-1960 divididas por una línea diagonal. Por ejemplo: *que Dios le dio para mostrar/manifestar*... Así usted puede sentirse cómodo con la Biblia que ya posee.

4 **Aplicaciones del estudio.** Esta sección le guiará a aplicar el estudio de la Biblia a su vida y a la de sus alumnos, para que se decidan a actuar de acuerdo con las enseñanzas bíblicas.

para Maestros de Jóvenes y Adultos

El objetivo educacional del programa *La Biblia, Libro por Libro* es que, como resultado de este estudio el maestro y sus alumnos puedan: (1) conocer los hechos básicos, la historia, la geografía, las costumbres, el mensaje central y las enseñanzas que presentan cada uno de los libros de la Biblia; (2) desarrollar actitudes que demuestren la valorización del mensaje de la Biblia en su vida diaria de tal manera que puedan ser mejores discípulos de Cristo.

5 Prueba. Esta sección sólo aparece en el libro de sus alumnos. Da la oportunidad de demostrar de qué manera se alcanzaron las metas de enseñanza-aprendizaje para el estudio correspondiente. Hay dos actividades, una que "prueba" conocimientos de los hechos presentados, y la otra que "prueba" sentimientos o afectos hacia las verdades encontradas en la Palabra de Dios durante el estudio.

6 Ayuda homilética. Provee un bosquejo que puede ser útil a los maestros que tienen el privilegio de predicar en el templo, misiones o anexos. En algunos casos, el bosquejo también puede ser usado en la clase como otra manera de organizar y presentar el estudio del pasaje.

7 Lecturas bíblicas diarias. Estas lecturas forman el contexto para el siguiente estudio. Si las lee con disciplina, sin duda leerá toda su Biblia por lo menos una vez en nueve años.

8 Agenda de clase. Ofrece los procedimientos y sugerencias didácticas organizadas en un plan de clase práctico con actividades sugeridas para enseñar a los jóvenes y a los adultos. A los maestros se les dicen las respuestas correctas a las preguntas y/o ejercicios que aparecen en los libros de los alumnos.

ESTIMULE EL APRENDIZAJE

Un buen maestro es aquel cuyos alumnos aprenden. Sin lugar a dudas usted quiere ser mejor maestro cada día.

Use de manera práctica estos principios básicos del proceso de enseñanza-aprendizaje:

1. Haga que sus alumnos participen activamente
El aprendizaje sólo ocurre cuando los alumnos están involucrados activamente. Su responsabilidad como maestro es planificar para que ellos participen.

2. Enfoque la atención en el aprendizaje
Usted como maestro tiene la responsabilidad de crear y mantener interés en el aprendizaje. ¿Cómo se logra?
a. Unifique sus pensamientos
b. Relacione el aprendizaje con la experiencia personal del alumno
c. Involucre al alumno
d. Comunique al alumno lo que logrará al estar estudiando con usted

3. La motivación para aprender
Los adultos sí quieren aprender. Sólo hace falta una adecuada motivación. En realidad, la motivación tiene su origen dentro del alumno mismo, pero el maestro tiene la responsabilidad de estimularle para que saque esos deseos y los convierta en plena disposición.
a. Crear una preocupación por el aprendizaje
b. Provoque el interés por medio de la novedad y la vivacidad
c. Traer el aprendizaje al terreno de la necesidad del alumno
d. Eleve su enseñanza al nivel apropiado de los alumnos. No tan difícil para que se frustren, ni tan fácil para que se desanimen
e. De alguna manera haga saber a sus alumnos cuando están "dando en el blanco"

4. La transferencia del aprendizaje
Esto simplemente significa que usamos lo que aprendemos en una situación nueva. Un ejemplo de esto es estudiar sobre los cristianos primitivos y su celo por testificar, y luego ir a algún lugar a testificar.
Tres factores pueden facilitar esta transferencia:
a. Que la enseñanza tenga similitud con la vida real
b. Que el alumno pueda identificar los elementos esenciales o invariables en el aprendizaje.
c. Que el alumno sepa qué tanto de lo que aprendió originalmente va a aplicar

Polly Cooper. *Cómo Gu   . los Adultos* pp. 60-72 CBP Art. No. 11823

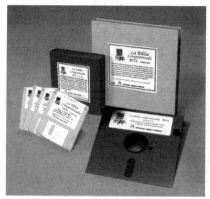

LA BIBLIA PARA ESTUDIO POR COMPUTADORA

Evaluada por los eruditos como un producto indispensable para el estudiante moderno de la Biblia.

- *Concordancia*
- *Cuaderno de notas*
- *Apuntes para estudiar la Biblia*
- *Sistema de referencias cruzadas*
- *Contiene todo el texto de la Biblia RVA*

Todo este material en disquetes compatibles con IBM. Perfecto para los que utilizan la computadora para preparar sus estudios bíblicos.

48365—Disquetes 5 1/4 pulgadas (13.5 cms.)
48366—Disquetes 3 1/2 pulgadas (9 cms.)

BIBLIA BILINGÜE COMPUTARIZADA RVA—KJV

Con la facilidad de consultar simultáneamente la Biblia en español y en inglés. Sistema de numeración Strong incluido.

48368—Disquetes de 31/2 pulgadas (9 cms.)

PLAN GENERAL DE ESTUDIOS

Libro	Libros con 52 estudios para cada año			
1	Génesis		Mateo	
2	Exodo	Levítico Números	Los Hechos	
3	1, 2 Tesalonicenses Gálatas	Josué Jueces	Hebreos Santiago	Rut 1 Samuel
4	Lucas		2 Samuel (1 Crónicas)	1 Reyes (2 Crón. 1-20)
5	1 Corintios	Amós Oseas Jonás	2 Corintios Filemón	2 Reyes (2 Crón. 21-36) Miqueas
6	Romanos	Salmos	Isaías	1, 2 Pedro 1, 2, 3 Juan Judas
7	Deuteronomio	Juan		Job, Proverbios, Eclesiastés Cantares
8	Efesios Filipenses	Habacuc Jeremías Lamentaciones	Marcos	Ezequiel Daniel
9	Esdras Nehemías Ester	Colosenses 1, 2 Timoteo Tito	Joel, Abdías, Nahúm Sofonías, Hageo, Zacarías, Malaquías	Apocalipsis

PLAN DE ESTUDIOS
DEUTERONOMIO

Escriba antes del número de cada estudio, la fecha en que lo usará.

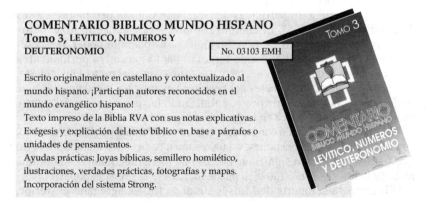

DEUTERONOMIO
Una introducción

Deuteronomio

Para muchos lectores del Antiguo Testamento, el libro de Deuteronomio es de menor importancia que otros libros. Aparentemente consiste principalmente de historia y leyes.

Esta actitud adversa debe cuestionarse (en cuanto a los cristianos respecta) por el extensivo uso de Deuteronomio en el Nuevo Testamento, que asciende a más o menos 80 referencias al libro. Jesús lo usó durante la tentación (citó 6:13-16; 8:3, en Mat. 4:4, 7, 10 y Luc. 4:4, 8, 12). Afirmó el primer y grande mandamiento de 6:5 en Mat. 22:37; Mar. 12:29-33 y Luc. 10:27; el 18:13 bien pudo ser la semilla de donde crecieron las demandas del Sermón del monte. Entre otros pasajes que se citan en el Nuevo Testamento están: 32:35 (Heb. 10:30); 29:18 (Heb. 12:15); y 18:15 (Hech. 3:22; 7:37) los cuales han provisto a los cristianos con un concepto básico para interpretar la obra de Cristo.

El judaísmo también tiene elementos muy importantes de Deuteronomio. La *Shema* que recitan en la mañana y en la tarde los observantes del judaísmo y que tiene una significancia comparable a la de la cena del Señor en el cristianismo, se compone de 6:4-9 y 11:13-21, junto con Números 15:37-41.

Teología. Es importante ubicar el libro de Deuteronomio en relación con el lugar que le fue asignado en la historia de la salvación.

Jehovah es presentado como el único poderoso Dios (6:4; 35:10, 14, 17). Su poder y amor por Israel han sido revelados sobre todo en la liberación de Egipto y los subsecuentes actos salvíficos (4:34-38). El futuro es seguro: Jehovah prometió a los patriarcas de Israel que Canaán pertenecería a sus descendientes (8:1; 9:5). El cumplirá su promesa y para ello juzgará los pecados de los cananitas (9:4-7). Su amor y su soberano poder dan la seguridad de que la obediencia de Israel al pacto garantiza permanentes bendiciones en la tierra que poseerán y que forma parte del pacto. Obviamente, también se subrayan los deberes del pueblo en guardar los mandamientos que se derivan de la relación de pacto, enfatizando las perspectivas del futuro, cuando Dios los introduzca en la tierra que proveyó para ellos (1:25).

En cuanto a su relación con los demás libros del Pentateuco, Deuteronomio, en un sentido, llega a constituirse en un resumen de los otros cuatro libros, sin que forzosamente esto signifique que es una mera repetición. Es la última parte de la ley y por su estilo bien puede llamársele la "versión popular".

El relato de la muerte de Moisés sin duda fue un agregado posterior, posiblemente de Josué, y sirve como lógico final del libro.

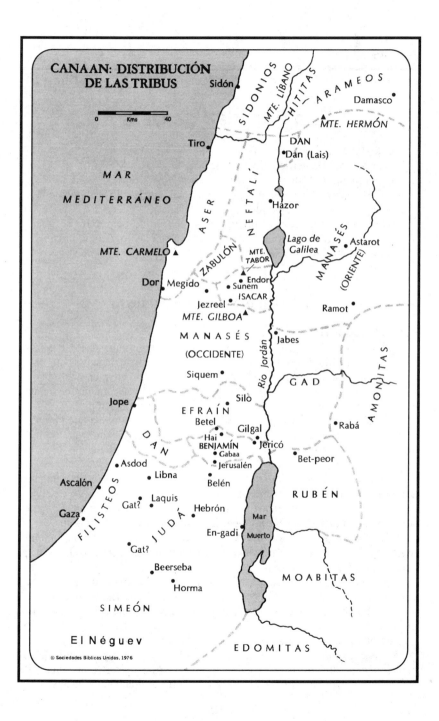

CANAAN: DISTRIBUCIÓN
DE LAS TRIBUS

0   Kms   40

SIDONIOS

MTE. LÍBANO

HITITAS

ARAMEOS

Sidón

Damasco

MTE. HERMÓN

Tiro

DAN
•Dan (Lais)

MAR

MEDITERRÁNEO

ASER

NEFTALÍ

•Hazor

MTE. CARMELO ▲

ZABULÓN

MTE.
TABOR

Lago de
Galilea

MANASÉS
(ORIENTE)

Astarot

Dor Megido

Endor
Sunem
ISACAR

Jezreel
MTE. GILBOA ▲

Ramot

MANASÉS
(OCCIDENTE)

Río Jordán

Jabes

Siquem

Siló

GAD

Jope

EFRAÍN
Betel

Hai
BENJAMÍN
Gabaa
Jerusalén

Gilgal

Jericó

•Rabá

AMONITAS

DAN

Bet-peor

Asdod

Libna

Belén

Ascalón

FILISTEOS

Laquis

Gat?

Hebrón

Mar

RUBÉN

Gaza

JUDÁ

En-gadi

Muerto

Gat?

Beerseba

MOABITAS

Horma

SIMEÓN

El Néguev

© Sociedades Bíblicas Unidas. 1976

EDOMITAS

La fidelidad de Dios

Contexto: Deuteronomio 1:1-25
Texto básico: Deuteronomio 1:1-18
Versículo clave: Deuteronomio 1:18
Verdad central: Dios demuestra su fidelidad entregando a su pueblo la tierra que les había prometido.
Metas de enseñanza-aprendizaje: Que el alumno demuestre su: (1) conocimiento de la promesa que Dios hizo a su pueblo y cómo la cumplió, (2) actitud de adoración y gratitud a Dios porque cumple sus promesas.

Estudio panorámico del contexto

A. Fondo histórico:

Características del libro. El libro está organizado en una serie de discursos que el legislador Moises dictó a la nueva generación de israelitas que estaba próxima a tomar posesión de la tierra prometida. La generación adulta que salió de Egipto pereció en el desierto y la muerte de Moisés era inminente, por lo que fue necesario renovar el pacto con la segunda generación.

Además del papel de legislador, Moisés también realizó una tarea profética al advertir al pueblo sobre las bendiciones y maldiciones que vendrían sobre ellos, dependiendo de la actitud que asumieran, de obediencia o de rebeldía.

Lugares mencionados en el pasaje: El pasaje menciona muchos lugares del otro lado del Jordán, algunos de localización incierta, otros con extensiones tan grandes como el Arabá que consta de toda una llanura. La palabra desierto es usada para describir un lugar inhabilitado sea éste fértil o no.

Los lugares reconocidos son Moab, Hesbón ciudad en donde habitaba Sejón rey de los amorreos, más al norte se encontraba la región de Basán y las ciudades de Astarot y Edrei.

Paternidad literaria. Esta ha sido objeto de mucha discusión, pero la mayoría sigue afirmando que Moisés es el escritor del libro. La fórmula que usó al inicio del libro es característica de tratados especialmente del segundo milenio a. de J.C. El relato de la muerte de Moisés y algunos breves relatos históricos fueron agregados por Josué u otros hombres piadosos.

Recapitulación de las leyes. El Exodo había sucedido 40 años atrás, la generación que salió de Egipto, había fallecido en el desierto, la muerte de Moisés era inevitable, por eso era necesaria la recapitulación de las leyes.

B. Énfasis:

Dios habló, 1:1-8. De acuerdo con el estilo de otros documentos del tiempo del éxodo, el escritor se identifica él mismo. Para fundamentar y autentificar su escrito, Moisés ubica el lugar geográfico y la fecha donde tuvo su origen. De esta manera sus palabras pasan del plano de la tradición oral a uno superior, el de la historia.

En el v. 2 se habla de once días o "jornadas" desde Horeb hasta Cades Barnea. No es claro por qué aparece aquí esta declaración; de hecho, es un verdadero contraste pensar que en vez de once días, el movimiento hasta Canaán duró cuarenta años.

Horeb es el nombre que se le da a la localidad de Sinaí en Deuteronomio excepto en 33:2.

Moisés nombra Jueces, 1:9-18. Uno de los mejores aciertos de Moisés fue la disposición de seguir el consejo de su suegro Jetro en el sentido de buscar ayuda en la administración de la justicia. Es interesante notar la fragilidad humana en la actitud de una gran parte de los hijos de Dios. Moisés dice acerca de la atención que tenía que darles: ¿Cómo llevaré yo solo vuestras molestias, vuestras cargas y vuestros pleitos? Parece que está describiendo un cuadro de la triste realidad que viven muchos hijos de Dios en la actualidad.

Un principio que llama la atención es el hecho de que Moisés pide al propio pueblo que busque las personas idóneas que llegarán a ser las responsables de ayudarle en la administración. La propuesta pareció bien al pueblo. Tales personas deben llenar ciertos requisitos: sabios, entendidos y expertos.

Todo lo que Moisés está diciendo en este pasaje es una manera de recordar a la nueva generación lo que Dios ha hecho en favor de su pueblo, y a la vez es una explicación del sistema de gobierno.

Los espías a Canaán, 1:19-25. Este pasaje narra la constante rebelión del pueblo de Dios y sus consecuencias. Al mismo tiempo relata el momento histórico cuando el pueblo decidió enviar espías a reconocer la tierra que debían conquistar. Este acto es una prueba de la falta de confianza en la promesa de Dios, aunque humanamente, refleja cierta prudencia. Ante el informe negativo de diez espías el pueblo volvió a murmurar en contra de Dios.

————————— **Estudio del texto básico** —————————

1 Moisés habla en nombre de Dios, Deuteronomio 1:1-4.

V. 1. *Estas son las palabras,* es una fórmula usada en la época de Moisés, o sea en el segundo milenio, para introducir la celebración de pactos o tratados. Moisés es el orador, un mediador terrenal, representando a Jehovah. Con esta declaración entendemos claramente que el libro de Deuteronomio no es una simple repetición de la ley, sino la renovación del pacto con una nueva generación. La localidad es el lado oriental del río Jordán en la llanura de Moab.

Vv. 2, 3. Se ha demostrado que el viaje del monte Sinaí hasta *Cades-Barnea* se puede realizar en *once días,* en otras versiones dice "once jornadas". El pasaje nos ubica temporalmente en el final del peregrinaje por el desierto.

Con más exactitud nos señala que fue *el primero, del mes undécimo del año 40 a.* de J.C. Una jornada de 11 días la hicieron en 40 años por causa de la rebeldía. La renovación del pacto es más que una repetición de la Ley. Moisés habló a los que estaban próximos a tomar posesión de la tierra de Canaán, conforme a todo lo que Jehovah le había mandado. **V. 4.** La renovación del pacto tiene tres momentos especiales que son: a) después de las once jornadas, b) en el undécimo mes del año 40 a. de J.C., c) después de haber derrotado a los reyes del oriente del Jordán. La tierra prometida sólo abarcaba la parte occidental del Jordán, pero debido a la resistencia de *Sejón* y de *Og,* Jehovah les permitió conquistar la parte oriental, que posteriormente les fuera repartido a las tribus de Rubén, Gad, y la media tribu de Manasés.

2 Moisés recuerda la promesa de Dios, Deuteronomio 1:5-8.

V. 5. *Moisés empezó a explicar esta ley.* La palabra hebrea *tora,* traducida como ley, derivada probablemente de *Jorah* "hacer tirar" o enseñar a tirar. De esta forma *tora* llegó a significar instrucción y doctrina para la vida.

Al explicar, Moisés no estaba simplemente repitiendo la Ley, estaba instruyendo al pueblo con una serie de discursos bien estructurados. Desde la llanura de Moab, en el lado este del valle del Jordán.

V. 6. *Jehovah nuestro Dios nos habló en Horeb.* El lugar prominente en este discurso es Horeb. Horeb había desplazado a Egipto. La generación desaparecida tenía un recuerdo profundo de Egipto, pero a esta nueva generación se le enfatiza Horeb, o el monte Sinaí, lugar sobre el cual Dios le dictó las leyes a Moisés para el pueblo, y en donde Jehovah se manifestó con poder y gloria provocando temor en el pueblo.

V. 7. *Volveos, Marchad e id...,* Ya habían permanecido allí mucho tiempo. Fueron 40 años de peregrinaje, Dios se acordó de su promesa y del pacto que había hecho con Abraham y los demás patriarcas. En este primer discurso, Moisés recuerda las jornadas desde Horeb, siguiendo la ruta indicada por Dios mismo, señalando lugares con nombres y ordenando seguir hasta la tierra de los amorreos, quienes ocupaban los dos lados del río Jordán.

V. 8. *Yo he puesto la tierra delante de vosotros.* El poder y la intención de Dios de darles la tierra prometida es firme y positiva. No obstante, ellos debían de actuar; entrar y tomar posesión. Las dos acciones se conjugan, Dios que regala la tierra y ellos que actúan para tomar posesión de ella.

La raíz *yarash* aparece más de cincuenta veces en Deuteronomio, y se traduce como tomar posesión o subyugar y se aplica normalmente a la propiedad o a la tierra.

3 Moisés pide ayuda, Deuteronomio 1:9-18.

V. 9. *'Yo solo no puedo cargar con vosotros...'* En el libro de Deuteronomio encontramos directrices para la vida personal, familiar y social e inclusive para un buen gobierno. Cuando el pueblo crece, es necesario delegar responsabilidades en otros. Según Exodo 18:13-26, fue Jetro, suegro de Moisés, quien le aconsejó que delegara responsabilidades, nombrando a jefes que gobernaran y juzgaran sobre la población. Solamente los asuntos de mayor trascendencia los resolvería personalmente Moisés. **Vv. 10, 11.** *Jehovah vuestro Dios os ha multiplicado.* A pesar de la muerte de una generación completa vagando en el desierto, el pueblo se multiplicó en abundancia, así como se había multiplicado en Egipto. El deseo del caudillo era más prosperidad para la joven nación. La promesa de Dios a Abraham de una generación numerosa como las estrellas del cielo se estaba cumpliendo. **Vv. 12, 13.** *Proveeos... de hombres sabios...* La delegación de responsabilidades empezó con el pueblo. Moisés hace un llamado a la población para designar a hombres que tuvieran ciertas virtudes: *sabios, entendidos y experimentados.* Dios inspiró a Moisés para ayudarle a decidir sobre la clase de personas que debían ayudarle en la importante tarea de administrar la justicia. Se denota el genuino interés que tenía el líder por el bienestar de su pueblo.

La comunidad conocía a personas de esas características que podían ser sus líderes. Ellos debían recomendar a los candidatos, pero sería Moisés quien daría la última palabra: *para que yo los ponga como vuestros jefes.* **Vv. 14, 15.** *Y los puse como jefes.* Moisés en base a las capacidades, puso a algunos como jefes de miles, mientras que a otros los puso como jefes de cien, etc, etc, dependiendo también de la necesidad de las comunidades. El pueblo dio su aprobación a este procedimiento y un voto de confianza a los nuevos líderes. Una de las características del buen líder es su disposición a delegar responsabilidades; Moisés no tuvo empacho en dejar que otras personas le ayudaran.

Vv. 16-18. *No hagáis distinción de personas.* La legislación mosaica tiene un sentido humanitario tan excelso que difiere de cualquier otra legislación antigua, como por ejemplo del famoso código babilónico de Hamurabi. Hay un cuidado especial para el desamparado y para el débil. La impartición de la justicia se debe hacer con suma imparcialidad, oyendo atentamente la causa del afectado sea éste un israelita o un extranjero. La palabra hebrea *ger* que significa "transeúnte", indica que los extranjeros que vivían entre ellos debían de ser tratados con respeto y amor, no importando la edad ni la condición social. Ninguna posición ni presión debía cambiar el juicio, porque el juicio era inspirado por Dios. Dios es justo y santo y no hace acepción de personas. Dios es soberano y ejerce su autoridad sobre el pueblo. Es como un recordatorio de que ellos eran nación teocrática, y que la justicia se debe impartir con las normas que Dios les había dictado.

──────────── **Aplicaciones del estudio** ────────────

1. Dios cumple sus promesas. A pesar de la rebeldía del pueblo, Dios es siempre fiel a sus promesas y nunca se olvida de ellas, aunque pase un tiempo largo como la posesión de la tierra prometida después de 40 años. El cristiano siempre debe confiar en las promesas de Dios, sabiendo que él siempre cumple lo que promete.

2. El pueblo de Dios debe actuar. "Entrad y tomad posesión de la tierra." Dios actúa, pero requiere siempre de nuestras acciones. Nadie debe esperar algo de Dios con los brazos cruzados. No debemos perder de vista estas dos condiciones. Dios da, pero espera que el hombre actúe para tomar posesión de lo que se le está dando.

3. La justicia se debe impartirse sin hacer acepción de personas. La posición social de una persona, no es condicionante para la aplicación de la justicia. "Porque el juicio es de Dios" no es exclusivo de algún sector. Esta norma bíblica tiene en la actualidad tanta vigencia como en el tiempo de Moisés. Si algún cristiano está puesto para gobernar y juzgar, bien haría en no olvidar esta verdad eterna.

―――――――――――――― **Ayuda homilética** ――――――――――――――

No temas ni desmayes
Deuteronomio 1:19-25

Introducción: Dios desafía a su pueblo a seguir adelante hasta llegar a la tierra prometida sin importar los obstáculos.

I. A pesar del desierto.
  A. El desierto a cruzar es demasiado grande.
  B. El desierto por ser desconocido se tornaba terrible.

II. Jehovah te ha entregado la tierra.
  A. Dios cumple sus promesas.
  B. Dios demanda acción del pueblo.
  C. "Sube", v. 21.
  D. "Tómala", v. 21.

III. La tierra que Jehovah nos da es buena.
  A. Los espías reconocieron la tierra.
  B. Los espías tomaron muestra del fruto.

Conclusión: El desafío de Dios no fue atendido por el pueblo y por su actitud de rebeldía vagaron 40 años en el desierto. El reto de Dios sigue vigente. Si lo acepta, Dios hará su parte.

Lecturas bíblicas para el siguiente estudio

Lunes: Deuteronomio 1:26-33
Martes: Deuteronomio 1:34-40
Miércoles: Deuteronomio 1:41-46

Jueves: Deuteronomio 2:1-15
Viernes: Deuteronomio 2:16-25
Sábado: Deuteronomio 2:26-37

AGENDA DE CLASE

Antes de la clase

1. Prepare carteles simples de un mismo color con recortes de noticias periodísticas, que ejemplifiquen promesas humanas que no han sido cumplidas, y en un cartel especial escriba la promesa que se encuentra en Deuteronomio 1:8. Colóquelos en lugares clave para que llamen la atención de los alumnos cuando ingresen al aula. **2.** Rompa el hielo, dialogando comparativamente sobre el contenido de los carteles y anunciando el tema de esta nueva Unidad, el cual deberá colocar al frente, donde todos puedan apreciarlo: "Dios promete y cumple". **3.** Guíe dinámicamente a sus alumnos para resolver la sección: *"Estudio del texto básico"*.

Comprobación de respuestas

JOVENES: **1.** Hazerot, Jordán, Labán, Suf, Arabá. **2.** Que su juicio fuera justo y sin miedo ni problemas. ADULTOS: **1.** Todo lo que Jehovah había mandado con respecto a ellos. **2.** a. Sabios, b. entendidos y c. experimentados. **3.** De mil, de cien, de cincuenta y de diez. **4.** Sin hacer distinción de personas, que oyeran al pequeño y al grande, sin temor porque el juicio es de Dios.

Ya en la clase
DESPIERTE EL INTERES

1. Comparta brevemente un ejemplo del cumplimiento de las promesas del hombre, en comparación con el cumplimiento de las promesas de Dios. **2.** Canten la primera estrofa del himno No. 230, del *Himnario Bautista.* **3.** Enfatice el hecho que Dios ha sido, es y será fiel a sus promesas. Pida que algunos alumnos digan cómo ellos en lo personal han visto o experimentado la fidelidad de Dios.

ESTUDIO PANORAMICO DEL CONTEXTO

1. En un mapa grande, ubique el lugar geográfico en donde Moisés brinda su discurso. Puede ampliar el que está en la p. 11 de este libro. **2.** Con un marcador grueso de color fuerte, marque la ruta de los once días. **3.** Ponga énfasis en el tiempo en que probablemente Moisés está dando su discurso y en la muerte inminente de Moisés.

ESTUDIO DEL TEXTO BASICO

Haga una introducción general del texto básico resaltando la diferencia histórica de la antigua y nueva generación del pueblo de Israel. Organice tres grupos al azar. Indique que cada grupo estudiará una asignatura y que cuando usted lo indique presentarán un informe al resto del grupo. Pida que nombren a una persona para que les represente al compartir con los demás lo que corresponde al pasaje que van a estudiar. Reparta el tema de la siguiente manera:

Grupo 1. Moisés habla en nombre de Dios.

Una vez que el representante del grupo 1 presente su informe, usted subraye los siguientes asuntos: 1. La importancia de presentar la voluntad de Dios, en lugar de la voluntad de un líder. 2. La paciencia de Dios al permitir a su pueblo la renovación del pacto. 3. Dios no ha cambiado su plan eterno, simplemente que a pesar de la rebeldía y las fallas de su pueblo, Dios sigue adelante, con nuevas personas, con nuevos recursos, pero sin negociar su soberanía.

Grupo 2. Moisés recuerda la promesa de Dios.

Después del informe del segundo grupo, subraye los siguientes asuntos: 1. La importancia de recordar el pasado. 2. La fidelidad de Dios. 3. La necesidad de superar las fallas del pasado para poder llevar adelante el plan de Dios.

Grupo 3. Moisés pide ayuda.

Pida que la persona que representa al grupo 3 dé su informe. Procure que al dar el informe se tome en cuenta la actitud de Moisés al estar dispuesto a delegar responsabilidades. Al mismo tiempo subraye la importancia de que Moisés haya preparado a Josué para que ocupara dignamente el lugar del liderazgo. Asimismo, subraye la actitud de Josué al dar su informe después de haber ido como espía a reconocer la tierra que iban a poseer. Esa actitud le hizo apto para ser el sucesor apropiado de Moisés.

La tarea de cada grupo será dialogar en 10 minutos sobre cada subtema asignado, a la luz de la Biblia, sacando una conclusión sobre el contenido básico y una recomendación que se pueda aplicar de inmediato. Al finalizar el tiempo provisto, un representante de cada grupo expondrá el tema, conclusión y recomndación en 3 minutos.

APLICACIONES DEL ESTUDIO

1. Guíe a sus alumnos a hacer un análisis de esta declaración: A pesar de las circunstancias difíciles que se presentan en nuestra vida, Dios es fiel y justo en sus promesas. **2.** En actitud de oración y reflexión guíe a los alumnos a meditar en la aplicación que se presenta en sus libros.

PRUEBA

Anime a sus alumnos a resolver dinámicamente los ejercicios de la prueba del libro del alumno y pida que compartan sus respuestas con el compañero del lado derecho. Retome el tema general y concluya llamando a obedecer y confiar cada día más en el Señor. Asimismo promueva que lean cada día las lecturas asignadas.

La infidelidad del pueblo

Contexto: Deuteronomio 1:26 a 2:37
Texto básico: Deuteronomio 1:26-46
Versículo clave: Deuteronomio 1:43
Verdad central: El pueblo de Dios demostró su infidelidad al no creer en las promesas divinas.
Metas de enseñanza-aprendizaje: Que el alumno demuestre su: (1) conocimiento de la infidelidad del pueblo de Dios, (2) actitud de confianza en las promesas de Dios.

Estudio panorámico del contexto

A. Fondo histórico:

Situación geográfica: Las llanuras de Moab. Con este nombre es designada la región oriental del río Jordán, con una extensión de 13 Kms., al norte del mar Muerto. En este lugar acamparon los israelitas hasta el momento de cruzar el río Jordán y entrar en Canaán. Los discursos de Moisés fueron pronunciados en este lugar.

La misión de los espías. Después de un corto tiempo, quizás un año, los israelitas llegan a Cades-Barnea y Dios les ordena que tomen la tierra. Antes de recibir la preciada herencia tuvieron que pasar por una región tan difícil como el desierto grande y terrible. Los picos escarpados de las montañas, como si hubieran sido quemados por fuego, la tierra cubierta por piedras y negros pedernales filosos y el miedo a lo desconocido provocó que los padres de esta nueva generación le pidieran a Moisés que enviara espías a reconocer la tierra.

La tarea de los espías estaba bien definida, se les requería tanto información sobre la naturaleza de la tierra como muestras del fruto de ella. Además, debían investigar el número de habitantes así como la estructura de las ciudades, si eran campamentos o ciudades amuralladas.

Seír, Moab y Amón. Hay dos territorios diferentes nombrados como Seír. Seír mencionado en 1:44, se ha identificado con Saris ubicada a 14 km. al oeste de Jerusalén, lugar en donde fueron derrotados los israelitas en su primer intento por conquistar la tierra desde el sur. También se menciona Seír en 2:1-7, según Génesis 36:8, este territorio fue habitado por Esaú, también llamado Edom. Por ser los edomitas descendientes de Esaú, Dios no permitió que su territorio fuera conquistado por los israelitas. El paso por el territorio de Edom o Seír, se hizo por la frontera.

Moab. El territorio de Moab también debe ser respetado por los insraelitas, porque los moabitas son descendientes de Lot (Gén. 19:37).

Amón. Los amonitas también son descendientes del Lot (Gén. 19:38). Los israelitas no tocaron los territorios de sus parientes por mandato especial de Jehovah, respetando la heredad de los descendientes y de la parentela de Abraham.

B. Enfasis:

El desaliento del pueblo, 1:26-33. Esta actitud fue provocada por el informe de los espías, este desaliento les causó incredulidad y rebeldía. Fue más fácil para el pueblo absorber el pesimismo de diez personas negativas que la confianza y determinación de Josué y Caleb.

El castigo del pueblo en el desierto, 1:34-40. Los israelitas vagaron por 40 años hasta que se exterminó la generación adulta que salió de Egipto. Los niños, quienes no sabían distinguir entre lo bueno y lo malo, tomaron posesión de la tierra una vez que llegaron a la mayoría de edad. Los adultos, quienes habían visto con sus propios ojos los grandes milagros de Dios, no pudieron entrar a la tierra.

La primera derrota en Horma, 1:41-46. El pueblo ingresó por la parte sur de Canaán negándose a seguir las instrucciones de sus líderes. Como consecuencia el pueblo fue avergonzado y derrotado.

Instrucciones para no atacar Seír, Moab y Amón, 2:1-25. Por causa del parentesco y porque Jehovah les había concedido esas tierras como herencia por causa de Abraham no debían contender con ellos.

Israel derrota a Sejón, 2:26-37. Con Sejón no había ningún parentesco, ni Jehovah les había asignado este territorio en posesión. Sejón y su pueblo no permitían pasar a Israel por su territorio, por lo que Dios los entregó en manos de los israelitas y de esta manera conquistaron el primer territorio del otro lado del Jordán.

--------- **Estudio del texto básico** ---------

1 La incredulidad del pueblo, Deuteronomio 1:26-33.
V. 26. *Sin embargo, no quisisteis subir.* El pueblo asume una actitud de rebeldía, a pesar del informe de los espías. Según el v. 25 el informe era muy positivo, aunque advirtieron que habitaban allí gigantes y las ciudades eran amuralladas. El mandato de Jehovah era que avanzaran y tomaran posesión de la tierra. Jehovah les había mostrado su poder en el éxodo, sin embargo, no quisieron obedecer las órdenes divinas.

V. 27. *Murmurasteis en vuestras tiendas.* Como una manifestación de la rebeldía, llega la murmuración. En casi todas las tiendas se podía escuchar las quejas de los varones, la fe escaseaba y florecía el temor. La incredulidad los llevó a murmurar contra Dios. No podían concebir una victoria sobre los amorreos. Llegaron al extremo de pensar que su elección por parte de Dios en vez de ser bendición era una maldición.

V. 28. *¿A dónde iremos?* Las buenas noticias fueron ahogadas por las malas. La buena tierra y el fruto de ella no fueron motivación suficiente. La incredulidad los llevó a preguntarse: *¿A donde iremos?* ¡A Dios!, es la respuesta inmediata de un hombre de fe. Pero ellos se hundían en la desesperación al exclamar: *Nuestros hermanos han hecho desfallecer nuestros corazones. Ciudades... fortificadas hasta el cielo...* Los habitantes no eran nómadas, ya se habían establecido allí por mucho tiempo y contaban con un excelente sistema de defensa, como eran los muros. Además, los espías vieron a los descendientes del gigante Anac, hombres que parecían invencibles. Estos factores, vistos desde el punto de vista humano, son una gran presión para un pueblo que de por sí no podía depositar su confianza en Dios.

V. 29. *Entonces os dije.* Moisés les recuerda el día cuando les alentaba a no tener temor de los enemigos. Si bien es cierto que parecían invencibles, Dios estaba con ellos. Moisés era solamente el portavoz de Dios, el Señor le indicaba los caminos por los cuales debía dirigir al pueblo. No era lo que Moisés decidía, sino lo que recibía de Jehovah, lo que comunicaba al pueblo para llevar adelante el plan de salvación.

V. 30. *Jehovah... combatirá por vosotros.* No debían olvidar cómo combatió Jehovah por ellos al sacarlos de Egipto. Lo mismo hará ahora en la conquista de esta tierra prometida. La presencia y participación de Dios en favor de su pueblo es una garantía de victoria. La parte más importante del pueblo de Dios no es el uso de las armas ni el poderío militar, sino el hecho de confiar en el poder de su Padre.

V. 31. *Os ha traído.* Jehovah mostró su poder, no sólo en Egipto, sino también en la travesía del desierto grande y terrible. La ternura de Jehovah se manifiesta al traer a su pueblo como un padre trae a su hijo.

Vv. 32, 33. *No creísteis a Jehovah.* El elemento esencial para lograr la victoria es la fe puesta en acción. La incredulidad llevó al pueblo de Dios a la rebeldía y a olvidarse de Dios. Los había guiado *con fuego de noche* y con *nube de día,* pero ellos persistieron en la incredulidad.

2 Dios castiga la incredulidad, Deuteronomio 1:34-40.

Vv. 34, 35. *Y se enojó...* La ira divina es un atributo de un Dios celoso, que aborrece el pecado. El pecado más grande es la incredulidad, por tanto *juró* que ninguna persona de esa generación vería la buena tierra, y el veredicto se cumplió. La nueva generación estaba escuchando al anciano Moisés recordarles, quizás con tristeza, este episodio que provocó una gran derrota al pueblo.

V. 36. *Excepto Caleb.* Dios premia la valentía de los hombres de fe. Tanto Caleb como Josué fueron los únicos dos espías que alentaron al pueblo a avanzar y tomar posesión de la tierra. Según Josué 14:13 a Caleb le tocó como heredad para conquistar la región de Hebrón, lugar donde habitaban los gigantes hijos de Anac. Tan solo Caleb y Josué lograron entrar en la tierra, por su fe, reflejada en la integridad. Aunque el pueblo no escuchó con beneplácito la recomendación de Josué y Caleb, Dios, a su debido tiempo, premió la actitud positiva de estos dos varones.

V. 37. *Tampoco tú entrarás.* La rebeldía del pueblo desesperó a Moisés, hasta hacerlo cometer un acto de desobediencia. Eso fue suficiente para negarle la bendición de ver la tierra de promisión.

V. 38. *Josué..., entrará allá.* Moisés no entraría a la tierra, el liderazgo lo tomaría Josué, quien juntamente con Caleb animaron al pueblo a seguir, confiando en que el Señor les daría la victoria.

Vv. 39, 40. *Vuestros pequeños...* Los adultos, con un sentimiento humano, creyeron que sus hijos no podrían sobrevivir y serían presa fácil de los enemigos, y que no podrían conquistar la tierra. La generación adulta fue condenada a vagar por 38 años en el desierto, hasta que todos murieron.

3 Consecuencias de la infidelidad, Deuteronomio 1:41- 46.

V. 41. *Hemos pecado contra Jehovah.* Luego de conocer el castigo de Dios por la incredulidad, el pueblo reaccionó con soberbia. La expresión: *hemos pecado,* no indica que se arrepintieron, simplemente reconocieron que habían hecho mal y creyeron que podían enmendar su error subiendo y peleando como se les había ordenado anteriormente. Esta acción aparentemente piadosa no invalida el castigo por la incredulidad. Se organizaron e hicieron los preparativos para conquistar la tierra de los amorreos, pero Dios les habló para aclarar la situación.

V. 42. *No estoy entre vosotros.* Jehovah ordenó a Moisés que les prohibiera salir a la guerra, porque no contaban con la presencia de Dios. Desde el momento en que salieron de Egipto la presencia de Dios estuvo con el pueblo en forma de fuego y de nube que los dirigía; nunca se había apartado de ellos, pero ahora sería diferente.

V. 43. *Actuasteis con arrogancia.* Esta es la expresión más clara de la rebeldía del pueblo. Contraviniendo el mandato de Jehovah de no subir, lo hicieron con una actitud de rebeldía. Primero vino la incredulidad y consecuentemente la rebeldía.

V. 44. *Pero los amorreos... os persiguieron.* El cuadro es muy gráfico, así como alguien intenta escapar de las avispas, ellos corrían ante los embates de los amorreos.

Vv. 45, 46. *Jehovah no escuchó.* Volvieron con su líder Moisés, llorando ante Jehovah, pero él no los escuchó. Sólo hay una explicación por la que Jehovah no escuchó, el lamento no era de arrepentimiento, pudiera ser de remordimiento, pero no hubo un cambio de actitud. Permanecieron en Cades por otro largo tiempo y luego siguieron vagando por el desierto como consecuencia de la incredulidad y la rebeldía.

──────── **Aplicaciones del estudio** ────────

1. La incredulidad es el pecado más condenado en la Biblia. La falta de fe provoca ceguera espiritual, aun cuando las circunstancias sean adversas, creamos lo que dice el Señor.

2. Dios premia la fe. La fe en el Señor nos ayuda a mantener nuestra integridad, y a tener una perspectiva adecuada del presente y el futuro. Al final Dios premia a los hombres de fe como Caleb y Josué.
3. Vale la pena obedecer la dirección de Dios. Moisés le advirtió al pueblo que no subiera a pelear contra Seír, Moab y Amón y fueron derrotados. Ellos no habían aprendido que Moisés no hablaba por su propia cuenta, sino que lo hacía en el nombre de Dios. Cuán importante es contar con la aprobación y la presencia de Dios en nuestras vidas.

──────────────── Ayuda homilética ────────────────

El líder desafía al pueblo a confiar en Jehovah
Deuteronomio 1:26-33

Introducción: En el pasaje estudiado vemos una actitud negativa en el pueblo a pesar de que habían visto las maravillas de Dios. Moisés reclama: "Aun con esto no creísteis a Jehovah vuestro Dios". Veamos los aspectos positivos de la fe.

I. **La incredulidad del pueblo y sus consecuencias, vv. 26-28.**
  A. Rebeldía y desobediencia.
  B. Murmuración individual y colectiva.
  C. Desfallecimiento.

II. **El líder se sostiene a pesar de la actitud del pueblo, vv. 29-31.**
  A. Les anima a no temer a los enemigos.
  B. Les recuerda el poder de Dios en acción.
  C. Les recuerda la ternura de Dios.

III. **Basada en los hechos, vv. 32, 33.**
  A. El pueblo había disfrutado de la compañía de Dios.
  B. El pueblo había acampado en donde Jehovah había explorado.
  C. El pueblo fue guiado por el desierto.

Conclusión: A pesar de haber disfrutado de tantas bendiciones y de contar con un líder de fe, el pueblo de Israel fue incrédulo. No sigamos nosotros el ejemplo de ellos, sigamos con fe al Señor siempre, y evitemos caer en el error en que ellos cayeron.

Lecturas bíblicas para el siguiente estudio

Lunes: Deuteronomio 3:1-11
Martes: Deuteronomio 3:12-22
Miércoles: Deuteronomio 3:23-29

Jueves: Deuteronomio 4:1-14
Viernes: Deuteronomio 4:15-31
Sábado: Deuteronomio 4:32-49

AGENDA DE CLASE

Antes de la clase
1. Prepare el casete instrumental del Himno No. 331 "Todas las promesas del Señor Jesús", para que sirva como fondo musical mientras los alumnos van ingresando al aula. **2.** Prepare rótulos en forma de una silueta humana de pie con palabras como: "guerras, muerte, hambre, violencia, frustración, desesperación, angustia" y otros resultados de la desobediencia e infidelidad contra Dios. Coloque dichos rótulos en el piso donde sean más visibles para sus alumnos de tal manera que al ir ingresando al aula los puedan leer.

Comprobación de respuestas
JOVENES: **1.** Porque Jehovah nos aborrece, nos ha sacado de la tierra de Egipto para entregarnos en manos de los amorreos para destruirnos. **2.** Jehovah, vuestro Dios, él combatirá por vosotros, **3.** c. Ninguno verá la tierra, sino sólo Caleb. c. Ellos entrarán. **4.** Respuesta personal. ADULTOS: **1.** Porque no creyeron en la fidelidad de Dios y se dirigieron por los informes negativos de la mayoría de los espías. **2.** a. Josué, b. Caleb y su familia. c. Las nuevas generaciones. **3.** Porque no escuchó, fue rebelde contra lo que había dicho Jehovah, actuó con arrogancia y subió a la región montañosa en contra de la voluntad de Dios.

Ya en la clase
DESPIERTE EL INTERES
1. Promueva el diálogo sobre los rótulos que encontraron en el piso cuando llegaron al aula, haciendo la pregunta: ¿Cuál es la causa de esos efectos?, enfatizando que una de las causas primordiales es la desobediencia y ausencia de Dios en la vida del hombre. **2.** Entonen la primera estrofa del himno 331 del *Himnario Bautista*. **3.** Comente que las promesas de Dios son fieles, pero la infidelidad del hombre trae consecuencias negativas.

ESTUDIO PANORAMICO DEL CONTEXTO
1. Ubique en el mapa los lugares donde se desarrollaron los acontecimientos de los que nos ocupamos en este estudio. **2.** Comente las características topográficas del norte del Sinaí, y del camino que siguieron los espías, resaltando que a pesar de lo desértico existían oasis, pozos y manantiales. **3.** Destaque y compare las actitudea de Josué y Caleb frente a los demás espías y la reacción del pueblo.

ESTUDIO DEL TEXTO BASICO
Guíe a sus alumnos a resolver los ejercicios en el libro del alumno. Procure motivarlos para que se interesen en esta actividad.

24

1. Con la participación activa de sus alumnos profundice en el análisis bíblico del porqué de la incredulidad del pueblo. Pida a sus alumnos que imaginariamente se coloquen en esos acontecimientos y asuman unos el papel del pueblo, otros el de Moisés, y otros el de Josué y Caleb. Escriba una lista en el pizarrón de las causas y efectos, escuchando la opinión de todos, para concluir que el temor y desconfianza a lo desconocido provocaron la incredulidad del pueblo, enfatice las preguntas 1 y 2 de la sección: *Estudio del texto básico.*

2. Siguiendo la dinámica de representar un papel, narre emotivamente los acontecimientos bíblicos que se encuentran en Deuteronomio 1:34-40. Al terminar pida que mencionen reacciones del pueblo, Moisés, Josué y Caleb. ¿Qué sintieron ante las reacciones de Dios?, ¿fue justo o injusto?, ¿cómo se hubieran evitado esas consecuencias?

3. Examine las consecuencias de la infidelidad y la arrogancia. Pida que lean Deuteronomio 1:41-46 y definan los resultados de cómo Dios no está ausente en los acontecimientos y en las personas. Para finalizar, haga hincapié en la importancia de que Dios está presente en todas las acciones que realizamos.

APLICACIONES DEL ESTUDIO
1. Guíe a la reflexión del peligro de la incredulidad a las promesas fieles de Dios y exponga brevemente un caso de la actualidad, provocando la reacción de los alumnos. **2.** Enfatice la importancia de la fe: "Sin fe es imposible agradar a Dios." Dialogue sobre el hecho que Dios quiere darnos vidas victoriosas, pero todo depende de la medida en que tengamos fe y dependamos de su voluntad. **3.** Promueva la lectura de las aplicaciones del libro del alumno y resalte la importancia de depender de Dios en todo lo que hagamos.
Recuerde siempre que las aplicaciones que están en los Libros de Maestros y Alumnos respectivamente, pueden ser sustituidas por otras que se apeguen mejor a la realidad de sus alumnos. En tal caso, haga su propia lista y manéjela como mejor convenga a los intereses del estudio.

PRUEBA
1. Motive a sus alumnos a responder la sección *Prueba* del Libro del Alumno. **2.** Pida tres breves comentarios sobre la aplicación del estudio, **3.** Guíe a los alumnos en oración para buscar un mayor crecimiento espiritual. **4.** Anímelos a realizar sus lecturas bíblicas diarias, preparándose para el siguiente estudio.
Sería bueno hacer un seguimiento de los que sí cumplen esta parte del proceso de enseñanza-aprendizaje.

Las victorias son de Dios

Contexto: Deuteronomio 3:1 a 4:49
Texto básico: Deuteronomio 3:12-22; 4:1-4, 29-31
Versículo clave: Deuteronomio 3:22
Verdad central: Moisés y el pueblo comienzan a disfrutar de las primeras victorias porque Dios intervino con amor y poder.
Metas de enseñanza-aprendizaje: Que el alumno demuestre su: (1) conocimiento de la ubicación geográfica de las primeras victorias de Israel, (2) actitud de valorar las victorias que Dios le ha dado en su vida.

Estudio panorámico del contexto

A. Fondo histórico:

La tierra de Hesbón. Era una importante ciudad al norte de Moab. Sirvió de capital al territorio de Sejón rey de los amorreos quienes eran descendientes de Canaán, hijo de Cam. Un grupo de amorreos había emigrado al Sur, ocupando una gran parte de la tierra prometida a ambos lados del río Jordán. Sejón parece haber sido un rey poderoso, tanto que Moisés le envió embajadores solicitando permiso para transitar por su territorio. Al negarse a dejar pasar a los israelitas, éstos le declararon la guerra por orden de Jehovah; fue una victoria importante. Su territorio fue dividido entre las tribus de Rubén y Gad.

La tierra de Basán situada al este del río Jordán. Era célebre por sus campos, encinos, cultivos especialmente de cereales y su excelente ganadería. Irrigada por el río Yarmuk y sus numerosos afluentes, esta altiplanicie es una de las regiones más ricas de la tierra. En los días del profeta Amós era famosa por sus vacas. Los derechos de Israel sobre este territorio se sustentan en la victoria sobre el rey Og.

B. Enfasis:

La oposición de Og, rey de Basán, 3:1-11. Og era uno de los reyes más poderosos del otro lado del Jordán, uno de los temidos gigantes. Se dice que su cama medía aproximadamente 4 x 1.80 mts., y que fue exhibida por mucho tiempo después de su muerte. La derrota de Og fue clave para tomar toda la región oriental del Jordán, que llegó a ser conocida como Transjordania.

Reparto de la tierra oriental, 3:12-22. Toda la región del otro lado del Jordán, fue asignada a las tribus de Rubén, Gad y la mitad de la tribu de Manasés, con el requisito de que sus hombres ayudasen al resto de la nación de Israel a conquistar la tierra prometida.

A Moisés no le es permitido entrar a la tierra prometida, 3:23-29. El decreto de Dios es irrevocable, sólo se le permitió a Moisés observar desde la cumbre de Pisga la tierra de promisión; en el capítulo 34 se relata la muerte de Moisés, o quizás mejor, la desaparición de Moisés en el monte Nebo.

Exhortación a la obediencia, 4:1-14. Jehovah, a través de Moisés, había dictado leyes y decretos que debían ser guardados fielmente. Ponerlos por obra es muestra de sabiduría e inteligencia. Son leyes justas, dictadas por un Dios grande y cercano como lo es Jehovah.

Advertencia contra la idolatría, 4:15-31. La idolatría es la adoración tributada a dioses distintos de Jehovah. También es idolatría adorar a Jehovah mismo, pero por medio de imágenes y prácticas tomadas de cultos extraños. Cuidado con la idolatría porque "Jehovah tu Dios es fuego consumidor, un Dios celoso".

Fin del primer discurso, 4:32-43. El primer discurso concluye con una exhortación a la obediencia, porque a ninguno de los pueblos Dios había mostrado su poder y su favor al elegirlos entre otros. Guarda sus leyes para que te vaya bien y prolongues tus días sobre la tierra que Jehovah tu Dios te da para siempre.

Moisés inicia su segundo discurso, 4:44-49. En el inicio del segundo discurso hace un recordatorio de las victorias ya alcanzadas especialmente sobre Sejón y Og, reyes amorreos que opusieron resistencia. Siendo reyes poderosos y gigantes como Og, fueron derrotados, gracias al poder de Jehovah, quien combate por su pueblo.

─────────────── Estudio del texto básico ───────────────

1 Dios entrega las primeras tierras, Deuteronomio 3:12-22.

Todavía bajo el liderazgo de Moisés, el pueblo de Israel obtiene las primeras victorias sobre los reyes amorreos, Sejón y Og, ubicados en el lado oriental del Jordán.

V. 12. *Se la di a los rubenitas.* A los rubenitas se les ubicó en el sur del territorio transjordano desde el río Arnón, incluyendo las ciudades de *Aroer* y Hesbón, capital del reino de Sejón incluyendo las ciudades pequeñas. Todo este territorio le fue entregado al primogénito de Israel, Rubén, hijo de Lea. Al norte del territorio de Rubén, fueron ubicados los gaditas, éstos ocuparon el territorio hasta el río Jaboc respetando a los amonitas.

Estas tierras son excelentes para la ganadería, tanto los rubenitas como los gaditas estaban dedicados a esta actividad, y poseían una buena cantidad de ganado.

Vv. 13-17. *El resto de Galaad y todo Basán se lo di a la media tribu de Manasés.* Moisés les concedió a los manaseítas el territorio de *Og*, esto es, la parte septentrional del Galaad desde Jaboc y Basán. Debemos notar que es una sola parte de la tribu, la que tomó posesión de ella. Saír tomó toda la tierra de *Argob* y le puso por nombre Havot-jaír en Basán o sea aldeas de Jaír en Basán. Al paso del tiempo se le dio la otra mitad montañosa de Galaad.

Vv. 18-20. *En aquel tiempo os mandé.* Según el relato de Números 32, la única condición que Moisés les impuso a las tribus de Rubén, Gad y Manasés fue la de ayudar a sus hermanos a conquistar la parte occidental del Jordán. A Josué y a los demás se les encargó darle cumplimiento a esta disposición; solamente las mujeres y el ganado debían quedar protegidos en ciudades y rediles. Tiene relevancia especial la expresión *hasta que Jehovah dé reposo a vuestros hermanos.* El reposo es una de las primeras bendiciones a disfrutar en la tierra prometida. Tener reposo es tener libertad de la opresión de los enemigos, es tener paz de espíritu.

El escritor de la carta a los Hebreos dice: "Por tanto, queda un reposo para el pueblo de Dios" (Heb. 4:9). Hablando del reposo pleno que encontramos en Cristo al ejercitar nuestra fe en él.

Vv. 21, 22. *También en aquel tiempo mande a Josué.* Moisés, se convenció de que finalmente no entraría a la tierra prometida. Como buen líder, toma a Josué y le delega la responsabilidad de conducir al pueblo. Moisés no tomó a Josué por azar, hubo todo un proceso de formación. Josué fue un oficial del ejército (Exo. 17:9) servidor de Moisés (Exo. 24:13) y espía fiel como Caleb. El mensaje de ánimo para Josué, no solo residía en palabras, sino también en los hechos. Dios había manifestado su poder al pueblo de Israel derrotando a dos grandes reyes: Sejón y al gigante Og. Así hará Jehovah, con los otros enemigos que habían quedado del otro lado. El nuevo líder debía armarse de valor, con la certeza que Jehovah combatiría por ellos.

2 Moisés exhorta al pueblo a obedecer, Deuteronomio 4:1-4.

V. 1. *Escucha las leyes y decretos.* La palabra *Shema* oye, escucha, ocurrre muchas veces en el libro de Deuteronomio, y es un fuerte llamado de atención. Lo que viene a continuación requiere de toda nuestra atención. Las leyes y decretos que estaba enseñando debían ser puestos en práctica para poder disfrutar de la tierra que habían de poseer. La palabra leyes (*huggim*) viene de una raiz que significa: grabar; de este modo se refiere a reglas de conducta permanentes, mientras que decreto (*mishpat*) u ordenanza, sirven para la orientación de los jueces en ciertos casos específicos. *"Huggim"* se refiere a las ordenanzas respecto a la religión y a los ritos del culto divino, mientras que *"Mishpat"* a los asuntos civiles. Las dos incluían toda la ley de Dios.

V. 2. *No añadáis... ni quitéis.* La ley de Jehovah es perfecta, no necesita nada, ni le sobra algo, es completa. Es la palabra del Dios soberano, que debe ser obedecida, sin ninguna reserva, nadie tiene derecho a cambiar la palabra de Dios. Debemos recordar que el pacto de Dios con su pueblo, es el típico pacto de soberanía. En los pactos de soberanía los vasallos debían tomar en cuenta, sin reserva alguna, las estipulaciones fijadas.

V. 3. *Vuestros ojos han visto.* La obediencia a Dios resultará en bendición para el pueblo, mientras que la desobediencia traerá consigo duras consecuencias tales como las que el pueblo experimentó en Peor, cuando el pueblo se fue tras Baal (Núm. 25:1-9).

En aquella ocasión veinticuatro mil personas del pueblo fueron exterminadas por el ardor de la ira de Jehovah. Moisés mencionó una experiencia más o menos reciente que los israelitas recordaban, para persuadir al pueblo a obedecer a Dios, porque el juicio de Dios es verdadero. No está hablando de posibilidades sino de realidades. Dios es fuego consumidor. **V. 4.** *Todos estáis vivos hoy.* Cuando Moisés apeló a esta experiencia en Peor, no solo estaba resaltando el lado negativo de este incidente, también les reta a reflexionar sobre el resultado de la obediencia. La fidelidad de Jehovah es el elemento que resalta Moisés. Los que quedan vivos fueron preservados de la mortandad por la fidelidad del Señor al pacto. Realmente el pacto fue hecho para que el pueblo de Dios fuera grandemente bendecido.

3 Dios promete cuidar a su pueblo, Deuteronomio 4:29-31.
La manera más frecuente en que el pueblo se alejaba de Jehovah, era por la idolatría. Los egipcios entre quienes vivieron eran idólatras, tanto como los cananitas. Todavía no habían olvidado al becerro, cuando se encontraronn con Baal. En Peor, muchos se desviaron tras Baal y murieron. La advertencia fue severa y la enseñanza clara: Jehovah contra los dioses. Dios se comunica con sus criaturas y les concede sus favores, los dioses son estáticos inútiles y vanos. **V. 29.** *Pero cuando... busques a Jehovah, tu Dios, lo hallarás.* El destierro es el castigo más fuerte para una nación, Jehovah les advierte sobre esto. Si llegaran a desobedecer y fueran desterrados, y desde allí buscaren el rostro de Jehovah, con toda devoción y verdadero arrepentimiento lo hallarán. Es el concepto más hermoso de la gracia y el perdón.

Después de haber pecado viene la restauración toda vez que haya arrepentimiento de corazón. El corazón es entendido como el asiento de la respuesta emocional o intencional, mientras que el alma es el yo o la personalidad. No importa el lugar en que estén, no importa el dios de ese país, si ellos claman al Señor, él está presto para oír. **V. 30.** *En los postreros días.* Aunque Moisés está hablando de un futuro inmediato, la expresión es usada habitualmente para señalar la época mesiánica y el resultado predice un acto salvífico de Dios, un acto de completa restauración en el que los individuos, como resultado de su retorno a Dios sufrirán tal transformación, que la obediencia brotará de sus corazones. Sin perder de vista la temporalidad del mensaje, si ellos vuelven a Jehovah arrepentidos, él los recibirá y los transformará como una prueba palpable de la promesa de restauración y de cuidado. **V. 31.** *Dios misericordioso.* La palabra hebrea *rahum* se puede traducir como misericordioso o compasivo. La misericordia es atributo de Dios de Israel, él nunca los abandonará ni los destruirá, a causa de su misericordia. Además de la misericordia está de por medio el pacto que juró a sus padres. El pacto *berit* que Jehovah juró es un pacto de soberanía, en el que el soberano elige a quienes él va a extender sus favores. El pacto mismo es un acto de su misericordia.

El pueblo elegido nunca tuvo los méritos suficientes para merecer la gracia y la restauración que también vendrá por gracia.

---------------Aplicaciones del estudio---------------

1. Los enemigos, por grandes que parezcan, son vencidos en el nombre del Señor. Tanto Sejón como Og eran reyes poderosos que parecían invecibles, pero fueron derrotados. Con el poder del Señor no hay obstáculo grande ni pequeño que nos detenga. **2. Vale la pena cumplir los mandamientos de Dios.** La historia nos muestra la confirmación de esta verdad. **3. Jehovah aborrece la idolatría.** Todo aquello que viene a ocupar el lugar de Dios, o sea el primer lugar en nuestras vidas, es idolatría. No permitamos que algún objeto o persona desvíe nuestra atención del Dios vivo y verdadero.

---------------Ayuda homilética---------------

El Dios único y fiel
Deuteronomio 4: 32-40

Introducción: En medio de la idolatría, Dios escoge a un pueblo para que le sea fiel. Se presenta como el Dios único y fiel.

I. El Dios que se revela, vv. 32, 33, 35.
   A. Dios se revela de manera especial, como nunca antes lo había hecho.
   B. Dios se revela al comunicarse con su pueblo.
   C. Dios se revela como el único Dios verdadero.

II. El Dios que elige, vv. 34, 36, 37.
   A. Dios se acerca para tomar a un pueblo para sí.
   B. Dios rescata a su pueblo de Egipto con poder.
   C. Dios elige a un pueblo por amor.

III. El Dios que cumple sus promesas, vv. 38-40.
   A. Dios cumplió su promesa dando una tierra a su pueblo.
   B. Dios demanda fidelidad porque él es fiel.
   C. Dios recompensa al que guarda sus mandamientos.

Conclusión: Dios creó todas las condiciones favorables para que su pueblo fuera feliz y espera que ellos respondan siendo fieles.

Lecturas bíblicas para el siguiente estudio

Lunes: Deuteronomio 5:1-10
Martes: Deuteronomio 5:11-15
Miércoles: Deuteronomio 5:16-22

Jueves: Deuteronomio 5:23-32
Viernes: Deuteronomio 6:1-9
Sábado: Deuteronomio 6:10-19

AGENDA DE CLASE

Antes de la clase
1. De rótulos llamativos, prepare tres rompecabezas de seis a ocho piezas cada uno, como por ejemplo: a. Los enemigos, por grandes que parezcan son vencidos en el nombre del Señor. b. la ley del Señor es perfecta y bienaventurado el que guarda sus mandamientos. c. Jehová aborrece la idolatría, cuidemos de no caer en ella. **2.** Prepare globos de varios colores que contengan palabras como gozo, triunfo, victoria, bienestar, éxito, prosperidad, etc., y colóquelos en un lugar bien visible del salón de clases. **3.** Consiga un diccionario y téngalo a la mano para consultar algunas palabras clave en la sección Estudio del texto básico. **4.** Guíe a sus alumnos a resolver la sección: *Estudio del texto básico*.

Comprobación de respuestas
JOVENES: **a.** X, Jaír tomó la tierra de Argob, hasta la frontera de Gesur y Maaca. **b.** Seguir peleando por sus hermanos, hasta conquistar toda la tierra. **c.** Quedarían todas las mujeres y los animales. **d.** Que le permitiera entrar en la tierra prometida.
ADULTOS: **1.** Leer el pasaje. **2. a.** Obedeciendo la ley. b. Todos están vivos. **3.** Si el pueblo busca a Jehová encontrará respuesta a sus necesidades.

Ya en la clase
DESPIERTE EL INTERES
1. Para introducir el tema, elija la misma cantidad de personas que los globos que preparó, que cada alumno reviente un globo y descubra la palabra escondida, expresando un pensamiento sobre el significado de la palabra. **2.** Enfatice el aspecto anímico del tema de hoy: "Dios da las primeras victorias." **3.** Comente que Dios nos ofrece una vida victoriosa en la medida en que cumplamos sus ordenanzas y busquemos su voluntad.

ESTUDIO PANORAMICO DEL CONTEXTO
1. Ubique a los alumnos, señalándoles en el mapa el territorio que ocupaban Sejón y Og, resaltando que después de las batallas libradas por Jehová, esas mismas fueron dadas a las tribus de Rubén, Gad y la mitad de la tribu de Manasés. **2.** Enfatice el hecho de que Moisés no pudo entrar a la tierra prometida y sólo pudo observarla desde la cumbre del Pisga. Promueva un diálogo sobre las preguntas: ¿Por qué Moisés no pudo entrar a la tierra prometida? ¿Fue Dios injusto por impedirle a Moisés el acceso a la tierra a pesar de los duros trabajos que realizó al estar guiando al pueblo a través del desierto? **3.** Comente la importancia de la obediencia a Dios y la advertencia contra la idolatría.

31

ESTUDIO DEL TEXTO BASICO

1. Organice a sus alumnos en tres grupos, asignándoles uno de los temas del contenido del texto básico e indíqueles que deberán analizarlos desde el punto de vista bíblico, en un periodo de 10 minutos. La guía para el análisis será: a. ¿De qué trata el pasaje? b. ¿Qué es lo que más resalta? c. ¿Qué demandas hace Jehovah a su pueblo? d. ¿Qué aprendemos del contenido bíblico?

2. Cada uno de los tres grupos tendrá la oportunidad de presentar sus respuestas a las preguntas que sirvieron de guía para la consideración del tema que les correspondió. Los integrantes de los otros grupos tendrán la libertad de hacer preguntas a los que estén presentando sus conclusiones.

3. Con el diccionario en la mano consulte las siguientes palabras: ley, decreto, principio, norma, mandamiento, ordenanza. Esto con el fin de subrayar todo lo que se persigue por medio de las exhortaciones hechas por Moisés para dirigir al pueblo de Dios a la superación moral y espiritual. Nunca las leyes de Dios buscan la opresión del ser humano.

4. Usted como maestro deberá retomar el tema después de cada exposición destacando las victorias que Dios dio a su pueblo y las demandas que hizo a su pueblo.

5. Destaque la posición soberana de Dios mostrada en el momento en que indica a Moisés la repartición de las tierras.

6. Subraye el proceso de preparación que tuvo que anteceder al llamamiento de Josué a servir como sucesor de Moisés.

APLICACIONES DEL ESTUDIO

1. Pida al representante de cada grupo que pase al frente a recoger un rompecabezas, dé un tiempo para que regresen a su grupo y dando señal para armarlo con sus compañeros al mismo tiempo. Seguidamente pida que lo discutan y saquen una conclusión de cómo pueden aplicar esa enseñanza en la actualidad. **2.** Pida que cada grupo exponga sus conclusiones. **3.** Guíelos en oración, pidiendo al Señor que puedan depender en obediencia para obtener vidas victoriosas.

PRUEBA

1. Motívelos a resolver los ejercicios de la *Prueba.* **2.** Promueva la participación de una o dos personas, para compartir algún comentario o decisión que han tomado con base en el estudio de hoy. **3.** Anímeles a aplicar en esta nueva semana los conocimientos adquiridos, y a realizar las lecturas bíblicas diarias.

El gran mandamiento

Contexto: Deuteronomio 5:1 a 6:19
Texto básico: Deuteronomio 6:1-19
Versículos clave: Deuteronomio 6:4, 5
Verdad central: Para que Dios se manifieste en la vida del hombre y derrame bendiciones sobre la nación, es necesario considerar las demandas de Jehová de obediencia y adoración exclusiva.
Metas de enseñanza-aprendizaje: Que el alumno demuestre su: (1) conocimiento del gran mandamiento de Dios para su pueblo, (2) actitud de obediencia a las demandas que Dios le hace.

Estudio panorámico del contexto

A. Fondo histórico:
Estipulaciones del pacto. Los pactos de soberanía eran aquellos que establecía el rey con sus vasallos. En esta categoría se ubica el pacto de Dios con su pueblo. Los pactos de soberanía se caracterizaban por tener los siguientes elementos: 1) preámbulo con el nombre, título y atributos del gran rey, 2) prólogo histórico mencionando las relaciones pasadas, 3) estipulaciones y obligaciones de ambas partes, 4) testimonio del documento del pacto, 5) lista de testigos, 6) lista de bendiciones y maldiciones. Todos estos elementos los encontramos en el pacto de Dios con Israel, tal como lo presenta el libro de Deuteronomio.

Lugar de la repetición de la ley. Geográficamente la renovación de la ley se llevó a cabo en la llanura de Moab, cerca de la tierra prometida. Sólo los dividía el río Jordán. La ley fue dada primero en el monte Sinaí a una generación que pereció en el desierto.

Condiciones sociales. Israel poseía una condición social aceptable, pues a pesar de haber vagado durante cuarenta años en el desierto, tenía algunas riquezas tales como el ganado. El desierto no era necesariamente una región estéril, más bien indica una región inhabitada. Los rubenitas y los gaditas, le pidieron a Moisés que les concediera en posesión Galaad y el territorio de Sejón porque eran buenos para la ganadería.

Condiciones religiosas. La vida religiosa de Israel antes de entrar a la tierra prometida, era indefinida, habían visto el poder de Dios manifestado en el éxodo y en el peregrinaje, pero ausentándose Moisés un poco de tiempo se hicieron un becerro de oro para adorar; y antes de entrar a tomar posesión de la tierra, ubicados ya en Moab, fueron arrastrados por Baal-Peor. Contaban con líderes con una convicción fuerte, hombres de fe como Moisés y Josué o como Caleb, pero siempre hubo líderes que pervirtieron al pueblo conduciéndolo tras los ídolos.

B. Enfasis:

Los Diez Mandamientos, 5:1-22. El Decálogo constituye la esencia de la ley y la base del pacto de Dios con Israel. Era la constitución del pueblo de Israel, pues contenía las obligaciones religiosas y sociales del pueblo. Jesús enfatizó estos mandamientos como obligatorios para los creyentes, cuando le indicó al joven rico que cumpliese estas normas para heredar la vida eterna. Moisés habló no sólo del pasado, les recordó: No fue sólo con nuestros padres, también con nosotros que estamos aquí hoy vivos. La exhortación de Moisés para el pueblo es: "Aprendedlos y tened cuidado de ponerlos por obra."

El pueblo pide la mediación de Moisés, 5:23-33. Moisés desempeña el papel de mediador entre Dios y el pueblo y establece un tipo de Cristo quien es mediador entre Dios y los hombres. El pueblo, por el temor a la muerte, le ruega a Moisés que sea precisamente un intermediario. Las escenas de las manifestaciones de Dios habían sido terribles, siempre fueron acompañadas de fuego y truenos; era como una presencia purificadora. Desde "la caída", el hombre ha dejado de disfrutar del deleite de la comunión con el Creador. Sólo la gracia redentora de Cristo nos devuelve el gozo de disfrutar de la presencia y la comunión con Dios.

El gran mandamiento de amar a Dios, 6:1-9. En los vv. 4-9, se encuentra una de las oraciones preferidas por los judíos hasta hoy, y es conocida como el *Shema* por la primera palabra hebrea del v. 4, que dice: Escucha (*Shema*). El Señor Jesucristo la declaró como el primer mandamiento, Mateo 22:37, 38.

Exhortación a la fidelidad, 6:10-19. Recibir una tierra con tantas bendiciones puede representar un serio peligro. Existe la tendencia de olvidar el pasado y lo más trágico, olvidar a Dios. Por esta razón Moisés exhorta al pueblo a ser fiel a Jehová, a rechazar con toda su alma a los ídolos de los pueblos vecinos, porque Jehová es Dios celoso.

───────── **Estudio del texto básico** ─────────

1 La importancia de una buena base para comenzar, Deuteronomio 6:1-9.

V. 1. *Estos... son los mandamientos, las leyes y los decretos.* A Moisés se le encargó que le enseñara al pueblo todo lo que Dios exige de sus hijos. La función docente de Moisés vería su culminación cuando el pueblo incorporara estas enseñanzas en su vida y modificara su conducta al ponerlas en práctica. Los mandamientos fueron pronunciados por Jehovah en medio de una manifestación espectacular, en medio de fuego, de la nube y de la obscuridad. Algo inolvidable, que debía producir un efecto imborrable en la mente del israelita. Luego las escribió en dos tablas de piedra, por si llegaran a olvidarse de esa experiencia.

V. 2. *Son para que temas a Jehovah tu Dios.* El primer objetivo de los mandamientos es enseñar al pueblo a reverenciar a Dios. Los primeros cuatro mandamientos señalan las formas de temer a Jehovah, mientras que los otros seis restantes señalan el comportamiento ideal del hombre con su prójimo. **V. 3.** *Para que te vaya bien.* El segundo objetivo de los mandamientos es beneficiar al hombre. El versículo 2, termina afirmando: *a fin de que tus días sean prolongados,* no sólo es la longevidad individual, también indica la estabilidad de la nación. Los versículos 1-3 sirven de preámbulo a la famosa oración conocida como *Shema,* que a continuación veremos. **V. 4.** *Escucha, Israel. Shema* es la palabra traducida como escucha, oye. Así da inicio esta profesión de fe del pueblo israelita y se le conoce con este nombre. Los judíos piadosos la recitaban dos veces al día; llegó a formar parte del culto y se enseñaba con mucha reverencia. Uno de los fragmentos del manuscrito hebreo más antiguo que se conoce es el papiro *Nash,* contiene los diez mandamientos y el *Shema.* No formaba parte de un rollo, sino que era una hoja separada probablemente empleada para el culto y la enseñanza. *Jehovah nuestro Dios.* Los pueblos vecinos tenían muchos dioses, pero el Dios de Israel es Jehovah, con quien guardan una relación personal. *Jehovah uno es.* Es una declaración monoteísta, no existen más dioses ni Jehovah está dividido. **V. 5.** *Y amarás a Jehovah tu Dios.* Si hay un Dios y este es personal, entonces él merece el amor y la adoración exclusivos. Si el énfasis del v. 4 era el monoteísmo, el v. 5 enfatiza la monolatría, es decir, la adoración a Jehovah no debe ser superficial, como un mero sentimiento o una emoción. *Con todo tu corazón, con toda tu alma y con todas tus fuerzas.* Esto involucra al ser integral, todas y cada una de las partes que conforman la persona humana. El corazón significa la totalidad o la esencia de todas las cosas o actividades, mientras que alma en su sentido amplio significaba la existencia misma, puesto que se deriva del verbo *Nafash* (respirar). **Vv. 6-9.** *Estas palabras... estarán en tu corazón.* Las leyes y los mandamientos de Dios deben ocupar el centro de la vida y regir todas las actividades y pensamientos del hombre. *Las repetirás a tus hijos,* asidua, fervorosa y frecuentemente. La repetición es uno de los métodos para la memorización, pero estas palabras no sólo deben darse en el ámbito de la mente, sino también deben estar en el centro de la vida, tanto de los hijos, como de los padres. Los egipcios llevaban joyas y objetos ornamentales en los brazos y en la frente con palabras u oraciones inscritas, también escribían *en los postes* y dinteles de sus casas. Posiblemente, Moisés tomando esta práctica como ejemplo instruyó al pueblo a escribir las palabras del Señor en porciones y atarlas en las manos. Los judíos guardaban ciertas porciones de la ley en cajitas llamadas filacterias y las ataban sobre sus frentes o en sus brazos (Mat. 23:5).

2 La importancia de la fidelidad, Deuteronomio 6:10-15.
Vv. 10, 11. *Sucederá que cuando Jehovah tu Dios te haya introducido.* El gran legislador, Moisés, no deja de recordarle al pueblo la fidelidad y la gracia de

Dios. *Ciudades grandes y buenas,* casas llenas, cisternas cavadas, viñas y olivares constituyen una lista hermosa de las bendiciones de Dios, bendiciones que son cedidas gratuitamente y que podrían disfrutarlas todo el tiempo. **V. 12.** *Entonces ten cuidado.* Las bendiciones pueden hacer olvidar la esclavitud en Egipto. Existe la tendencia humana a olvidar rápidamente los momentos amargos, si estos son seguidos por momentos muy agradables. En Egipto eran esclavos, trabajaban duramente y muchos de sus hijos murieron en manos de los egipcios para evitar la multiplicación del pueblo, ahora tienen la dicha de disfrutar de libertad, de abundancia y ser dueños de bienes y hogar. *No sea que te olvides de Jehovah que te sacó de la tierra de Egipto.* Este es el elemento más importante, el libertador es Jehovah, Dios omnipotente quien se impuso sobre todos los obstáculos desde la tierra de Gosén hasta la tierra de promisión; Jehovah no debe ser olvidado bajo ninguna circunstancia. **Vv. 13-15.** *A Jehovah tu Dios temerás y a él servirás.* En Canaán la tentación a la idolatría sería dura ya que la pretensión de los dioses de aquella región era la de ser los que daban fertilidad y la abundancia en la tierra. Los habitantes estaban aferrados a estas creencias, por lo que la lucha a librar, sería muy tenaz. *Y por su nombre jurarás.* Esta expresión podría significar: "Y cuando tengas que hacer un juramento, hazlo solo en el nombre de nuestro Señor." La ley mosaica prohibía jurar, pero en caso necesario los israelitas no deberían de jurar bajo ningún otro nombre, sino sólo en el nombre del Señor (Jehovah). El Comentario Bíblico Moody, dice al respecto: "Tal juramento constituía una renovación de juramento de adhesión que ratifica el pacto e involucra a Dios como la deidad que vengaba la perfidia."

La fidelidad a Dios es premiada con bendiciones en abundancia, pero también la infidelidad tiene sus consecuencias. Dios, por ser *un Dios celoso* desea una adoración exclusiva, no desea compartir su gloria con nadie más. El celo de Jehovah es tan fuerte por su pueblo, que podría destruirlo, si el pueblo lo traicionaba.

3 La importancia de no repetir los errores, Deuteronomio 6:16-19.

V. 16. *No pondréis a prueba a Jehovah vuestro Dios.* En otra ocasión el pueblo había puesto a prueba a Jehovah como lo relata Exodo 17:2-7. *Masá,* no es nombre de lugar propiamente, su significado es poner a prueba. Meriba que quiere decir altercado, es otra expresión usada en el incidente acaecido en Horeb, cuando el pueblo por falta de agua, altercó con Jehovah. Si la generación pasada lo había hecho, ellos no debían repetir el error que cometieron sus padres.

V. 17. *Guardad cuidadosamente.* Esta exhortación es permanente en el libro de Deuteronomio, para remarcar en la mente del pueblo la obediencia que Dios exige. *Los mandamientos* son puestos para guiar al pueblo a agradar a Dios

Vv. 18, 19. *Harás lo recto y bueno.* La observancia cuidadosa de la ley es la única forma de no repetir los errores del pasado. Hacer lo bueno y lo recto ante los ojos de Jehová es una exigencia para poder gozar de la tierra prometida y tener los recursos para derrotar a los enemigos.

───────────── Aplicaciones del estudio ─────────────

1. Una función importante del líder es la enseñanza. Moisés tuvo la virtud especial de ser un líder-maestro. Es una necesidad permanente del pueblo conocer más de la voluntad de Dios y es responsabilidad del líder enseñarla.

2. La familia debe ser el núcleo de aprendizaje de las verdades bíblicas. Si bien es cierto que el líder debe enseñar la voluntad de Dios, también es cierto que la familia constituye el núcleo más importante para el aprendizaje. Hay una demanda a los padres a enseñar a los hijos: "las repetirás a tus hijos."

───────────── Ayuda homilética ─────────────

Dios dicta sus leyes
Deuteronomio 5:23-33

Introducción: Moisés les recuerda a los israelitas el momento especial, cuando Dios dictó sus leyes en el monte Sinaí y ellos con temor reverente le piden a Moisés ser su mediador.

I. El temor del pueblo, vv. 23-26.
  A. Por causa de la gloria de Dios.
  B. Por causa de la grandeza de Dios.
  C. Por haber escuchado la voz de Dios.
II. El líder como intermediario, vv. 27-30.
  A. El pueblo pide la mediación de Moisés.
  B. Dios aprueba a Moisés como mediador.
  C. El mediador tiene la responsabilidad de enseñar.
III. Dios demanda obediencia, vv. 31-33.
  A. Poner por obra las demandas.
  B. Poner cuidado en hacer la voluntad de Dios.
  C. Andar con diligencia en el camino de la voluntad de Dios.

Conclusión: Dios dictó sus leyes a Moisés para que él las enseñara al pueblo. Dios demanda fiel obediencia a las mismas para poder gozar de las bendiciones que él tiene preparadas para todo aquel que es fiel y obediente.

Lecturas bíblicas para el siguiente estudio

Lunes: Deuteronomio 6:20-25
Martes: Deuteronomio 7:1-6
Miércoles: Deuteronomio 7:7-16

Jueves: Deuteronomio 7:17-26
Viernes: Deuteronomio 8:1-6
Sábado: Deuteronomio 8:7-20

AGENDA DE CLASE

Antes de la clase

1. Prepare tres rótulos llamativos con las siguientes preguntas: a. ¿Cuál es una buena base para comenzar una red bancaria? b. ¿Cuál es una buena base para comenzar un restaurante chino? c. ¿Cuál es una buena base para empezar un edificio de 10 pisos? d. ¿Cuál es una buena base para empezar un matrimonio? Colóquelos en cuatro lados del salón de clases. **2.** En tiras de papel escriba de forma visible los Diez Mandamientos, y doble cada uno hasta formar un pequeño paquete. También en dos cuadros de papel de color agradable escriba: a. Mandamientos sobre el temor a Dios, b. Mandamientos en relación con el comportamiento con nuestro prójimo. **3.** Coloque las sillas en círculo en el salón de clases. **4.** Prepare un drama de 5 minutos, con dos o tres personas representando una actividad de la vida real. En el primer acto estas personas cometen muchos errores; en el segundo acto los enmiendan y salen triunfantes. **5.** Respondan a las preguntas dadas en el Libro del Alumno en la sección *Estudio del texto básico.*

Comprobación de respuestas

JOVENES: **1.** b. Jehovah es Dios. **2.** a. Con la vida entera. **3.** a. Que se olvidaran del Señor. b. Respuesta personal.
ADULTOS: *Falso y Verdadero.* a. F; b. F; c. V, d. V; e. V. *Conteste:* **1.** a. Ciudades grandes, b. Casas llenas, c. Cisternas cavadas, d. vinos y olivares. **2.** Que se olvidaran de Jehovah. **3.** El furor de Jehovah y la destrucción de ellos. **4.** Respuesta personal.

Ya en la clase

DESPIERTE EL INTERES

1. Creando un ambiente agradable dé la bienvenida a sus alumnos. Recuerde de vez en cuando aprovechar las oportunidades de dialogra para mostrar su interés en aspectos familiares de sus alumnos. Eso ayuda a despertar el interés. **2.** Guíe a sus alumnos a dialogar sobre las tres preguntas de los rótulos que usted colocó en el salón, enfatizando la importancia de una buena base para iniciar cualquier actividad efectiva. **3.** Lleve imaginariamente a sus oyentes al momento en que los israelitas están a punto de entrar a la tierra prometida y Moisés les da instrucciones para que observen las bases y preceptos para que puedan gozar de la tierra y las bendiciones que Dios les prometió.

ESTUDIO PANORAMICO DEL CONTEXTO

1. Reparta los paquetitos de los Diez Mandamientos y solicite que los clasifiquen de acuerdo con los cuadros que colocaron en el pizarrón: a.

Mandamientos que se refieren al temor de Dios. b. Mandamientos que se refieren al comportamiento con nuestros prójimos, y enfatice la importancia de dichos mandamientos. **2.** Dialogue sobre la importancia de que la nueva generación conociera los mandamientos, e identificara que el pacto divino entre Dios y sus antepasados era aplicado a ellos también. Enfatice la importancia de que en la actualidad es necesario pasar de generación en generación los valores espirituales. Esa será la base de una sociedad diferente. **3.** Señale que el éxito y la prosperidad que el pueblo de Israel alcanzaría en la tierra prometida dependería de la obediencia de ellos y la fidelidad de Dios.

ESTUDIO DEL TEXTO BASICO
1. Guíe a sus alumnos a resolver las preguntas dadas.
2. Examine la importancia de una buena base para comenzar. Dialogue sobre la importancia de una buena base para comenzar cualquier actividad en la vida. Dialogue sobre la importancia de escuchar los preceptos de Jehovah y de ponerlos en práctica. Compare Deuteronomio 6:4, 5 con Mateo 22:37, 38 y pida comentarios de sus alumnos sobre el gran mandamiento. Resalte la necesidad de que los mandamientos, leyes y decretos fueran enseñados a todas las generaciones en todo tiempo y lugar.
3. Examine la importancia de la fidelidad. Organice dos grupos de trabajo para que en cinco minutos, de acuerdo con Deuteronomio 6:10-15, un grupo analice la importancia de la fidelidad a Dios y sus consecuencias; y el otro grupo considere el peligro de la infidelidad y sus consecuencias. Dé lugar a que un representante de cada grupo presente sus conclusiones.
4. Examine la importancia de no repetir los errores. Dé tiempo para el drama que preparó con anticipación. Provoque el diálogo sobre la importancia de conocer los errores del pasado, para entender el presente o mejorar el futuro. Pida que todo el grupo lea en voz alta Deuteronomio 6:24, 25, y enfatice la importancia de obedecer fielmente al Señor para no cometer los errores del pasado y buscar cada día actuar agradablemente a los ojos de Dios.

APLICACIONES DEL ESTUDIO
Pida a tres alumnos que lean en voz alta cada una de las aplicaciones del estudio. Oriente a todo el grupo a identificar y practicar el gran mandamiento en todas las acciones que realicen.

PRUEBA
Anímelos a completar los ejercicios correspondientes.

Resultados de la obediencia

Contexto: Deuteronomio 6:20 a 8:20
Texto básico: Deuteronomio 8:1-20
Versículos clave: Deuteronomio 8:5, 6
Verdad central: Dios, como Padre amante que nos ha reconocido como hijos, corrige nuestras desobediencias pero también nos recompensa cuando en obediencia andamos por su camino.
Metas de enseñanza-aprendizaje: Que el alumno demuestre su: (1) conocimiento de las consecuencias que tendría que enfrentar el pueblo de Dios si no le obedecía, (2) actitud de sumisión y obediencia a las demandas que Dios le hace.

Estudio panorámico del contexto

A. Fondo histórico:

Dios llama persistentemente. El llamado de Dios a la obediencia es persistente, porque Moisés estaba consciente del ambiente hostil que el pueblo iba a enfrentar; un grave problema sería la idolatría. En el pasaje se menciona a la diosa Asera (7:5), diosa cananea de la fertilidad. Su culto estaba relacionado con el de Baal. Asera, consorte de Baal, era conocida también como Astoret o Astarte, su símbolo era una vara sagrada o el tronco de un árbol.

Los hijos de Het. En Canaán habitaban heteos también conocidos como hititas, hijos de Het, segundo hijo de Canaán (Gén. 10:15). Todos los demás pueblos mencionados como el gergeseo, amorreo, cananeo, heteo, y jebuseo son descendientes de Canaán hijo de Cam, hijo de Noé (Gén. 10:15, 17). Sólo los ferezeos son mencionados como descendientes de los hititas y vivían en las regiones montañosas, los israelitas no lograron desalojarlos de la tierra prometida, son mencionados en la época de Salomón e inclusive después del cautiverio (Esd. 9:1).

En particular, el botín de guerra era propiedad de Jehovah y debía ser destruido, la infracción de esta orden era considerada un acto abominable ante los ojos de Dios. Anatema (*anatheme*) era una ofrenda u objeto maldito. Significa también excomulgar. Es sinónimo de maldición.

B. Enfasis:

La importancia de conocer la historia, 6:20-25. Los padres de familia tenían la responsabilidad de instruir a sus hijos en los caminos del Señor, basados en la historia del pueblo, enfatizando el poder de Dios que se manifestó al sacarlos de la esclavitud en Egipto, su cuidado en el desierto y la posterior posesión de la tierra prometida. La historia también señalaba la doctrina de la retribución que enseña que la obediencia y la desobediencia a los mandatos de Dios recibirán su justa recompensa. Por eso era muy importante conocer la historia para no caer en los errores pasados, sino obedecer la ley de Jehovah.

Sentencia contra los pueblos cananeos, 7:1-6. En la sentencia de Dios contra los cananeos podemos observar dos puntos de vista. De manera negativa, el exterminio conlleva la idea de juicio contra estos pueblos llenos de idolatría y de maldad, y de manera positiva, Dios quiere un pueblo consagrado, y siendo Israel un pueblo tan débil podían fácilmente ser influenciados a seguir a los dioses cananeos.

Recompensa de la obediencia o retribución, 7:7-17. El principio de la recompensa o retribución es un principio bíblico. El obediente recibe bendiciones en abundancia, mientras que el desobediente recibe maldición, no sólo sobre él, sino también sobre su descendencia. El pasaje subraya el hecho de la elección como un acto de gracia. El pueblo de Israel no poseía ningún mérito que lo hiciera digno de tal elección, el amor y la fidelidad de Jehovah son los elementos vitales en este proceso.

Para conservar el privilegio de la elección, el pueblo debe guardar los mandamientos y ponerlos por obra, y en recompensa Jehovah les multiplicará sus cosechas, tendrán abundancia de ganado y habrá sanidad para todos.

Jehovah luchará por su pueblo, 7:18-26. Luchar contra siete naciones bien establecidas era un gran desafío para Israel. Pudieron haber caído en períodos de temor y desesperación a causa del enemigo. Moisés, entonces les recuerda las obras poderosas de Jehovah, de cómo fueron liberados del Faraón y su ejército. El triunfo sobre el enemigo será progresivo, pero seguro. Dios enviará sobre ellos mortandad repentina, los israelitas tendrán que pelear, siempre con la ayuda y bendición de Dios. Caerán sobre sus enemigos como las avispas, que provocarán una desbandada en cada comunidad.

Exhortación a la disciplina, 8:1-6. La frase clave en este pasaje es: Cuidaréis de poner por obra todo mandamiento. El cumplimiento de los mandamientos trae consigo la realización de las promesas. Se multiplicarían en cuanto a número y llegarían a ser una nación grande. Ser cuidadoso y disciplinado es el requerimiento del Señor. Si bien, ellos sufrieron hambre en el desierto, también gozaron de la bendición del maná; la humillación provocada por el hambre resultó en la bendición de ver caer pan del cielo.

Advertencia de no olvidar a Jehovah, 8:7-20. La frase clave es: Acuérdate de Jehovah tu Dios. El es el que da las fuerzas para la prosperidad. En la tierra prometida ya no habría maná para recoger, ahora comerán del fruto de su trabajo, pero esto no es razón suficiente para olvidar a Jehovah.

El pasaje menciona dos pecados muy relacionados entre sí: el orgullo y la idolatría. No sea que digas en tu corazón: Mi fuerza y el poder de mi mano me ha traído esta prosperidad. Cuando el hombre se envanece, regularmente vuelve su corazón a dioses ajenos. Hay una fórmula para no olvidar a Dios: guardar sus mandamientos

1 La corrección de Dios es por amor, Deuteronomio 8:1-6.

Ninguna corrección divina tiene como fin provocar sufrimiento, más bien sirve para probar al pueblo y perfeccionarlos para una relación cada vez más estrecha y saludable. **V. 1.** *Cuidaréis de poner por obra todo mandamiento.* La observancia de la ley requiere diligencia. Las leyes prescritas por Dios son sabias, y su fiel observancia resultará en beneficio de los fieles. **V. 2.** *Acuérdate de todo el camino por donde te ha conducido.* Fueron cuarenta años difíciles, de pruebas, luchas y crisis. Moisés en su función pastoral didáctica les recuerda que todas esas humillaciones tuvieron como objetivo escudriñar el corazón del pueblo para saber la profundidad de su amor para Dios. Fueron pruebas de amor, fallecieron todos aquellos que no pusieron en su corazón el deseo de obedecer, sino en una actitud de rebeldía, altercaban en muchas ocasiones contra Moisés y en consecuencia contra Jehovah. **V. 3.** *No sólo de pan vivirá el hombre.* El corazón pastoral de Moisés nuevamente se nota en las frases que usa en este versículo: *El te humilló... Lo hizo para enseñarte.* Dios les proveyó en el desierto de una comida desconocida; era el maná que significa ¿qué es esto? En su desesperación y fastidio los israelitas le llamaron "comida miserable" (Núm. 21:5), posteriormente el salmista lo llama "trigo del cielo" "pan de fuertes" (Sal. 78, 24, 25) en otras versiones "pan de nobles" o quizás se pueda traducir como pan de ángeles. La lección a aprender en este acto de corrección de amor es la dependencia en Dios y en su palabra. El milagro del sustento no estuvo en el contenido del maná, sino en la palabra de Dios. **V. 4.** Ni el *vestido,* ni el calzado se han *envejecido,* como una manifestación de la providencia de Dios. **Vv. 5, 6.** *Reconoce, pues, en tu corazón.* En todo el pasaje resalta el cuidado de Dios para su pueblo en el desierto. Cuando ya no tenían nada y no podían hacer nada más que depender de la provisión celestial, Dios les proveyó pan diariamente y sus vestidos no se envejecieron. Ahora que están en las puertas de la tierra que fluye leche y miel, no deben echar al olvido los *mandamientos de Jehovah.* El padre amoroso aplica una disciplina, que no parece ser causa de gozo en el presente, pero al final resulta en bendición.

2 El secreto para evitar la corrección, Deuteronomio 8:7-14.

Vv. 7, 8. *Ciertamente Jehovah tu Dios te introduce en una buena tierra.* Todos los relatos concuerdan en dar testimonio de la hermosura natural y la fertilidad de Palestina en comparación con los territorios vecinos.

La fertilidad es descrita con lujo de detalles por todo el fruto que la tierra produce, aunado a la abundancia de agua que, además de darle belleza, contribuye a mantener la humedad para favorecer el cultivo y la abundancia de pasto para la ganadería.

Vv. 9, 10. *Tierra en la cual no comerás el pan con escasez.* Si en el desierto comieron maná, ahora tendrán la dicha de comer del fruto de la tierra, producto del trabajo de sus manos; ya no habrá hambre ni escasez. Moisés exhortó al pueblo a no olvidarse de Jehová. También les enseñó a bendecir el nombre de Jehová por la tierra que habían de poseer.

Vv. 11-13. *Cuídate de no olvidarte de Jehová tu Dios.* El secreto, para no volver a sufrir el castigo de Dios está en la obediencia, obediencia derivada de una relación personal con Dios. En el monte Sinaí Dios, por medio de Moisés, dictó sus leyes y ahora el mismo Moisés se dedica a repetirla, renovando el compromiso del pueblo a ser fieles a Dios.

Moisés le anticipa al pueblo las bendiciones que recibirá como resultado de la obediencia.

a. Cuando comas y te sacies
b. Cuando edifiques buenas casas y las habites
c. Cuando se multiplique tu ganado
d. Cuando se multiplique la plata y el oro

Cuando se multiplique todo lo que tienes, es una frase hermosa, que indica prosperidad en todos y cada uno de los aspectos de la vida.

V. 14. *Entonces se llegue a enaltecer tu corazón.* El orgullo es uno de los pecados más condenados en la Biblia, porque provoca la rebeldía y la falsa autosuficiencia. Para evitar el orgullo debían recordar su pasado cuando eran esclavos en Egipto.

3 No se debe olvidar la historia, Deuteronomio 8:15-20.

Vv. 15, 16. *El es quien te hizo caminar...* El énfasis está en la persona de Dios y en el cuidado que tuvo con su pueblo en el peregrinaje por el desierto.

a. Los libró de serpientes venenosas o ardientes y de escorpiones. Esta clase de animales venenosos abundan en el desierto.

b. Les dio agua de la roca. Este milagro se menciona dos veces. Parece ser que son dos episodios distintos uno en el Sinaí y otro en Cades Barnea.

c. Les proveyó de maná para el sustento diario.

Vv. 17, 18. *El es el que te da poder.* Todas las penalidades que sufrieron en el desierto deben ser recordadas para no olvidar a Dios. Dios da el poder para obtener la riqueza y la prosperidad, disfrutar de ello depende de la fidelidad y la gracia de Dios. Dios nunca ha estado en contra de la riqueza, pero sí en contra del orgullo a causa de los bienes materiales.

Vv. 19, 20. *Pereceréis totalmente.* En su papel de profeta y sacerdote, Moisés les advierte que si ellos van tras los dioses paganos, el castigo que vendría sería terrible. Dios hizo un pacto con Abraham, por eso siempre guardó un remanente para cumplir sus promesas. Moisés dice: "Yo testifico hoy contra vosotros"; otras versiones dicen "Yo afirmo", "yo certifico" "yo les aseguro". Todas las expresiones dan la idea de la seriedad con que Moisés estaba advirtiendo al pueblo el castigo del adulterio espiritual.

Bien vale la pena no olvidar la historia, como un punto de referencia para no caer en los mismos errores de nuestros antepasados espirituales.

1. **La familia es la entidad más importante en la formación espiritual de los hijos.** El padre de familia debe tener la capacidad de responder a las inquietudes de los miembros de la misma. 2. **Memorizar las Escrituras es importante para retener las verdades vitales de la fe genuina.** Los textos memorizados sirven también para defender nuestra fe ante aquellos que demandan razón de ella. 3. **No olvidar el cuidado divino.** En los momentos más difíciles de nuestra vida, hemos experimentado la providencia de Dios, pero cuando vienen mejores tiempos tenemos la tendencia a olvidarnos y llenarnos de orgullo haciendo gala de nuestros propios méritos. La humildad nos guía siempre a la dependencia divina, el orgullo nos aleja de Dios.

Ayuda homilética

La disciplina de Dios
Deuteronomio 8:1-6

Introducción: Ninguna disciplina parece ser causa de gozo, pero su finalidad es probarnos como se prueba el oro en el fuego para ser purificados.

La disciplina de Dios:

I. Sirve para probar los corazones, v. 2.
  A. Si Dios es nuestro mayor tesoro.
  B. Si estamos dispuestos a guardar sus mandamientos.
II. Sirve para nuestro bien, v. 3.
  A. Dios nos sustenta en la prueba.
  B. Dios nos enseña en la prueba.
  C. Nuestra fe se fortalece en la palabra de Dios.
III. Sirve para mostrarnos su amor, v. 5.
  A. Nos corrige como hijos.
  B. Después de la prueba, nos abre las puertas de sus bendiciones.

Conclusión: La disciplina de Dios no viene por casualidad, tiene un objetivo: hacernos buenos hijos de él. La Biblia nos desafía a confiar en la gracia en los momentos de prueba, aun cuando no los podamos entender.

Lecturas bíblicas para el siguiente estudio

Lunes: Deuteronomio 9:1-21
Martes: Deuteronomio 9:22-29
Miércoles: Deuteronomio 10:1-11

Jueves: Deuteronomio 10:12-22
Viernes: Deuteronomio 11:1-31
Sábado: Deuteronomio 12:1-32

AGENDA DE CLASE

Antes de la clase
1. Prepare para llevar a la clase diferentes objetos o figuras que representen el concepto de "resultado" y colóquelos en lugares apropiados donde sean vistos por los alumnos al ingresar al aula. **2.** Prepare rótulos que digan: "resultados de la obediencia"; "resultados de la desobediencia"; "disciplina"; "amor". **3.** Solicite anticipadamente a dos personas que compartan una experiencia de disciplina en su niñez o juventud y el resultado de la misma. **4.** Pida a una persona que investigue y prepare un resumen de tres minutos sobre las condiciones que caracterizaban a los pueblos cananeos según Deuteronomio 7:1-6. **5.** Responda a las preguntas dadas en el libro del alumno en la sección de *Estudio del texto básico*.

Comprobación de respuestas
JOVENES: **1.** c. Obedecer los mandamientos. **2.** c. Para enseñarles que el hombre no vive sólo de pan. Paráfrasis.

ADULTOS: **1.** Humillarlos y probarlos para saber lo que había en su corazón y si guardarían sus mandamientos. **2.** Para enseñarles que no sólo de pan vivirá el hombre, sino de toda palabra que sale de la boca de Dios. **3.** Tierra próspera, llena de ricas y abundantes bendiciones de Dios. **4.** Que se enalteciera su corazón y confiaran egoístamente en ellos mismos. **5.** Perecerían totalmente.

Ya en la clase
DESPIERTE EL INTERES
1. Pregunte a los alumnos su opinión del concepto de resultado, de acuerdo con los objetos que usted preparó. **2.** Coloque los rótulos de "resultado de la obediencia" y "resultados de la desobediencia", y provoque la dinámica de lluvia de ideas sobre dichos rótulos. Haga un análisis comparativo de los resultados y enfatice el asunto de la recompensa de la obediencia. **3.** Señale que el tema de hoy tratará sobre los resultados de la obediencia.

ESTUDIO PANORAMICO DEL CONTEXTO
1. Introduzca su tema dando una visión general de los sufrimientos que experimentaron los israelitas en el desierto y las condiciones positivas y negativas que les esperaban en la tierra prometida. **2.** Dé lugar a la exposición de la persona que usted asignó sobre las características de los pueblos cananeos. **3.** Señale la importancia de la obediencia que Dios exigía a su pueblo y la advertencia de disciplina al no obedecer sus mandatos.

ESTUDIO DEL TEXTO BASICO

Guíe a sus alumnos a responder por parejas la sección: Lee tu Biblia y responde.

1. La corrección de Dios es por amor. Coloque los rótulos de "disciplina" y "amor" y pregunte sobre el significado y la relación entre ambos conceptos. Pida a un voluntario que lea en voz alta, pausadamente y con claridad Deuteronomio 8:5. Provoque la reacción de los alumnos con las siguientes preguntas: ¿Por qué corrigió Dios a su pueblo? ¿Cómo lo corrigió? ¿Qué sufrió el pueblo como resultado de la corrección? ¿Cómo manifestó Dios su amor en esa corrección? ¿Cuál fue el propósito de esa corrección? Enfatice que Dios, como Padre amoroso disciplina a sus hijos, por el mismo bienestar de ellos.

2. El secreto para evitar la corrección; solicite a las dos personas que expongan su experiencia de disciplina en su niñez o adolescencia y cuál fue el resultado de la misma. Utilice los ejemplos compartidos para señalar que el secreto para evitar la corrección es la obediencia fiel a los mandatos. De acuerdo con Deuteronomio 8:7-10 señale las bendiciones abundantes que esperaban a la nueva generación en la tierra prometida. Dialogue sobre el peligro del hombre en su debilidad humana de olvidarse de Dios ante la prosperidad. Resalte las advertencias que Jehovah hace a su pueblo en Deuteronomio 8:11-14. Subraye la importancia de obedecer los mandamientos de Dios para evitar la corrección.

3. No se debe olvidar la historia. Pregunte a las dos personas que expusieron su experiencia: ¿Olvidarán la corrección a la que fueron expuestos? ¿Para qué les sirve recordarla? ¿Cometerían de nuevo los errores que ocasionaron la disciplina? De acuerdo con sus respuestas, señale la importancia de que el pueblo de Dios recordara la causa y efecto del sufrimiento que habían experimentado sus antepasados; como una advertencia de no cometer los mismos errores. Solicite que todo el grupo lea Deuteronomio 8:19, 20 y enfatice que así como la obediencia tiene su recompensa, la desobediencia trae resultados negativos.

APLICACIONES DEL ESTUDIO

1. Divida la clase en tres grupos y asigne a cada grupo una de las aplicaciones para que la analice y la comparta con el grupo general. **2.** Al exponer cada aplicación, motive a sus alumnos a la reflexión. **3.** Finalice esta sección con una oración por la consagración y obediencia a los mandatos del Señor.

PRUEBA

Dirija a sus alumnos en el cumplimiento de esta sección del estudio.

Dónde y cómo adorar a Dios

Contexto: Deuteronomio 9:1 a 12:32
Texto básico: Deuteronomio 12:1-28
Versículo clave: Deuteronomio 12:5
Verdad central: Dios demanda un lugar único y adecuado para que su pueblo le rinda sincera y ferviente adoración.

Metas de enseñanza-aprendizaje: Que el alumno demuestre su: (1) conocimiento de la demanda de Dios a su pueblo a tener un lugar especial para adorarle, (2) actitud de fidelidad en la adoración a Dios.

───────────── Estudio panorámico del contexto ─────────────

A. Fondo histórico:

Los lugares altos. En la Biblia esta práctica es condenada para el pueblo de Israel. Los cananeos adoraban a sus dioses generalmente en los lugares altos porque creían que resultaba más fácil atraer su atención desde allí.

Piedras rituales, o estatuas o piedras de culto. En la religión cananea se adoraban pilares de piedra que eran identificados con la deidad masculina, especialmente con Baal.

Arboles de Asera. Asera era considerada la diosa madre de los cananeos, el símbolo de su presencia en el lugar de culto era el árbol sagrado junto al altar. Aunque podría no haber sido un solo árbol, sino un bosquecillo sagrado.

Ofrenda alzada, o elevada o mecida. Esta ofrenda era alzada y mecida de un lado a otro de una manera solemne como dedicándola a Dios. El vocablo hebreo: *teruma* significa elevada hacia el cielo a la vista de la congregación y después presentada a los sacerdotes.

Ofrendas votivas. Estas son ofrendas hechas con motivo de algún voto. Estas ofrendas votivas y voluntarias normalmente eran sacrificios de animales de los cuales el oferente podía comer una porción ya sea el mismo día, o podía dejar algo para el día siguiente, pero no más.

B. Enfasis:

La victoria proviene de Dios, 9:1-7. Siempre ha intrigado a los hombres por qué Dios mandó a su pueblo que exterminara a los cananeos. La única respuesta bíblica a esta interrogante está en este pasaje: por la impiedad de ellos. Sin embargo, no quiere decir que a Israel se le daría la tierra por su justicia, ni mucho menos por su rectitud. La victoria del pueblo de Dios es el cumplimiento de la promesa de Jehovah hecha a los patriarcas.

Triste recuerdo del becerro de oro y las rebeliones, 9:8-29. Los israelitas cambiaron la gloria de Dios por un becerro de oro que Aarón autorizó fabricar cediendo a la presión del pueblo. Por este acto Dios dispuso la muerte del pueblo, pero Moisés intercedió por ellos, para que no los exterminara. *Las tablas de la ley en el arca, 10:1-11.* Las primeras tablas de la ley fueron destruidas por Moisés a causa del pecado del pueblo. Las nuevas tablas debían ser guardadas con especial cuidado. Dios les ordenó que fabricaran un arca para guardarlas a fin de que estuvieran en la memoria del pueblo. *Lo que Dios pide a su pueblo, 10:12 a 11:9.* El primer y gran mandamiento es amar a Dios. Si un pueblo ama de corazón a Dios, entonces le tributará una adoración exclusiva. Era necesaria una circuncisión no física, sino de corazón, extrayendo toda impureza, y malicia que envenena los corazones. *Descripción de la tierra prometida, 11:10-25.* Las bondades de la tierra prometida, son descritas en muchos pasajes de la Escritura, quizá lo más relevante es el hecho de contar con la lluvia, como una manifestación del cuidado de Dio. Habría fruto en abundancia y pasto suficiente para el ganado. Los ojos de Dios estarían atentos desde el inicio del año hasta el fin del mismo. *Alternativas de bendición o maldición, 11:26-32.* Solamente había una condición para recibir las bendiciones de Dios: la obediencia. La desobediencia que siempre se reflejaba en la idolatría era sumamente condenable y traería consigo maldiciones. El monte Gerizim y Ebal son símbolos de bendición y maldición, respectivamente.

El santuario único y destrucción de la idolatría, 12:1-32 La demanda de Dios de derribar los templos de adoración ubicados en los montes altos o debajo de los árboles frondosos, es para destruir todo vestigio de idolatría y evitar así que Israel cayera en ella.

──────────────── Estudio del texto básico ────────────────

1 Destrucción de los altares idólatras, Deuteronomio 12:1-3.

V. 1. *Estas son las leyes y decretos que cuidaréis de poner por obra.* Nuevamente se exhorta al pueblo a poner por obra las leyes divinas para preservar su existencia sobre la tierra. En este versículo se implica que la desobediencia trae consigo la pérdida del privilegio de habitar la tierra prometida. Esta sentencia bíblica se ha cumplido en varias ocasiones, Israel ha sido despojado de su tierra en más de una vez.

Vv. 2, 3. *Destruiréis todos los lugares donde las naciones... han servido a sus dioses.* La demanda de Dios para su pueblo era la erradicación completa de la idolatría, no dejando nada que estuviera asociado con las prácticas paganas para no caer en ellas. En estos lugares altos había árboles frondosos que representaban principalmente a Asera, diosa cananea de las fertilidad, había piedras rituales representando a dioses del sexo masculino, eran pilares toscos de piedra. Dios requiere adoración santa, solemne que brote del corazón mismo del adorador, sin mezcla con la adoración de los paganos.

2 Preservación del lugar de culto a Jehovah, Deuteronomio 12: 4-19.

Vv. 4-6. *No haréis así para con Jehovah vuestro Dios.* La manera en que el pueblo debe adorar necesita apegarse a las demandas de Jehovah: en el tabernáculo, en un altar y dirigido por un sacerdote escogido. Dios designó varios lugares donde podían llevarse las ofrendas, como Ebal, Silo, Siquem y finalmente en el tiempo de David, Jerusalén. La exigencia de Dios en este punto se enmarca en el contexto de la exigencia del soberano al vasallo, sus tributos e impuestos corresponden única y exclusivamente al soberano.

Allá llevaréis vuestros holocaustos. En el lugar señalado ofrecían todas las ofrendas que acompañaban el culto a Jehovah, nadie debía llegar con las manos vacías. Los diezmos eran obligatorios y el oferente no tenía potestad sobre ellos, debía traerlos al lugar indicado. Las ofrendas mencionadas son ofrendas voluntarias, la ofrenda alzada o levantada en acto ritual, mecida solemnemente para dedicarlo a Dios en adoración. Las ofrendas votivas se daban a causa de algún voto hecho delante de Jehovah.

V. 7. *Allí comeréis ...y os regocijaréis.* En la adoración el pueblo se llenaba de gozo, comía la parte permitida de lo que ofrecía a Dios, se regocijaba celebrando la grandeza de su Dios. Cabe recordar que el regocijo es un elemento importante en el culto cristiano.

Vv. 8-10. *No haréis como todo lo que nosotros hacemos hoy aquí.* Al entrar en la tierra, y tomar posesión de ella, el pueblo debía organizar el culto a Dios. La entrada a la tierra es también llamada reposo, porque el pueblo reposará de las aflicciones del peregrinaje, dejará de ser un pueblo que vagaba en el desierto para ser estable, tendrán descanso de sus enemigos. Si Dios les da el reposo y la seguridad, ellos deben tributarle una adoración ordenada y exclusiva.

Vv. 11, 12. *Y os regocijaréis.* Hay aquí una repetición de los vv. 5-7, con la excepción de la mención de los levitas. Los levitas fueron designados para el servicio a Dios, a ellos no les fue señalada heredad entre las tribus, su sostenimiento provenía de lo que el pueblo traía para ofrecer a Dios. Además del cuidado que debía tener el pueblo con los levitas, también son mencionados los siervos como participantes de la adoración, no hay acepción de personas, la adoración debía ser un punto de comunión entre todos los adoradores.

Vv. 13, 14. *Ten cuidado de no ofrecer tus holocaustos en cualquier lugar que veas.* Los idólatras ofrecían sacrificios y cultos en cualquier lugar, llenos de ritos vergonzosos. Tan solo en el lugar indicado se ofrecería los sacrificios y los ritos estarían de acuerdo con lo indicado por Dios mismo. La santidad de Dios se refleja en la calidad del culto que demanda, Dios es un Dios celoso, no comparte su gloria con nadie más.

V. 15. *Podrás matar y comer carne con todo tu apetito.* La carne no era consumida regularmente en el desierto, la gente se reunía alrededor del tabernáculo a participar de la carne que les era permitido consumir, pero ahora que van a ubicarse en diferentes ciudades, la situación cambia, no contaban con un sistema adecuado para la conservación de los alimentos, por tanto, se les permitió participar de la carne en sus ciudades. La participación de todas las personas era permitida, ya sea que fueran puras o impuras. Las personas impuras mencionadas allí, aparentemente se refería a aquellos que habían cometido infraccciones leves que no ameritaban su exclusión. Además de comer de la carne de los animales aptos para el sacrificio, también podrían comer de los animales no domésticos como la gacela o el venado, que eran considerados limpios, y eran cazados con facilidad.

V. 16. *No comeréis la sangre.* La sangre como elemento vital y símbolo de la vida, es tratada con gran reverencia en el A. T., especialmente relacionada con el pacto y el sacrificio.

Es una notable prefiguración del sacrificio de Cristo en la cruz del Calvario mezclados con paganismo.

V. 17. *No podrás comer el diezmo de tu grano.* Si bien les fue permitido comer carne en sus ciudades, lo que no debían consumir eran los diezmos, las primicias del ganado, todo esto debía ser llevado al lugar señalado. No hay lugar para el desenfreno. Hay dones y ofrendas que pertenecen exclusivamente al soberano y éstos deben ser respetados.

Vv. 18, 19. *En el lugar que Jehovah tu Dios haya escogido.* El énfasis de todo el pasaje es el santuario único, evitando la proliferación de lugares y ritos mezclados con el paganismo.

3 Normas para el culto a Jehovah, Deuteronomio 12:20-28.

Vv. 20-22. *Podrás comer la carne.* Claramente se distiguen dos tipos de carnes para el consumo, lo que se consume como alimentos y la que se consume como parte del sacrificio de paz. La única demanda es cumplir con las ordenanzas que Dios ha fijado para el consumo, con mucha higiene y cuidado.

Vv. 23-25. *No comerás la vida.* La sangre debía ser derramada como agua en tierra. Ninguna ceremonia debía hacerse fuera del altar, como acostumbraban los paganos. La sangre simboliza la vida misma y en el altar adquiere un significado ritual y como tal es medio de adoración, consagración y sello de un pacto. La obediencia a esta norma y todas las demás que Jehovah ordenó a su pueblo, aseguran su prosperidad y el bienestar en la nueva tierra.

Vv. 26, 27. *Pero, las cosas consagradas...* Todos los elementos designados u ofrecidos a Jehovah deberían ser llevados al altar, para que el sacerdote de Dios los ofreciera en sacrificio y el oferente participara de la parte que le correspondía. En este caso, la sangre no será derramada en tierra, sino sobre el altar de Jehovah, para dedicarla en adoración o consagración.

También hemos anotado anteriormente sobre los otros usos de la sangre en el altar.

V. 28. *Guarda y obedece todas estas palabras.* Después de anunciar todas las estipulaciones para el culto, Moisés termina con una exhortación final: que el pueblo ponga su corazón y su mente en el cuidado de cumplir los requerimientos. Dios es eterno, y sus promesas no cambian, pero si los hijos de Dios fueran infieles nadie les garantizaría el bienestar y la prosperidad, más bien vendría sobre ellos muerte y destrucción.

Aplicaciones del estudio

1. El pueblo del Señor debe tener cuidado con el culto. El mundo ofrece tantos elementos como la música, la moda los espectáculos que pueden hacer caer a los adoradores en idolatría. El culto es el reconocimiento de la grandeza y la soberanía de Dios. Es en su obra y su persona que debe centrarse el culto.

2. Los diezmos y las ofrendas deben ser llevados al templo. Nadie está autorizado a utilizar el diezmo como mejor le convenga. La iglesia local es la institución encargada de distribuir su presupuesto de la mejor manera posible.

3. El cuidado para los levitas. Así como el en el Antiguo Testamento había una provisión de parte de Dios para los levitas, los siervos del Señor deben gozar de un sostenimiento adecuado. Dios demanda hoy el cuidado para sus siervos llamados y ungidos para un ministerio especial.

Ayuda homilética

El Dios victorioso
Deuteronomio 9:1-7

Introducción: El hombre siempre ha tenido la tendencia de jactarse por los éxitos alcanzados. No le da la gloria a Dios. Cuando esto sucede cae en lo que llamamos orgullo, que es en sí mismo una derrota espiritual.

   I. Los enemigos son fuertes, pero no invencibles, vv. 1-3.
     A. Naciones grandes y poderosas.
     B. Ciudades fortificadas y habitadas por gigantes.
     C. Pero, Dios es fuego consumidor.
   II. Los enemigos vencidos por el Dios Santo y Fiel, vv. 4, 5.
     A. Los cananeos eran impíos.
     B Los israelitas no eran justos, ni rectos.
     C. Dios es santo y fiel.
   III. Vencer a los enemigos no debe apartarnos de Dios, vv. 6, 7.
     A. La victoria no es fruto de nuestra justicia.
     B. Jehovah es el que siempre da la victoria.

Conclusión: El victorioso es Dios y no el hombre, él derrota a los impíos y cumple con sus promesas favoreciendo a sus hijos.

Lecturas bíblicas para el siguiente estudio

Lunes: Deuteronomio 13:1-5
Martes: Deuteronomio 13:6-11
Miércoles: Deuteronomio 13:12-19

Jueves: Deuteronomio 14:1-10
Viernes: Deuteronomio 14:11-21
Sábado: Deuteronomio14:22-29

AGENDA DE CLASE

Antes de la clase
1. Prepare una grabadora con casete de música de adoración instrumental y vocal. **2.** Consiga estatuillas de ídolos o piedras rituales y colóquelos en un lugar visible del salón. **3.** Prepare rótulos en forma de pie, el número que usted considere necesario. Cada rótulo debe tener una de las siguientes preguntas: ¿Por qué adoramos a Dios? ¿Qué adoración le damos a Dios? ¿Es correcta la adoración que estamos dando a Dios? ¿Se agradará el Señor de la clase de adoración que le rendimos? **4.** Asigne a tres personas para que durante la semana investiguen el tema asignado: A. Destrucción de los altares idólatras. B. Preservación del lugar de culto a Jehovah. C. Normas para el culto a Jehovah. Todo esto en relación con lo que debían hacer los israelitas al entrar a la tierra prometida. Todas las investigaciones deben basarse en Deuteronomio 12. **5.** Reúnase en la semana con los tres alumnos para conocer su investigación y coordinar la exposición de sus temas. **6.** Responda a las preguntas dadas en el libro del alumno en la sección: *Estudio del texto básico.*

Comprobación de respuestas
JOVENES: **1.** Paráfrasis. **2.** a. Holocaustos, b. Sacrificios, c. diezmos, d. ofrenda alzada, e. ofrendas votivas, f. ofrendas voluntarias, g. los primerizos. **3.** La sangre era considerada como la vida misma de una persona. ADULTOS: **1.** Debían cuidar poner por obra las leyes y decretos. **2.** Destruir los lugares de culto pagano y destruir los altares, piedras rituales y los árboles de Asera. **3.** Tener cuidado de no mezclar los lugares de culto pagano con los lugares dedicados al culto a Dios. **4.** Paráfrasis.

Ya en la clase
DESPIERTE EL INTERES
Coloque los rótulos llamativos en forma de pie, desde la entrada del salón, para que los alumnos comiencen a leerlos desde el momento en que entren al aula. Encienda la grabadora con la música instrumental de adoración para que la escuchen los alumnos al ir llegando. Dedique uno momentos para dialogra con sus alumnos acerca de sus impresiones al ir entrando, de tal manera que identifiquen la necesidad de rendir una adoración adecuada al Señor. Promueva la participación de un voluntario para adorar al Señor en oración y pedir su dirección en el estudio a desarrollar.

ESTUDIO PANORAMICO DEL CONTEXTO
Utilice las estatuillas de los ídolos que llevó a la clase, introduzca su tema refiriéndose en general a la idolatría de los cananeos, y a la idolatría en que había caído el pueblo de Israel en el pasado, al adorar al becerro de oro. Mencione la prosperidad que le esperaba al pueblo de Israel en la tierra prometida y las demandas de obediencia, fidelidad y amor a Dios.

ESTUDIO DEL TEXTO BASICO

Guíe a la clase a solucionar los ejercicios en la sección: *Lea su Biblia y responda.*

1. Examine la división 1, Destrucción de los altares idólatras. Solicite a la persona que investigó sobre la idolatría de los cananeos, que exponga su tema. Retome el tema y señale que Dios ordenó la destrucción y erradicación total del paganismo. Dé lugar a intervenciones de los alumnos sobre el tema. Procure siempre tener control del tema para que no se desvíen del mismo los expositores.

Llame la atención a las estatuillas y pregunte a dos o tres alumnos qué piensan cuando ven esas figurillas y que compartan con el grupo esas impresiones. Algunas preguntas para guiar las respuestas pueden ser: ¿Por qué Dios pidió que se destruyeran todos los ídolos? ¿Cómo se compara el Dios Todopoderoso con esas figuras? Cuando usted visita un hogar donde hay imágenes, ¿qué debe hacer, según el estudio de hoy?

2. Examine la división 2: Preservación del lugar de culto a Jehová. Pida al alumno asignado para este punto que comparta su investigación. Retome este punto, enfatizando la importancia de rendir a Dios un culto de adoración santa y verdadera en el lugar que él designó. Promueva la investigación del grupo en base a preguntas o comentarios.

3. Examine la división 3: Normas para el culto a Jehová. Anuncie al hermano(a) que le fue asignada esta porción para que presente sus comentarios producto de su investigación. Una vez que haya terminado, tome usted la palabra y haga hincapié en que Dios merece lo mejor de nosotros y una adoración organizada y de corazón sincero.

APLICACIONES DEL ESTUDIO

Exponga cada una de las aplicaciones que se encuentran en el libro del alumno. Al mismo tiempo, revise las aplicaciones que sugiere el libro de maestros, para ver si es propio hacer algunos cambios o adaptaciones de lo que nosotros sugerimos. No tenga miedo de elaborar sus propias aplicaciones si ello sirve para mejorar el proceso de enseñanza-aprendizaje. Guíe al grupo en unos momentos de reflexión personal que siempre serán de bendición, pues en última instancia esa es la mejor manera de aprovechar el estudio.

PRUEBA

Motive la clase a resolver en el Libro del Alumno la prueba y a finalizar individualmente en oración, manifestando al Señor en intimidad su compromiso, sobre la adoración que quiere darle.

Normas de vida para un pueblo santo

Contexto: Deuteronomio 13:1 a 14:29
Texto básico: Deuteronomio 14:1-29
Versículo clave: Deuteronomio 14:2
Verdad central: El pueblo de Dios ha sido llamado para ser un pueblo santo y para cumplir un propósito especial en el mundo. Para cumplir su misión debe obedecer las normas que Dios ha establecido.
Metas de enseñanza-aprendizaje: Que el alumno demuestre su: (1) conocimiento de las leyes que Dios estableció para su pueblo, (2) actitud de obediencia a las leyes divinas, comprometiéndose a vivir de acuerdo con ellas.

―――――― **Estudio panorámico del contexto** ――――――

A. Fondo histórico:

Culto pagano en la tierra de Canaán. El culto en Canaán consistía en acciones rituales externas, que procuraban que los dioses se mostraran más benevolentes. En esta idea del culto ocupaba un puesto capital el sacrificio, en que eran ofrecidos los frutos de la tierra, ganado y hasta sacrificios humanos. La religión cananea giraba especialmente en torno a la fecundidad y a las relaciones sexuales. Creían que en la primavera se daba la unión entre Baal y la diosa de la fecundidad, lo que producía la lluvia y propiciaba la vegetación. La fecundidad personificada como diosa se convertía realmente en una prostituta, que curiosamente era llamada santa; y en este ambiente abundaba la prostitución sagrada tanto entre los hombres como entre las mujeres. El interés por el sexo llegaba a extremos que Deuteronomio prohibió toda práctica relacionada con el culto de los cananeos (Deut. 23:17, 18).

Sacrificios humanos como parte del culto pagano. Por numerosas alusiones bíblicas y de autores romanos sabemos también que en ocasiones se practicaba el sacrificio de niños, los asesinos oficiales de los niños eran los sacerdotes de Baal y Astoret, ambos altares generalmente se encontraban cerca el uno del otro. Los arqueólogos han encontrado tinajas con huesos de niños que se cree que fueron sacrificados.

Dioses principales de la tierra de Canaán. El término genérico cananeo para expresar la idea de dios era *El*, nombre que designa al dios supremo, el jefe de todos los dioses. *Baal*, término cananeo que significa simplemente *señor*, se creía que Baal tenía dominio sobre la lluvia y por consiguiente sobre la vegetación. *Asera*, diosa cananea de la fertilidad y del amor sexual, también se le conoce como *Astoret*, era una deidad muy importante entre los cananeos. Parte esencial de su culto era la prostitución. Entre otros dioses cananeos podemos mencionar a *Mot*, dios de la muerte, se le atribuía la esterilidad y la viudez. *Dagón* dios del grano, principal dios entre los filisteos y *Anat* diosa del amor y de la guerra.

B. Enfasis:

Pruebas contra los falsos profetas, 13:1-5. De tiempo en tiempo se levantaba un profeta soñador, inclinando el corazón del pueblo a la idolatría. Era una afrenta al Dios verdadero, dicho profeta no merecía vivir, debía ser excluído de la comunidad y castigado con la muerte. La revelación de Dios venía mediante sueños y visiones, los profetas predecían hechos ordinarios. Dios podía permitir que las predicciones de los profetas se cumplieran, pero debía ser tomado en cuenta el mensaje, porque Dios podría estar probando el corazón de su pueblo. Si el mensaje del profeta tenía como objetivo desviar al pueblo en pos de dioses ajenos, el tal habría de morir irremediablemente.

Rechazo de las malas influencias, 13: 6 a 14: 2. La incitación a la apostasía podía estar presente incluso en el círculo familiar. En este caso no hay excepción, el incitador también debía morir. El castigo debía ser aplicado públicamente como una advertencia a toda la comunidad. En el v. 13 menciona a los hombre impíos (hijos de Belial), término usado para criminales habituales. Así son calificados los hombres que seducen a las ciudades enteras a dejar a Jehovah; sin embargo, la justicia debía imperar, nadie debía ser ajusticiado sin haber sido objeto de investigación.

Animales limpios e inmundos, 14:3-21. Las normas enunciadas en este pasaje tienen como finalidad la prevención y la higiene. La carne, por ejemplo de cerdo, aun en las condiciones más higiénicas puede transmitir parásitos peligrosos. Los crustáceos o mariscos que con frecuencia se alimentan de basura, o las aves que se alimentan de carroña, no estaban permitidas para el consumo de los israelitas, Dios deseaba un pueblo santo y sano.

Los diezmos, 14:22-29. Los diezmos no empezaron con Moisés, sino mucho antes, especialmente recordamos que en el tiempo de Abraham ya se practicaba el traer los diezmos al sacerdote (Gén. 14:18, 19; 28:22).

─────────── **Estudio del texto básico** ───────────

1 La vida de un pueblo especial, Deuteronomio 14:1, 2.

V. 1. *Vosotros sois hijos de Jehovah vuestro Dios.* El pueblo de Israel tenía una relación tan estrecha con Dios, que sólo se podría comparar a la relación de un padre con su hijo. Cuando Moisés se presentó ante el faraón, en Exodo 4:22, identificó a Israel como "hijo" y "primogénito" de Jehovah. En esta ocasión Moisés recurrió a esta relación filial para demandar al pueblo una conducta digna. *No sajaréis vuestros cuerpos.* Esta era una costumbre pagana que los deudos de una persona fallecida practicaban para demostrar su dolor, también era parte del culto a su Dios. Ellos por ser imagen y semejanza de Dios, no debían manchar esta imagen con prácticas que desfiguraban al individuo. **V. 2.** *Porque tú eres un pueblo santo.* El pueblo de Israel recibió un llamamiento especial, peculiar, único, debía ser un pueblo santo para Jehovah. Debido a este llamamiento, Israel no debía contaminarse con las formas cúlticas corrompidas. La palabra *especial* tiene la connotación de propiedad: Israel ha sido escogido entre las naciones.

2 Comida para un pueblo especial, Deuteronomio 14:3-21.

V. 3. *No comeréis ninguna cosa abominable.* Jehovah es un Dios muy exigente, no permitía que por ningún motivo su pueblo comiera cosas inmundas, la norma era especialmente referente a las carnes. Los pueblos cananeos y vecinos tenían prácticas abominables, por supuesto entre estas prácticas estaba la comida. Dios prohibió esto para evitar la contaminación con la idolatría, además de promover el cuidado de la salud; los animales aquí descritos como inmundos son menos sanos y menos adecuados para la alimentación.

Vv. 4, 6. *Estos son los animales que podéis comer.* En esta sección se repite casi literalmente Levítico 11:2-23, respecto a la lista de animales permitidos, entre los cuales se encuentran los que con cierta facilidad eran cazados en la región desértica del Sinaí hasta Moab. Moisés renovó las instrucciones a un pueblo joven, quizás recordando lo que había anunciado a los padres de esta generación.

Vv. 7, 8. *También os será inmundo el cerdo.* Se menciona una lista de animales cuadrúpedos que son considerados inmundos, entre ellos el camello, animal utilizado para el transporte de carga o personas. El conejo y la liebre, estos no son estrictamente rumiantes, pero parecen serlo por la forma en que mueven el hocico. En especial se menciona el cerdo, animal omnívoro acostumbrado a comer desecho y toda clase de inmundicia, por esta razón llegó a ser símbolo de corrupción y de inmundicia, estos animales no debían ser consumidos y sus cadáveres ni siquiera debían ser tocados.

Vv. 9, 10. *Estos podréis comer de todo animal acuático.* Estaba prohibido el consumo de crustáceos y toda clase de moluscos, o en general los mariscos, porque estas especies se alimentan frecuentemente con basura putrefacta y otros deshechos. Pero no todos los animales acuáticos estaban prohibidos, se podían consumir los que tienen escamas y aletas. Especialmente los peces son aptos para el consumo humano y hasta necesarios para una dieta balanceada.

Vv. 11-18. *Podréis comer toda ave limpia.* Debían de tener cuidado con aquellas que se alimentaban de basura, de desechos y de cadáveres. Estas aves cumplen una función especial que favorece al hombre, pero deben ser excluidas de la lista de aves para el consumo humano. Se menciona por último al murciélago, aunque vuela, no es ave, sino mamífero. La Biblia no es un libro científico, los escritores recurrieron al lenguaje popular para transmitir el mensaje de Dios. Clasificar a los conejos y liebres como rumiantes, e incluir en la lista de aves al murciélago porque vuela, no es argumento suficiente para dudar de la veracidad de la Biblia como algunos han pretendido.

Vv. 19-21. *Podréis comer toda criatura que sea limpia.* Entre los animales prohibidos estaban los insectos alados, tampoco era permitido el consumo de cualquier animal que moría por causa natural, por las toxinas en el cuerpo que provocaron la muerte. El llamamiento a la santidad es un privilegio que debe ser apreciado en todas las esferas de la vida, no sólo en el aspecto religioso, sino también en el diario vivir.

Guisar el cabrito en la leche de su madre es una práctica condenable, porque los paganos lo acostumbraban como un rito para aumentar la fertilidad y la productividad, además, la práctica es antinatural.

3 El diezmo de un pueblo especial, Deuteronomio 14:22-29.

V. 22. *Sin falta darás el diezmo...* Dar el diezmo además de ser un deber religioso también representaba un acto de gratitud a Dios reconociendo las bondades recibidas. De todo lo que rinda la tierra sin falta debía ser apartado porque es de Jehovah; la práctica del diezmo es muy antigua, se conocía aun entre pueblos no hebreos, como un reconocimiento de gratitud a las deidades.

V. 23. *Comerás el diezmo de tu grano...* Una porción de los diezmos se destinaba para una comida de comunión que se celebraba en el santuario. La exigencia de llevar el diezmo al santuario único tenía la finalidad de motivar al pueblo a ser fiel a Dios. Los cananeos celebraban las cosechas en homenaje a sus dioses, los israelitas podían ser tentados a caer en estas prácticas, para evitarles esta tentación se les exigía el diezmo y que el mismo fuera llevado al lugar designado, en donde Dios mismo revelaría su gloria.

Vv. 24, 25. *Si el camino es largo...* No hay ninguna excusa para no dar los diezmos de todo, si la distancia fuera muy larga que dificultara la transportación de los diezmos, entonces se podían vender los productos, y el precio de lo vendido debía ser presentado en el santuario. Los diezmos eran utilizados para el sostenimiento de los levitas que ministraban en el altar, si los productos no podían llegar, sí podían llevar el dinero.

Vv. 26, 27. *Entonces darás el dinero por todo lo que apetezcas.* La adoración era acompañada de la fiesta de comunión, tal celebración no se vería ensombrecida por la venta de los productos, el oferente, en el santuario podría adquirir todo lo que deseaba para disfrutar de una comida de comunión con su familia, sin olvidar por supuesto al siervo de Dios, en este caso al levita. Nuevamente podemos notar que Moisés enfatiza la gratitud en la adoración y el regocijo representado por la comida que debe ser tomada en comunión tanto con la familia como con los levitas que no poseían ninguna heredad.

Vv. 28, 29. *Entonces vendrá el levita... el forastero, el huérfano y la viuda que haya en tus ciudades.* Esto era esperado en el tercer y sexto año del período sabático. Encontramos una ligera modificación con respecto al destino del diezmo, Dios manifiesta en esta oportunidad el cuidado que tiene para los desvalidos, como el forastero y la viuda, fomentando en el pueblo el interés por los pobres. Por supuesto el levita recibía un cuidado especial, mucho antes Moisés había legislado a favor de los levitas y cómo éstos debían administrar lo que el pueblo llevaba como diezmos.

Aplicaciones del estudio

1. El pueblo de Dios debe dar un buen testimonio. Los inconversos tienen algunas prácticas que han sido adoptadas por comunidades cristianas sin meditar en su origen, ni en su significado, aun en esto debemos tener cuidado. **2. Dios desea que su pueblo tenga una vida saludable.** El cristiano debe ser buen mayordomo de su cuerpo, debe tener cuidado de los alimentos que ingiere. **3. La comunidad cristiana debe cuidar de los pobres.** La adoración es comunión con Dios, pero también nos debe conducir a la comunión con otros, sin importarnos su estrato social.

Ayuda homilética

Dios desea un pueblo leal
Deuteronomio 13

Introducción. El pueblo debe discernir quiénes son los falsos profetas y rechazarlos.

I. **Las señales no son prueba suficiente de la fidelidad a Dios, vv. 1-4.**
   A. Los falsos profetas podrán engañar con señales.
   B. El contenido del mensaje es de vital importancia.
   C. Dios puede permitir alguna señal a un falso profeta para probar el corazón de su pueblo.
II. **Los falsos profetas y los que incitan a la apostasía deben ser rechazados, vv. 5-14**
   A. Porque incitan a la rebelión.
   B. No importa si hay un nexo filial con el incitador.
   C. Aun si fuera una persona muy amada.
III. **La obediencia nos conduce a la lealtad, vv. 15-18.**
   A. Obediencia en la ejecución de las órdenes.
   B. Obediencia en no contaminarnos con el anatema.
   C. Obediencia en guardar todos los mandamientos.

Conclusión: Sólo podremos ser leales, si somos obedientes a los mandamientos de Dios, y si le amamos de todo corazón.

Lecturas bíblicas para el siguiente estudio

Lunes: Deuteronomio 15:1-18
Martes: Deuteronomio 15:19-23
Miércoles: Deuteronomio 16:1-8

Jueves: Deuteronomio 16:9-21
Viernes: Deuteronomio 17:1-13
Sábado: Deuteronomio 17:14-20

AGENDA DE CLASE

Antes de la clase
1. En hojas de papel escriba el versículo 2 de Deuteronomio 14, recorte cada hoja en tres. Doble cada parte para entregar un pedazo a cada alumno. **2.** Prepare recortes de artículos sobre corrientes y ritos religiosos en la actualidad. **3.** Invite a algún profesional en el campo de la salud. **4.** Prepare fotos y recortes de personas que sufren problemas socio-económicos. **5.** Lleve un objeto valioso que ilustre el concepto de especial. Responda las preguntas en el Libro del Alumno en la sección *Estudio del texto básico.*

Comprobación de respuestas
JOVENES: **1.** cx, dx, fx. **2.** a. El diezmo de Jehovah. b. El diezmo para beneficiar (pueden ahondar más al leer el pasaje). ADULTOS: **1.** Hijos de Dios, pueblo santo, escogido, especial. **2.** Sí; no; sí; no; sí; no; no; sí; no; sí; no; no. **3.** Respuesta personal. **4.** Resumir el v. 29.

Ya en la clase
DESPIERTE EL INTERES
Salude amablemente a sus alumnos y entrégueles una parte de las hojas que usted preparó. Solicíteles que al mismo instante lean la parte del papel que les tocó y busquen a dos personas que tienen partes diferentes hasta formar el texto completo, de tal manera que integrarán grupos de tres personas. Pida que cada grupo lea el texto que formaron y luego que lo lean todos los grupos al unísono. Coloque al frente el objeto valioso que usted llevó y dialogue sobre el concepto del término "especial y santo", relacionándolo con el texto que ellos formaron.

ESTUDIO PANORAMICO DEL CONTEXTO
1. Mencione aspectos de la idolatría pagana de los cananeos y las advertencias que Dios dio a la nueva generación, sobre los falsos profetas y falsas corrientes que se pudieron presentar. Señale las medidas que deberían tomar los israelitas contra los incitadores paganos. Enfatice el contenido de Deuteronomio 13:3-5, 8. **2.** Infórmeles acerca de las costumbres de los paganos, cuando moría algún familiar. **3.** Dé una síntesis de las normas con respecto a comida y diezmos que debía cumplir el pueblo de Israel.

ESTUDIO DEL TEXTO BASICO
Dé tiempo a resolver la sección *Lee tu Biblia y responde.*

1. Analice la división: La vida de un pueblo especial. Forme nuevamente los grupos de tres y entregue a cada uno un recorte para que conozcan el contenido. Dé lugar a unos momentos de diálogo basado en la lectura, resaltando que no sólo en la antigüedad se dieron los ritos paganos sino también actualmente. Pida que una sola vez vuelvan a leer Deuteronomio 14:2. Utilizando el objeto valioso que preparó para el estudio de hoy, resalte la importancia de que los cristianos, pueblo especial de Dios evidencien una vida santa.

2. Analice la división titulada: Comida para un pueblo santo. Dé lugar al profesional para que presente su plática sobre prevención de la salud. Resalte la importancia de consumir alimentos adecuados. Mencione la carne de los animales que eran permitidos y los prohibidos. Provoque el diálogo sobre cuál era el propósito de Dios al establecer las prohibiciones de Deuteronomio 14:3-21. Subraye el hecho de que Dios estaba buscando que su pueblo tuviera un mayor índice de vida que los demás pueblos. Hacer una discriminación en la clase de alimentos que se debían consumir era una medida tendiente a beneficiar al pueblo de Dios. No era solamente cuestión de escrúpulos infundados.

3. Analice las tercera división: El diezmo de un pueblo especial. Haga una referencia del propósito por el que fue establecido el sistema de diezmos y las primicias. Exponga el asunto de por qué los levitas no recibieron herencia en la tierra prometida, y las responsabilidades de las demás tribus respecto a los levitas. Señale la importancia de cumplir con los diezmos responsablemente. Utilizando los cuadros de los desprotegidos, haga hincapié en la obligación del cristiano de atender esa necesidad.

APLICACIONES DE ESTUDIO
1. Pida a tres voluntarios que lean en voz alta cada una de las aplicaciones. **2.** Exhorte a sus alumnos a tomar conciencia de presentar diariamente su vida en santidad para el Señor y poner en práctica las demandas que él nos hace. **3.** Relacione los peligros de idolatría y costumbres de la antigüedad con la actualidad y enfatice la importancia de dar siempre un buen testimonio. **4.** Pida que todos oren en silencio confesando al Señor las debilidades, renunciando a ellas y pidiéndole que guíe nuestras vidas, siempre de acuerdo con su voluntad.

PRUEBA
Guíe a completar las pruebas en el Libro del Alumno y compartir sus respuestas en los grupos que formaron al iniciar la clase.

Normas para elegir líderes

Contexto: Deuteronomio 15:1 a 17:20
Texto básico: Deuteronomio 16:18-20; 17:8-20
Versículo clave: Deuteronomio 16:19
Verdad central: Dios escoge a los líderes que deben dar dirección a su pueblo y guiarles con justicia y rectitud.
Metas de enseñanza-aprendizaje: Que el alumno demuestre su: (1) conocimiento del plan de Dios para ofrecerles dirección a través de los líderes que él elige, (2) actitud de apoyo y colaboración a sus líderes como siervos de Dios.

─────────── Estudio panorámico del contexto ───────────

A. Fondo histórico:
El derecho de seguir siendo esclavos. Todo israelita que era vendido por necesidad como esclavo a su hermano, podía salir libre en el año de la remisión, es decir, cada siete años. Pero él, voluntariamente, podía escoger seguir sirviendo, aprovechando las ventajas que tenía en la casa del amo. Si este caso se daba, entonces se celebraba una ceremonia especial, en la cual al esclavo le perforaban la oreja como señal de propiedad.

Las fiestas solemnes. Tres son las fiestas más importantes para la vida de los israelitas. La Pascua, se celebraba juntamente con la fiesta de los panes sin levadura, su nombre significa *"pasar por alto"*. Esta fiesta duraba siete días, en la cual se celebraba la liberación de la esclavitud en Egipto. La fiesta del Pentecostés es la segunda fiesta mencionada, también conocida como la fiesta de las Semanas, porque se celebraba después de siete semanas de haber celebrado la Pascua, de allí se deriva su nombre. También es conocida como la fiesta de las Cosechas, porque tenía lugar al final de la cosecha de trigo o el día de las primicias, dado que en esta fecha se ofrecían los primeros panes del nuevo trigo, y por último tenemos la fiesta de los Tabernáculos, se llamaba así porque las familias debían habitar por siete días en tabernáculos, o cabañas elaboradas de ramas y hojas de árboles, en los techos de las casas, los patios, en el atrio del templo, y aun en las calles. Estas tres fiestas duraban siete días, y eran ocasión para regocijarse en Dios.

La condición de la administración de la justicia. La única condición para administrar la justicia, era la recta aplicación de la misma sin favoritismo, ni sobornos.

B. Enfasis:

La remisión de las deudas, 15:1-15. Se llevaba a cabo cada siete años; conocido como el año sabático dentro de un ciclo jubilar. Toda cuenta quedaba saldada.

Una opción reveladora, 15:16-18. Los esclavos debían ser liberados en el año séptimo. En el momento de su liberación el amo le daría provisiones para su sostenimiento en forma generosa, pero si el esclavo decidía quedarse, después de una ceremonia se quedaría como esclavo hasta la muerte.

Los primerizos de los animales, 15:19-23. Los primerizos de los animales, sin excusa alguna, deberían ser consagrados y sacrificados a Jehovah, y la familia podía participar de la comida sacrificial.

La Pascua, 16:1-8. Esta fiesta fue instituida la noche en que salieron de Egipto, comieron un cordero asado de acuerdo al comer de los miembros de la familia, cada año este hecho debería ser recordado con regocijo y reverencia.

La fiesta de Pentecostés, 16:9-12. Fue instituida para celebrar la cosecha, como un acto de gratitud a Dios, reconociendo su soberanía, inicialmente fue denominada fiesta de las semanas, en tiempos posteriores recibió el nombre griego de Pentecostés, debido a la forma de calcular su celebración que cae en el día cincuenta después de la Pascua.

La fiesta de los Tabernáculos, 6:13-17. Se celebraba como la culminación de las cosechas, además de habitar por siete días en cabañas los israelitas comían el pan ázimo, o sea el pan si levadura, recordando el peregrinaje en el desierto.

La administración de la justicia, 6:18-20. La justicia debía ser aplicada de acuerdo con el carácter de Dios, sin acepción de personas, recordando que el gobierno de Israel tenía que ser un gobierno teocrático.

Contra las prácticas idolátricas, 16:21 a 17:7. Se vuelve a señalar la importancia de ser fieles a Dios. También se previene al pueblo de la necedad de pedir un rey, en lugar de seguir siendo dirigidos por Dios.

La corte suprema levítica, 17:8 13. Todo caso difícil de resolver, debía de ser remitido a la corte suprema, en donde el sumo sacerdote, y el juez que estuvieren gobernando en ese momento tomarían la decisión final, y ésta debía ser acatada sin reserva alguna.

Jehovah designa un rey, 17:14-20 . La designación de un rey sólo podría ser realizada bajo la elección de Dios, y éste debía cumplir los requisitos correspondientes, como por ejemplo, de ser del pueblo de Israel.

──────────────── **Estudio del texto básico** ────────────────

1 Jueces y magistrados, Deuteronomio, 16:18-20.

V. 18. *Pondrás jueces y magistrados.* Moisés, con el auxilio de otros jueces se había encargado de impartir justicia en el peregrinaje del pueblo por el desierto. Ahora que estarían distribuidos en ciudades, era necesario establecer un gobierno civil que se encargara de impartir justicia. Los israelitas y otras naciones del oriente acostumbraban ventilar los asuntos delicados en el área de la puerta de entrada a la ciudad. Ante las puertas de la ciudad, fuera del recinto amurallado, se ubicaban los mercados, se proclamaban los edictos y se administraba la justicia. La presencia de los jueces y magistrados garantizaba un justo juicio.

V. 19. *No tuerzas el derecho.* El nombramiento de los jueces no era garantía de juicios justos, hacía falta que estos jueces se ajustaran al derecho. Hay dos razones que podían afectar la imparcialidad en la impartición de la justicia: la acepción de personas. La otra razón también sumamente dañina lo es el soborno. Cualquier prebenda o favor es causa suficiente para pervertir un dictamen. El favoritismo y el soborno siguen en la actualidad dañando la imagen de los jueces y magistrados.

V. 20. *Sólo la justicia seguirás.* Los profetas del siglo VIII, denunciaron el favoritismo de los jueces hacia los ricos y poderosos. El mandato es que bajo ninguna circunstancia la justicia se debe impartir a alguien por favoritismo, esta es una condición indispensable que garantizaría la ocupación ordenada y justa de la tierra de promisión.

2 Sacerdotes y levitas, Deuteronomio 17:8-13.

Vv. 8, 9. *Irás a los sacerdotes y levitas y al juez...* Cuando un asunto fuere sumamente delicado debían recurrir a la autoridad superior establecida, una especie de corte suprema integrada por los sacerdotes, levitas y el juez que estuviere gobernando. Entre los casos graves está el homicidio, las violaciones de los derechos sean estos individuales o colectivos y las ofensas físicas.

Vv. 10, 11. *Harás según la sentencia...* Era una orden que se obedeciera sin discusión la sentencia emitida por la corte del santuario. La idea de tener la corte en el santuario indicaba una dependencia de Dios, y el reconocimiento de que él es el único juez justo. La justicia es uno de los atributos de Dios, por su justicia, Dios actúa de acuerdo con su carácter moral y exige a su pueblo también un proceder que sea acorde con su llamamiento.

Vv. 12, 13. *Quien proceda con soberbia y no obedezca...* La obediencia estricta a las decisiones de la corte era esencial para el bienestar de la joven nación. La soberbia del reo que decide no acatar la sentencia, desoyendo al sacerdote como al juez, no merecía vivir. El castigo es la muerte misma que serviría de lección para los demás.

3 El rey designado por Jehovah, Deuteronomio 17:14-20.

En esta sección se norma la elección de un rey, de una manera profética. No fue sino hasta el tiempo del profeta Samuel que el pueblo eligió como rey a Saúl. Samuel rechazó esta petición porque la consideraba atentatoria contra la soberanía de Dios, quien interpretó la decisión del pueblo como un rechazo a él (1 Sam. 8:7). Pareciera que hubiera alguna contradicción en ambos pasajes, sin embargo, si tomamos en cuenta la omnisciencia de Dios, su conocimiento anticipado de las cosas, podemos distinguir entre la voluntad de Dios y lo que él a veces permite.

Vv. 14, 15. *Y digas: Constituiré rey sobre mí.* Dios conocía de antemano que la decisión de tener rey provenía de un deseo insano, reflejando una actitud de autosuficiencia, imitando a las otras naciones sin importarles que Dios deseaba algo diferente para su pueblo.

El aspirante a rey debía ser un verdadero israelita, a los extranjeros no les era permitido optar a este puesto, y el requisito más importante, era que el rey debía tener el aval divino.

Vv. 16, 17. *Pero él no ha de acumular caballos.* En este pasaje hay tres prohibiciones para los reyes: la acumulación de caballos, de mujeres y de riqueza, porque apartan el corazón del hombre de Dios. La tenencia de caballos era condenable por dos razones, alejar del rey la idea de poderío basado en acumulación de caballos para la guerra y alejarlo de Egipto, país en donde se encontraban buenos caballos. En los días de los profetas siempre advirtieron del peligro que representaba depender de Egipto.

La acumulación para sí de mujeres, es claramente prohibida, para evitar que el ungido de Dios se desvíe tras los dioses ajenos por causa de las mujeres, tal como le sucedió al rey Salomón (1 Rey. 11:4, 5).

Por último Dios exige al rey que no acumule para sí riquezas, porque "donde esté vuestro tesoro, allí también estará vuestro corazón" (Luc. 12:34). El rey debe poner su corazón en Jehovah su Dios.

V. 18. *Una copia de esta ley.* La palabra hebrea usada para ley es *Tora*, por esta razón, la traducción de hebreo al griego conocida como la Septuaginta la tradujo como si hiciera referencia a los cinco libros de Moisés, más bien el espíritu de esta norma es que tenga una copia de los deberes del reyes. Los sacerdotes y los levitas estaban al cuidado de la ley de Dios. Desde el día en que tomara posesión, el rey debía mandar a hacerse una copia de sus obligaciones, para regir sus actos de acuerdo con lo estipulado.

V. 19. *La traerá consigo y la leerá todos los días.* La ley de Jehovah debe moldear el carácter de los gobernantes y para lograrlo no hay nada mejor que la lectura y la meditación de dichas leyes. El rey, para gobernar una nación teocrática, debe primero aprender a depender de Dios. Las prescripciones de la ley deben ser guardadas y puestas por obra.

V. 20. *Esto servirá para que no se enaltezca su corazón sobre sus hermanos.* Un puesto tan honroso como el de ser rey no debe pervertir el corazón del escogido de Dios, enalteciendo su corazón sobre el pueblo, olvidándose que sus súbditos son también sus hermanos. La humildad debe ser una de las cualidades de la realeza, en cierta manera debe ser rey-siervo, como anunciando la venida del Mesías que fue un verdadero Rey-Siervo, el Señor Jesucristo.

La ley de Jehovah es la única fuente que nos conduce a la humildad, la soberbia es condenada duramente. En el caso del rey, su actitud de altanería ponía en peligro la dinastía real.

Sólo necesitamos dar un vistazo a la historia de Israel, para saber que esta palabra se cumplió al pie de la letra. Todos los gobernantes altaneros sufrieron caídas estrepitosas, pero el remedio preventivo es la observancia de la ley de Dios.

1. **Dios demanda la erradicación del favoritismo y el soborno.** Estos males son tan dañinos ahora como lo fueron antes. El cristiano debe evitar sobornar o ser sobornado, influir y ser influenciado por medio de favores para torcer el derecho.
2. **La prohibición del enriquecimiento ilícito.** El lujo y la extravagancia tientan a nuestros gobernantes; si la concepción de gobernar se circunscribiera al servicio, el panorama social cambiaría radicalmente.
3. **La vigencia de la ley de Dios para los gobernantes.** Sería bueno que la iglesia en cada localidad pudiera poner en las manos de las autoridades un ejemplar de las Sagradas Escrituras.

<hr>Ayuda homilética<hr>

El nuevo significado de las fiestas solemnes
Deuteronomio 16:8-17

Introducción: Las fiestas solemnes jugaban un papel importante en la vida de los israelitas. Para el cristiano éstas adquieren una nueva dimensión a la luz del sacrificio de Cristo en la cruz.

   I. La Pascua y la libertad en Cristo, vv. 1-8.
     A. Jehovah es el libertador.
     B. La sangre del Cordero libra de condenación.
     C. Nuestra libertad es digna de ser celebrada.
   II. El Pentecostés y el gozo de dar, vv. 9-12.
     A. Dar es parte de la adoración a Dios.
     B. Dar refleja nuestra gratitud y reconocimiento por las bendiciones de Dios.
     C. Dar con generosidad debe ser una característica de cada cristiano.
   III. Los Tabernáculos y el regocijo, vv. 13-17.
     A. Regocijo por la nueva vida en Cristo.
     B. Regocijo que es compartido en familia.
     C. Regocijo al compartir con las necesitados.

Conclusión: El cristiano puede ahora disfrutar del verdadero significado de estas fiestas gracias a la obra redentora de Cristo en la cruz, en donde logró nuestra libertad, clavó nuestro egoísmo y nos dio el gozo de la salvación.

Lecturas bíblicas para el siguiente estudio

Lunes: Deuteronomio 18:1-14   **Jueves:** Deuteronomio 20:1-20
Martes: Deuteronomio 18:15-22   **Viernes:** Deuteronomio 21:1-21
Miércoles: Deuteronomio 19:1-21 **Sábado:** Deuteronomio 21:22 a 22:12

AGENDA DE CLASE

Antes de la clase

1. Decore el aula de clases de modo que dé la impresión de un ambiente semejante al de las fiestas solemnes que realizaba el pueblo de Dios. Por ejemplo, puede levantar una pequeña tienda de campaña que recuerde la fiesta de los tabernáculos. **2.** Prepare la narración o dramatización de un caso de soborno y favoritismo para compartirlo en el aula. **3.** Escriba en letras grandes el tema de hoy, ya sea en el pizarrón o en un cartel. **4.** Pida a dos alumnos que se vistan como los israelitas de la antigüedad y dialoguen sobre el año de remisión, las fiestas solemnes y las primicias de los animales. Esta escena puede llevarse a cabo frente a la tienda de campaña. **5.** Haga un cartel con los nombres de las autoridades de su comunidad, ciudad y país. **6.** Responda a las preguntas dadas en el libro del alumno en la sección *Estudio del texto básico*. **7.** Haga una buena investigación acerca de las fiesta más importantes como son del Pentecostés, de los Tabernáculos, de la Pascua, de las cosechas, y otras. **8.** Revise las *Aplicaciones del estudio* en los tres libros (Maestros, Jóvenes y Adultos) para que decida con tiempo cómo va a realizar esta actividad para sacarle el mayor provecho posible.

Comprobación de respuestas

JOVENES: **1.** c, a, b. **2.** 1c, 2c, 3c. **3.** Explicación personal. ADULTOS: **1.** a-V, b-F, c-F, d-F. **2.** a. 1); b. 2). **3.** b. **4.** a. A quien Jehovah haya escogido. b. Leerla y guardarla todos los días para que aprenda a temer a Jehovah.

Ya en la clase

DESPIERTE EL INTERES

Saludando cordialmente dé la bienvenida a sus alumnos y colóquelos en los lugares que usted preparó con anterioridad. Comparta el caso de soborno y favoritismo pidiendo reacciones de los alumnos, del por qué y cómo evitar esos problemas. Anuncie el tema de hoy cuyo cartel colocó en la pared o escribió en el pizarrón.

ESTUDIO PANORAMICO DEL CONTEXTO

1. Dé oportunidad para que la pareja que asignó presente el diálogo convenido. **2.** Al terminar, subraye usted aquellos aspectos que no hayan sido tomados en cuenta. **3.** Tenga a la mano sus apuntes en relación con las fiestas de los israelitas. Aquí es una buena oportunidad para tratar de abarcar todo lo concerniente a las diferentes festividades y su respectivo significado en la vida social y religiosa del pueblo de Dios. **4.** Mencione otros aspectos culturales que ayuden a sus alumnos a tener una apreciación más justa de su estudio. Algunos aspectos podrían ser: El asunto de los esclavos que decidían voluntariamente seguir siendo siervos. Recuerde que casi siempre esa decisión se debía a las bondades o justicia básica de los amos. Es un cuadro de la decisión que un cristiano toma de seguir a Cristo para hacerlo su Señor. También puede tratar el asunto de la remisión de deudas que se llevaba a cabo cada siete años. Asimismo hable sobre el asunto de las primicias. El tipo de gobierno que el pueblo tenía hasta ese momento, como lo era la corte suprema levítica.

ESTUDIO DEL TEXTO BASICO

Guíe a los alumnos a resolver el ejercicio de la sección: *Estudio del texto básico.*

Organice a sus alumnos en grupos de tres, y asígnele a cada grupo una de las siguientes divisiones:

Grupo 1: Jueces y magistrados, Deuteronomio 16:18-20;

Grupo 2: Sacerdotes y levitas, Deuteronomio 17:8-13;

Grupo 3: El rey designado por Jehovah, Deuteronomio 17:14-20.

Cada grupo deberá examinar el tema asignado, preparar una breve explicación, sacar una conclusión aplicando la verdad bíblica y presentar un breve drama sobre el mismo contenido.

Dé un tiempo pertinente a cada grupo para que haga su investigación. Después, cada grupo tendrá una oportunidad de presentar de manera creativa sus conclusiones en relación con su tema correspondiente.

Al terminar cada grupo su presentación, tome el control de la clase para reforzar cada aspecto que tenga que ver con la meta del estudio.

Tenga cuidado de que se centren en el tema y si hay aspectos que son vitales para este estudio que no se hayan mencionado, usted hágalo como un complemento de la participación de sus alumnos.

APLICACIONES DEL ESTUDIO

1. Solicite a un representante de cada grupo que lea en voz alta cada aplicación que usted haya decidido utilizar, después de haber analizado las aplicaciones de los tres libros (Maestros, Jóvenes y Adultos). **2.** Presente el cartel de las autoridades y hagan un círculo de oración intercediendo por los gobernantes del país. **3.** Rete a sus alumnos a entregar una Biblia a una persona que trabaje en una institución del gobierno o que sea una autoridad en el país.

PRUEBA

Guíe a sus alumnos a resolver la prueba y compartir las respuestas unos con otros. Dedique un breve tiempo para animar a sus alumnos a prepararse para el siguiente estudio al hacer sus lecturas bíblicas diarias.

Normas para los líderes religiosos

Contexto: Deuteronomio 18 a 22:12
Texto básico: Deuteronomio 18:1-8, 15-22
Versículo clave: Deuteronomio 18:18
Verdad central: Los líderes elegidos por Dios para servir en medio de su pueblo, deben ser reconocidos por aquellos a quienes sirven con un sustento digno que responda adecuadamente a todas sus necesidades.

Metas de enseñanza-aprendizaje: Que el alumno demuestre su: (1) conocimiento de las demandas de Dios a su pueblo para que retribuyan adecuadamente a sus ministros, (2) actitud de apoyo a sus líderes sosteniéndoles dignamente.

--------- **Estudio panorámico del contexto** ---------

A. Fondo histórico:
El sostenimiento de los levitas. Dios escogió a la tribu de Leví para servir en las cosas sagradas del culto. Toda la tribu fue consagrada al servicio del tabernáculo. No se les asignó ninguna heredad entre los hijos de Israel, porque su sostenimiento provenía de lo que el pueblo dedicaba a Dios.

Las prácticas religiosas paganas. Dios condena toda práctica pagana especialmente la hechicería. Los cananeos dependían de los hechiceros para tomar decisiones, eran una especie de adivinadores del futuro y ofrecían amuletos para la protección contra los males, como hoy en día.

Ciudades de refugio. Estas ciudades fueron establecidas para proteger al homicida involuntario quien tenía la oportunidad de refugiarse en el santuario, posteriormente era sometido a juicio. Si el homicidio fue accidental, sin premeditación, el homicida quedaba bajo la protección de los ancianos, con la advertencia de que no podía abandonar la ciudad. En diversos textos de la época se hace referencia al derecho de asilo.

Trato a los cautivos. Los cautivos serían bien tratados y deberían servir a los israelitas, pero si opusieren resistencia entonces serían exterminados. La mujer tomada en cautiverio recibiría el trato de una esposa israelita, y si fuere rechazada, quedaría en libertad y no podría ser vendida como esclava.

Objetos extraviados. La norma se refiere no sólo a cosas sino incluye a animales. No era permitido apropiarse de objetos extraviados aun cuando los dueños fueran desconocidos. Si alguien se apropiaba de lo extraviado era considerado un ladrón, debemos recordar que estas eran comunidades pequeñas y resultaba fácil encontrar al dueño de cualquier objeto o animal extraviado.

B. Enfasis:

El sostenimiento de los levitas, 18:1-8. Los levitas comían de las ofrendas llevadas al altar. De los animales sacrificados ciertas partes eran asignadas a los levitas, las primicias de las cosechas y todo producto de la tierra.

Contra la hechicería, 18:9-14. Esta práctica consistía en la comunicación con los muertos, parecida al espiritismo y al ocultismo. El Espíritu Santo es quien enseña sobre las cosas que habrán de suceder.

Un futuro profeta como Moisés, 18:15-22. "Profeta" aquí parece significar una importancia corporativa como individual: una sucesión profética seguiría a Moisés hasta culminar con la aparición del Mesías.

Las ciudades de refugio, 19:1-13. El establecimiento de las ciudades de refugio lo debemos entender en el contexto del pariente más cercano: el *Goel*. El *Goel* estaba obligado a vengar la muerte de su pariente no importando el motivo de la muerte, fuera accidental o premeditado. La legislación mosaica en este sentido, está investida de un amor especial para la vida humana, las ciudades de refugio se establecieron para proteger a aquellos que son culpables de homicidio involuntario, ellos podían salvar sus vidas recurriendo al santuario ubicado en seis ciudades distintas y distribuidas en toda la nación.

Los linderos, 19:14. Moisés pone énfasis en el mandamiento de no hurtar. Desde que se establecen los linderos de una propiedad, éstos deben ser respetados, la violación de los mismos era condenada severamente (27:17).

Los testigos, 19:15-21. Estaba prohibido dar falso testimonio cuando se trataba de reducir los límites de la propiedad o al ser considerado culpable de haber cometido un delito. Las acusaciones sólo podían sostenerse por el testimonio de dos o tres testigos.

Asuntos de guerra, 20:1-9. Dios estableció algunas normas para la conducta de su pueblo en la guerra contra los enemigos que no fueran cananeos. En primera instancia se norma el procedimiento a favor de los guerreros israelitas que teniendo un motivo especial no se les podía obligar a que fueran a la guerra. Entre los motivos especiales estaban: los que tenían una casa nueva para estrenar, los que habían plantado vides, los recién casados y los miedosos y pusilánimes.

Normas de procedimiento contra los enemigos, 20:10-20. Antes de atacar una ciudad, deberían enviar mensajeros de paz, en este caso no habría necesidad de usar la espada, pero si no se aceptaba la propuesta, entonces podían sitiar la ciudad, dar muerte a todo varón, y tomar cautivas a las mujeres y a los niños. Dios les prohibió la tala innecesaria de árboles al tomar una ciudad.

Expiación por asesinato, 21:1-9. En este caso los habitantes cercanos al cadáver encontrado, deberían demostrar su inocencia con una ceremonia que los sacerdotes oficiarían, mediante el desnucamiento de un ternero en el arroyo cercano, y todos los hombres descenderían a lavarse las manos en señal de que no tenían responsabilidad en el asunto.

Asunto de derechos humanos, 21:10-22. Hay cuatro aspectos importantes en este pasaje que reflejan la protección de los derechos humanos.

a) Era posible tomar como esposa a una mujer cautiva, pero si se llegaba al divorcio, ella sería libre, y nunca recibiría el trato de una esclava.

b) Todo hijo primogénito tenía el derecho de recibir una doble porción de la herencia, no importando que no fuera hijo de la mujer amada, en el caso de que un hombre tuviera más de una esposa.

c) Un hijo rebelde, obstinado y terco debía ser eliminado, previamente debía ser amonestado, castigado, pero si persistía en su actitud de rebeldía, debía ser expulsado del pueblo.

d) El ahorcado no debía permanecer colgado durante la noche, se le debía dar sepultura el mismo día, porque una persona ahorcada era considerada maldecida por Dios. *Animales y objetos extraviados, 22:1-4.* En todo momento y bajo cualquier circunstancia se debe proteger la propiedad privada. *Ejemplos de conducta piadosa, 22:5-12.* Travestirse estaba prohibido para el pueblo de Dios. Libertad para la madre de los polluelos encontrados en un nido. Poner cuidado para evitar accidentes en una construcción y otras recomendaciones sencillas, si son tomadas en cuenta redundarán para el bienestar colectivo e individual.

──────────── **Estudio del texto básico** ────────────

1 La porción de los levitas, Deuteronomio 18:1-8.

Vv. 1, 2. *No tendrán heredad entre sus hermanos.* El sostenimiento de los levitas provenía de las ofrendas, primicias y parte de la carne de los sacrificios que el pueblo traía. El énfasis está en el hecho de que no tendrían herencia, porque Jehovah les sería por herencia, esta es la promesa más grande que esta tribu pudo recibir. Tomaron el lugar de los primogénitos que por derecho le correspondía a Jehovah, desde el momento que murieron los primogénitos de los egipcios. Leví tuvo tres hijos (Gersón, Cohat y Merari), a los descendientes de estos tres les fue asignada una labor específica, pero siempre relacionada con el tabernáculo y el altar.

Vv. 3, 4. *Esto es lo que corresponde a los sacerdotes.* A los hijos de Aarón, de la tribu de Leví, les correspondía de los toros o carneros la espaldilla, las quijadas y el estómago. Lo mejor del animal era ofrecido en sacrificio a Jehovah, con el tiempo los sacerdotes abusaron del privilegio que Dios les dio de ministrar y tomaban de la mejor parte del sacrificio para comer, tal como sucedió con los hijos de Elí. También las primicias del grano y de la lana, del vino nuevo y del aceite le era entregado para su sostenimiento. Si vemos en otros pasajes, la porción asignada a los sacerdotes es distinta, lo más probable es que la asignación que aparece aquí sea complementaria a la que aparece en los demás pasajes.

V. 5. *Porque Jehovah tu Dios le ha escogido.* Toda la tribu de Leví fue escogida. Leví tuvo tres hijos: Gersón, Cohat y Merari. A los hijos de Gersón les fue encargado el cuidado de la tienda del tabernáculo, las cortinas y la cubierta del mismo tabernáculo; a los hijos de Cohat se les encargó el arca, la mesa, el candelabro, los altares, los utensilios con que sirven en el santuario, el velo y todos los enseres, y a los hijos de Merari se les asignó las bases, los pilares y otros accesorios que formaban un volumen fuerte y pesado para su transportación, nadie que no fuera levita podía transportar estos enseres del tabernáculo y ni tenía derecho a ministrar como sacerdote, los que no fueran de la tribu de Leví. **Vv. 6-8.** *Y tendrá igual porción que los demás.* Por la cantidad elevada de levitas, se les asignaba turnos para el servicio en el santuario central, por esta razón se distanciaba mucho el tiempo de turno en turno. Si un levita sentía en su corazón el deseo ardiente de servir en el santuario, nadie le podía impedir, ni mucho menos se le debía privar del privilegio de participar en la porción que le tocaba, no importa que tal levita tuviera algún patrimonio, el servicio que éste prestaría, seguiría el orden establecido, como todos sus hermanos.

2 Dios elige y usa a sus siervos, Deuteronomio 18:15-22.
V. 15. *Jehovah tu Dios te levantará un profeta como yo.* La prohibición que encontramos en el pasaje anterior nos orienta a la interpretación del texto, los israelitas no debían prestar oído a los adivinadores, debían esperar a los profetas que Dios levantará para dar a conocer la voluntad divina. La promesa de un profeta fue permanente hasta la llegada del Mesías, quien declaraba de manera completa lo que Dios espera de su pueblo. **Vv. 16, 17.** *Conforme a todo lo que pediste a Jehovah tu Dios en Horeb.* Moisés fue un tipo de Cristo tanto en su obra como en su vida. Como Jesús, fue salvado en su infancia, renunció a la comodidad de una corte real para compartir las condiciones de vida de sus hermanos, y llegó a ser el instrumento de Dios para la salvación de Israel. Fue fiel, lleno de amor y de compasión, un poderoso intercesor para su pueblo hablando con Dios cara a cara y reflejando la gloria divina. **Vv. 18, 19.** *Yo pondré mis palabras en su boca.* En los versículos anteriores era Moisés quien estaba hablando, ahora las palabras son puestas en los labios de Jehovah, quien promete levantar al profeta que será poderoso en palabra y hechos, un revelador de la voluntad y el propósito de Dios. Sus palabras saldrán del mismo corazón de Dios, tal como lo afirmó el Señor en Juan 14:24. El rechazo del mensaje anunciado por el Mesías llevará al hombre a juicio, y no quedará otra alternativa que ser desarraigado de la promesa de la vida eterna, tal como lo citó Pedro (Hech. 3:23). **V. 20.** *Pero el profeta que se atreva a hablar en mi nombre.* El ministerio de proclamar la palabra de Dios se recibe por un llamamiento especial, no haber recibido el mensaje y pretender proclamarlo es una osadía que se paga con la misma muerte. Los falsos profetas que predican en nombre de Dios o que inducen al pueblo a seguir a otros dioses, que surgen del mismo pueblo son más peligrosos que los adivinadores y encantadores cananeos, puesto que desvían el corazón del pueblo en pos de la mentira. **Vv. 21, 22.** *¿Cómo discerniremos la palabra que Jehovah no ha hablado?* A los israelitas les resultaba a veces difícil discernir entre un profeta y otro, para saber quién es el que decía la verdad. Por esta razón Dios estableció este parámetro para examinar si un profeta es falso o verdadero: si la palabra que habló en el nombre de Jehovah tiene su cumplimiento, entonces es verdadero,

en cambio si su palabra no se cumpliere, el tal habló de su parte, no es palabra de Dios, y se le debe aplicar la pena capital. La Biblia no se contradice a sí misma, cualquier doctrina que va en contra de este principio está errada desde el principio.

Aplicaciones del estudio

1. El pueblo debe cuidado a los que ministran en el altar. A los levitas se les asignaron las primicias, los diezmos y una buena parte de la carne de los sacrificios. El ministro debe ser provisto por la iglesia para tener un estilo de vida como el promedio de la población a la que sirve.

2. El pueblo de Dios debe estar preparado para detectar a los falsos profetas. Con una buena preparación bíblica se podrá contrarrestar el avance que tienen las sectas y toda enseñanza que tergiversa la verdad bíblica.

3. El pueblo de Dios debe defender los derechos humanos. Si la legislación mosaica era muy humana, la ética cristiana con más razón debe procurar y luchar por que se respeten los derechos más elementales del hombre.

Ayuda homilética

El obrero es digno de su salario
Deuteronomio 18:1-8

Introducción. Dios, en su plan eterno ha hecho provisión para sus siervos. Para ello utiliza la estructura establecida como lo es su pueblo histórico. En la actualidad

I. Jehovah es la heredad de sus siervos.
  A. No tendrán heredad material.
  B. Dios proveerá por medio de su pueblo.
  C. El mismo será la heredad de sus siervos.
II. Jehovah escogió a sus siervos y él suplirá.
  A. De lo mejor de los animales.
  B. De las primicias.
  C. Para toda la familia.
III. Jehovah abrirá nuevos horizontes a sus siervos.
  A. El escogerá el sitio donde puedan ser útiles.
  B. Tendrán las bendiciones que corresponden a su llamamiento.

Conclusión: El Señor está atento a las necesidades de sus siervos.

Lecturas bíblicas para el siguiente estudio

Lunes: Deuteronomio 22:13-21
Martes: Deuteronomio 22:22-30
Miércoles: Deuteronomio 23:1-8
Jueves: Deuteronomio 23:9-25
Viernes: Deuteronomio 24:1-22
Sábado: Deuteronomio 25:1-16

AGENDA DE CLASE

Antes de la clase

1. Prepare una tabla salarial del sistema laboral secular y una de datos generales del salario que reciben los ministros del Señor. **2.** Investigue un caso que se refiera a un trato indigno de algún siervo de Dios. **3.** Prepare un cartel comparativo de las similitudes entre Moisés y Cristo. **4.** Escriba en rótulos los nombres de algunas de las corrientes más sobresalientes de la actualidad. **5.** Resuelva las preguntas dadas en el libro del alumno en la sección *Estudio de texto básico*.

Comprobación de respuestas

JOVENES: **1.** Porque no recibieron tierra como heredad y el pueblo tenía que proveerles todo lo necesario. **2.** La espaldilla, las quijadas y el estómago. **3.** Sin menosprecio y recibirá todas las mismas prerrogativas de los que trabajen en aquel lugar. **4.** (1) c, (2) c, (3) a.
ADULTOS: **1.** b, a, d, c. **2.** 1) Que no se acabaría, sino que estaría vigente, levantaría un profeta como Moisés. 2) Muerte. 3) Resumir el versículo 18.

Ya en la clase
DESPIERTE EL INTERES

1. Inicie esta sección del estudio dialogando sobre el uso o administración de nuestros recursos económicos. **2.** Comparta el caso de indignidad que investigó y provoque la discusión sobre la relación causa y efecto. **3.** Pregunte si a un ministro religioso se le debe proveer para que sus necesidades básicas sean satisfechas al igual que la mayoría de nosotros. Preguntas como las siguientes pueden ayudar en este ejercicio: ¿Cuánto debe recibir un pastor como salario? ¿Debe un ministro necesariamente ser bivocacional? Este asunto puede resultar polémico, por lo tanto, tenga cuidado de controlar el tema. **4.** Presente el tema de hoy: Normas para los líderes religiosos.

ESTUDIO PANORAMICO DEL CONTEXTO

1. Proveyendo la base histórica necesaria narre la razón por la cual los levitas eran sostenidos económicamente por las demás tribus. **2.** Explique las razones que sustentan la exigencia de parte de Dios de evitar la idolatría, la brujería y la adivinación. **3.** Especifique las normas que promovían el respeto a la propiedad privada, los derechos humanos y la honestidad consigo mismo, con el prójimo y con Dios, de acuerdo con Deuteronomio 19:1 a 22:12.

ESTUDIO DEL TEXTO BASICO

Guíe a sus alumnos a resolver los ejercicios de la sección *Estudio del texto básico.*

1. Profundice en el asunto de la porción de los levitas, 18:1-8.
Enfoque el tema de las necesidades básicas que tienen que satisfacer los ministros de Dios, relacionándolo con el tema de los levitas. Refuerce el por qué los levitas no habían recibido heredad en la tierra prometida y la responsabilidad que tenían las demás tribus en el sostenimiento de los levitas.

2. Señale la posición de los sacerdotes israelitas y el mandato de dar ciertas partes de los animales sacrificados. Enfatice la promesa de Deuteronomio 18:2. Muestre la tabla salarial secular y de las iglesias y provoque una discusión sobre las diferencias. Guíe al grupo a arribar a una conclusión y recomendación general respecto al sostenimiento digno de los ministros cristianos.

3. Subraye la promesa de Dios respecto a enviar otro profeta como Moisés (Deut. 18:15-22). Pida al grupo que lea en silencio dos veces Deuteronomio 18:15-22 y provoque el diálogo sobre las siguientes preguntas: a. ¿De qué trata el pasaje? b. ¿Qué aspectos son los más importantes? c. ¿Qué características debía tener el profeta que Dios escogería? d. ¿Cómo identificarían si el profeta era falso o verdadero?

4. Retome el tema y resalte el anuncio mesiánico dado por Moisés. Presente el cartel comparativo entre Moisés y Cristo, y explique con bases bíblicas la tipología de Cristo que tipifica Moisés. Advierta a sus alumnos del cuidado de seguir la sana doctrina y detectar los falsos profetas. Coloque los rótulos de las corrientes religiosas de la actualidad, mencionando brevemente algunas características que los identifican. Enfatice la responsabilidad de seguir únicamente las enseñanzas bíblicas y poner la mirada solamente en Cristo Jesús.

APLICACIONES DEL ESTUDIO

1. Forme dos grupos y asígneles una de las aplicaciones del estudio, para su análisis, discusión y elaboración de recomendaciones para llevarla a la práctica. **2.** En seguida dé lugar a que cada grupo exponga el contenido de su aplicación y la recomendación respectiva. **3.** Al final concientice al grupo sobre las aplicaciones y pida que algún alumno dirija al grupo en oración para finalizar este periodo.

PRUEBA

Anime al grupo a resolver conscientemente la *Prueba.* Motívelos a realizar las lecturas bíblicas para el siguiente estudio.

Normas para la buena vecindad

Contexto: Deuteronomio 22:13 a 25:16
Texto básico: Deuteronomio 22:22-30; 23:21-23; 25:13-16
Versículo clave: Deuteronomio 25:15
Verdad central: Dios exige de su pueblo una conducta digna. Sus leyes y amonestaciones tienen como finalidad la buena vecindad entre los hombres y la complacencia de Dios sobre su pueblo.
Metas de enseñanza-aprendizaje: Que el alumno demuestre su: (1) conocimiento de las leyes y amonestaciones de Dios para una buena vecindad, (2) actitud responsable de actuar en su comunidad conforme a las normas dadas por Dios.

──────────── Estudio panorámico del contexto ────────────

A. Fondo histórico:
El matrimonio levirático. Levirato es un término derivado del latín *"levir"* que significa el *"hermano del esposo"*. El matrimonio levirático es la costumbre de casar a una viuda sin hijos con el cuñado, o con el pariente más cercano, esta costumbre era tan antigua como lo vemos en Génesis 38:1-10 con Tamar y Judá. El primogénito de esta nueva unión toma el lugar y la herencia del difunto, para no borrar el nombre de dicha persona en Israel.
La virgen desposada. El término hebreo *betula*, quiere decir una mujer que no ha conocido varón. La sociedad hebrea tenía en alto valor a la mujer virgen. El padre protegía a su hija para entregarla virgen al matrimonio. Si la virgen era violada, había leyes para compensar este acto de deshonra.
Los prestamistas. A los israelitas no les fue permitida la práctica del préstamo con fines comerciales, entre ellos debía haber un carácter caritativo, reconociendo que el único dueño de todo es Jehová. Sí les fue permitido cobrar intereses sobre préstamos a los extranjeros, en este caso el prestamista recibía una prenda como garantía.
La prostitución ritual. La prostitución era parte esencial del culto a la diosa Astoret, las mujeres que se prostituían en esta clase de cultos eran llamadas santas, también entre los hombres había prostitución sagrada, en algunas versiones la palabra hebrea *gadesh*, es traducida como sodomita, pero es mejor prostituto sagrado. La práctica era muy común entre los cananeos, pero Dios la rechaza severamente.
El divorcio. El matrimonio fue instituido para que ambos cónyuges permaneciesen unidos hasta que la muerte los separase, pero debido a la dureza

del corazón del hombre Moisés permitió el divorcio. No que Moisés lo haya inventado o propiciaó, sino que estableció una práctica para proteger la institución del matrimonio, parece ser que era común abandonar a la mujer, sin ningún motivo que justificara tal acción; para evitar esta situación era importante establecer reglas claras para el divorcio.

La esclavitud. Era permitido tener esclavos entre los israelitas, con la advertencia de liberarlos cada siete años, o sea en el año de la remisión, a menos que el esclavo quisiese permanecer en esa condición, en este caso se le perforaba la oreja como señal de que era esclavo de por vida y como una decisión propia.

B. Enfasis:

Sobre la virginidad y el matrimonio, 22: 13-21. La virginidad era sumamente apreciada en la sociedad hebrea. El hombre que acusaba falsamente a una mujer de una conducta incasta, éste sería castigado. Según el Talmud el castigo consistía en propinarle cuarenta azotes menos uno y ser condenado a pagar una multa de 100 siclos de plata al suegro, tomarla por esposa y no se podía divorciar de ella. Para demostrar la virginidad de la señorita, los padres guardaban la prenda de la virginidad para mostrarla a los ancianos. Si la señorita fuere hallada culpable, debía pagar su pecado con la vida misma.

Juicios sobre ofensas sexuales, 22:22-30. El adulterio y la fornicación eran castigados con la pena de muerte para erradicar el mal en Israel, ambos participantes debían de morir. En el caso de violación, si la joven era violada en el campo y ya estaba comprometida, el violador debía morir, pero si la joven no estuviera desposada, entonces el violador debía pagar una multa de 50 siclos a los padres y la debía tomar por esposa sin poder divorciarse de ella. Son sumamente condenables la relaciones sexuales con la madrastra, esta acción es una deshonra contra el mismo padre.

Los excluidos de la congregación, 23:1-8. El mandato de excluir de la congregación de Israel a los que tenían testículos magullados o mutilados, que eran prácticas paganas. También se acostumbraba convertir en cunucos a los hijos para el servicio en casas grandes o reales. Se excluía a los hijos fuera del matrimonio, quizá para mantener la santidad de éste; también a los amonitas, y moabitas a pesar de tener cierto parentesco con los israelitas, por la actitud de estos pueblos al obstaculizar el paso de Israel por su territorio. En cambio había un mandamiento de receptividad para los edomitas que fueron descendientes de Esaú y para los egipcios como un acto de gratitud por la estancia de Israel en tierras egipcias.

Sobre la higiene en los campamentos, 23:9-14. La limpieza en el campamento se ordenaba tanto por la salud como por la pureza personal. La limpieza física constituía el símbolo adecuado de la santidad a Jehovah.

Sobre asuntos varios, 23:15-25. Hay por lo menos seis recomendaciones en este pasaje que deben ser tomadas en cuenta.

a) Acoger, sin opresión al esclavo furtivo.

b) Rechazar la prostitución sagrada.

c) No ofrecer como ofrenda el salario de la prostitución.

d) En caso de préstamos sólo se les podía cobrar intereses a los extranjeros no así a los israelitas.

e) Esmero en cumplir con los votos voluntarios.

f) En campo ajeno es permitido consumir lo que uno apetece, pero no llevar nada.

Una ley sobre el divorcio, 24:1-4. La idea de esta ley es proteger a la mujer que normalmente era víctima de decisiones antojadizas del hombre. Al haber divorcio, había un procedimiento en el que participaba una autoridad y establecía tal formalidad que prohibía la unión después del divorcio si la mujer se volvía a casar, y luego quedaba libre fuera por otro divorcio o por el fallecimiento del segundo marido.

Qué hacer en diversas situaciones, 24:5—25:4.

a) El recién casado tenía libertad por un año de no ir a la guerra, no se le impondrían obligaciones.

b) En caso de préstamo, no se tomaría como prenda la piedra de molino porque servía para la sobrevivencia, ni se debía arrebatar la prenda.

c) Pena de muerte para el secuestrador y el torturador.

d) Cuidado con la lepra por ser altamente contagiosa y por ser considerada una enfermedad inmunda.

e) Al tomar por prenda ropa del pobre, ésta debía ser devuelta al atardecer para que tenga con qué cobijarse.

f) Trato justo al jornalero, esto es sin explotación ni retención de su salario.

g) Debía haber justicia para todos y cuidado especial para los pobres.

El matrimonio levirático, 25:5-12. Este tiene la finalidad de preservar el nombre y la heredad de la familia.

Exactitud en las pesas y medidas, 25:13-16. Esta es una extensión de la exigencia de Dios sobre la justicia.

———————— Estudio del texto básico ————————

1 Leyes contra el adulterio y la violación, Deuteronomio 22:22-30.

V. 22. *Ambos morirán.* Porque hay en ambos culpabilidad al establecer una relación voluntaria, en donde está involucrado todo el ser. Como enseña el apóstol Pablo, en una relación sexual hay una entrega total de la persona a la otra, es una relación ilícita. Es la entrega del cuerpo al pecado.

Vv. 23, 24. El caso de adulterio entre un hombre casado y una mujer desposada. Se consideraba que la mujer era esposa del novio, estaba comprometida con él, por lo tasnto el adulterio debía pagarse con la pena de muerte. Ambos debían morir, con ese castigo se estaba sentando la base de la santidad que debe prevalecer en una comunidad teocrática.

Vv. 25-27. Cuando un hombre encontraba a una mujer desposada en el campo y abusaba de ella, tan sólo el hombre moriría. La violación en este caso se asemeja al homicidio, es un acto de cobardía aprovechándose de la debilidad física de la mujer.

Vv. 28, 29. Este también es un caso típico de violación. Si la joven viola-da no está desposada, el violador la tomará por mujer y no podrá, bajo ningu-na circunstancia, divorciarse de ella, porque la deshonró y la está condenando a quedarse sola. **V. 30.** *Ningún hombre tomará la mujer de su padre.* En otras partes del Pentateuco hay una lista más extensa de personas con quienes no era permiti-do mantener relaciones sexuales, conocidas como incestuosas.

2 Amonestación a cumplir lo que se promete, Deuteronomio 23:21-23.

V. 21. *Cuando hagas un voto a Jehovah.* Un voto o una promesa hecha ver-balmente para hacer o dar algo como señal de devoción. En Israel se desarro-llaron leyes referentes a los votos y se juntaron en el tratado de la *Misna* lla-mada *Nedarim* (votos). En el contexto bíblico estos votos se deben realizar con una actitud de alabanza y gratitud. **V. 22.** *Pero si te abstienes de hacer un voto.* El énfasis de este versículo está en el hecho de que los votos deben ser voluntarios, nadie puede obligar a otra persona a hacer un voto, pero si la persona libremente asumía la obliga-ción de un voto, no cumplirlo era pecado. Es un acto de devoción personal a Dios, aun las mujeres jóvenes que están bajo autoridad quedan libres de la obligatoriedad de cumplir sus votos, si el padre de familia, o si el marido se opone. **V. 23.** *Cumplirás lo que tus labios pronuncien.* Es importante hacer notar que los votos no se hacían por escrito, sino verbalmente. En cuanto a las ofren-das voluntarias o votivas debían ser presentadas en el santuario único, con su-ma devoción y reverencia, con alabanza y gratitud a Dios. Claramente se ex-ceptúan de las ofrendas votivas aquellas ofrendas que por mandato le corres-ponden a Jehovah como los diezmos, los primogénitos o las primicias.

3 Amonestación a ser honesto y justo, Deuteronomio 25:13-16.

Vv. 13, 14. Las pesas y las medidas son instrumentos de uso cotidiano, que reflejan la calidad moral de las personas que las usan. Los israelitas utilizaban piedras para sus pesas, y literalmente dice: *"No tendrás en tu bolsa piedra grande"*, probablemente la usaban para comprar y *"piedra pequeña"* para vender, tal como lo da a entender el profeta Amós (Amós 8:5). El engaño es una afrenta contra Dios, y refleja la falta de aprecio al hermano. El reino teo-crático demanda amor y justicia. **Vv. 15, 16.** En el v. 15 la ordenanza es positiva: *"Pesa exacta y justa ten-drás"*, lo mismo debía ser con la medida. Si estos requisitos se cumplen la re-compensa es la prolongación de la vida sobre la tierra, esta promesa tiene una implicación individual y colectiva, personas justas constituyen pueblos justos, y las bendiciones individuales se hacen extensivas a la nación. Sin embargo, engañar al hermano con medidas y pesas falsas es una injusticia que Dios abo-rrece. Aunque no se especifica el castigo para el negociante injusto, la recom-pensa para el justo es sumamente valiosa que puede repercutir en la vida dc toda una nación.

1. Para la buena convivencia en una comunidad, se debe evitar la calumnia. Entre los hebreos el hombre que se atrevía a calumniar a una virgen, pagaba su osadía con un castigo severo. En las comunidades cristianas los chismes y las calumnias deberían ser castigados con alguna medida disciplinaria para erradicarlos por sus consecuencias nocivas. **2. Nadie está obligado a hacer votos delante del Señor.** Pero si a alguien le nace del corazón hacerlo, debe apresurarse a cumplirlo. **3. El cristiano debe procurar la exactitud y la justicia.** Tanto en las pesas como en las medidas el cristiano debe demostrar su calidad moral.

Ayuda homilética

Un desafío a la justicia social
Deuteronomio 24:5-22

Introducción. La teología de la liberación nos hizo reflexionar sobre el papel de la iglesia y los cristianos en la defensa de los pobres. En este pasaje encontramos elementos prácticos para desarrollar una justicia social sin violencia.

I. El valor de la felicidad del hombre, vv. 5, 6.
   A. Respeto para el recién casado.
   B. Respeto para los objetos de sobrevivencia.
II. Respeto a la vida humana, v. 7.
   A. No al secuestro.
   B. No a la tortura.
   C. No a la esclavitud.
III. No a la explotación, vv. 14, 15.
   A. No a la explotación del pobre o necesitado.
   B. No a la explotación de los extranjeros (ilegales).
   C. No a la retención del salario.
IV. Sí a la justicia y a la misericordia, vv. 16, 17, 19-22.
   A. Sí a la responsabilidad individual.
   B. Sí al respeto del derecho.
   C. Sí a la misericordia.

Conclusión: El desafío divino es permanente, Dios quiere la igualdad y la felicidad para sus hijos y no hay argumento que valga cuando se atenta contra el ser humano, gloria de la creación de Dios.

Lecturas bíblicas para el siguiente estudio

Lunes: Deuteronomio 25:17 a 26:11
Martes: Deuteronomio 26:12-19
Miércoles: Deuteronomio 27:1-15

Jueves: Deuteronomio 27:16-26
Viernes: Deuteronomio 28:1-26
Sábado: Deuteronomio 28:27-68

AGENDA DE CLASE

Antes de la clase
1. Lleve a la clase productos que en el mercado venden con peso o medida inexacta y entregue a cada uno de los alumnos una muestra. **2.** Invite a tres personas que pueden ser de entre los mismos alumnos u otros líderes para que participen en un panel, asignándoles una de las divisiones del texto básico. **3.** Arregle el salón con gráficos que se refieren al estudio de hoy y coloque las sillas adecuadamente para realizar el panel. **4.** Resuelva las preguntas dadas en el Libro del Alumno en la sección *Estudio del texto básico.*

Comprobación de respuestas
JOVENES: **1.** a. Ambos morirán; b. Ambos deben morir también; c. Sólo el hombre morirá. **2.** Respuesta personal. **3.** Respuesta personal. ADULTOS: **1.** a. Ambos deben morir; b. ambos deben morir también; c. sólo el hombre morirá; d. Se casará con ella sin posibilidad futura de divorcio; **2.** a. Deben cumplirse al pie de la letra; b. Deben ser justos.

Ya en la clase
DESPIERTE EL INTERES
1. Salude a sus alumnos con alegría y guíelos a medir y pesar los productos que usted les entregó. **2.** Provoque la reacción de ellos con respecto a las injusticias que se dan en la mayoría de los lugares. **3.** Pida la participación de unos tres alumnos que relaten una experiencia que hayan tenido en donde no se les entregó lo que compraron en cuanto a pesas y medidas. Por ejemplo, hay expendios de gasolina donde las bombas están adulteradas. En muchos lugares se vende la leche con una gran cantidad de agua. Hay comerciantes que dan quilos de ochocientos gramos, etc. **4.** Pida que lean al unísono Deuteronomio 25:15. Introduzca la siguiente sección del estudio: *Estudio panorámico del contexto.*

ESTUDIO PANORAMICO DEL CONTEXTO
1. Haga una referencia general sobre las normas de Dios a los israelitas para relacionarse adecuadamente entre ellos. **2.** Explique la importancia social y religiosa de la virginidad y el matrimonio y los juicios sobre las ofensas sexuales. **3.** Resalte el hecho que todas las normas se relacionaban con la integridad física y sexual de las personas y las relaciones dignas que debían guardar entre ellos. **4.** En otro orden de cosas, haga una presentación panorámica de lo que significaba el matrimonio levirático. **5.** Explique lo que era el desposorio y haga una relación con María y José en el Nuevo Testamento, cuando ellos estaban en esa condición.

6. Mencione el asunto de los prestamistas y haga una relación de esos vicios con la actualidad.

ESTUDIO DEL TEXTO BASICO

Anime a sus alumnos a que resuelvan la sección *Lee tu Biblia y responde.* Provea un ambiente agradable enfocando la necesidad de la aplicación de las normas para la buena vecindad. Coloque el rótulo general y explique la forma en que se desarrollará el panel. Presente a cada panelista y escriba en un rótulo o en el pizarrón el título de la subdivisión del tema.

Normas para la buena vecindad

1. Leyes contra el adulterio y la violación, Deuteronomio 22:22-30

2. Amonestación a cumplir lo que se promete, Deuteronomio 23:21-23

3. Amonestación a ser honesto y justo, Deuteronomio 35:13-16

Anuncie a cada participante y dé tiempo para las respectivas exposiciones. Finalmente, dé lugar para las preguntas y respuestas del tema. Para finalizar presente la Verdad Central de este estudio dando a los alumnos la oportunidad de afirmar lo que implica esta declaración.

APLICACIONES DEL ESTUDIO

Solicite a los panelistas que de acuerdo con el tema que cada quien enfocó brinde con autoridad y motivación la aplicación respectiva. Promueva un espíritu de autoexamen y dé un tiempo para dedicarlo a la oración. Dirija usted este periodo. Puede dedicar un tiempo también para que sus alumnos consideren las aplicaciones que están en sus Hojas de Trabajo.

PRUEBA

Guíe a la clase a resolver sus pruebas y divídala en tres grupos para que compartan sus respuestas, monitorados por cada uno de los panelistas. Anímelos a que realicen sus lecturas bíblicas durante la semana. De vez en cuando es necesario reconocer a aquellos que sí hayan cumplido con esta parte del proceso de enseñanza-aprendizaje. Una idea puede ser: preparar una hoja con preguntas relacionadas con las lecturas bíblicas y repartirlas entre todos. Los que alcancen la mayor puntuación en el examen reciben un estímulo.

Primicias y diezmos

Contexto: Deuteronomio 25:17 a 28:68
Texto básico: Deuteronomio 26:1-19
Versículos clave: Deuteronomio 26:12, 13
Verdad central: Adorar a Dios con los diezmos y las primicias, sin olvidarnos de nuestro prójimo, es el estilo de vida que Dios exige de su pueblo.

Metas de enseñanza-aprendizaje: Que el alumno demuestre su: (1) conocimiento de las normas señaladas por Dios para las primicias y los diezmos, (2) actitud de fidelidad en ofrendar a Dios y ayudar a los necesitados.

Estudio panorámico del contexto

A. Fondo histórico:

Amalec, nieto de Esaú. Los amalecitas fueron nómadas en la región del Neguev y Sinaí y fueron los primeros en atacar al pueblo de Israel en el desierto. Por cierto, fueron derrotados de una manera milagrosa, según el relato de Exodo 17:8-15. Israel tomó el mando del ejército, mientras que Moisés oraba en la cima del monte, acompañado de Aarón y Hur. Sucedía que cuando Moisés alzaba los brazos, Josué derrotaba a los amalecitas; Aarón y Hur entonces auxiliaron a Moisés sosteniéndole los brazos hasta el atardecer. En esa ocasión Dios determinó el exterminio de los amalecitas, mandato que se vuelve a repetir en este pasaje que forma parte de nuestro contexto.

El arameo errante. Con esta afirmación los israelitas empezaban una oración a manera de credo, en que resumían la historia hebrea y que recuerda las poderosas acciones de Dios. El patriarca mencionado como arameo errante es específicamente Jacob. El hebreo *obed* tiene la connotación de perdido o en peligro, algunos lo traducen como siro. Jacob antes de llegar a Egipto, durante el período del nacimiento de sus hijos había peregrinado en Aram, por esta razón era llamado como tal, aunque racialmente no era arameo. Luego de ir de lugar en lugar como pastores nómadas llegaron a Egipto, de donde los sacó Jehová.

El éxodo. En esta especie de credo los israelitas recuerdan los momentos difíciles que pasaron en Egipto y cómo clamaron al Señor y sus oraciones fueron atendidas por Dios, quien no sólo los sacó de Egipto, sino les dio una tierra en donde fluye leche y miel.

Los levitas. Aunque toda la tribu de Leví fue escogida para servir a Dios, entre sus componentes había una jerarquía formada por el sumo sacerdote, los sacerdotes y los demás, que se conocen simplemente como levitas, quienes auxiliaban por turno a los sacerdotes.

B. Enfasis:

Venganza contra Amalec, 25:17-19. Los amalecitas fueron los primeros en atacar a los israelitas en condiciones de desventaja. Atacaron por la espalda a los que estaban fatigados y débiles, aunque Israel prevaleció sobre ellos, la victoria fue parcial. La actitud de los amalecitas era condenable y merecía ser castigada con la destrucción total.

Las primicias de los frutos, 26:1-11. Estas deben ser ofrecidas con la declaración de las bendiciones de Dios, de sus actos poderosos a favor de un pueblo necesitado y oprimido como lo era Israel.

Provisión especial para los pobres, 26:12-15. Dios tiene cuidado de los pobres, y los israelitas como parte de su adoración debían apartar de los diezmos para los necesitados, entre los que se incluyen a los levitas, quienes por mandato divino no heredaron la tierra, puesto que se sostendrían de lo que los adoradores llevaban al altar.

Fin del segundo discurso de Moisés, 26:16-19. El libro de Deuteronomio consta de tres discursos y un apéndice con datos históricos. El segundo discurso está saturado de leyes y decretos que Jehovah Dios inspiró a Moisés para la mejor convivencia del pueblo, y la exhortación final de este discurso es la obediencia nacida de un corazón agradecido.

Moisés inicia su tercer discurso, 27:1-10. La petición de Moisés a la obediencia, tiene en este pasaje una característica peculiar, es acompañada por los ancianos, o líderes quienes velarán por el cumplimiento de las leyes y para que el pueblo no se olvide de las leyes, estas serán inscritas en piedras grandes o estelas que eran comunes en la antigüedad, la prohibición de tallar las piedras debemos interpretarla en el contexto del mandamiento de no hacerse imagen, ni de ninguna semejanza. El involucramiento de sacerdotes, levitas y aun los ancianos es parte del discurso final, delegando la responsabilidad a otros; el líder Moisés prepara el ambiente para su retiro.

Proclamación de las maldiciones, 27:11-26. Este elemento era parte importante de los tratados internacionales en el cercano oriente, ya que recordaban al vasallo su destino si no obedecía alguna de las estipulaciones. Para bendecir estaban los hijos de Lea y Raquel, mientras que el grupo que pronunciaría las maldiciones era integrado por los cuatro hijos de las siervas, juntamente con Rubén, quien perdió la primogenitura y Zabulón hijo menor de Lea. Hay doce maldiciones, quizá representando a cada tribu.

Las bendiciones de la obediencia, 28:1-14. Generalmente al final del documento de un pacto entre el soberano y sus vasallos, se redactaban los beneficios que obtendrían si eran obedientes a las normas y estatutos que contenía dicho pacto. El requerimiento era escuchar la voz de Dios y poner por obra sus mandamientos. La desobediencia a la voz de Dios conduciría a la idolatría, pero la obediencia llevaría al pueblo a la cima y nunca a la zaga.

Maldiciones de la desobediencia, 28:15-68. Las maldiciones pronunciadas en el capítulo 27 corresponden a hechos definidos y la fórmula usada es: *"Maldito el que..."*, mientras que en éste (28) algunas de las maldiciones son pronunciadas como: *"Malditos serán o maldito serás"* y enuncian las maldiciones que vendrían sobre el pueblo por causa de la desobediencia, y forman un verdadero contraste entre la obediencia y la desobediencia.

──────────── **Estudio del texto básico** ────────────

1 Adorar a Dios con las primicias, Deuteronomio 26:1-11.

Vv. 1, 2. *Entonces tomarás de las primicias.* La forma de la presentación de las primicias constituye un hermoso modelo de oración y alabanza. Al tomar posesión de la tierra, como un acto de gratitud y adoración, deberá tomar las primicias en canastas de mimbre o de hojas de palmeras y sobre los hombros el jefe conducirlas al santuario. **Vv. 3, 4.** *Vendrás al sacerdote que haya en aquellos días.* La ofrenda debe ser presentada al sumo sacerdote acompañada de una confesión de la gracia de Dios al concederles la tierra que había jurado a los padres. Hay un reconocimiento tácito de la soberanía de Dios, quien les dio la tierra para administrarla, y habitarla permanentemente si cumplían con sus requerimientos. Cada año, al inicio de la cosecha, vendría con la canasta de primicias para que el sacerdote la ofreciera delante del altar, la cantidad no era fija, dependía del adorador fijar lo que traía. **Vv. 5, 6.** *Un arameo errante fue mi padre.* Claramente refiriéndose a Jacob, y por la connotación de la palabra hebrea *obed* de "perdido" o "en peligro", coincide con el estilo de vida nómada de Jacob, vagando en la tierra con su ganado y sus hijos, víctima de una época de sequía y en consecuencia de hambre, es salvado milagrosamente por Dios a través de su hijo José, quien por providencia divina ocupaba un puesto relevante en Egipto. José bajo el consentimiento del faraón les concede la mejor tierra y los israelitas prosperaron hasta llegar a constituir una fuerza tan grande que a los egipcios les causó preocupación, de modo que les impusieron un régimen de opresión para frenar su crecimiento. La esclavitud fue tan dura y cruel y es símbolo de condenación, mientras que el éxodo llegó a simbolizar la salvación. **Vv. 7-9.** *Nos trajo a este lugar.* En esta declaración ritual, hay un reconocimiento de los actos de Dios. Ellos recitaban: *clamamos a Jehovah Dios* y él *nos oyó* o *escuchó nuestra voz. Vio nuestra aflicción* y... *nos sacó* con mano poderosa, *nos trajo* y *nos dio esta tierra.* Todos son actos ejecutados por el poder y la gracia de Dios. Nuestra dependencia de Dios debe ser total, nuestras fuerzas son vanas si Dios no nos respalda. **V. 10.** *Lo dejarás delante de Jehovah tu Dios.* Aquí hay dos partes: en la primera está la conclusión de la declaración ritual con la entrega voluntaria de las primicias, en una actitud reverente. En la segunda parte termina el acto de la entrega siempre con una actitud de adoración.

V. 11. *Entonces te regocijarás.* Posiblemente la canasta de las primicias sólo representara una parte de las primicias, lo demás debía de ser disfrutado en un ambiente festivo con el levita que no tenía propiedad y con el forastero, quien por su condición no tenía tierra para cultivar. La adoración adquiere un sentido festivo y provoca un ambiente de comunión y hospitalidad, es un acto reverente pero alegre.

2 Provisión especial para los necesitados, Deuteronomio 26:12-15.

V. 12. No hay un acuerdo general si el pasaje habla de un segundo diezmo o está hablando del destino del diezmo en los años tercero y sexto, que corresponde al período sabático, o sea el ciclo de siete años. El mandato divino es apartar anualmente el diezmo del producto de la tierra (Deut.14:22) y éste debía de ser entregado a los levitas, mientras que los diezmos al fin de los tres años se destinaban para la caridad, para que los necesitados pudieran satisfacer sus necesidades físicas, especialmente de alimentación. En este acto podemos notar dos aspectos interesantes de la adoración como un estilo de vida, ésta debe tener un aspecto festivo y revestido de un interés por los necesitados.

Vv. 13, 14. *Entonces dirás delante de Jehovah.* El acto de la entrega al igual que las primicias va acompañado de una declaración, en este caso la recitación es a nivel de confesión de estar cumpliendo con lo prescrito en la ley de Dios con respecto al diezmo. El adorador confiesa que no ha retenido nada secretamente en su casa para el uso personal, que todo lo consagrado a Jehovah ha sido íntegramente entregado.

V. 15. *Mira desde tu santuario.* Esta oración se eleva a Dios, después de haber cumplido con los requisitos del diezmo, para implorar sus bendiciones.

3 Jehovah demanda un pueblo santo, Deuteronomio 26:16-19.

V. 16. *Jehovah tu Dios te manda hoy...* El cumplimiento de las leyes y decretos es un imperativo ineludible, Dios demanda un pueblo apartado consagrado y esto no se puede lograr a menos que este pueblo sea obediente a sus leyes.

V. 17. *Tú has proclamado hoy que Jehovah es tu Dios.* Siempre en la llanura de Moab, el pueblo ratificó su adhesión al pacto con Dios, quizá por medio de algún acto legal o ceremonia no descrita en el pasaje; en el que se comprometieron a andar en los caminos de Jehovah y a guardar sus estatutos en base a la aceptación voluntaria de Jehovah como su Dios.

Vv. 18, 19. En las tres ocasiones se enfatiza la vigencia del pacto y su actualidad con el uso de la expresión *hoy.* Jehovah también *ha proclamado* a Israel como su *pueblo especial.* En base al cumplimiento de sus ordenanzas, Jehovah los premiará concediéndoles privilegios exclusivos como un *pueblo especial* y *santo.* Como una bendición de la obediencia, Dios prometió al pueblo colocarlo siempre como cabeza y nunca como cola. Por ser un tesoro especial tendría renombre, alabanza y gloria como la tuvieron en la época de David y Salomón.

Aplicaciones del estudio

1. El cristiano debe adoptar la adoración como un estilo de vida. La entrega de sus diezmos y ofrendas debe practicarlas en un marco de santidad y preocupación por los necesitados que abundan en nuestros países. La iglesia no debe apartarse de su responsabilidad social, sea en forma colectiva o individual, nuestro interés por otros debe ser congruente con nuestra adoración. **2. Debemos cumplir nuestra parte antes de pedir algo a Dios.** Un cristiano que diezma y ofrenda de corazón, puede dirigir su oración con confianza pidiendo bendiciones, no así el que no practica el diezmar y ofrendar porque claramente está transgrediendo una de las demandas de Dios. **3. La obediencia tiene su recompensa.** Si a los israelitas Dios les prometió que los enaltecería y que gozarían de la abundancia de bienes materiales, también Dios quiere bendecirnos a nosotros si le somos fieles.

Ayuda homilética

La adoración como un estilo de vida
Deuteronomio 27:1-10

Introducción: En la actualidad tenemos la tendencia de centrar nuestra adoración en el templo, sin embargo el libro de Deuteronomio nos enseña que la adoración debe ser un estilo de vida, una forma de ser.

  I. La importancia de la ley de Dios en nuestras vidas, vv. 1-5.
    A. La ley de Dios debe normar nuestra relación con él.
    B. La ley de Dios debe normar nuestra conducta.
    C. En la ley de Dios debemos meditar de día y de noche.
  II. La importancia de la adoración a Dios, vv. 6-8.
    A. Debe ser una adoración exclusiva, sin mezcla de paganismo.
    B. Debe ser nuestro holocausto y sacrificio de paz.
    C. Debe ser festiva y en comunión.
  III. La importancia de la obediencia, vv. 9, 10.
    A. Una obediencia reverente.
    B. Una obediencia nacida de una relación íntima, hemos venido a ser pueblo de Dios.

Conclusión: Nuestra adoración nunca será un estilo de vida a menos que nos guiemos por la ley de Dios y le obedezcamos.

Lecturas bíblicas para el siguiente estudio

Lunes: Deuteronomio 29:1-19
Martes: Deuteronomio 29:20-29
Miércoles: Deuteronomio 30:1-20
Jueves: Deuteronomio 31:1-13
Viernes: Deuteronomio 31:14-23
Sábado: Deuteronomio 31:24-29

AGENDA DE CLASE

Antes de la clase

1. Pida con anticipación a un grupo de alumnos que preparen una dramatización sobre la derrota de Amalec, según Exodo 17:8-16 y Deuteronomio 25:13-16, y a otro grupo que dramatice lo que debía cumplirse al llevar las primicias al altar. **2.** Pida a dos personas que lean expresivamente las bendiciones a la obediencia y maldiciones a la desobediencia, alternadamente, según Deuteronomio 28:1-6 y 15-20. **3.** Escriba en un cartel grande Deuteronomio 26:18, 19, subraye con un color las frases que se refieren a promesa y recompensa y con otro las que se refieren a demandas. **4.** Prepare en un cartel cuadros, fotos y/o escenas de desamparados en su comunidad. **5.** Prepare la música y letra del Himno Núm. 422 HB. **6.** Resuelva la sección de preguntas de la sección *Estudio del texto básico*.

Comprobación de respuestas

JOVENES: **1.** a. Resumen personal. **b.** Huérfanos, viudas, levitas. **c.** Paráfrasis. **2.** a. Jehovah es tu Dios y que andarás en sus caminos, que guardarás sus leyes, sus mandamientos y sus decretos, y que escucharás su voz. **d.** Tú eres su pueblo especial, como él te ha prometido, y que guardarás todos sus mandamientos.
ADULTOS: **1.** a. Resumen personal. **b.** Huérfanos, viudas, levitas. **c.** Paráfrasis. **2.** a. Jehovah es tu Dios y que andarás en sus caminos, que guardarás sus leyes, sus mandamientos y sus decretos, y que escucharás su voz. **d.** Tú eres su pueblo especial, como él te ha prometido, y que guardarás todos sus mandamientos.

Ya en la clase
DESPIERTE EL INTERES
1. Coloque las sillas de forma agradable y diferente, salude cordialmente a sus alumnos. **2.** Pida a las personas que prepararon la lectura de las bendiciones y las maldiciones que presenten su punto. **3.** Dirija con entusiasmo las dos primeras estrofas del Himno Núm. 422. **4.** Introduzca con motivación el tema de hoy.

ESTUDIO PANORAMICO DEL CONTEXTO
1. Solicite la presentación del drama de la derrota de los amalecitas. Una vez que hayan presentado esta dramatización, asegúrese de que los elementos que utilizaron correspondan correctamente a la realidad histórica. **2.** Haga una referencia histórica de la venganza contra Amalec. Explique de manera general el contenido esencial de los tres discursos de Moisés.

Resalte las consecuencias de la obediencia y desobediencia. Relacione algunas bendiciones contra algunas maldiciones.

ESTUDIO DEL TEXTO BASICO

Guíe al grupo a resolver la sección: *Lea su Biblia y responda.*

1. Las primicias de la tierra, 26:1-11. Explique el mandato, propósito y contenido de los diezmos y ofrendas, así como su utilización. Haga hincapié en la sabiduría de Dios al establecer el sistema de los diezmos y la pertinencia del mismo. Dé lugar al drama sobre los requerimientos que se debían cumplir al presentar las ofrendas al altar. Enfatice la actitud de adoración que debía guardarse al entregar las ofrendas.

2. La provisión especial para los pobres, 26:12-15. Profundice sobre la preocupación de Dios por los desprovistos. Enfoque el uso de las ofrendas de cada tres años, del período sabático. Subraye el asunto de la actitud que debía guardarse al entregar el "segundo diezmo". Presentando el cartel que preparó, dé a conocer los casos de desprovistos que hay en su comunidad. Motívelos a atender a esos necesitados, y pensar en maneras como alumnos pueden hacer algo para satisfacer esas necesidades. Promueva un diálogo breve sobre las preguntas: ¿Tiene la iglesia responsabilidad en relación con los desamparados de la sociedad? ¿Hasta qué punto debe dedicar tiempo y esfuerzo para satisfacer esas necesidades?

3. Jehová demanda un pueblo santo, 26:16-19. Coloque el cartel de Deuteronomio 26:18, 19 y pida opinión sobre las promesas y demandas que aparecen subrayadas. Enfatice la importancia de ser hacedores y no solamente oidores de los mandatos del Señor. Discuta con sus alumnos los diferentes conceptos que se tienen sobre la palabra "santo".

APLICACIONES DEL ESTUDIO

Organice a los alumnos en grupos de tres y pídales que analicen una aplicación y preparen un drama al respecto. Dé tiempo a la presentacion de dramas y al concluir cada uno haga una reflexión. Al final guíeles en las últimas dos estrofas del Himno Núm. 422, clausurando esta sección de aplicaciones con una oración.

PRUEBA

Solicite que realicen su prueba en pareja, y que por afinidad compartan los resultados. Recuerde a sus alumnos la importancia de realizar sus lecturas bíblicas diarias con el fin de prepararse para el siguiente estudio. Finalice la reunión pidiendo que en silencio oren el uno por el otro, usted ore de manera audible por todos.

Arrepentimiento y restauración

Contexto: Deuteronomio 29:1 a 31:29
Texto básico: Deuteronomio 30
Versículo clave: Deuteronomio 30:14
Verdad central: Para el adorador arrepentido Dios promete restauración completa y nueva vida en comunión con él.
Metas de enseñanza-aprendizaje: Que el alumno demuestre su: (1) conocimiento de la promesa de restauración que Dios cumple en quien se arrepiente, (2) actitud de valorar el arrepentimiento como medio para su restauración.

──────────── **Estudio panorámico del contexto** ────────────

A. Fondo histórico:
El origen de Moab, hijo de Lot. Su tierra estaba ubicada al oeste del Jordán, y fue el último escalón de los israelitas antes de ingresar a la tierra de Canaán. Fue en este lugar en donde Moisés, como mediador, renovó el pacto.
Circuncisión del corazón. La circuncisión física es un rito religioso en el cual se corta el prepucio que cubre el glande del miembro viril. Simbólicamente se usó para señalar la limpieza espiritual, cuando la Biblia habla de la circuncisión del corazón, se refiere a la pureza y a la fidelidad del pueblo con Dios.

B. Enfasis:
Renovación del pacto, 29:1-29. Ubicados en la cercanía tanto del mar Salado o Muerto, como de la tierra prometida, Moisés reta al pueblo a un nuevo pacto, además del pacto en Horeb. En el prólogo se nota la perspectiva histórica de Moisés quien les recuerda a los israelitas el cuidado providencial en el desierto, travesía que duró cuarenta años sin que sus vestidos se envejecieran, ni los zapatos se gastaran, comieron pan si trabajar y vencieron a dos reyes poderosos como Og y Sejón sin tener un ejército superior. El desafío entonces es la fidelidad al pacto que van a renovar de manera solemne todos en la presencia de Dios. Moisés hace un llamado a todos los miembros de la caravana, hombres, mujeres, niños y los forasteros, aun los que por algún motivo no estuvieron presentes, todos estaban incluidos en ese pacto solemne.
Por último tenemos la advertencia contra la infidelidad. Tanto Moisés como el pueblo podían contemplar de cerca la aridez y la desolación alrededor del mar Muerto, aquel valle que impresionó a Lot por su fertilidad, ahora se ha convertido en desolación; la tierra donde fluye leche y miel también podría

convertirse en algo semejante, las generaciones futuras sabrán que por abandonar el pacto, la tierra de Israel se ha convertido en desolación.

Promesas y exhortaciones del pacto, 30:1-20. Moisés pone ante el pueblo las opciones y sus consecuencias, el bien y el mal, la vida y la muerte, la decisión es personal, y el pueblo debe elegir entre la obediencia y la desobediencia, entre seguir a Jehovah o regresar a la idolatría. El elemento vital en este llamamiento es la obediencia que surge de un corazón cambiado, de un corazón circuncidado por Dios mismo.

Moisés delega su cargo a Josué, 31:1-13. A la edad de 120 años Moisés siente que debe delegar su responsabilidad en Josué, uno de los espías que regresó con buenas noticias para el pueblo y capitán del ejército. Moisés había preparado a su sucesor, así que era tiempo de que asumiera tan grande responsabilidad, por esta razón le dirige palabras de ánimo. Moisés también demanda del pueblo la observancia de la ley de Dios, y ordena que cada siete años, el año de la remisión, se lea la ley a oídos del pueblo.

Moisés escribe un cántico memorial, 31:14-23. Josué el nuevo líder necesitaba confirmación, Dios mismo tomó la iniciativa para comisionarle. Tanto él como Moisés se presentan en el tabernáculo, en donde Dios se manifiesta en una columna de nube y comisiona a Josué a introducir al pueblo a la tierra prometida, cruzando el río Jordán. En esta ocasión Moisés escribió un cántico memorial de advertencia, si el pueblo se olvida de Jehovah su Dios, entonces vendrán muchos males y angustias sobre el pueblo.

Los depositarios del libro de la ley, 31:24-29. La copia escrita de la ley había de ser guardada en el arca del pacto. Moisés encargó a los levitas la custodia de este documento. El contenido de este documento era de una importancia capital, pues transmitía los principios esenciales y vitales de la relación con Dios. Moisés conocía al pueblo, y sabía de su tendencia repetitiva a rebelarse, en vista de ello les proveyó esta copia escrita de modo que fuese un testimonio contra ellos en su rebelión.

Convocando a los ancianos y oficiales del pueblo, los reunió para advertirles de las consecuencias de la desobediencia y evoca al cielo y la tierra como testigos de tal advertencia.

————————— **Estudio del texto básico** —————————

1 Promesa de restauración, Deuteronomio 30:1-5.

Vv. 1-3. *Sucederá que cuando te haya sobrevenido todas estas cosas.* Como una exhortación final del tercer discurso, Moisés desafía a su pueblo a mantener el espíritu de reflexión siempre. Si en medio de la cautividad ellos reflexionaban y se arrepentían de sus malos caminos, entonces el Señor los restauraría. Dios, por medio de Moisés les advirtió sobre las maldiciones que les sobrevendrían si se rebelaban contra su Dios, también les anunció sobre las bendiciones que vendrían sobre ellos a causa de la obediencia. Moisés en forma profética, visualiza la rebeldía del pueblo, y como consecuencia de ello su dispersión. Pero a la vez, su mensaje no es de desesperación, sino de fe. La restauración proclamada solamente será posible cuando el pueblo cambie su manera de vivir, volviéndose de corazón a Dios y aceptando el desafío de obedecer su voz de manera íntegra y sin reservas. **Vv. 4, 5.** *El te hará bien y te multiplicará más que a tus padres.* Debemos subrayar que el amor de Dios sobre la humanidad es inmenso, y en especial el trato que tuvo con el pueblo de Israel, no tiene paralelo sino con el mismo cristianismo. El amor de Dios se manifestó a pesar del pecado, y como testifica Pablo, cuando abundó el pecado sobreabundó la gracia. Si bien es cierto que los patriarcas recibieron bendiciones de Dios, entre esas bendiciones podemos contar las promesas, que más tarde fueron realidades en la vida de sus descendientes. Si la cautividad venía como resultado de la desobediencia, la restauración motivada por la misericordia siempre es una restauración total y con ventajas para el pueblo. Dios tiene inmensas riquezas que desea compartir ahora por medio de Cristo con toda la humanidad. El reino de Dios ha llegado y es una realidad presente y futura.

2 Circuncisión del corazón, Deuteronomio 30:6-14.

V. 6. *Jehovah tu Dios circuncidará tu corazón.* La circuncisión era la prueba exterior de la membresía de la nación del pacto con Dios, con la circuncisión del corazón, se estará remarcando el pacto en el corazón. La limpieza física de las personasno era suficiente, se necesitaba erradicar la impureza desde lo más profundo, para poder vivir una vida que agradara a Dios. El hombre por sus propios méritos no ha podido, ni podrá agradar a Dios, a menos que el Espíritu Santo obre un milagro de renovación y restauración total.

Vv. 7, 8. *Pero tú volverás a escuchar la voz de Jehovah.* Israel sufrió en la cautividad destrozos y daños incalculables, pero Dios siempre los restauró con amor. Los imperios que se enseñorearon de los israelitas ninguno ha permanecido a través del tiempo, tuvieron sus épocas de gloria y luego cayeron estrepitosamente, sin embargo, Israel se ha levantado, pero la restauración enfatizada radica más en la sensibilidad de atender la voz de Dios. El pueblo de Dios volverá a reconocer la voz de su Dios y dispondrá de un nuevo corazón, un corazón ya circuncidado para poner por obra los mandamientos de Dios.

Vv. 9, 10. *Jehovah volverá a gozarse en ti para bien.* Juntamente con los dones espirituales de la restauración, así como la circuncisión espiritual Dios les promete bendiciones sobre todo lo que emprendan. Dios quiere bendecir el trabajo del hombre, como era su propósito desde el principio; la creatividad del hombre restaurado es vista con agrado por Dios. Además, quiere derramar sus bendiciones sobre el ganado y sus cultivos. El pecado entristece a Dios, pero también se goza de ver a sus hijos volverse a él, arrepentidos. Jesús dijo: "habrá más gozo en el cielos por un pecador que se arrepiente que por noventa y nueve justos que no necesitan de arrepentimiento"(Luc. 15:7). Volver nuestro corazón a Dios es agradable a sus ojos y en la delicia de su comunión debemos regocijarnos todo el tiempo.

Vv. 11, 12. El mandamiento de Dios es accesible a todo hombre, y su cumplimiento no es difícil para la raza humana. El pueblo hebreo había escuchado a su líder Moisés disertar sobre los requerimientos de Dios por largos cuarenta años, y no podían alegar ignorancia de su existencia y sus exigencias. No es misteriosa, difícil o escondida, a los levitas como depositarios de la ley se les ordenó guardar celosamente una copia de la ley para enseñarla al pueblo. El hombre tiene la tendencia de buscar excusas para no cumplir con su deber; con los mandamientos de Dios no hay excusas que valgan, porque no hay nada incomprensible, ni imposible en su ley.

Vv. 13, 14. *Ciertamente muy cerca de ti está la palabra.* En la Biblia hay verdades profundas que quizás nunca logremos comprender, hay cosas secretas que sólo pertenecen a Dios (29:29), pero las cosas reveladas son para nosotros. Las demandas del pacto son muy fáciles de cumplir, están cerca de nosotros; Pablo en Romanos 10:6-9 hace una excelente interpretación de este pasaje al señalarnos la cercanía de la palabra de Dios en nuestros corazones por medio de Cristo. Si bien es cierto que el hombre no podrá conocer las profundidades del conocimiento de Dios, lo que conoce bien le puede servir para agradar a Dios.

3 Entre la vida y la muerte, Deuteronomio 30:15-20.

Vv. 15, 16. *Mira, pues, yo pongo hoy delante de ti la vida y el bien.* La primera opción es la vida, acompañada de todos los bienes que Dios puede dar. El amor, la lealtad y la obediencia, son elementos vitales para la bendición de la tierra en donde fluye leche y miel, estos unidos a la fe del Nuevo Testamento nos prometen el gozo del reposo verdadero y eterno. Es impresionante ver cómo Moisés combina las ideas del bien y la vida, porque no es solo el hecho de vivir, sino el vivir disfrutando de los bienes que Dios provee para que los disfrutemos.

Vv. 17, 18. *Yo os declaro hoy que de cierto pereceréis.* El v. 15, plantea dos opciones: la vida y el bien y la muerte y el mal. El mal vendrá sobre el pueblo hasta acabar con la muerte misma. La rebeldía, la desobediencia y la idolatría sólo pueden conducir a la muerte. Moisés al declararles la consecuencia de su rebeldía, estaba cumpliendo con su obligación. El hecho de llegar al final de la jornada, tomar posesión de la tierra no era lo único, podrían seguir disfrutando de la misma, si guardaban los mandamientos, o perecer si hacían caso omiso a los requerimientos de Dios.

Vv. 19, 20. *Llamo hoy por testigos contra vosotros a los cielos y a la tierra.* La elección entre la vida y la muerte, o entre el bien y el mal, siguen siendo oportunidades para el hombre. Dios puede crear todas las condiciones favorables para el hombre, pero nunca lo obligará a cumplirlas. En el antiguo oriente, cuando se celebraban pactos siempre se requería de la presencia de testigos, en muchos casos los testigos eran los mismos dioses. Pero en el pacto entre Dios y su pueblo, son evocados los cielos y la tierra como testigos inmutables, que estarán atentos al cumplimiento o no de las demandas del pacto. Para remarcar la idea del pacto, Moisés les recuerda que la tierra a poseer, se les concedía por causa del juramento hecho a los patriarcas.

Aplicaciones del estudio

1. La restauración es una oportunidad vigente. Una de las doctrinas más hermosas de la Biblia es la restauración. La disciplina aplicada en una comunidad cristiana debe servir para la restauración del pecador a la comunión. **2. Sólo Dios puede regenerar.** El llamamiento no es para convertir personas, sino para guiarlas a los pies de Cristo. Nuestro evangelismo debemos realizarlo en oración, pidiéndole a Dios que obre en el corazón del no creyente; en segundo lugar no nos debe frustrar que no muchos acepten el mensaje. **3. El cumplimiento de los mandamientos de Dios no es gravoso.** La obediencia en cumplir los mandatos de Dios traerá bendiciones sobre nosotros, nuestras familias y sobre nuestra nación. En cambio, la desobediencia, siempre acarreará sobre nosotros castigo y destrucción.

Ayuda homilética

El líder y su sucesor
Deuteronomio 31:1-23

Introducción: Moisés sigue siendo uno de los líderes que son dignos de imitar. En su debido momento escogió a un joven, le capacitó y le delegó misiones importantes a fin de prepararlo para asumir la responsabilidad de seguir conduciendo al pueblo hasta la consecución de la meta.

I. **Capacitando al sucesor, Josué.**
   A. Moisés le confió la capitanía del ejército contra Amalec, 25:17-19.
   B. Moisés le confió como siervo y espía.
   C. Moisés lo valoró y le estimuló, v. 7.
II. **Reconociendo su incapacidad personal, v. 2.**
   A. Moisés reconoce el impedimento de su edad (120 años).
   B. Moisés reconoce su incapacidad física.
   C. Moisés reconoce y obedece la voz de Dios de dejar su liderazgo.
III. **Asegurándose de la aprobación de Dios sobre el sucesor.**
   A. Moisés y Josué se presentan al tabernáculo, vv. 14, 15.
   B. Dios comisiona a Josué, v. 23.
   C. Dios anima a Josué, v. 23.

Conclusión. No podemos decir misión cumplida, si en nuestra comunidad no se encuentra un joven como Josué, que esté listo a seguir con el ministerio que nosotros dejamos.

Lecturas bíblicas para el siguiente estudio

Lunes: Deuteronomio 32:1-18   **Jueves:** Deuteronomio 33:1-17
Martes: Deuteronomio 32:19-42   **Viernes:** Deuteronomio 33:18-29
Miércoles: Deuteronomio 32:43-52   **Sábado:** Deuteronomio 34:1-12

AGENDA DE CLASE

Antes de la clase

1. Prepare un mapa, señalando claramente con un color llamativo la tierra de Moab, con otro color el recorrido del peregrinaje y con otro color diferente la tierra prometida. **2.** Escriba en una cartulina blanca: OBEDIEN-CIA-VIDA y en una cartulina negra DESOBEDIENCIA-MUERTE. **3.** Elabore tres rompecabezas que contengan los siguientes textos: Deuteronomio 30:3, 6, 15, 16. Cada rompecabezas deberá tener el mismo número de piezas. **4.** Pida a dos personas que lleven a la clase sábanas, toallas y sandalias para que representen a Moisés y Josué. **5.** Prepare tres rótulos con los títulos de las divisiones. **6.** Complete los ejercicios de la sección: *Estudio del texto básico.*

Comprobación de respuestas

JOVENES: **1.** a. Volverse con los hijos a Jehovah su Dios y obedecer su voz con todo su corazón y con toda su alma, conforme a todo lo que yo les mando hoy. b. Poseerán la tierra harán el bien y se multiplicarán más que sus padres. **2.** a. F. b. V. c. F. **3.** a. Con el fin de que amen a Dios. b. Perecerán, no prolongarán sus días. c. Escoger la vida.

ADULTOS: **1.** Volverse con los hijos a Jehovah su Dios con toda su alma conforme a todo lo que hoy manda Jehovah. **2.** El corazón es el centro motor de la vida y Dios quería que fueran receptivos a su voz y sus sentimientos puestos en las manos de Dios. **3.** Serían restaurados y volverían a su tierra.

Ya en la clase

DESPIERTE EL INTERES

Al ingresar al aula sus alumnos, divídalos en tres grupos. Entregue el sobre de cada rompecabezas a un representante del grupo para que a un mismo tiempo inicien el armado del mismo. Al finalizar pida que cada grupo lea en voz alta el texto descubierto al armar el rompecabezas. Pídales que dialoguen brevemente sobre el contenido y mensaje del versículo del rompecabezas. Además, pida que escriban en el pizarrón las frases clave de cada versículo; por ejemplo: a. restaura tu cautividad, b. circuncida tu corazón, c. la vida y el bien, la muerte y el mal. Anuncie el tema de hoy y asegúrese de hacer un puente de motivación entre esta parte del estudio y la siguiente.

ESTUDIO PANORAMICO DEL CONTEXTO

Utilizando el mapa ubique a sus oyentes en Moab, donde se dio la renovación del pacto. Localice el recorrido que siguió el pueblo hebreo en el desierto y haga un breve resumen de los sufrimientos que pasaron por ese peregrinar, resaltando el hecho que a pesar de la desobediencia del pueblo, Dios siempre permaneció fiel. Señale el lugar de la tierra a poseer por la nueva generación. Explique el propósito de la circunsición física y el contenido del mismo y explique el momento en que Dios nombró a Josué como sucesor de Moisés, utilizando a las dos personas que se vistieron como ellos.

ESTUDIO DEL TEXTO BASICO

Oriente a los alumnos para que respondan el ejercicio de la sección: *Estudio del texto básico.*

1. *Analice la división 1: Promesa de restauración, 30:1-5.* Utilizando el rótulo que preparó con el título de la primera división enfoque el tema a la luz del pasaje bíblico (Deut. 30:1-5). Resalte el requerimiento del arrepentimiento, como base para la restauración. Señale que la restauración es vigente en la actualidad. Concientice a los alumnos de la bondad de Dios al ofrecer la restauración y promueva el diálogo sobre la restauración.

2. *Analice la división 2: Circuncisión del corazón, 30:6-14.* Para iniciar esta parte coloque el rótulo correspondiente, enfatizando la necesidad de la limpieza íntegra del corazón a la luz del pasaje bíblico. Subraye el hecho de que el arrepentimiento de corazón constituye un elemento importante en el estilo de vida del adorador. Refiérase a la pureza de corazón con los Salmos 24:1-5, y 51:10. Dirija el himno Núm. 9 del *Himnario Bautista* y pida observaciones de los alumnos en relación con la necesidad de presentar manos limpias delante del Señor.

3. *Analice la división 3: Entre la vida y la muerte, 30:15-20.* Igual que en las ocasiones anteriores, coloque el rótulo que corresponde a esta división en un lugar visible. Introduzca esta división señalando que la decisión entre el bien y el mal es personal, Dios no va a forzar a nadie a escoger el bien. Es responsabilidad de cada quien decidir el tipo de vida que quiera llevar. Coloque el cartel blanco y el cartel negro que preparó y provoque la discusión sobre la relación vida-bien y muerte-mal. Subraye la realidad de la vida próspera que Dios ofrece a sus hijos en la medida que anden en el camino que Dios ha señalado y obedezcan su Palabra. Finalice entonando el coro y la primera estrofa del himno Núm. 178 HB.

APLICACIONES DEL ESTUDIO

Exponga cada una de las aplicaciones del estudio y pida que sus alumnos reaccionen a las mismas.

PRUEBA

1. Reúna los tres grupos que integró al iniciar la clase y dé lugar a que de manera individual resuelvan la prueba y compartan voluntariamente sus respuestas en su respectivo grupo. 2. Pida que al terminar cada grupo forme un círculo de oración y terminen la clase en esa actitud.

Moisés: un estilo de vida fiel a su Dios

Contexto: Deuteronomio 32:1 a 34:12
Texto básico: Deuteronomio 34:1-12
Versículo clave: Deuteronomio 34:10
Verdad central: Dios honra a sus siervos fieles y les reconoce sus méritos a pesar de sus fallas humanas.
Metas de enseñanza-aprendizaje: Que el alumno demuestre su: (1) conocimiento del motivo por el cual Moisés sólo contempló desde lejos la tierra prometida, (2) actitud de fidelidad en su servicio a Dios.

—————— Estudio panorámico del contexto ——————

A. Fondo histórico:

Josué hijo de Nun. Josué significa: "Jehovah salva". Hijo de Nun, de la tribu de Efraín. Su nombre originalmente era Oseas que significa Dios es salvación. Siendo joven, Moisés lo escogió como su ayudante. Fue el capitán del ejército de Israel para pelear contra Amalec, pero es más conocido como uno de los espías que entró a la tierra prometida y regresó con una palabra de ánimo al pueblo. Fue el sucesor de Moisés, y bajo su liderazgo el pueblo entró a tomar posesión de la tierra de Canaán.

El pecado de Moisés en las aguas de Meriba. Meriba significa rencilla, pleito o querella. La naturaleza exacta de la falta de Moisés no es muy precisa, algunos creen que por causa de la ira golpeó la piedra dos veces, un solo golpe era suficiente porque el milagro no dependía del mismo, sino del poder de Dios para hacer brotar agua de la roca (Núm. 20:12), aclara que el pecado de Moisés fue la falta de fe que lo condujo a actuar de alguna manera que desagradó a Dios. Moisés no trató a Dios como santo ante el pueblo, este es el pecado por el cual Dios no permitió que Moisés entrara a la tierra, no le dio la gloria a Dios.

El Monte Nebo. Es la cumbre más alta de la cadena conocida como Abarim, literalmente Nebo quiere decir del otro lado. Se ubica frente a Jericó. La tradición cristiana ha reconocido a Jebel Neba como el monte Nebo, pero se ajusta más a la cumbre más alta de la cordillera Abarim al relato bíblico.

B. Enfasis:

El cántico de Moisés, 32:1-47. El tema de este cántico es el nombre del Señor, el cuidado amoroso por su pueblo, su justicia y su misericordia. El regocijo de Moisés en este cántico se conjuga con la visión profética, en la que vislumbra la rebeldía del pueblo, rechazando al Dios vivo por los ídolos de las naciones. También se resalta en el cántico la obra de Dios: traer de regreso con regocijo a su pueblo. Esto es causa de regocijo, no sólo para ellos sino para todas las naciones. Después del cántico exhorta al pueblo a poner en práctica las leyes de Dios.

Dios ordena a Moisés que suba al monte Nebo, 32: 48-52. Los días de Moisés llegaron a su fin, Jehová le manda que suba a la cima más alta de Abarim, desde este punto contemplaría la tierra prometida. Ni a Moisés, ni a Aarón se les permitió entrar a la tierra por su actitud en las aguas de Meriba. El nombre de Jehová no fue santificado por estos líderes, en su desesperación golpearon la piedra, probablemente sin invocar el nombre de Dios. En Números 20:11-13, se nos revelan por lo menos dos faltas o errores de estos líderes: enunciaron una interrogante a nivel personal ¿sacaremos para vosotros agua de esta roca? No preguntaron si Dios sacaría agua. Pero el error más grave fue la incredulidad o la falta de fe de ellos, tal como lo señala el v. 12. Aarón murió en la cumbre de Hor, Moisés también correría con la misma suerte, sería reunido con sus padres sin haber entrado a Canaán.

Bendición de Moisés para Israel, 33:1-29. En la cultura del cercano oriente eran de gran importancia las palabras de un padre moribundo, y eran consideradas como testamento irrevocable. En su testamento, Moisés empieza exaltando a Jehová y su revelación, luego la bendición para cada una de las tribus. Para Rubén, la bendición de la sobrevivencia, a Judá la fuerza para vencer a sus enemigos, a Leví, la bendición de ser sacerdotes aceptos delante de Jehová, a Benjamín el vivir confiado, a José la bendición sobre su tierra, a Zabulón la alegría de sus salidas, mientras que Isacar en el hecho de quedarse en su tienda. Gad, Dan, Neftalí, y Aser son mencionados con bendiciones particulares en la tierra que ocuparon. Simeón no es mencionado, Jacob en su testamento reprendió a Simeón, tal vez sea la razón por la cual no se mencionó.

Muerte y sepultura de Moisés, 34:1-12. Aparte del Señor Jesucristo, Moisés ha sido y seguirá siendo el líder más significativo que ha tenido Israel, murió en el monte Nebo, y fue sepultado por Dios mismo en algún lugar del valle, así concluye su ministerio uno de los siervos de Dios que contribuyó a la liberación y formación del pueblo de Israel.

─────────── **Estudio del texto básico** ───────────

1 Moisés contempla la tierra, Deuteronomio 34:1-4.

Vv. 1-3. *Entonces subió Moisés... al monte Nebo.* Habiendo bendecido al pueblo de Israel, Moisés se separa de Israel y camina solo hasta el monte Nebo, a la cima de Pisga. El Monte Nebo alcanza una altura de 835 mts., a 19 kms. al este de la convergencia del río Jordán y el mar Muerto. Desde este punto se le permite a Moisés contemplar la tierra que ocuparían los israelitas. *Y Jehová le mostró toda la tierra desde Galaad,* región ubicada al otro lado del Jordán, hasta la tierra que se le dio a la tribu de Dan, cerca del mar Mediterráneo, o sea una vista general del este al oeste, y desde el norte en donde se ubicaron las tribus de Neftalí y Manasés, hasta el sur en donde se ubicaron las tribus de Efraín y Judá. A Moisés se le permitió ver una buena parte de todo el territorio que ocuparían las tribus, hasta donde sus ojos alcanzaban a ver. **V. 4.** *Esta es la tierra que juré a Abraham, a Isaac y a Jacob.* En este versículo, hay dos juramentos que se cumplieron, la concesión de la tierra a los descendientes de Abraham, tal como Dios se los había prometido por mucho tiempo, quizás unos 600 años antes. También Dios cumplió su sentencia contra Moisés, no cruzó el río Jordán, simplemente contempló la extensión y la belleza de la tierra prometida. Moisés condujo al pueblo por cuarenta años desde Egipto hasta la llanura de Moab, aunque no entró a la tierra, sí pudo contemplarla desde la cima del monte Nebo.

2 Muerte y sepultura de Moisés, Deuteronomio 34:5-8.

Vv. 5, 6. *Y allí murió Moisés, siervo de Jehová.* Ciertamente Moisés es un modelo de siervo, hombre muy manso, más que todos los hombres de la tierra (Núm. 12:3), a pesar de sus virtudes y talentos, aun su fe, Dios cumplió su juramento de no permitirle entrar a la tierra prometida. *Y lo sepultó en el valle, en la tierra de Moab.* Por la evidencia que nos proporciona este pasaje podemos afirmar claramente que este capítulo fue escrito por otra persona aparte de Moisés, posiblemente por Josué. Algunos creen en la posibilidad de que hubiera formado parte del libro de Josué, a manera de introducción. Literalmente dice que él lo enterró, lógicamente está hablando de Dios, pero que nadie conoce su sepultura o el lugar en donde está sepultado. El manuscrito usado por la Septuaginta y la versión Samaritana dice: "lo enterraron", por esta razón algunas versiones dicen: "fue enterrado".

Vv. 7, 8. Moisés tenía 120 años cuando murió. Aparentemente la edad no era muy avanzada, aunque sus movimientos ya eran lentos (31:2) tenía una buena visión, y fuerzas suficientes, podría haber vivido algunos años más, pero Dios había marcado ya el final de sus días. Dios es el Señor de la vida, y sólo él puede determinar el fin de nuestros días. Los israelitas hicieron duelo por Moisés, generalmente se guardaban siete días de luto por el fallecimiento de una persona, pero cuando se trataba de una eminencia, como era el caso de Moisés, se guardaba luto por un mes, de esta forma el pueblo de Israel, le expresó a su líder su respeto y admiración.

3 Josué sucede a Moisés, Deuteronomio 34:9.

V. 9a. Josué fue nombrado para ocupar el puesto especial que era el de conducir al pueblo hasta la tierra de Canaán y posteriormente distribuir entre las tribus la parte de la tierra que les correspondería. Básicamente su función fue militar: conquistar la tierra y posteriormente ejercer la autoridad en la repartición. Completó el trabajo de Moisés al conducir al pueblo hasta la meta final, pero no fue sucesor de Moisés totalmente. Moisés era profeta y gobernante civil, a Josué nunca lo encontramos desempeñando la función profética. A pesar de no ser estrictamente sucesor de Moisés, la tarea que le correspondió realizar era una tarea difícil, que sólo era posible realizar con la ayuda de Dios. Moisés le impuso las manos a Josué, y éste recibió los dones carismáticos, preeminentemente el don de la sabiduría. Este es un don indispensable en la vida de todo líder cristiano, y debe tener preeminencia en la vida de los ministros del evangelio.

V. 9b. *Los hijos de Israel le obedecieron.* Fieles a la promesa que habían hecho con Moisés, los israelitas le facilitaron el trabajo al principio a Josué, posiblemente al final de sus días, el pueblo se había olvidado de su promesa de seguir fielmente a Jehovah, de tal forma que Josué los pone en la disyuntiva de escoger a quién debían de servir: a Jehovah, o a los dioses ajenos.

Josué fue un hombre altamente calificado, por naturaleza, por entrenamiento y por experiencia, para completar el trabajo de Moisés. Pero su calificación suprema residía en el hecho de que todos sus dones, su entrenamiento y su experiencia se rindieron, por el toque de Dios, en una sola fuerza dinámica. El llamado de Dios hizo que cobraran vida todas sus potencialidades, y ese llamado elevó a la categoría de líder de Israel a un hombre seguro de su divina misión.

4 Un estilo de vida ejemplar, Deuteronomio 34:10-12.

V. 10. *Nunca en Israel se levantó otro profeta como Moisés.* Moisés se distinguió por su humildad en el desempeño de su labor, mereciendo ser reconocido como el hombre más grande de Dios que jamás haya existido. Podemos resumir la vida del profeta Moisés de la siguiente manera: Condujo al pueblo de Egipto a la tierra prometida, tal como lo afirma Oseas 12:13, les reveló la voluntad de Dios con la promulgación de las leyes y mandamientos, les profetizó de la venida del Mesías, que llegaría como un profeta como él, y Jehovah hablaba con él cara a cara, como hablan los hombres con sus amigos. Josué se acercaba a Jehovah por medio de los sacerdotes, Moisés no necesitaba de intermediarios. Este privilegio que tuvo Moisés, solamente es comparable al privilegio que gozamos los cristianos de poder de acercarnos con Dios por medio de Jesucristo, llegar hasta el trono de su gracia; el velo de separación fue anulado con la muerte de Cristo.

Vv. 11, 12. *Nadie fue como él.* El énfasis en estos versículos es la forma tan extraordinaria en que le usó para demostrarle al Faraón el poder de Dios, sobre Faraón y sobre los dioses de los egipcios. En el desierto Dios también se manifestó proveyendo al pueblo maná para el sustento, de agua para calmar la sed y concediéndoles la victoria sobre sus enemigos para acrecentar la fe de los israelitas en su Dios. Si bien es cierto que Dios siempre se ha manifestado con señales y prodigios, nunca hemos visto a un siervo de Dios usado de manera tan extraordinaria como Moisés.

No cabe duda de que Moisés fue un gran hombre, un hombre del que Dios se sirvió. Cuando fueron añadidas estas palabras finales a la historia de su vida, el escritor estaba reflejando su admiración del hombre que alcanzó la gloria, sin olvidar que también tenía pies de barro. Moisés representa un ejemplo constante para los siervos de Dios.

1. **Dios siempre cumple sus promesas.** Dios le prometió a Abraham que le daría una tierra única a su descendencia. Cuando fue el tiempo propicio, Dios cumplió. Así está dispuesto a cumplir las promesas hechas a la iglesia. 2. **Dios sigue llamando a hombres y mujeres para el ministerio.** Algo que aprendemos de Moisés y Josué es que los llamados no deben buscar un ministerio igual al de otro siervo de Dios. Josué habiendo sucedido a Moisés, su ministerio fue distinto. Dios ha establecido a algunos como pastores, a otros como evangelistas, a otros como maestros, etc., etc.

—————————— Ayuda homilética ——————————

El cántico de Moisés
Deuteronomio 32:1-43

Introducción: El cántico siempre ha sido un medio eficaz para transmitir un mensaje, la música y la poesía penetran en la mente y en el corazón. Moisés lo sabía y usó este medio para exhortar a su pueblo.

  I. Moisés magnifica a Dios, vv. 1-4c.
   A. Proclamó el nombre de Jehovah.
   B. Dios es la Roca, cuya obra es perfecta.
   C. El es un Dios fiel.
 II. Moisés exalta la santidad de Dios, vv. 4-6.
   A. No hay iniquidad en Dios.
   B. La corrupción no es de Dios.
   C. Las manchas son de los hombres.
III. Moisés llama al pueblo a la fidelidad, vv. 7-43.
   A. Les recuerda que fueron escogidos.
   B. Les recuerda que recibieron un cuidado y sustento especial.
   C. Les exhorta a no provocar a celos a Jehovah.

Conclusión: Este cántico nos revela la importancia que tiene el cantar con el espíritu, pero también con el entendimiento. La iglesia cristiana debe mantenerse alerta en este aspecto, nuestros cánticos deben tener siempre un mensaje claro que transmitir, sin olvidarnos de la persona de Dios.

Lecturas bíblicas para el siguiente estudio

Lunes: Juan 1:1-3   **Jueves:** Juan 1:8, 9
Martes: Juan 1:4, 5   **Viernes:** Juan 1:10, 11
Miércoles: Juan 1:6, 7   **Sábado:** Juan 1:12-18

AGENDA DE CLASE

Antes de la clase

1. Lleve a la clase un mapa para señalar el monte Nevo. **2.** Prepare una hoja, un lápiz, una ficha de cartulina y dos marcadores de libros para cada alumno. **3.** Lleve la música y letra de los himnos Núms. 16 y 487 del *Himnario Bautista*. **4.** Escriba cuatro rótulos con los títulos de las cuatro Unidades del estudio del libro de Deuteronomio. Esta información la puede localizar en la página que denominamos PLAN DE ESTUDIOS correspondiente a Deuteronomio. **5.** Invite al pastor o a un líder para que haga un llamado a la consagración. **6.** Coloque las sillas de forma diferente y especial. **7.** Responda las preguntas del ejercicio de la sección: *Estudio del texto básico.*

Comprobación de respuestas

JOVENES:**1.** Leer el pasaje y escoger seis lugares mencionados. **2.** (1) a. (2) c. (3) c. **3.** Sucesor... Josué; Los hijos de... obedecieron; Nunca en Israel... otro profeta como Moisés.
ADULTOS: **1.** Respuesta personal. **2.** Nadie conoce el sepulcro de Moisés. **3.** Los hijos de Israel obedecieron a Josué. **4.** (1) Hizo señales y prodigios únicos. (2) Mano poderosa y hechos asombrosos.

Ya en la clase
DESPIERTE EL INTERES
1. Saludando amigablemente a sus alumnos, entrégueles una hoja y lápiz a cada uno, pídales que escriban el epitafio que les gustaría que se grabara en su tumba. **2.** Enfatice el concepto del liderazgo extraordinario de Moisés, aun después de su muerte. **3.** Señale que en todas sus acciones y aun antes de su muerte, Moisés exaltó el nombre de Dios. **4.** Invite a glorificar el nombre del Señor entonando con gratitud el himno Núm. 16. **5.** Motíveles a participar dinámicamente en el estudio de hoy.

ESTUDIO PANORAMICO DEL CONTEXTO
Enfoque dinámicamente las características por las que fue escogido Josué. Pida a un alumno que lea Números 20:11-13 y dialogue sobre el pecado de Moisés, por el cual no entró en la tierra prometida. Resuma el contenido del canto de Moisés, enfatizando el aspecto de su adoración a Dios. Localice en el mapa el monte Nebo y señale el lugar desde donde Moisés observó la tierra prometida.

ESTUDIO DEL TEXTO BASICO
1. Guíe a sus alumnos a completar los ejercicios de la sección: *Estudio del texto básico.*
2. Para el estudio de hoy, organice a los alumnos en cuatro grupos y

asígneles una división de acuerdo con el siguiente bosquejo:
1. Moisés contempla la tierra, 34:1-4.
2. Muerte y sepultura de Moisés, 34:5-8.
3. Josué sucede a Moisés, 34:9.
4. Un estilo de vida ejemplar, 34:10-12.
Dichas divisiones serán analizadas por los grupos correspondientes y tendrán un tiempo para presentar sus conclusiones.

3. Usted como maestro mantenga el debido control de la información que se dé en cada caso para que se apegue a los contenidos. En la división 1 el hincapié recae sobre los motivos por los cuales Moisés no pudo entrar en la tierra por la que tanto luchó. Sugiera al grupo 1 que traten su división procurando responder las preguntas: ¿Qué fue realmente lo que impidió que Moisés entrara a la tierra prometida? ¿Cómo se describiría la actitud de Moisés frente a este hecho?

En la división 2 se enfatiza el hecho de que el lugar donde Moisés fue sepultado es desconocido. De esa manera se evita la tendencia del ser humano a glorificar a las personas antes que al Creador.

En la división 3, el énfasis recae sobre la bendición de que Josué pasara a ser el nuevo líder. Este acto justo de Dios pone de relieve la personalidad y la confianza de Josué quien fue uno de los espías que fueron a ver cómo era la tierra prometida. Recuerde a sus alumnos que Josué y Caleb fueron los únicos, de doce espías, que recomendaron que el pueblo entrara con confianza a poseer la tierra.

En la división 4, se hace una síntesis de la vida de Moisés. Pida al grupo 4 que haga participar a los demás alumnos señalando las características de Moisés.

APLICACIONES DEL ESTUDIO

1. Dirija a sus alumnos en la lectura de las *Aplicaciones de estudio*. Pida reacciones y subraye la importancia de la fidelidad de Dios. **2.** Señale los rótulos de las cuatro Unidades que se estudiaron del libro de Deuteronomio. **3.** Repase brevemente los títulos de los trece estudios y dé tiempo a la persona invitada para que haga su invitación a la consagración. **4.** Finalice este hermoso tiempo dirigiendo el canto del himno No. 487 del *Himnario Bautista*.

PRUEBA

1. Anime a sus alumnos a resolver su respectiva prueba y comparta sus respuestas con un compañero. **2.** Para concluir la Serie de Deuteronomio, entregue a cada alumno una ficha y los marcadores para escribir el texto que fue de mayor bendición para su vida. Pida que los intercambien y se animen entre ellos consagrar sus vidas diariamente al Señor.

PLAN DE ESTUDIOS
JUAN

Escriba antes del número de cada estudio, la fecha en que lo usará

Fecha

Unidad 5: Dios se hace hombre en Cristo
_____ 14. El Verbo se hizo carne
_____ 15. Juan testifica de Jesús
_____ 16. Jesús inicia su ministerio público

Unidad 6: Comenzando en Galilea
_____ 17. Es necesario nacer otra vez
_____ 18. Jesús, el agua de vida
_____ 19. Señales de la divinidad de Jesús

Unidad 7: Después Judea
_____ 20. La autoridad de Jesús
_____ 21. Jesús, el pan de vida
_____ 22. Jesús enfrenta la oposición
_____ 23. Jesús testifica de sí mismo
_____ 24. Jesús causa controversia
_____ 25. Jesús es el Cristo
_____ 26. Victorioso sobre la muerte

Unidad 8: Jesús termina su ministerio público
_____ 27. Acuerdo para matar a Jesús
_____ 28. Jesús confronta la incredulidad
_____ 29. Jesús anuncia la traición de Judas
_____ 30. Jesús, el camino al Padre
_____ 31. Jesús promete enviar al Consolador
_____ 32. Jesús, la vid verdadera
_____ 33. Jesús ora por sus discípulos

Unidad 9: Pasión y resurrección de Jesús
_____ 34. Jesús es arrestado
_____ 35. Jesús es negado por Pedro
_____ 36. La crucifixión de Jesús
_____ 37. Jesús consuma su tarea
_____ 38. Jesús resucita victorioso
_____ 39. Sígueme tú

Juan Testifica de Jesús. J. L. Sullivan. No. 04324
Es un tomo de la Colección Estudios Bíblicos Básicos.
Es una presentación devocional del Evangelio de Juan.
Enseña, inspira y fortalece la fe. Lleva a sentir más
amor por Jesús. Por eso, ¡es un libro para usted!

JUAN
Una introducción

Escritor. Hay evidencias externas que afirman que fue Juan quien escribió el cuarto Evangelio: El "Prólogo antimarcionita a Juan" y el "Canon Muratori" documentos de mediados del siglo II; lo mismo Ireneo, quien fue discípulo de Policarpo, que a su vez fue discípulo de Juan. Las evidencias internas nos llevan a la misma conclusión. El escritor se llama a sí mismo el "discípulo amado" (21:20-24) quien es un testigo ocular de los hechos (1:14; 19:35; 21:24).

Fecha. La mayoría de los estudiosos de la Biblia concuerdan en que fue escrito entre los años 85 y 95 d. de J.C., posiblemente desde la ciudad de Efeso.

Ambiente de Efeso. A fines del primer siglo Efeso se había convertido en un sitio en donde el gnosticismo se desarrollaba, principalmente por la influencia de Cerinto, quien afirmaba que el mundo no fue creado por el Dios principal, sino por un poder emanado de él; además, defendía la existencia de una dualidad entre la materia y el espíritu, es decir que todo lo material era en sí mismo malo. También se desarrolló un sincretismo de todas las filosofías de esa época. Esto explicaría por qué Juan usaba cierta terminología que los gnósticos también usaban, pero con ciertas diferencias y nuevas connotaciones. Juan posiblemente decidió usar este vocabulario para poder llegar con mayor facilidad a quienes manejaban estas palabras.

Propósito. En 20:30, 31 se declara en forma específica el propósito del libro. Presenta siete señales (1. convierte el agua en vino 2:1-11; 2. sana al hijo de un noble 4:46-54; 3. sana a un paralítico 5:1-9; 4. alimenta a cinco mil 6:1-14; 5. camina sobre el agua 6:16-21; 6. sana al ciego de nacimiento 9:1-12, 41; 7. resucita a Lázaro 11:1-46). Estas señales no están dadas aquí solamente para hacer sobresalir la grandeza de Jesús sino con un propósito pedagógico y teológico. Juan quiso enseñar asuntos concretos relacionados con la vida misma. Estas señales fueron hechas para "creer", que no es una simple aceptación intelectual, ni tampoco cualquier clase de creencia, sino de confiar y entregar completamente la vida en algo concreto: Jesús como el Mesías y el Hijo de Dios.

El fin del creer es "tener vida", que en Juan es mucho más que vitalidad animal o existencia humana. La vida según Juan (17:3) es conocer a Dios y a Jesús; entendiéndose por conocer una relación íntima, completa, consciente, continua y que implica desarrollo. "En las señales aparece la revelación de Dios; en la fe, la reacción que deben provocar; en la vida, el resultado que trae la fe" (Tenney).

Es importante notar que el evangelio repite una misma idea por dos ocasiones (17:18; 20:21). Esto nos puede dar una pista de otro propósito que tenía en mente Juan: nuestra tarea debe tener como único modelo a imitar la misión de Jesucristo. En la encarnación tenemos el modelo para nuestra misión.

El Verbo se hizo carne

Contexto: Juan 1:1-18
Texto básico: Juan 1:1-18
Versículo clave: Juan 1:14
Verdad central: Dios se hizo hombre en la persona de Jesús para cumplir así su promesa de un Mesías que vendría para salvar al hombre de sus pecados.
Metas de enseñanza-aprendizaje: Que el alumno demuestre su: (1) conocimiento de la encarnación de Dios en la persona de Jesús, (2) actitud de compartir a Jesús como el Salvador con quienes no son salvos.

Estudio panorámico del contexto

A. Fondo histórico:
La promesa de un Mesías en el AT. El término solamente aparece como tal en Daniel 9:25, 26, sin embargo, el concepto de un Mesías se halla desde un comienzo del AT. El pueblo de Dios siempre se aferró a una esperanza mesiánica. Ciertas características son claras en cuanto al Mesías descrito en el AT: es elegido por Dios, es designado para cumplir un propósito redentor, debe llevar a cabo juicio contra los que se le oponen, tendrá dominio sobre todas las naciones, y es el personaje por el que Dios actúa directamente.

Hay varias figuras que enseñan lo que es el Mesías en el AT: "La descendencia de la mujer" (Gén. 3:15). "El Siervo Sufriente" (Isa. 40—55). "El Hijo del Hombre" (Dan. 7). "Segundo Moisés" (Deut. 18:15-19).

B. Enfasis:
El concepto de verbo en la filosofía del tiempo de Jesús. Varios son los personajes que usaron el concepto de "verbo" (*logos* en griego; otra posible traducción al castellano es "palabra") para expresar sus ideas filosóficas. Sin duda fue un esfuerzo de Juan por contextualizar el mensaje de Dios para la mentalidad griega y la judía. De allí que se puede decir que el uso de esta palabra tuvo dos antecedentes: (1) Antecedente griego. Fue el filósofo Heráclito (siglo VI a. de J.C.) quien enseñaba que el "logos" era el principio eterno del orden del universo. Los estoicos afirmaban que era la mente divina que controlaba todas las cosas. Filón de Alejandría, contemporáneo de Jesús, sostenía que el "logos" era el intermediario entre Dios y sus criaturas.

(2) Antecedente hebreo. Para el AT la "palabra de Jehovah" tenía cierta virtud vivificante (Deut. 32:46, 47), es luz (Sal. 119:105), tiene poder creador (Sal. 33:6). Existen paralelos con la "Sabiduría", quien participa de la creación (Prov. 8:27-30) y da vida (Prov. 8:35). En el libro apócrifo de Eclesiástico

(24:8ss.) la sabiduría hizo su habitación en Israel. En las traducciones arameas del AT se usa en algunas oportunidades al término "palabra" como paráfrasis para nombrar a Dios.

Juan sin duda usó más el término "verbo" sacando su significado principalmente de su herencia hebrea, pero que también usó las connotaciones griegas de este término para explicar quién es Jesucristo. Juan personaliza al "Verbo", pues es fundamentalmente un Verbo que se relaciona. En Jesús se encarna la revelación divina.

─────────── **Estudio del texto básico** ───────────

1 El Verbo es Dios, Juan 1:1-5.

Vv. 1, 2. Juan habla de dos relaciones del *Verbo:* (1) Con el tiempo, pues afirma que el Verbo ya existía *en el principio,* él es <u>eterno</u>. (2) Con Dios, pues por un lado afirma que es diferente a él, pues *era con Dios* (literalmente "cara a cara con Dios"). La expresión implica una relación personal o comunión íntima. El Verbo es una <u>persona</u>. Pero por otro lado identifica completamente al Verbo con Dios, él es Dios. En el original se halla primero la palabra Dios enfatizando la <u>divinidad</u> del Verbo.

V. 3. La misma verdad es expresada en dos maneras: desde el lado positivo el Verbo es el medio por el que ha sido *hecho* todo, hay un principio para las cosas (Col. 1:16). Y por el lado negativo, nada de lo que existe ha sido *hecho* sin la participación del Verbo. El Verbo no ha sido creado.

Vv. 4, 5. El término *vida* es uno de los favoritos de Juan pues lo usa 36 veces. Se afirma que el Verbo es poseedor en sí mismo de la "vida". Esto conduce a otra palabra favorita de Juan, *luz,* que recalca la propiedad de comunicación, pues la vida parece algo más estático pero la luz siempre se proyecta. Dios desea comunicar lo que él es.

2 El Verbo y Juan, Juan 1:6-8, 15.

En este punto se abre un paréntesis en el prólogo para poder hacer las relaciones pertinentes. Este paréntesis se vuelve a abrir en el v. 15 y prepara para lo que viene en el v. 19.

Vv. 6-8. Juan el Bautista tiene un propósito específico: testificar acerca de *la luz.* Durante esta época la esperanza mesiánica estaba muy presente, y se requiere hacer algunas clarificaciones para evitar falsas identificaciones. Hay un paralelismo importante entre los dos personas: Jesús era desde la eternidad, era el Verbo, es Dios mismo, es la luz verdadera y es el objeto de fe. Juan es sólo un hombre, vino enviado por Dios, vino a testificar de la luz y es el instrumento para hablar del Verbo.

V. 15. Ahora el testimonio de Juan el Bautista es en boca de él mismo. Necesitamos recordar que Juan le precedió en tiempo, pero Jesús le sobrepasa en todo, pues sencillamente existía antes de Juan.

3 El Verbo y el hombre, Juan 1:9-13.

El tema del Verbo es retomado, y ahora Juan pasa a explicar cuál es la relación que tiene con la creación.

Vv. 9, 10. La misión que tiene el Verbo es especificada, ya no solamente como la de resplandecer, sino que por ser la luz verdadera alumbra o ilumina a todo hombre. Esta luz tiene la tarea en el mundo (el escritor prefiere la traducción de las versiones DHH, RVR-1960, o BJ a RVA), entendiéndose "mundo" como el lugar creado por Dios para el hombre. Es en este ámbito que el Verbo se manifiesta, pues no hay incompatibilidad de la eternidad con la creación. El verbo actúa en el mundo, participa de él, pero es diferente a él. Tan diferente es al mundo que el mundo no le reconoció como propio. Nótese que se mantiene el paralelismo con el v. 5.

V. 11. En este versículo se individualiza el desconocimiento del v. 10, además de que explica cómo fue el contacto. *Lo suyo* es un término que habla de la "propiedad personal" del Verbo a la que él *vino*. Pero lo triste es que *los suyos,* su propia gente le rechazaron.

Vv. 12, 13. Por otro lado hay también personas que sí le acogieron, y pasa a relatar los resultados de este recibimiento. Pero antes se debe notar que la expresión *a los que creen en su nombre* es la explicación de lo que significa "recibir". Esta posibilidad está al alcance de "cualquiera", que es lo que quiere decir la palabra original. El creer es un acto no meramente intelectual, sino que implica toda la persona, y como alguien lo ha traducido es confiar. La construcción original indica dos cosas: en primer lugar que hay un objeto preciso de fe, y en segundo lugar que este acto de creer es identificación completa con el objeto de creer. El resultado es que se "llega a ser hijo de Dios": regenerado y transformado por él. El término *derecho* significa mejor un privilegio (ver DHH) que se puede ejercitar por lo que ha hecho otra persona. Para evitar cualquier señal de que esto es por obra humana, Juan incluye el v. 13, en el que se recalca que el llegar a ser hijos de Dios es un acto completamente divino fundamentado en su soberanía y voluntad.

4 El Verbo se encarna, Juan 1:14, 16-18.

V. 14. Esta es la afirmación sobre la cual todo el estudio descansa. Se responde a la pregunta de cómo es que se relacionó el Verbo con su creación. La respuesta es que *se hizo carne.* Se debe notar que después de que se mencionó la palabra Verbo en los vv. 1 y 2, no se había mencionado otra vez. Se puede hacer sobresalir que el Verbo, que es eterno y que es una personalidad divina, es el mismo que ahora se ha hecho carne. Esto implica una identificación con todas las limitaciones propias que esta carne tiene, pero sin pecado (Heb. 4:15). Pero es más, este Verbo hizo su habitación con el hombre, es decir participó de la cotidianidad con él. Esto era sencillamente algo sin sentido para los gnósticos, quienes no podían entender que un ser sublime se podía relacionar tan íntimamente con sus criaturas limitadas, que un ser que es espíritu infinito decida hacerse materia limitada.

Así es la gracia de Dios. Pero la grandioso de la encarnación es que este Verbo no se despojó de su divinidad para ser hombre, sino que manteniéndose Dios se hizo hombre. Esta *gloria* de Dios fue de tal magnitud que se pudo ver, que aquí es más que un simple vistazo, pues el término implica un examen cuidadoso, una contemplación que conduce a la admiración y la sorpresa. En la encarnación pudieron ver la gloria de Dios, gloria única, propia de un ser único, único en el sentido de no tener paralelo y único en el sentido que es la manera única, admirable, en que el Padre ha decidido comunicarse con sus criaturas. El ha decidido ser hombre para alcanzar al hombre.

Vv. 16, 17. La manifestación de Dios hecho carne no es un concepto teórico, sino que va más allá, pues Juan en estos versículos explica cómo él mismo había experimentado lo que acaba de decir. La doctrina de la encarnación no es un concepto etéreo, sino algo que Dios ha hecho para que todos podamos disfrutar. Ahora el creyente puede tomar de la plenitud de Dios gracias a la encarnación. Toda esta dádiva es resumida en la expresión *gracia sobre gracia,* un suministro incesante de la gracia de Dios. Esta frase significa literalmente que cuando termina una manifestación de la gracia de Dios inmediatamente se presenta más gracia inmerecida. El versículo 17 ilustra cómo la encarnación es el clímax de la revelación de Dios (Heb. 1:1, 2), pues la ley cumplió el propósito de conducirnos a Jesús (Gál. 3:21-25), quien es el único que nos suministra la gracia. Pero a más de la *gracia* hay también *verdad,* la misma que "en la Biblia nunca es verdad intelectual, sino más bien integridad personal, fidelidad a las promesas, lealtad" (W. Padilla). El Verbo es la verdad por excelencia. Es la primera vez que se identifica directamente al Verbo, se trata de la persona de Jesucristo.

V. 18. Es el fin del "prólogo" al evangelio, el corolario final a esta gran iniciación del evangelio, es la coronación de las verdades expuestas. Comienza el versículo con una afirmación negativa, nadie ha podido ver a Dios en plenitud (Deut. 33:18-23), pero la "gracia" que tenemos ahora solamente en el Verbo es que él *le ha dado a conocer,* es decir que en el Verbo Dios se ha dado a conocer. El Verbo es la explicación de Dios, el exégeta de Dios. Literalmente la variante que presenta la RVA se debe traducir "unigénito Dios", con lo que se expresa la eternidad del Verbo, lo mismo que su divinidad, y su relación íntima con el Padre: se regresa al concepto emitido en el versículo 1: "El Verbo estaba cara a cara con Dios."

─────────── **Aplicaciones del estudio** ───────────

1. La accesibilidad de Dios. El propósito de Dios fue siempre el poder estar al alcance del hombre. Para esto él ha usado muchas formas. Pero no es suficiente saber las diferentes maneras como él se ha comunicado con el hombre, sino que se hace necesario que cada persona tome una actitud definida sobre esto.

Cada persona puede hacer una de dos cosas: poner a un lado a un Dios que desea comunicarse con sus creación, o también invitarle para que este Verbo, la cumbre de la comunicación de Dios, sea parte de nuestra vida, adquiriendo nosotros de esta manera una nueva posición delante de él: llegamos a ser sus hijos. En esta nueva situación uno puede acercarse con confianza delante de un Dios que siempre está cercano, y que siempre se quiere dar a conocer más a su hijos.

2. Un modelo de imitación. La encarnación de Jesucristo se convierte en un modelo para nosotros. Jesucristo siendo un ser eterno y divino, no decidió aferrarse en esa situación, sino que se hizo un hombre completamente, haciendo su vida junto con la nuestra. No hay otra manera de llegar a la gente que no conoce al Señor que la de "encarnarse" en su vida, la de identificarse en todo lo que esta persona es, menos en el pecado. Dios es un Dios que desea comunicarse, de igual manera nuestra responsabilidad es comunicarnos con las personas que no saben los privilegios que se tienen al ser hijos de Dios.

3. Un Salvador que es Creador. Una dimensión muchas veces olvidada de Jesús, es que el Verbo fue el Creador de todas las cosas, no solamente el Salvador. Esta participación en la creación le hace el Señor y Sustentador de ella. Como tal se demanda toda sujeción de parte de sus hijos. El no acepta compartir el señorío con nadie. El significado de Verbo si bien es cierto provoca gratitud y admiración por su gracia, exige una sujeción completa en cada acto de vida.

———————————— **Ayuda homilética** ————————————

Un Dios que se quiere dar a conocer
Juan 1:1, 14, 17b, 18

Introducción: La característica de algunas religiones es que presentan a su dios como alguien a quien no se le puede conocer, sin embargo, la Biblia presenta a un Dios que siempre se quiere revelar, para ello Juan usa el término Verbo, el cual implica siempre comunicación.

I. Un Dios eterno, 1:1.
    A. El Verbo es preexistente, v. 1a.
    C. El Verbo es una persona, v. 1b.
    B. El Verbo es el verdadero Dios, v. 1c.
II. Un Dios hombre, 1:14.
    A. El Verbo se hizo hombre, v. 14a.
    B. El Verbo vivió como hombre, v. 14b.
    C. El Verbo fue lleno de gloria, v. 14c.
III. Un Dios conocido, 1:17b, 18.
    A. El Verbo es Jesucristo, v. 17b.
    B. A Dios nadie le ha visto, v. 18a.
    C. El Verbo dio a conocer a Dios, v. 18b.

Conclusión: La misión de Jesucristo como el Verbo divino es "acercarnos" a Dios. En el Verbo Dios se ha hecho conocido a los hombres, es responsabilidad de los hombres conocerlo como su Dios y Señor.

Lecturas bíblicas para el siguiente estudio

Lunes: Juan 1:19-23   **Jueves:** Juan 1:35-42
Martes: Juan 1:24-28   **Viernes:** Juan 1:43-47
Miércoles: Juan 1:29-34   **Sábado:** Juan 1:48-51

AGENDA DE CLASE

Antes de clase
1. Escriba en el pizarrón las cuatro divisiones del Evangelio de Juan, que usted puede encontrar en el estudio introductorio, con el propósito de que todos puedan tener claro el plan del Evangelio. **2.** Tenga lista una canción relacionada con este tema para leerla, si puede conseguir una grabación de la canción para hacerla oír en clase sería muy bueno. **3.** Busque de antemano entre los participantes a una persona que pueda compartir su testimonio. Tome en cuenta que debe ser una persona que tenga cierta madurez cristiana. **4.** Cuide mucho el tiempo para poder cubrir el material que es bastante extenso. No dedique mucho tiempo para la discusión de la canción, esto es solamente para motivar a la clase. **5.** Colocar las bancas, en lo posible, en forma de semicírculo para tener contacto visual entre todos los integrantes de la clase.

Comprobación de respuestas
JOVENES: **1.** Versículo 1. **2.** En el v. 1 se lo identifica como Dios, y en el 18 como Dios único. **3.** En los dos versículos se usa: a. Dios como creador, b. Dios presente en el principio.
ADULTOS: **1.** a. Era en el principio. b. Era con Dios. c. Era Dios. d. Fue hecho carne. **2.** Para que todos creyesen por medio de él. **3.** "A los que creen en su nombre".

Ya en clase
DESPIERTE EL INTERES.
Pida de antemano que un integrante de la clase lea en voz alta algunas porciones de la canción que se relaciona con el tema. Luego discutan sobre lo que la canción pretende enseñar acerca de Jesús. Las frases más sobresalientes que expresen los integrantes de la clase pueden ir enlistándolas en el pizarrón. Si es una canción conocida pueden cantarla todos juntos.

ESTUDIO PANORAMICO DEL CONTEXTO
1. Explique al grupo las divisiones del Evangelio de Juan haciendo sobresalir el propósito que tiene el libro. **2.** En el pizarrón haga un listado, mientras da una breve explicación de las figuras con las que el Mesías era identificado en el AT. Finalmente, pregunte al grupo cuál creen ellos que era la figura más popular en la época de Jesús. **3.** Dé una síntesis acerca de los conceptos filosóficos relacionados con el concepto de Verbo.

ESTUDIO DEL TEXTO BASICO
Pida que diferentes integrantes de la clase lean la explicación que se encuentra en el libro del alumno. Esta lectura deberá ser pausada y clara. Esta primera parte tiene como propósito que el alumno pueda introducirse en las riquezas del diálogo en grupos grandes y la capacidad de hacer una buena clase de preguntas basándose en el texto leído. Igualmente los alumnos se podrán dar cuenta de que ellos pueden dar también respuestas ade-

cuadas. Cada uno puede leer la explicación que corresponde a un versículo por estudiar, por ejemplo vv. 1, 2; v. 3; y vv. 4, 5. Promueva el diálogo y la presentación de preguntas para que sean contestadas por todos los participantes. Si existen algunas preguntas que no pueden ser contestadas por los participantes, el maestro deberá intervenir para ayudarles. Recuerde que se busca la participación y diálogo de cada integrante.

La segunda actividad será una variación de la primera, ayudando a aquellos que tiene alguna dificultad para trabajar en grupos grandes, pues se pueden expresar mejor en grupos más reducidos. Facilitará también que se desarrolle la capacidad de síntesis. El maestro, por otro lado, podrá desarrollar su capacidad de moderador.

Para las tres siguientes partes del estudio del texto, divida a la clase en tres grupos, cada uno de los cuales examinará una de las divisiones restantes del estudio. En cada grupo se nombrará un líder quien coordinará la discusión del tema. El maestro deberá recalcar varias veces cuál es el propósito de la clase para que no se desvíen del mismo. Es aconsejable que el maestro esté atento a cualquier interrogante que pueda surgir en cada grupo. Luego de dar un tiempo prudencial cada líder presentará las conclusiones a las que ha llegado el grupo delante de todos. El maestro puede ir anotando cada conclusión en el pizarrón, y estar atento a alguna pregunta o duda que surja de todo el grupo. Si no hay preguntas es responsabilidad del maestro promoverlas para así despertar la capacidad de diálogo en algunas personas que por naturaleza posiblemente no desean participar. Procure que haya participación de todos, limitando a aquellos que pueden tener la tendencia de siempre opinar.

APLICACIONES DEL ESTUDIO

A la persona que se ha escogido con anterioridad, permítale que pueda compartir su testimonio delante de la clase. Su testimonio deberá ser guiado para que se haga sobresalir la manera en que Dios fue y es accesible a esta persona, en primer lugar ofreciéndole la salvación y en la actualidad ayudándole y guiándole en la toma de decisiones diarias.

Permita que los integrantes de la clase puedan leer las aplicaciones que aparecen en el material del alumno, y luego que ellos compartan una cosa que quisieran que cambie en su vida desde hoy en adelante. El maestro puede orar para que Dios les dé sabiduría y fuerza para lograr esta meta. Si el grupo es muy grande puede desarrollar esta actividad en parejas o en grupos de tres.

PRUEBA

Para terminar el encuentro dé a los integrantes del grupo el tiempo necesario para que cumplan la última actividad, con la posibilidad, dependiendo del tiempo, de que dos o tres compartan sus respuestas. Insista en la necesidad de que cumplan las lecturas diarias para la siguiente semana. Estas les ayudarán a tener un mejor conocimiento de lo que se estudiará en la siguiente reunión.

Juan testifica de Jesús

Contexto: Juan 1:19-51
Texto básico: Juan 1:19-34
Versículo clave: Juan 1:29
Verdad central: Juan el Bautista dio testimonio de que Jesús era el Mesías prometido por Dios, cuando se refirió a él como "el Cordero de Dios que quita el pecado del mundo".

Metas de enseñanza-aprendizaje: Que el alumno demuestre su: (1) conocimiento del testimonio de Juan acerca de Jesús, (2) actitud de gratitud a Dios por proveer el medio de salvación para su vida.

-------------- Estudio panorámico del contexto --------------

A. Fondo histórico:

El sistema de los sacrificios. El sentido bíblico siempre implica que quien presenta el sacrificio debe ofrecerse él mismo en primer lugar, entablándose una comunión entre Dios y la persona que presenta el sacrificio.

Varios tipos de sacrificios: (1) El holocausto: homenaje a Dios, que se tenía diariamente de mañana y en la tarde; el toro, carnero o paloma debía ser sin mancha y consumido íntegramente en el altar. (2) El sacrificio de paz; su significado era expresar el sentido pleno de comunión completa con Dios y con el prójimo; este sacrificio era motivo de fiesta muy alegre. (3) El sacrificio propiciatorio. Desempeñaba la función más importante en la expiación de los pecados. Se usaba sangre rociada sobre el altar. (4) Sacrificio por la culpa o reparación por el pecado. Generalmente se presentaba por el pecado cometido por ignorancia; las víctimas eran de diferente tipo: cordero, carnero, paloma o aun la décima parte de una efa de flor de harina. (5) La ofrenda vegetal reconocía que Dios es el dador de todo; se hacía muchas veces con las primicias de la cosecha. (6) El incienso; se ofrecía frente al velo del lugar santísimo dos veces al día, estaba asociado con la oración.

El cordero para el sacrificio. El cordero para ser usado en los sacrificios debía ser sin ninguna clase de imperfección. Se le consideraba como símbolo de mansedumbre. Juan usa este término como el "cordero de Dios" y en Apocalipsis aparece cerca de treinta veces, en donde es un "cordero como inmolado", a quien se le debe toda alabanza y loor, el único digno.

El término "cordero de Dios" conlleva la idea del cordero para el sacrificio, del cordero pascual y del siervo sufriente; el cordero siempre es una provisión dada por Dios.

B. Enfasis:
El concepto de eternidad en el A.T. Para el judío, a diferencia del griego, el tiempo es objeto de experiencia, de una oportunidad para el viviente, no tanto de matemáticas. La eternidad "es un período de tiempo del cual están fuera del alcance de la vista el principio, o el fin o ambos; un período indefinidamente prolongado más que estrictamente infinito" (Dood). A Dios se le aplica el término eterno una sola vez (Gén. 21:33) (*El olam* en hebreo), en donde se entiende que es presencia de Dios sobre cualquier variación temporal. El concepto de eternidad se halla ligado más a inmutabilidad. La "vida eterna" (Dan. 12:2) es una vida diferente, cualitativamente hablando, a la de la "vida de esta edad", es la eternidad que ha "invadido" la era presente que está limitada en sí misma.

Los "cristos". "Cristo" significa "ungido", y es la traducción del término hebreo *masiah* que se transliteró en Juan 1:41 y 4:25 como Mesías. El término Cristo cuando salió del ámbito judío perdió la grandeza de su significado, y llegó a ser solamente otro nombre de Jesús. En el Evangelio de Juan el término tiene un significado de liberador en su manera muy amplia (1:20, 25, 41; 4:25, 29; 7:26ss, 31, 41ss; 9:22; 10:24; 11:27). La idea popular estaba ligada con un Cristo mayormente rey y conquistador como David, alejado de las enseñanzas proféticas. Jesucristo advierte sobre la presencia de muchos que vendrían pretendiendo ser "cristos" (Mat. 24:5, 23). Esta idea estuvo presente y desarrollada en la época del emperador Adriano, durante la segunda guerra judía (132-135 d. de J.C.), cuando Bar-Kokeba fue llamado el Mesías por el Rabí Akiba. "Teudas (Hch. 5:36) y el egipcio (Hech. 21:38) no parecen haber tenido pretensiones mesiánicas personales" (Bonnard), según lo confirma también Josefo.

El bautismo de Juan. Parece que aquí encontramos el antecedente del bautismo de los cristianos. El bautizaba en Betania (Juan 1:28, al otro lado del río Jordán) y en Enón (Juan 3:23, junto a Salim). Era un bautismo de arrepentimiento, es decir que era resultado del arrepentimiento (Mat. 3:7-12). Era también preparatorio al ministerio de Jesús, a la venida del reino. El encaminó a sus discípulos hasta Jesús (Juan 1:35-37).

───────────── **Estudio del texto básico** ─────────────

1 El testimonio de Juan, Juan 1:19-23.
V. 19. La presencia de Juan el Bautista había causado mucha inquietud. Su forma de vivir, lo radical de su mensaje, la denuncia de pecados por parte de las autoridades, y la demanda de que aun los judíos debían arrepentirse causó mucho revuelo, como lo describe Marcos 1:5. Los judíos, seguramente el Sanedrín, estaban muy inquietos por los informes que recibían. Por otro lado era un personaje no muy grato para las autoridades religiosas, tanto fariseos como saduceos, pues hablaba muy duro de ellas (Mat. 3:7-10). Podía ser también un falso Mesías y era necesario "cuidar" al pueblo de herejes.

Vv. 20, 21. Los judíos habían entendido, según una interpretación literal de Malaquías 4:5, que Elías regresaría en forma personal, de allí que le preguntan si Juan era Elías. Jesucristo sí llamó a Juan como Elías (Mat. 17:12), pero también es aclarado que lo que se quería decir era que venía con "el espíritu y el poder de Elías" (Luc. 1:17). Juan entendía esto y por lo tanto negó ser literalmente *Elías*. Juan negó tajantemente ser el Mesías-Profeta.

Vv. 22, 23. Los interrogadores no se hallan conformes con lo que hasta ahora han escuchado, de allí que procuran "encerrar" a Juan el Bautista para que haga una declaración directa de su identidad, pues si no es el Mesías, ¿quién es? La segunda pregunta conduce a una respuesta positiva y mucho más clara.

La respuesta de Juan es que él es el precursor cuya responsabilidad es preparar *el camino* para la llegada de Jehovah que acude en ayuda de su pueblo. La imagen que se usa es la de la llegada de un rey a un lugar de sus dominios, para lo cual todos tenían que prepararse, arreglar los caminos para que el rey pueda llegar sin dificultad. Juan proclama que el Rey se acerca. Esto demanda un cambio de vida, un arrepentimiento ante la presencia del Rey.

2 El bautismo de Juan, Juan 1:24-28.

V. 24. No solamente había sacerdotes y levitas, sino también fariseos que eran mucho más estrictos que los anteriores, y que sin duda querían que se aclarara cada detalle. Ahora se hace el interrogatorio en relación con el bautismo de Juan.

Vv. 25-27. ¿Por qué bautizaba Juan? Tanto los sacerdotes como los fariseos sabían todo en cuanto a los diferentes actos de lavamientos, su sorpresa es que alguien "no autorizado" por la tradición estaba cumpliendo estos ritos. También Juan el Bautista era de una familia de sacerdotes (Luc. 1:5-10).

Se debe aclarar que el acto de bautizar era una costumbre bastante difundida en esa época. Se hacía para incluir a los prosélitos judíos, los nuevos convertidos a la religión judía, en el pueblo de Israel. Era el acto final por el que testificaban públicamente que estaban abrazando la religión judía con todas las responsabilidades que ello implica. Pero el bautismo de Juan era diferente: respondía a un nuevo orden, no era el simple acto proselitista, sino un acto público del arrepentimiento que debía haber operado en lo interior del individuo.

Juan hace las clarificaciones necesarias: hay mucha diferencia entre lo que él hace y lo que hará el Mesías. Su bautismo es solamente *en agua*, es una antesala de lo que se hará por la presencia del Cristo. Juan se coloca en la perspectiva correcta: no es *digno* ni siquiera de inclinarse como esclavo delante de él. Todo el testimonio de Juan se orienta hacia el Mesías, no hacia sí mismo.

V. 28. El lugar donde sucedía esto es clarificado por el evangelista: "Betania, al otro lado del Jordán". Juan se preocupa en más de una oportunidad por aclarar la situación geográfica de cada lugar. Hay un problema textual en cuanto al nombre, algunos manuscritos ponen el nombre Betábara, pero la mayoría de los mejores manuscritos señalan que se trata de Betania, como lo hace RVA. No es la misma aldea de donde vienen Marta, María y Lázaro; es una aldea ubicada "al otro lado del Jordán". No se sabe por la arqueología, hasta ahora, de la ubicación segura de esta "otra Betania". Algunos la localizan en las cercanías del Mar Muerto, mientras otros a unos veinte kilómetros al sur del Mar de Galilea (ver un mapa de los tiempos de Jesús).

3 "¡He aquí el Cordero de Dios!", Juan 1:29-34.

V. 29. La expresión con la cual comienza la declaración de Juan el Bautista *He aquí* es una interjección, es decir un llamado para que pongan atención en lo que va a decir. El título otorgado a Jesús sin duda nos hace pensar en tres posibilidades: El cordero de la ofrenda diaria (Núm. 28:4). El cordero pascual, que si bien es cierto no era un cordero que se relaciona con el sacrificio por el pecado, es uno que nos habla de los actos liberadores de Dios. Finalmente, la tercera posibilidad nos conduce a la figura del "Siervo Sufriente" de Isaías 53:7, tal como es usado también en Hechos 8:32. De esto se concluye que atrás de las palabras de Juan descansa la doctrina del sufrimiento expiatorio, vicario y paciente, como también de recordación de la liberación que hay en él. ¿Liberación de qué? Del pecado, no de los pecados.

Se entiende aquí el pecado como la mancha que tiene el mundo debido a la negación, al rechazo que ha hecho de Jesús, pues no ha creído en él (Juan 16:9).

Vv. 30, 31. El Bautista sigue haciendo lo que ya ha dicho (Juan 1:15, 27): desviar la atención de la gente hacia Jesús, el centro no era Juan, sino Jesús. La palabra que se usa para conocer (Juan 1:26, 33) significa mucho más que una percepción física, es el resultado de un acto de reflexión, de un convencimiento interno.

Se debe recordar que Juan era pariente de Jesús, así que no se puede referir a "conocer físicamente", era algo mucho más profundo que esto. La responsabilidad de Juan era solamente bautizar en agua, un símbolo de algo más profundo.

Vv. 32-34. La presencia del *Espíritu* Santo es un tema vital para Juan, y lógicamente el Mesías no puede cumplir su tarea si no ha sido ungido por el Espíritu de Dios (Luc. 4:18). La realidad del ungimiento se hace palpable por medio de la figura de la *paloma,* a una realidad corresponde un símbolo. El testimonio de Juan es válido porque la revelación la recibió de Dios mismo; él llegó a conocer quién es Jesús debido a la revelación de Dios.

Un nuevo orden se hace presente, el bautismo en agua, con el simbolismo de Juan ha sido reemplazado por el bautismo en el Espíritu Santo. El primero es solamente un simbolismo de algo real, el llegar a ser parte del cuerpo de Cristo. La era mesiánica ha sido inaugurada.

Finaliza con un resumen de todo su testimonio, el mismo que puede ser resumido en la declaración que identifica a Jesús: "es el Hijo de Dios", nombre que para los oídos de los judíos significaba el Mesías (Juan 1:49; 11:27; 20:31). Nosotros podemos llegar a ser "hijos de Dios" (Juan 1:12), pero él es el "Hijo de Dios" (Juan 10:36).

Testimonio es la palabra clave (1:7, 8, 15, 19, 32, 34) para hablar de la relación de Juan con Jesús, su ministerio no era hablar de lo que él (Juan) era, sino su responsabilidad es hablar acerca de Jesús. "Juan fundó la base de toda la teología práctica cristiana... dirigir a sus seguidores lejos de sí mismo y hacia Cristo" (Tenney).

1. La grandeza de la humildad. Juan el Bautista ha dejado un ejemplo de vida muy grande. Con razón el mismo Jesús dijo de él que no había ningún hombre mayor que Juan (Mat. 11:11). Nunca se exaltó a sí mismo, sino que siempre orientó la atención para que fuera visto Jesucristo. **2. Tenemos que dar cuenta de nuestra fe.** Juan pudo con toda tranquilidad hacer las clarificaciones acerca del Mesías. Su respuesta se hallaba respaldada por la Palabra de Dios. Que podamos imitarle en dar respuesta a quien demanda razón de nuestra fe. **3. Un Dios que provee los medios de salvación.** La figura del "Cordero de Dios" nos debe conducir a una vida que refleje "frutos de arrepentimiento" mostrando una vida diferente a la de los que no conocen a Cristo.

──────Ayuda homilética ──────

Un testimonio con contenido
Juan 1:29-34

Introducción: Muchas veces como creyentes pretendemos dar "testimonios" los cuales son sin mayor contenido. Juan el Bautista nos ilustra una manera de dar un testimonio con verdadero contenido, en el cual se presenta verdaderamente a Jesús, su obra y sus relaciones con la trinidad.

I. **Jesucristo y el pecado del mundo, v. 29.**
   A. Jesucristo es el Cordero, v. 29a.
   B. Jesucristo quita el pecado, v. 29b.
II. **Jesucristo es el primero, vv. 30, 31.**
   A. Jesucristo preeminente, v. 30.
   B. Jesucristo se manifiesta a Israel, v. 31.
III. **Jesucristo y la trinidad, vv. 32-34.**
   A. Jesucristo ungido por el Espíritu, vv. 32, 33a.
   B. Jesucristo bautiza en el Espíritu, v. 33b.
   C. Jesucristo Hijo de Dios, v. 34.

Conclusión: La experiencia que tuvo Juan el Bautista con Jesucristo le impulsó a presentar un mensaje lleno de contenido, no solamente de palabrería. Así Jesucristo es una persona interesada por el mundo, que es eterna y que guarda íntima relación con cada persona de la trinidad.

Lecturas bíblicas para el siguiente estudio

Lunes: Juan 2:1-5
Martes: Juan 2:6-10
Miércoles: Juan 2:11, 12

Jueves: Juan 2:13-16
Viernes: Juan 2:17-21
Sábado: Juan 2:22-25

AGENDA DE CLASE

Antes de la clase

1. Tenga listo un mapa en donde se pueda ubicar a Betania, debe poner atención pensando en que hay "dos Betanias", la que aquí se menciona es aquella que se halla al otro lado del Jordán. **2.** Asigne con anterioridad a dos personas para que preparen, cada una, un pequeño resumen de los sacrificios que practicaban los judíos. Para esto haga uso del material del libro del Maestro **3.** Puede asignar también a otra persona para que explique lo que es el "cordero para el sacrificio", y cómo se relaciona con el "Cordero de Dios" mencionado en Juan.

Comprobación de respuestas

JOVENES: **1. a.** Cordero de Dios. **b.** El era primero que Juan. **c.** Juan vio que el Espíritu descendió sobre él. **2.** Afirmaciones: soy la voz que clama en el desierto; bautizo en agua; no soy digno de desatar su calzado. Negaciones: no soy el Cristo, no soy el profeta, no soy Elías. **3. a.** El Espíritu Santo descendió como paloma y se posó sobre él. **b.** Bautiza en el Espíritu Santo. ADULTOS: **1. a.** No soy el Cristo. **b.** No soy Elías. **c.** No soy el Profeta. **2. a.** Vino después de Juan. **b.** Era antes que Juan. **3. a.** Señor. **b.** Cordero de Dios. **c.** Hijo de Dios.

Ya en clase
DESPIERTE EL INTERES

1. Señale en el mapa el sitio donde se encuentra cada una de las Betanias; haciendo sobresalir que la Biblia es precisa al indicar que los relatos del pasaje estudiado hoy se desarrollaron en la Betania al otro lado del Jordán, y no en la Betania donde vivían los amigos de Jesús, Marta, María y Lázaro. **2.** Promueva el diálogo en torno al significado de los términos bíblicos: "bautismo en agua" (de Juan el Bautista), "bautismo en agua" (para creyentes), y "bautismo en el Espíritu Santo".

ESTUDIO PANORAMICO DEL CONTEXTO

1. Pida a cada uno de los participantes asignados con anterioridad que den su resumen sobre cada uno de los sacrificios. El maestro debe estar listo para hacer las aclaraciones necesarias. **2.** Proceda de igual forma con la persona que explicará acerca de "el cordero para el sacrificio". **3.** Explique sobre la concepción judía acerca de la eternidad, y cómo ésta es diferente de la manera que es entendida por la generalidad de personas en el día de hoy. **4.** Dé un tiempo prudencial para que los participantes hagan una lectura en el libro del alumno de la parte titulada "Los 'cristos' que aparecían de vez en cuando"; posteriormente promueva un diálogo en torno a lo que han leído. **5.** Para introducirse ya en el tema concreto de la lección, el maestro debe explicar el significado del bautismo de Juan, retomando las conclusiones que se sacaron en la primera parte de la clase.

ESTUDIO DEL TEXTO BASICO

Divida a los participantes en tres grupos, cuide que cada grupo sea heterogéneo, es decir, con personas de diferentes transfondos y madurez cristiana. Asigne a cada grupo una de las tres partes de la lección a estudiar el día de hoy. *Dentro de cada grupo nombre a un "director"* quien será el encargado de coordinar el funcionamiento del grupo. Este "director" deberá ser una persona con capacidad de dirigir grupos, sin pretender acaparar todo el desarrollo de la clase, deberá ser lo suficientemente maduro en la vida cristiana para que pueda conducir a las metas propuestas para la clase. *Esta actividad permitirá que los participantes se involucren en el pasaje de una manera más directa.* La clase se puede hacer bastante amena y participativa para aquellas personas que no se desenvuelven cómodamente en grupos grandes. Al mismo tiempo podrá ser de ayuda para las personas que les gusta participar en dramas o actividades similares. Este tipo de actividad permite a los participantes mirar nuevas y variadas maneras de ver, entender, y actuar frente a las verdades presentadas en la Palabra de Dios.

Cada grupo escogerá la manera en que presentarán a los demás las enseñanzas de la parte asignada. Recuerde a los grupos que existen variedad de maneras para presentar el material: en forma de drama; en un resumen luego de haber tenido un intercambio de ideas en el grupo; una entrevista tipo periodística; relatos parciales dados por diferentes personas.

El maestro deberá estar atento a prestar ayuda y dirección a los diferentes grupos, vigilando que ningún grupo tome demasiado tiempo, y que en cada grupo se permita la participación de la mayoría.

Luego de un tiempo prudencial cada grupo se presentará con la actividad que ha escogido ante la clase completa. Se debe cuidar de que no existan críticas destructivas y peor aun alguna clase de burla hacia los participantes. Indique a cada "director" el tiempo de que dispone para la preparación y la presentación de las enseñanzas de su parte estudiada.

APLICACIONES DEL ESTUDIO

Presente usted las tres aplicaciones que se dan en el libro del Maestro, procurando que estas aplicaciones sean contextualizadas a la generalidad de sus alumnos. Permita que los integrantes de la clase puedan aportar con más aplicaciones de la lección bíblica a su vida personal.

PRUEBA

1. Pida que cada participante trabaje en el libro del alumno y complete esta sección de *Prueba,* respondiendo a las preguntas que se hallan formuladas allí. **2.** Después de un tiempo prudencial permita que los participantes busquen un compañero para compartir sus respuestas. Si hay tiempo pida a algunos voluntarios para que compartan sus respuestas delante de la clase.

Unidad 5

Jesús inicia su ministerio público

Contexto: Juan 2:1-25
Texto básico: Juan 2:1-12
Versículo clave: Juan 2:5
Verdad central: Jesús inició su ministerio público con un milagro con el que demostró su gloria y su poder, éste enseñó a sus discípulos a creer en él como enviado de Dios.

Metas de enseñanza-aprendizaje: Que el alumno demuestre su: (1) conocimiento de los sucesos ocurridos en el inicio del ministerio terrenal de Jesús, (2) actitud de confianza en el poder de Jesús para salvar y cambiar la vida de los hombres.

——————————— Estudio panorámico del contexto ———————————

A. Fondo histórico:

Ubicación de Caná. La aldea "Caná de Galilea" solamente es mencionada en el cuarto Evangelio. Aquí se realizaron dos milagros (Juan 2:1-10; 4:46-54). En esta aldea vivía Natanael (Juan 21:2). Su ubicación no se sabe con precisión. Hay dos posibilidades: en la actual Kefr Kenna a unos seis kilómetros al noreste de Nazaret, que es la teoría más aceptada, por el paisaje que presenta y por la tradición eclesiástica; y la actual Jirbert Kaná a unos 14 kilómetros al norte de Nazaret que hoy es llamada por los árabes "Caná de Galilea".

El vino. Esta era una bebida muy común en Palestina, es producto de la fermentación del jugo de uva. Hay varias palabras que se usan y que han sido traducidas como "vino" en la Biblia. En el AT *yayin* (casi siempre traducida vino), *sekar* (casi siempre traducida sidra) y *tirós* (casi siempre traducida vino nuevo o dulce). En el NT la palabra más común es *oinos* (siempre traducida vino), *sikera* (sidra) y *gleukos* (mosto o vino nuevo Hech. 2:13). Todas estas bebidas eran embriagantes. El "vino nuevo" no indica falta de fermentación sino que se trata del vino obtenido del primer jugo, que era muy potente para embriagar. Nunca se usa la palabra vino para indicar el vino resultante sin fermentación (Gén. 40: 11). Se debe indicar que era muy difícil obtener un jugo sin fermentación pues se sabe que ésta comienza casi de inmediato. No era costumbre subir el nivel de alcohol por algún medio artificial, pero sí era común que se mezclara con agua, en proporción de dos a tres partes de agua por una de vino para bajar la fuerza de la bebida (Keener).

El vino es un elemento "éticamente neutro", es decir que su uso en ciertos casos no está calificado como pecado. Tanto el AT como el NT tratan al vino en sus dos aspectos: puede ser beneficioso (1 Tim. 5:23), como puede ser un problema (Isa. 28:7; Prov. 23:29-35). El vino es un don de Dios y signo de la bendición (Gén. 27:28), hay que diezmar de él (Deut. 12:17) y es presentado como ofrenda a Jehová (Núm. 15:7). La Biblia jamás acepta la embriaguez (Ef. 5:18), y más de una vez se señala el peligro del consumo indiscriminado y sin juicio (Gén. 9:20-27; 19: 32-38; 2 Sam. 11:13). Simbólicamente el vino también puede significar dos cosas: la bendición de Dios (Prov. 9:5), el símbolo del Nuevo Pacto en la cena del Señor; como también la señal de la ira de Dios (Jer. 25:15). Jesús usa el vino como una figura de sus enseñanzas (Mat. 9:17). El uso del vino hoy día, entonces, viene condicionado por la cultura, y sobre todo por el amor (Rom. 14:21). Pablo enseña que la abstención de tomar vino es recomendable para evitar el tropiezo del hermano débil.

B: Enfasis:

El rito judío de la purificación. Para el judío era muy importante la limpieza tanto física como moral, y muchas veces no se hacía diferencia entre las dos. La purificación se obtenía por medio de actos religiosos de lavamientos y abluciones. El acto ritual de la purificación entre los judíos correspondía, en primer lugar y sobre todo, a una actitud ética. Fue una costumbre que se inició antes de la ley mosaica (Gén. 35:2). A partir de la ley de Moisés fueron codificados y detallados los procedimientos (Lev. 15). Como en muchas cosas los fariseos habían sobredimensionado estos rituales, y no pocas veces enfatizaban más el acto que las implicaciones éticas (Mar. 7:3). El libro más grande en que se halla dividida la *Mishna* se dedica a todos los ritos de la purificación.

Construcción del templo. En la historia de Israel hubo tres templos. Todos ellos fueron construidos en Jerusalén, más o menos en el mismo lugar. El primer templo fue construido por Salomón y fue destruido por Nabucodonosor. El segundo templo fue edificado por Zorobabel, inaugurado en el año 515 a. de J.C. El último templo fue construido por Herodes, como una maniobra política, con el propósito de congraciarse con los judíos. Realmente fue una reconstrucción y no un edificio completamente nuevo. La reconstrucción se inició en el año 19 a. de J.C., terminando su parte principal unos diez años después, pero se siguió su construcción hasta el año 64 d. de J.C. Según el historiador Josefo estaba planificada una nueva ampliación, la misma que no se pudo realizar, pese a que se contaba con los materiales necesarios, debido a que estalló la insurrección. Este templo ocupaba un gran patio, y se usaron piedras muy grandes de hasta 5 metros de largo. Básicamente los cambios que se hicieron fueron: elevación del santuario, ampliación del atrio y construcción de una gran puerta entre el atrio de las mujeres y el de los israelitas.

El templo fue fastuoso y se pretendió cubrirlo de oro íntegramente. La fachada del templo, según el mismo Josefo, fue cubierta de placas de oro que tenían el espesor de una moneda. Muchos de los muebles eran de oro macizo. El templo fue destruido definitivamente en el año 70 d. de J.C. por el mariscal Tito, quien sería años más tarde emperador de Roma. Los romanos saquearon todos los utensilios como botín de guerra, y los objetos y planchas de oro se vendieron en toda la provincia de Siria.

1 No ha llegado la hora de Jesús, Juan 2:1-4.

Vv. 1, 2. El milagro sucede después de tres días del llamamiento de sus primeros discípulos. Esto daba tiempo para algunos encuentros de adiestramiento o pláticas, como también para poder hacer el viaje desde Betania a Caná. La presencia de la madre de Jesús, que según la costumbre de Juan nunca se menciona por nombre, es siempre un enigma. Jesús no rehuye el socializar, no es un asceta, participa de todas las actividades normales de los judíos; se mezcla en los quehaceres de la humanidad. Según las tradiciones judías ortodoxas, las bodas eran algo más que un simple motivo para alegrarse, eran un momento para recordar la unión de Dios con Israel. Jesús aprovecha esta oportunidad para hacer una señal que apunta a la presencia del Verbo hecho carne.

V. 3. A medida que la fiesta avanzaba el vino llegó a escasear. No se sabe por qué pasó esto, ya que había un responsable de que ello no sucediera: el encargado del banquete. Antes de la fiesta había una ceremonia en donde se pronunciaba una fórmula como: "Tómala en conformidad con la Ley de Moisés y de Israel", para luego iniciar el banquete. En muchas oportunidades se vigilaba la distribución del vino para que no hubiera desórdenes, pensando que a veces la fiesta duraba más de un día. Por ejemplo algunos rabinos, para evitar los excesos rompían los vasos valiosos en donde se servía el vino (*Edersheim*).

Muchas costumbres se habían introducido entre los judíos piadosos, especialmente de Galilea, para evitar conflictos y actos que rayaban en la inmoralidad.

Las palabras de María para su hijo en ninguna manera se constituyen en una petición o intercesión. Parece que se trata de un comentario, que puede o no tener una cierta dosis de pedido. Lo cierto es que no hay una demanda de parte de María indicando qué es lo que debía hacer Jesús.

V. 4. La forma de dirigirse por parte de Jesús a su madre es una fórmula de mucho respeto y aun íntima (19:26), pues *mujer* se podría traducir "señora". Al mismo tiempo indica que de ahora en adelante una nueva relación empezaría (Mat. 12:46-50), María tenía que comenzar a verle como su Señor, ella reconoce esta situación y se limita a decir que le obedezcan, el centro de todo tiene que ser solamente Jesús.

La frase "¿Qué tiene que ver eso conmigo y contigo...?" ha sido muy discutida, pero básicamente significa una frase de ánimo a María para indicarle de la necesidad de romper con el pasado (Mateos-Barreto), pues habría una nueva forma de enfrentarse al problema de la ausencia del vino, que no es la tradicional.

La última expresión del versículo conlleva dos ideas: nadie puede alterar el plan perfectamente establecido por Dios para su muerte redentora (7:30; 8:20), pues pese a ser completamente humano sus planes no se pueden limitar por situaciones de parentesco; y la "hora" es sin duda la cruz. Lo que para quienes mataron a Jesús era una victoria, Jesús la convertiría en su gloria (12:23; 13:1, 17:1).

2 Poder sobre los elementos, Juan 2:5-10.

V. 5. Este versículo es muy claro y nos orienta a seguir el ejemplo de María, ella sabía quién era su hijo, era la persona a la que se le debe toda obediencia y sujeción a sus planes. Su pedido a los sirvientes se debe a que no había razón para que ellos obedecieran a Jesús, pues era solamente un invitado. María, al igual que Juan, no desea que la atención sea sobre ella, sino que orienta todas las miradas al Mesías. **Vv. 6-8.** El milagro-señal está por delante. Juan introduce el relato contando con la existencia de las tinajas para la purificación. Estas tenían que ser de piedra para que realmente fueran puras (Mishna). Contenían, cada una, entre 65 y 90 litros. La cantidad de agua era muy grande. Muchos simbolismos se han dado a estas tinajas, pero la mayoría concuerda en que se trata, en cierta manera, de representantes del antiguo sistema legalista que era necesario cambiar en forma radical.

El milagro se relata de una manera interesante, en primer lugar hay órdenes precisas que hay que seguir, y luego parece que la conversión del agua en vino sucede cuando llevan el elemento al encargado del banquete, quien no sabía de dónde venía este vino. **Vv. 9, 10.** Lógicamente esto produce el asombro del encargado, quien manifiesta su extrañeza al novio, pues no estaba al tanto de que había esta clase de vino, lo que se podría entender como un descuido de su parte. Esto se explica porque posiblemente había la costumbre de sacar en primer lugar el mejor vino, para luego de algún tiempo, cuando probablemente los participantes en la fiesta estaban un poco afectados por el vino, sacar el vino de inferior calidad, pues no notarían la diferencia. También se han dado explicaciones simbólicas sobre el asunto que pueden ser discutibles, pero lo que sí se puede decir es que las cosas que hace Dios siempre son mejores que las que puede hacer el hombre.

3 La gloria manifestada, Juan 2:11, 12.

V. 11. Esta fue la primera "señal" que hizo Jesús. La palabra "señal" indica "un milagro que es considerado como prueba de la autoridad y majestad divinas" (Hendriksen). Lo que se quiere hacer sobresalir no es el milagro en sí mismo, sino al autor del milagro. La señal que opera en la esfera física es solamente una sombra de lo que se desea ilustrar. Aquí es claro que lo que Juan desea que se note es a Jesús que puede hacer todas las cosas nuevas. Lo que se quiere decir con la frase *y manifestó su gloria,* es que cualquier manifestación del Verbo encarnado es la manifestación de su gloria. Dios no decidió limitarse a la esfera celestial, sino que se involucró entre los seres humanos, como un ser humano para enseñarles el camino a una nueva realidad. **V. 12.** Sus acompañantes son *su madre, sus hermanos y sus discípulos,* junto con los que creyeron en él, también están los que no creían en él (7:5), todos buscando en el camino de la fe un mayor crecimiento. La manifestación de la gloria del Verbo hecho carne se ha iniciado, su misión ha arrancado desde Galilea hasta Jerusalén, desde la periferia hasta la opulencia, desde la pobreza y desprecio hasta le sede del poder político religioso.

1. Vida en la comunidad. Jesús, siendo Dios, no se aisló de su sociedad, es más, participó de las actividades de ella, participó de las fiestas y motivos de alegría que ella tenía, como en el caso de "las bodas de Caná". Nuestro desafío es poder vivir de acuerdo con los valores del reino, pero influyendo a la sociedad que vive de acuerdo con los valores del mundo. **2. Dios transforma nuestra vida.** Dios desea hacer cambios profundos en nuestra vida, pero espera que le dejemos actuar. Estos cambios implicarán, en no pocas oportunidades, una negación de nuestro yo. **3. Jesús es el centro.** La madre de Jesús se convierte en un ejemplo para nosotros. Al igual que Juan el Bautista, ella no se preocupa por ser el centro de atención, y mucho menos de veneración o algo parecido. La vida del verdadero creyente nunca se puede centrar en uno mismo; cada cosa que haga la orienta hacia Jesús, cada cosa que posee la somete al señorío del Mesías.

Ayuda homilética

Un milagro con propósito
Juan 2:1-12

Introducción: Muchas veces los creyentes pensamos que Dios debe responder a nuestras oraciones como nosotros queremos, pretendemos que él haga las cosas que nosotros necesitamos. El milagro de "las bodas de Caná" nos ilustra la forma como Dios obra.

I. **Obra en su tiempo, v. 4.**
   A. Dios no está obligado a actuar, v. 4a.
   B. Si él desea actuar será a su tiempo, v. 4b.
II. **Obra bajo sus normas. Juan 2:5-8.**
   A. Debe haber disposición a obedecer, v. 5.
   B. Dios usa lo que él desea usar, v. 6.
   C. La obediencia debe ser total, vv. 7, 8.
III. **Obra para cumplir sus planes. Juan 2:11.**
   A. Los milagros son para la gloria de Dios, v. 11a.
   B. Los milagros conducen a Jesús, v. 11b.

Conclusión: Los milagros que hace Jesús siempre tienen un propósito, jamás se realizan para satisfacer los caprichos de los seres humanos, apuntan a los planes soberanos de Dios, siendo nuestra responsabilidad someternos a ellos.

Lecturas bíblicas para el siguiente estudio

AGENDA DE CLASE

Antes de la clase
1. El estudio de hoy se relaciona de manera muy práctica con los alumnos. Estúdielo y medite para que pueda llevar al grupo a un aprendizaje que sea práctico, y que los alumnos lo puedan apreciar de esta manera. **2.** Revise el material del maestro, ore por cada uno de sus alumnos, piense en cada uno en particular. Pida a Dios que le ayude a seleccionar el material que usará en esta lección. **3.** Lleve bien pensado el material y hable con los alumnos durante la semana para que ellos también puedan investigar sobre las bodas en la Biblia. Promueva la lectura de las porciones bíblicas asignadas para cada día. **4.** Prepare un dibujo del templo en el pizarrón, o llévelo ya hecho en una hoja de papel lo suficientemente grande para que todos lo puedan ver; un plano que le servirá de modelo se adjunta en este libro. Debe prepararse para explicar las diferentes partes de que estaba formado. Procure no tocar muchos detalles para administrar bien el tiempo que dedicará al resto del material que debe presentar. **5.** Pida, con anticipación, a uno de los participantes que investigue acerca del vino y sus implicaciones éticas, para ser discutido al inicio de la clase. **6.** Tenga a mano el mapa que se incluye en este libro para señalar la ubicación de Caná de Galilea, haciendo notar que hay dos posibilidades en donde podía estar situada esta aldea.

Comprobación de respuestas
JOVENES: **1.** c, b, f, a, d, e. **2.** "Este principio de señales hizo Jesús en Caná de Galilea, y manifestó su gloria; y sus discípulos creyeron en él" (Juan 2:11).
ADULTOS: **1.** a. Madre de Jesús. b. Jesús. c. Discípulos. d. Encargado del banquete. e. Sirvientes. f. Novio. g. Hermanos. El personaje central es Jesús porque todo el relato se enfoca hacia él (puede ser una respuesta similar). **2.** Es el vínculo entre Jesús y los que servían. **3.** a. Hizo este principio de señales. b. Manifestó su gloria. c. Sus discípulos creyeron en Jesús.

Ya en la clase
DESPIERTE EL INTERES
1. Pida a la persona que ha investigado sobre el vino y sus implicaciones éticas, que presente un resumen de lo investigado. Debe poner cuidado en que no se radicalicen las posiciones en torno a este tema. Recuerde que este tema puede ser muy polémico e incluso no todos pueden estar de acuerdo de que se hable de ello en la clase. Promueva el hecho de que debemos ser tolerantes en asuntos que son secundarios a los fundamentos de nuestra fe. **2.** Presente el plano grande del templo, dedique unos pocos minutos a explicar las diferentes partes de que estaba compuesto. **3.** Deje este plano a la vista de todos, puede ser que lo necesite durante el desarrollo de la lección para hacer referencia a él. Este punto le servirá como vínculo para iniciar la explicación de los temas del *Estudio panorámico del contexto*.

ESTUDIO PANORAMICO DEL CONTEXTO

1. Muestre el plano del templo y explique todas sus partes, al mismo tiempo comparta con la clase el contenido del artículo "Construcción del templo". **2.** Pregunte a la clase sobre lo que ellos entienden es "la purificación". Dé tiempo a la participación de varios de la clase; luego relacione estas ideas que pueden ser un tanto dispersas, como lo que pasaba con los judíos, pues ellos se enfrascaban en discusiones y ritos extensos y complicados, que no llevaban a nada concreto. Finalice esta parte pidiendo que alguien lea el material correspondiente en el libro del alumno. **3.** En un mapa de los tiempos de Jesús ubique a Caná de Galilea.

ESTUDIO DEL TEXTO BASICO

Dé inicio al estudio del texto básico presentando la explicación del primer punto: "No ha llegado la hora de Jesús". Ponga énfasis en la invitación de la que ha sido objeto.

Jesús y sus discípulos, el porqué de la presencia de María, y sobre todo la respuesta desconcertante por parte de Jesús a la declaración formulada por ella.

Antes de introducirse en el segundo punto, pida a los integrantes de la clase que hagan memoria acerca de otros milagros realizados por Jesús, a medida que ellos los van mencionando usted vaya anotándolos en el pizarrón. Haga notar que ninguno de los milagros involucra un cambio de la naturaleza propia del elemento, como sucede en esta señal.

Presente el material correspondiente al segundo punto, procurando poner en esta presentación la expectativa y sorpresa que sin duda hubo en el momento mismo del milagro.

Al presentar el último punto, haga notar que el evangelista Juan no desea que la atención se centre en ninguno de los personajes mencionados, salvo en Jesús, y que hay una enseñanza atrás del milagro: la manifestación de la gloria de Dios, con el propósito de que los hombres crean "en él"; asunto que sucede en el relato presentado.

APLICACIONES DEL ESTUDIO

1. Divida la clase en tres grupos y pida que cada grupo trabaje en una de las aplicaciones presentadas en el material del alumno. Busque el que se relacione la aplicación con la vida personal de cada participante. **2.** Dé tiempo suficiente para que todos o la mayoría participen del diálogo dentro de su grupo. Pida a uno de cada grupo que comparta su aplicación con el resto de la clase.

PRUEBA

1. Pida que los alumnos respondan a los ejercicios de evaluación. **2.** Para despedir la clase pregunte si les fue útil el haber tenido las lecturas diarias durante la semana, para así tener una mejor comprensión de la lección presentada hoy. Incentive a que otros participantes de la clase se comprometan a llevar estas lecturas diarias, las mismas que se encuentran en el Libro del Alumno.

Es necesario nacer otra vez

Contexto: Juan 3:1-36
Texto básico: Juan 3:1-21
Versículo clave: Juan 3:3
Verdad central: En su entrevista con Nicodemo, Jesús declara la importancia y la naturaleza del nuevo nacimiento.
Metas de enseñanza-aprendizaje: Que el alumno demuestre su: (1) conocimiento de las declaraciones de Jesús acerca del nuevo nacimiento, (2) actitud de valorar la trascendencia del nuevo nacimiento y el medio que Dios provee para alcanzarlo.

―――――― **Estudio panorámico del contexto** ――――――

A. Fondo histórico:

Nicodemo. Este personaje es solamente mencionado por el Evangelio de Juan. Su nombre, pese a ser él un judío, es un nombre de origen griego que significa "vencedor, o conquistador del pueblo". Es mencionado tres veces en el Evangelio. En el Talmud se menciona al personaje Naqdimon ben-Gorion, un hombre rico muy generoso, a quien algunos le identifican con el Nicodemo de Juan. De los pasajes que se encuentran en Juan (3:1-21; 7:45-52; 19:38-40) se pueden sacar las siguientes conclusiones: Pertenecía al grupo de los fariseos. Era también del grupo de los gobernantes, es decir miembro del sanedrín, el tribunal más alto de los judíos formado por los sumos sacerdotes, miembros de las familias privilegiadas, escribas, ancianos, y fariseos prominentes; todos eran intérpretes de la ley. Era una persona con dinero, pues aportó con mirra y áloes para la sepultura de Jesús, y posiblemente se identifica, al igual que José de Arimatea, como un "discípulo secreto por miedo a los judíos" (19:39).

B. Enfasis:

Nacimiento de agua. Para el entendimiento de la frase no se debe descuidar el hecho de que la frase completa es "nazca de agua y del Espíritu". Una clave para entender el pasaje es el uso que se da en 1:33, en donde se contrasta el bautismo en agua con el bautismo en el Espíritu Santo. La interpretación más aceptada es la que, a la luz de las enseñanzas de todo el Evangelio de Juan, un Evangelio eminentemente simbólico, "agua" significa el Espíritu Santo (comparar con 4:10-14; 7:37-39). En el v. 3 Jesús ha usado la expresión "nacer de nuevo (o de arriba)", expresión esta última que es sustituida por la expresión "nacer de agua y Espíritu", en el v. 5, y así se constituye en su explicación. De aquí en adelante ya no usará "agua", solamente usará "nacer del Espíritu", que aclara lo que significa nuestra frase. La frase podía ser traducida así: "nacer de agua o sea del Espíritu" o "de un agua que es Espíritu" (Mateos y Barreto), lo cual está respaldado por la construcción del original que podría ser traducida literalmente así: "nazca de agua y Espíritu", debido a que hay solamente una preposición (de) para dos sustantivos (agua y Espíritu). *La serpiente de bronce en el desierto.* Según el relato de Números 21:4-9, el pueblo de Israel se rebeló contra Dios, por lo cual fue castigado por medio de serpientes que les mordían. Moisés levantó una serpiente de bronce sobre un asta, de modo que cualquiera que era mordido al ver la serpiente podía ser sanado. El pueblo debía depender de él totalmente. No había nada mágico en la serpiente, como lo dice Pablo (1 Cor. 10:9, 11), ella fue levantada a manera de instrucción, no como un fin en sí misma.

Esta mención de la serpiente en Juan, cierra un ciclo que ha sido presentado desde el comienzo del libro: el Verbo ha descendido, pero ahora el Hijo del Hombre será levantado, palabra que en la terminología de la iglesia primitiva significaba la crucifixión/resurrección/ascensión-exaltación de Jesucristo. La única manera de poder disfrutar del reino es poner la mirada de fe en esta persona, nacer de nuevo es la única opción gracias al amor de Dios.

───────────── **Estudio del texto básico** ─────────────

1 Un visitante singular, Juan 3:1-8.

Vv. 1, 2. Dos características se le asignan a Nicodemo: Es de la secta *de los fariseos,* un grupo que siempre estuvo en franca oposición a Jesús, no tanto por sus "doctrina", sino más bien por la implicaciones éticas que daba Jesús a las enseñanzas de él, como a las interpretaciones que daba al AT. Por otro lado es también *un gobernante de los judíos,* posiblemente era parte del sanedrín, cuerpo colegiado que se encargaba de hacer cumplir las leyes dentro de los judíos. Es una persona muy importante dentro de su sociedad. Es interesante el hecho de que Juan nos haga notar que este Nicodemo llegó *de noche,* así se lo identifica en otra oportunidad (19:39). Muchos cálculos se han hecho buscando la explicación de la hora del encuentro, pero todos ellos terminan en solamente posibilidades. Lo cierto que este encuentro fue bastante privado.

Para Nicodemo, Jesús en primer lugar es solamente un Maestro. *Rabí,* es usado como un título honorífico, aplicado solamente para algunas personas (1:38, 49; 3:2; 4:31). Luego se cambia el término a "Señor", especialmente desde el capítulo 11, y sobre todo después de la resurrección. Nicodemo ha entendido la razón de las "señales", éstas tiene como propósito identificar a Jesús como una persona que tiene una relación muy especial con Dios.

Vv. 3, 4. La conversación de Jesús con Nicodemo es directa. Jesús le conduce al tema central, con lo que él quería que Nicodemo se confronte. Muchas cosas podía Jesús compartir con el teólogo Nicodemo, pero lo más importante era hablar sobre necesidades trascendentes. Así es como Jesús empieza esta gran declaración con la frase traducida en nuestras Biblias como *de cierto, de cierto...* Este tipo de frases, sin antecedentes en ningún otro escrito contemporáneo, son usadas por Jesús para hacer sobresalir la solemnidad del dicho que viene a continuación. Algunos ven en esta frase un *mashal,* es decir una sentencia paradójica, que adquiere el sentido de casi una adivinanza. Jesús plantea la necesidad de un "nacimiento 'de arriba' (desde lo alto) o 'de nuevo'", las dos son traducciones posibles. Parece que el primer significado podría ser más aceptable que el segundo, sin embargo, a Nicodemo se le presenta el problema de entender el significado de un "segundo nacimiento" (v. 4). Lo que se hace resaltar con el uso de la palabra "de arriba", es que es un acto de Dios, al que el hombre puede acceder solamente por su gracia. Este "otro nacimiento" es la condición fundamental para poder ver el reino de Dios, entendiéndose a éste como el "ámbito en que su dominio se reconoce y obedece, y en el que prevalece su gracia" (Hendriksen). Jesucristo está hablando de la realidad de la presencia del reino traído de una manera especial en su persona y ministerio.

Nicodemo demuestra que no está en capacidad de entender lo que realmente quiere decir Jesús. Piensa que Jesús está diciendo un absurdo, de allí que elabora esta pregunta retórica, esperando que Jesús le dé la razón, con un rotundo "no".

Vv. 5-8. Para Nicodemo las palabras de Jesús siguen siendo obscuras, como buen maestro, Jesús procede a explicar en forma más detallada lo que quiso decir con "nacer otra vez". Para Jesús "nacer de nuevo (de lo alto)" (vv. 3, 7) y "nacer de agua y Espíritu" (v. 5) es lo mismo (para el significado de la frase última, ver el "Estudio panorámico del contexto"). Jesús desea que Nicodemo pueda entender que el "nuevo nacimiento" tiene que ver con una acción del Espíritu Santo. El "nuevo nacimiento" es muy diferente al nacimiento biológico de las personas, que era la inquietud de Nicodemo, este "nuevo nacimiento" es un acto realizado por el Espíritu por el que transmite su naturaleza (v. 6).

La enseñanzas de Jesús sin duda causaba asombro en Nicodemo, pues él esperaba un "método" de salvación que fuera más acorde con su lógica, como por ejemplo guardar algunas reglas o hacer algún tipo de obras, pero no, la salvación que ofrece Jesucristo es solamente por su gracia y por acción del Espíritu, quien pone la vida desde lo alto. En la primera parte de la comparación, las personas no saben ni el origen ni el destino del viento, igualmente el cómo actúa el Espíritu para dar nueva vida, es totalmente misterioso, pertenece a la soberanía de Dios.

2 La importancia y naturaleza del nuevo nacimiento, Juan 3:9-15.

Vv. 9, 10. La conversación de Jesús con Nicodemo se va desarrollando en forma lógica, ahora el fariseo reconoce con humildad que no puede entender todo lo que pasa, desea saber el mecanismo del "nacimiento de lo alto", no se había dado cuenta de que no todas las cosas las podemos entender literalmente. Jesús le hace caer en la cuenta de que *el maestro de Israel* necesita más que el sencillo entendimiento literal de la ley para nacer de nuevo.

Vv. 11, 12. Según habíamos explicado anteriormente (v. 3), en este versículo se introduce una nueva enseñanza muy importante. Todo su argumento está impregnado por el uso del plural, no es algo de lo que solamente él era partícipe, hay más personas, posiblemente hace referencia a Juan el Bautista, ya que usa el lenguaje de "testigo", tan frecuente en la presentación de Juan el

Bautista. Lo que Jesús estaba enseñando era que su mensaje no era algo inventado por él, sencillamente estaba compartiendo lo que ya se sabía, además que testificaba lo que se había visto. El problema es que este testimonio no había sido recibido ni por Nicodemo, ni por los otros miembros de las autoridades judías. Nicodemo no podía entender la necesidad de "nacer de arriba", asunto que correspondía a la experiencia humana, ¿cómo iba a entender cuando Jesús le explicara el proceso de este "nacimiento"?

Vv. 13-15. La única persona que puede entender y revelar el por qué y el cómo de todo el plan de redención, es quien ha estado en la presencia misma de Dios. La persona que ha estado en la presencia de Dios, descrita aquí como el que ha descendido del cielo es el Hijo del Hombre, el Verbo hecho carne (1:14). El término Hijo del Hombre es usado en los Evangelios como un reemplazo del pronombre personal "él", para referirse a Jesús.

No hay otro camino enseñado por el Padre, el "nuevo nacimiento" producido por el Espíritu Santo es solamente posible para quien pueda mirar en actitud de fe a Jesús encarnado, muerto y resucitado. Se cierra el círculo indicando que de lo que se ha estado hablando es el don de vida eterna. Esta no es tanto una cantidad de vida, sino más bien una calidad de vida, bajo el entendimiento de "eternidad" que tenían los judíos. El don de Dios es una vida diferente a la que se puede tener "normalmente". Con el "nacimiento de lo alto" se puede disfrutar de una vida abundante (Juan 10:10).

3 El Hijo: medio de salvación, Juan 3:16-21.

V. 16. No sabemos el cómo se realiza el nuevo nacimiento en las personas que depositan su fe en Jesucristo, pero lo que sí sabemos es la causa de este regalo puesto al alcance del hombre: el amor de Dios. Un amor tan grande, que fue capaz de dar a su hijo, de darse a sí mismo como medio de salvación para el mundo, para todo aquel que crea.

Vv. 17, 18. Entre los judíos estaba muy enraizado el concepto de un Dios que venía a castigar a los gentiles, pero Jesús enseña algo diferente, su presencia es para poner la salvación al alcance de todos. En el v. 18 hay una clarificación necesaria. Hay dos clases de personas: El que cree en el Hijo, por la gracia de Dios, no es condenado. Pero la persona que no cree, vive la condenación. Como el "creyente" ya vive la salvación, el "no creyente" vive la condenación.

Vv. 19-21. El veredicto para quienes no creen está presentado en estos versículos. La condenación consiste en rechazar la luz que alumbra a la humanidad (Juan 1:4, 5, 9-11). El "no creyente" vive su condenación rechazando la luz, debido a que sus obras son malas; su forma de vida es parte de la condenación, ya que no desean acercarse a la luz para que sus obras sean expuestas y censuradas.

Por otro lado (v. 21), está la persona que se acerca en actitud creyente a Dios, no es que tiene algo que presentar como mérito, pues sabe que sus obras son hechas en Dios. Nada tiene de que gloriarse, toda su vida es por gracia de Dios. Sin duda este último versículo se convierte en un estímulo para Nicodemo, para que venga a la luz, para que se someta al juicio escrutador de un Dios que le ama y que ha hecho todo por su salvación.

Aplicaciones del estudio

1. Ser religioso no es suficiente. Muchos piensan que ser una persona religiosa es suficiente para tener la salvación. Confrontemos a cada miembro y asistente a nuestras iglesias como Jesús confrontó al religioso Nicodemo: "es necesario nacer de nuevo" para gozar de la salvación. **2. Disfrutando de la vida eterna.** Desde el mismo momento que aceptamos a Cristo comenzamos a gozar la vida eterna. No tenemos que esperar hasta llegar al cielo. **3. El solamente es el soberano.** Hay la tendencia de presentar un evangelio que se basa en las decisiones del ser humano, poniendo a un lado la gracia de Dios. El mensaje evangelístico debe ser tomado como un mensaje de gracia, para que sea el Espíritu Santo el que obre, de acuerdo con su soberanía.

Ayuda homilética

Razones de nuestra salvación
Juan 3:16-21

Introducción: La salvación es siempre un hecho sorprendente, y nunca dejará de producir alabanza y gratitud en nuestras vidas, sin embargo, es el mismo Jesús que nos presenta tres razones por las cuales Dios nos ha salvado.

I. Porque Dios envió a su hijo, v. 16.
  A. Como muestra de amor, v. 16a.
  B. Para creer en él, Juan v. 16b.
  C. Para tener vida eterna, v. 16c.
II. Porque su hijo no nos condena, vv. 17, 18.
  A. Envió a su hijo para salvación, v. 17.
  B. El que cree en el Hijo no se condena, v. 18a.
  C. El que no cree en el Hijo ya ha sido condenado, v. 18b.
III. Porque su hijo es luz, vv. 19-21.
  A. La luz es rechazada, v. 19.
  B. La luz enseña las obras, v. 20.
  C. La luz manifiesta las obras de Dios, v. 21.

Conclusión: Estas tres razones nos llevan a concluir que nuestro Dios es un Dios inmensamente grande, lleno de amor, que no desea la condenación de nadie, pero que su presencia por ser clarificadora, revelará a cada uno en su relación con él.

Lecturas bíblicas para el siguiente estudio

Lunes: Juan 4:1-6
Martes: Juan 4:7-9
Miércoles: Juan 4:10-15

Jueves: Juan 4:16-24
Viernes: Juan 4:25-30
Sábado: Juan 4:31-42

AGENDA DE CLASE

Antes de la clase
1. El maestro debe estar orando mucho esta semana para que el Espíritu Santo hable a todos los miembros de la clase, y así cada uno se cuestione si ha nacido de nuevo o no. **2.** Aproveche el estudio de este día para invitar al pastor de la iglesia, o a uno de los líderes de la iglesia local, para que compartan con la clase su experiencia del nuevo nacimiento. Haga lo mismo con una persona que haya nacido dentro de un hogar cristiano, para que comparta la necesidad de haber nacido de nuevo, pese a que creció en el evangelio. **3.** Busque con anticipación a una persona que pueda explicar con solvencia lo que significa para la Iglesia Católica Romana el "nacimiento de agua". **4.** Así mismo, otra persona de la clase deberá preparar el material sobre el significado del "nacimiento de agua" presentado en las Escrituras. Para esto apóyese en el material que se encuentra en el Libro del Maestro.

Comprobación de respuestas
JOVENES: **1.** (v. 3) Nazca de nuevo. **2.** (v. 1) farIseo. **3.** (v. 17) Condenación. **4.** (v. 16) unigénitO. **5.** (v. 2) De noche. **6.** (v. 3) Eterna. **7.** Mundo. **8.** (v. 2) maestrO.
ADULTOS: **1.** a. De cierto, de cierto te digo que a menos que uno nazca de nuevo no puede ver el reino de Dios (v. 3). b. De cierto, de cierto te digo que a menos que uno nazca de agua y del Espíritu, no puede entrar en el reino de Dios (v. 5). c. De cierto, de cierto te digo que hablamos de lo que sabemos; y testificamos de lo que hemos visto. Pero no recibís nuestro testimonio (v. 11). **2.** a. El Hijo del Hombre descendió del cielo. b. El Hijo del Hombre será levantado. c. Es condenado el que no cree en el Hijo de Dios.

Ya en la clase
DESPIERTE EL INTERES
1. Presente, a las personas que usted ha invitado con anticipación, para que den sus testimonios. Permita si es necesario que los participantes hagan preguntas, cuidando que estas preguntas giren en torno al "nacimiento de nuevo". Tratando siempre con prudencia de que no se desvíe la atención del tema central. **2.** Solicite, a la persona que se ha preparado sobre el significado del "nacimiento de agua" para la Iglesia Católica Romana, que presente su material investigado, en un tiempo prudencial. Si existen preguntas, que de hecho las habrá, pida a los participantes que esperen el desarrollo de la lección del día de hoy, ya que en el transcurso de ésta se irán aclarando algunas de las dudas surgidas.

ESTUDIO PANORAMICO DEL CONTEXTO
1. El maestro tendrá la responsabilidad de presentar el material que nos habla acerca de quién es Nicodemo. **2.** Pida a la persona que usted ha escogido con anticipación, que presente el material sobre lo que las Escrituras en-

señan acerca del "nacimiento de agua". Pida a los participantes no presentar sus preguntas o inquietudes, hasta el desarrollo mismo del estudio. **3.** Pida a alguien de la clase que dé lectura del pasaje de Números 21:4-9, y explique rápidamente lo que enseña esta historia bíblica.

ESTUDIO DEL TEXTO BASICO

Explique los dos primeros versículos, haciendo sobresalir el hecho de que Nicodemo era un fariseo, por lo tanto hacía un énfasis desmedido en el seguimiento literalista de las Escrituras, y sobre todo, de las tradiciones judías.

Divida la clase en dos grupos. Cada grupo escogerá a uno de sus miembros que los representará, el uno hará de "Nicodemo" y el otro de "Jesús". En cada grupo se leerá el pasaje de Juan 3:1-10. El grupo en conjunto elaborará el diálogo contextualizándolo a nuestro tiempo. Cuide de que "Jesús" no varíe su posición tal como es presentada en el Evangelio. Guíe a los participantes que trabajarán en la parte del diálogo de "Nicodemo" que representen al hombre moderno que asiste a un templo, que bien puede ser el nuestro. Este diálogo deberá ser presentado delante de la clase. Esta dinámica tiene como propósito que el participante de la clase no se coloque en una actitud de juez frente a Nicodemo, sino que sea más sensible y pueda darse cuenta de que él también puede caer en la misma situación.

Proceda a explicar el contenido de las dos primeras partes del estudio luego de haber visto y escuchado el diálogo. Siendo que la tercera parte está introducida por un pasaje bastante conocido por la mayoría de creyentes, solamente haga resaltar la necesidad de apropiarse una vez más al llamamiento que hace Jesús a Nicodemo, relacionando con los testimonios iniciales presentados en la clase.

APLICACIONES DEL ESTUDIO

1. Pida que varios de los participantes lean las aplicaciones en los libros de los alumnos. A continuación motive a que los participantes pongan estas aplicaciones a nivel personal. Recuerde que estas aplicaciones han sido diseñadas en términos generales, pero con el firme propósito de que lleguen a causar impacto en la vida de cada uno que estudia la lección. **2.** Usted como maestro puede dar la guía que se debe tomar al desarrollar esta actividad; use las aplicaciones que se encuentran en el Libro del Maestro.

PRUEBA

1. Divida a los participantes en grupos pequeños para que procedan a contestar la primera pregunta. Dé tiempo para que puedan tener el diálogo requerido y procedan a contestar en el libro del alumno. **2.** Explique que la segunda pregunta tendrá que ser contestada de manera personal y con toda la honestidad que el caso requiera. Si considera necesario, antes de contestar esta segunda pregunta, dé tiempo para que cada uno pueda reflexionar en oración personal.

Jesús, el agua de vida

Contexto: Juan 4:1-42
Texto básico: Juan 4:1-15, 28-30, 39-42
Versículos clave: Juan 4:13, 14
Verdad central: Jesús en su entrevista con la mujer samaritana declaró ser el agua de vida, significando que él quiere y puede satisfacer las necesidades de quienes lo buscan solicitando su ayuda.
Metas de enseñanza-aprendizaje: Que el alumno demuestre su: (1) conocimiento del significado de las palabras de Jesús al declarar que él es el agua de vida, (2) actitud de dependencia total en el poder de Jesús para satisfacer todas sus necesidades.

——————— Estudio panorámico del contexto ———————

A. Fondo histórico:
Las relaciones entre judíos y samaritanos. Muchas cosas se han escrito en torno a los samaritanos, pero la mayoría de ellas no tienen una fuerte base histórica. Lo cierto es que había enemistad entre los judíos y los samaritanos. El término "samaritano" no aparece en el AT, solamente se hace mención "a los que habitan Samaria", que eran personas de religión sincretista traídas por los asirios para reemplazar a los israelitas llevados en cautiverio. Los "samaritanos" que son mencionados en el NT eran personas que vivían en Siquem, llamados por algunos "siquemitas".

Estos "samaritanos" o "siquemitas" se originan como tales a fines del siglo IV a. de J.C., época en que se reconstruyó Siquem. Posiblemente, después de la conquista de Alejandro el Grande, un grupo de refugiados judíos decidieron construir un templo en el monte Gerizim, para poder realizar todos los cultos que los griegos no permitían o al menos perturbaban en Jerusalén. Esta situación, según el relato del historiador Josefo, causó el inicio del distanciamiento entre judíos y esta comunidad naciente.

Los judíos empezaron a considerar a los samaritanos como un pueblo impuro que invocaban a Jehovah sin tener derecho para ello (Leipoldt). Las malas relaciones se complicaron cuando el templo de los samaritanos, en la revuelta de los Macabeos, fue dedicado al dios Zeus. El cisma se hizo definitivo en el año 128 a. de J.C., el judío Juan Hircano tomó Siquem y destruyó el templo de los samaritanos.

La situación de enemistad se complicó mucho más cuando en el año 9 d. de J.C., unos samaritanos, en un acto poco claro, pero que evidenciaba un sentido de venganza, entraron al templo de Jerusalén, durante la Pascua, y esparcieron huesos por todo su interior. La situación entre los samaritanos y los judíos era muy difícil en la época de Jesús. Las relaciones, en general, del pueblo judío con el pueblo samaritano fueron ensombrecidas con los eventos relatados en 2 Reyes 17 y Esdras 4.

No obstante, esta situación, en las páginas del NT los samaritanos son vistos con una óptica positiva, respondiendo con optimismo al mensaje de Jesús. Una situación similar se puede observar en los escritos rabínicos moderados y en las obras de Josefo, quienes ven afinidad racial con los samaritanos, y muchas veces también teológica en lo fundamental.

B. Enfasis:

El monte de la bendición. Los samaritanos tenían una teología bastante similar a la de los judíos, por ejemplo aceptaban a un solo Dios, a Moisés como profeta, la vigencia de la ley mosaica, el día del juicio y la recompensa, esperaban al Mesías (llamado *Taheb)* que básicamente era otro Moisés. La diferencia fundamental entre los dos pueblos era que los samaritanos solamente aceptan como libros inspirados los cinco primeros o Pentateuco, con algunas pequeñas variaciones, además para ellos el sitio de adoración y sacrificios debía ser el monte Gerizim, lo cual estaba establecido como el décimo mandamiento.

El monte Gerizim está ubicado a 4 kilómetros al noroeste de Siquem. Se conoce como el monte de la bendición, haciendo mención a lo sucedido en Josué 8:30-35. Está muy cerca del famoso monte Ebal. Es el lugar sagrado de los samaritanos hasta hoy día. Según la tradición samaritana Gerizim es el mismo monte Moriah (Gén. 22:2).

El pozo de Jacob. Realmente es un pozo alimentado por un manantial, de allí que en el capítulo cuatro de Juan se usa indistintamente la palabra "manantial" (vv. 4, 14) y "pozo" (vv. 11 y 12), ¿o hay algún sentido especial atrás del cambio de palabras? Es un gran pozo-manantial de 30 metros de profundidad, único en el sector, cerca de la ciudad de Siquem, también a un kilómetro al sur de Sicar (¿la actual Askar?).

Según los datos arqueológicos este pozo estuvo en funcionamiento desde el año 1000 a. de J.C. hasta el 500 d. de J.C. No se sabe con precisión el origen de "pozo de Jacob", debido a que el AT no hace ninguna mención especial de algún pozo. La única relación que hay en el AT con un pozo es el sitio donde se encontró con Rebeca (Gén. 29:2-10).

En la tradición judía "el pozo" llega a tener un sentido simbólico, significa más de una vez todo lo relacionado con la ley (Dodd), observada por los patriarcas de antemano, y luego dictada por Moisés; en general "el pozo" significa todas las instituciones judías.

Para esta interpretación se usan pasajes como Núm. 21:16-18. Esta interpretación en el pasaje por estudiarse es significativa, pues de esta manera se relaciona a Jesús con la larga historia de Israel, siendo él el verdadero cumplimiento de lo anunciado. Jesús se convertirá en el dador de la verdadera agua, mucho mejor, en todo sentido, que el agua dada por los patriarcas y el sistema judío en general.

1 Jesús, el agua de vida, Juan 4:1-15.

Vv. 1-3. Los fariseos se hallaban muy inquietos por algunas situaciones: Juan el Bautista estaba bautizando a mucha gente, la prisión de Juan no detuvo esta situación ya que Jesús estaba haciendo más discípulos que Juan, el "grupo" de Jesús estaba bautizando más gente que Juan (Juan hace la aclaración de que Jesús no bautizaba). Esto significaba que un mismo movimiento estaba minando la autoridad de los fariseos, y por ende restándoles poder dentro de la sociedad. Esto implicaba problemas para Jesús, su popularidad subía, pero evidentemente todavía no era el tiempo para enfrentarse a la prisión o muerte. Debido a esto tenía que apartarse de Judea, el centro del poder político religioso, y encaminarse hacia Galilea.

Vv. 4-6. Por la enemistad que había entre los judíos y samaritanos, los judíos utilizaban normalmente un camino alterno que evitara pasar por Samaria, ya sea por la costa, como por Perea, sin embargo, Jesús pasa por Samaria. Se tomará el tiempo necesario para provocar el encuentro con la mujer de Samaria, además de toda la gente de este sector. La región está bien ubicada geográficamente por el autor del cuarto Evangelio, no se trata de un relato ficticio. El sitio ideal para descansar era un pozo (alimentado por un manantial).

Vv. 7-9. El diálogo se inicia en medio de varios problemas culturales: Jesús es varón y no se concibe que hable con una mujer de baja reputación, tomando en cuenta que los dos estaban solos, lo cual se prestaría a malos entendidos. También se debe tomar en cuenta que un judío no debía hablar con un samaritano (v. 9). Al pedir agua, Jesús se solidariza con las necesidades del hombre, al mismo tiempo pide una muestra de solidaridad a nivel humano, solidaridad que une por encima de los prejuicios y barreras políticas, raciales y religiosas.

Vv. 10-12. Jesús ahora apela a la curiosidad de la mujer, invirtiendo los papeles del v. 7: allí Jesús era el necesitado, ahora la samaritana era la que necesitaba del maestro. Este es un nuevo "mashal", una especie de paradoja que encierra algo similar a una adivinanza. La atención de la samaritana ya está cautivada para que Jesús la pueda enseñar. El pedagogo por excelencia se halla en plena actividad.

La samaritana no conoce el "don de Dios", "don" que es identificado a renglón seguido como *agua viva*. Este "don" ha sido ya descrito en 3:16: el Hijo unigénito. La mujer está impresionada frente al ofrecimiento que le hace "el Señor", pues ella solamente conoce el agua que proviene del "pozo". Al igual que Nicodemo, ella se limita a la experiencia terrenal, el agua solamente se la obtiene por el esfuerzo humano, no hay cabida en su mente para un regalo de Dios, para que la gracia de Dios actúe. Sin embargo, se ve la "evolución" de la fe en esta mujer, pues el versículo 12 comienza con una palabra de duda, dada la posibilidad de que Jesús podía ser mayor que Jacob, aunque era algo muy remoto.

Vv. 13-15. El agua que Jesús le puede dar es una agua en calidad diferente, pues le quitará definitivamente la sed. Pero mucho más importante es que será, no solamente "agua", sino un "manantial", una fuente que la conducirá a la vida eterna. Juan usa intencionalmente la palabra "pozo" (vv. 11 y 12), en contraste con "manantial" (v. 14) que es una fuente de agua que provee este elemento en forma viva (en el v. 14 traducida como "fuente"), mientras que el "pozo" por lo general solamente recoge las aguas de lluvia filtradas. La respuesta de la mujer, a diferencia de Nicodemo, es inmediata (v. 15), está dispuesta a tomar de esta agua viva.

2 Un poderoso testimonio, Juan 4:28-30.

Vv. 28, 29. La samaritana ha tenido un encuentro con el Mesías. ¿Qué podía hacer luego de esto? Ella dejó el cántaro, posiblemente una actitud simbólica de dos cosas: ella deja el cántaro para que Jesús haga uso de él, y por otro lado ella deja el "agua corriente" para optar por "el agua viva", un agua viva que no puede contenerse pues brota como un manantial para beneficio de otros.

Hace un llamado a su gente, un llamado que invita a conocer al Mesías. La forma de hacer la pregunta, implica que ellos mismos deben experimentar lo que ella dice. No es un llamado a conocer a un judío, pues las barreras étnicas ya han sido superadas. Su mensaje es un mensaje muy modesto, nada complicado ni explicativo.

Gracias al encuentro con el Mesías, ella ha tomado una actitud de arrepentimiento, un cambio de vida.

V. 30. La respuesta de la gente es inmediata, ellos también tienen deseo de disfrutar del agua viva. "Ante un horizonte de salvación, todos responden" (Mateos).

3 Los resultados del testimonio, Juan 4:39-42.

Vv. 39, 40. El testimonio de la samaritana tiene su efecto. Creyeron por causa de su palabra; pero esto no es suficiente, se requiere una experiencia personal de fe. Juan indica que estas personas invitan a Jesús a permanecer con ellos. Esto es muy similar a lo expresado por los discípulos de Juan (1:37-39). Lo que estos dos grupos estaban buscando es una relación más íntima con el Mesías.

Esto marca un contraste con el primer versículo del capítulo cuatro, allí Jesús se ve en la necesidad de salir del centro del poder político religioso, ahora ve la necesidad de quedarse con los perseguidos y discriminados.

Vv. 41, 42. Ahora muchos creen, pero no por la palabra de la samaritana, sino porque han escuchado directamente la palabra ("palabra", v. 41, que traduce la expresión *logos,* entendiéndose como un discurso bien elaborado) de Jesús.

El testimonio ("palabra", v. 42, que traduce un término que hace referencia a un discurso más familiar e informal) de la samaritana es solamente un "pretexto" para producir el acercamiento necesario, para que en este acercamiento se puedan contactar directamente con el Mesías, Mesías que es reconocido como el "Salvador del mundo". Una salvación que procede de los judíos (v. 22), pero que tiene implicaciones universales.

1. **Debemos darnos tiempo para los "samaritanos".** Jesús rompe las barreras de nacionalidad y posición. Nos hace falta tomar tiempo para hablar con todos. ¿Cuándo hablamos con los despreciados de la sociedad? Jesús nos hace un llamado a hablar con los "samaritanos" que deambulan sin esperanza.
2. **Compartamos lo que sabemos.** El ejemplo de la samaritana nos desafía a que compartamos lo que sabemos, puede ser que sea un mensaje sencillo y nada profundo, pero debemos hacerlo. Nuestro testimonio debe conducir a las personas hasta los pies de Jesucristo.
3. **Necesidad de romper los prejuicios.** Estamos acostumbrados a llegar con el mensaje de salvación a las personas más parecidas a nosotros. Jesús se convierte en el ejemplo vivo de que debemos romper las barreras y los prejuicios para presentar el evangelio con el poder que tenía el Maestro, un evangelio que rompe todos los prejuicios.

Ayuda homilética

Testimonio efectivo
Juan 4:39-42

Introducción. La importancia del testimonio de lo que Jesús ha hecho en nuestra vida depende de las personas que consduzcamos a los pies de Jesús, y no de la espectacularidad de dicho testimonio. Tres elementos se pueden rescatar en el testimonio de la samaritana.

I. **Presentando a Jesús, v. 39.**
  A. Aceptación del testimonio, v. 39a.
  B. Contenido del testimonio, v. 39b.
II. **Una invitación personal, vv. 40, 41.**
  A. Pidiendo quedarse con él, v. 40.
  B. Creyendo en él, Juan 4:41.
III. **Un reconocimiento personal, v. 42.**
  A. Testimonio más experiencia personal, v. 42a.
  B. Reconocimiento de Jesús, v. 42b.

Conclusión. El modelo de testimonio de la samaritana nos debe impulsar para que estemos listos a compartir con la gente, no tanto nuestra experiencia, sino nuestra experiencia saturada del mensaje del evangelio que conduzca a las personas a reconocer a Jesús como el autor de la salvación.

Lecturas bíblicas para el siguiente estudio

Lunes: Juan 4:43-45   **Jueves:** Juan 5:1-9
Martes: Juan 4:46-48   **Viernes:** Juan 5:10-13
Miércoles: Juan 4:49-54 **Sábado:** Juan 5:14-18

AGENDA DE CLASE

Antes de la clase
1. El maestro durante la semana previa a la clase debe estar orando porque se tocarán puntos un tanto delicados, ore porque todos los participantes puedan reconocer sus propios prejuicios y estén listos a despojarse de ellos luego de ver la actitud de Jesús. **2.** Revise el material de los alumnos, y complete la sección *Lea su Biblia y responda,* esta actividad la podrá realizar como paso previo al *Estudio del texto básico.* **3.** Prepare el mapa para poder indicar en él el sitio donde se encuentra el "pozo de Jacob" y el monte Gerizim. Puede también señalar toda la región de Samaria y los caminos por los que se podía llegar a ella, haciendo sobresalir los caminos tomados normalmente por los judíos para evitar pasar por la región de Samaria.

Comprobación de respuestas
JOVENES: **a.** V (v. 5); **b.** F (v. 9); **c.** F (v. 8); **d.** V (v. 6); **e.** F (v. 9); **f.** V (v. 11); **g.** V (v. 14).
ADULTOS: **1.** a. F (v. 2); b. F (Vv. 3 y 5); c. V (v. 9); d. V (v. 39). **2.** a. El Cristo (v. 29); b. Salvador del mundo (v. 42).

Ya en la clase
DESPIERTE EL INTERES
1. Estimule una breve conversación sobre los diferentes prejuicios y barreras que tenemos hacia ciertas personas, lo que nos impide acercarnos a ellas y compartir las verdades de un evangelio transformador. **2.** Procure que los participantes en la clase hagan una enumeración de los grupos con quienes hemos creado ciertas barreras. Esta lista puede ir haciéndola en el pizarrón a medida que los participantes van mencionándolos. Ayude a la clase para que los grupos mencionados sean muy reales a su situación, evitando de esta manera el hacer mención de realidades que no son las nuestras.

ESTUDIO PANORAMICO DEL CONTEXTO
1. Siendo que los tres temas que se tratan en esta parte del estudio están íntimamente relacionados, se recomienda que el maestro sea la persona que los exponga en su totalidad. **2.** Dé inicio a esta parte usando el mapa y ubicando los diferentes sitios geográficos mencionados en la lección de hoy, no se olvide de señalar la posible ubicación del "pozo de Jacob". Como parte final de esta presentación señale los diferentes caminos para llegar de Jerusalén a Galilea, y las diferentes formas como los judíos realizaban este viaje; esto le permitirá iniciar el tema de "las relaciones entre judíos y samaritanos". **3.** En el mismo mapa señale la ubicación del "monte Gerizim", explicando la importancia teológica que tiene este monte en la vida religiosa de los samaritanos, igualmente puede hacer sobresalir algunas diferencias teológicas entre los judíos y los samaritanos, notando que entre los dos grupos hay muchísimas cosas en común.

ESTUDIO DEL TEXTO BASICO

Pregunte cómo les fue en las lecturas bíblicas diarias, e incentive a los que no lo han hecho para que puedan hacerlo para la siguiente semana. *Exponga usted la primera división.* Esto para evitar malas interpretaciones del material.

Siguiendo las divisiones por versículos que presenta esta parte del estudio, escriba en el pizarrón un bosquejo del tema.

Proceda a explicar punto por punto de acuerdo con el material presentado en el libro del Maestro. Cada división puede ser antecedida por la lectura de los versículos correspondientes, que puede ser hecha por un participante de la clase.

Antes de explicar los puntos **2** y **3** del *Estudio del texto básico* haga una pequeña encuesta/estadística entre los participantes de su clase a base de preguntas como las que siguen, colocando en el espacio provisto el número correspondiente de personas.

a. __ Personas que aceptaron a Jesús en una concentración masiva (campaña, aire libre, culto de la iglesia).

b. __ Personas que aceptaron a Jesús por medio de la lectura de un tratado, o material impreso en general.

c. __ Personas que aceptaron a Jesús por el testimonio personal de un familiar o amigo.

d. __ Personas que aceptaron a Jesús por medio de un programa radial o de televisión.

Notará que la mayoría de personas han llegado a conocer a Jesucristo por medio del testimonio personal de un amigo o familiar. De no ser así, posiblemente los que han aceptado a Jesucristo por medios masivos, han sido discipulados de persona a persona. Subraye la importancia de la relación persona-persona.

Luego de esta actividad, presente el material correspondiente, enfatizando la necesidad que tiene cada uno de llegar a una relación personal con Jesucristo, sea cual sea el medio que se use para la evangelización.

APLICACIONES DEL ESTUDIO

1. Presente a los integrantes de la clase la oportunidad para que expresen espontáneamente algunas aplicaciones que les pueden surgir luego del estudio, a libro cerrado. Usted puede ir anotando lo esencial de estas aplicaciones en el pizarrón. **2.** Luego de un tiempo prudencial usted puede agregar algunas aplicaciones que están sugeridas en el libro del Maestro como en el del Alumno.

PRUEBA

1. Dé el tiempo necesario para que cada participante pueda cumplir esta actividad en forma personal. **2.** Para finalizar promueva un momento de reflexión personal y luego despida a la clase animando a que durante la semana se compartan el evangelio con algún amigo.

Señales de la divinidad de Jesús

Contexto: Juan 4:43 a 5:18
Texto básico: Juan 4:46-54; 5:1-14
Versículo clave: Juan 4:48
Verdad central: Muchos de los que seguían a Jesús esperaban ver señales de su divinidad para creer en él.
Metas de enseñanza-aprendizaje: Que el alumno demuestre su: (1) conocimiento de cómo y por qué los primeros seguidores de Jesús querían ver señales de su divinidad, (2) actitud de aceptación a la divinidad de Jesús sin requerir manifestaciones espectaculares.

---------------- **Estudio panorámico del contexto** ----------------

A. Fondo histórico:

Ubicación de Capernaúm. Capernaúm se halla ubicada en las ruinas de Tell Hum, habitada desde el siglo I a. de J.C. hasta el VII d. de J.C. Los Evangelios nos describen, según J. P. Kane, a Capernaúm como una ciudad a la orilla del lago (Mat. 4:13); cerca de una frontera que demandaba un puesto de aduana (Mar. 2:14) y un destacamento militar (Mat. 8:5-13; Luc. 7:1-10); cerca de Genesaret (Mar. 6:53, Juan 6:22, 59), que son tierras altamente productivas al noroeste del mar de Galilea, muy próxima al río Jordán.

A Capernaúm se la conoce porque allí se han encontrado los restos de una gran sinagoga. Se construyó un templo cristiano, que según la tradición estaba en el mismo sitio de la casa de Pedro.

El concepto de "señales". Este término aparece en el Evangelio de Juan 17 veces, más que en ningún otro escritor del NT. De estas 15 son usadas en la primera parte de libro, el "libro de las señales". La señal "es una acción realizada por Jesús que, siendo visible, lleva de por sí al conocimiento de una realidad superior" (Mateos y Barreto).

Juan el Bautista, que no es el Mesías (1:20), no hace ninguna señal (10:41), lo que demuestra el carácter mesiánico de las señales hechas por Jesús. Estas fueron hechas para que creyeran que Jesús es el Cristo (20:30, 31).

En el cuarto Evangelio hay énfasis especial que demuestra la relación entre "señal y fe". Se critica una fe basada en los milagros como tales; la fe en Jesús meramente como un obrador de milagros, es una fe defectuosa y superficial (2:23 a 3:2; 4:48; 6:2, 14, 30; 7:31; 9:16; 12:18). El verdadero significado de las señales apunta al evento muerte/resurrección de Jesús, la manifestación de su gloria, que es la señal que Jesús propone en 2:19. Toda señal hecha por Jesús debe ser orientada al evento pascual. Por ejemplo, la señal hecha en las "bodas de Caná", el "principio de señales", apunta a la transformación que inicia la nueva era del Espíritu, la transformación lograda por el nuevo nacimiento. Hay una serie de sustituciones: el templo (2:13-22), y el culto ritual (4:4-42). La "segunda señal" hecha en Caná de Galilea (4:54), también nos enseña otro factor que aclara lo que es una señal: es para dar vida al hombre enfermo, una manifestación del amor de Dios.

El estanque de Betesda. Su ubicación es bastante incierta. Básicamente se han indicado dos zonas de Jerusalén: dos estanques gemelos cerca del templo, lo cual es atestiguado por el historiador Eusebio y por algunos peregrinos del comienzo de la era, quienes visitaron los "estanques gemelos de Betesda". La otra posibilidad es un estanque al norte del templo, en la actual iglesia de Santa Ana, en donde se pueden ver algunos pórticos que corresponderían con facilidad a la descripción hecha por Juan.

B. Enfasis:
Las prohibiciones del sábado. La palabra "sábado" se deriva del hebreo *sabat* que significa cesar o desistir. El principio de "día de reposo" está basado en los Diez Mandamientos (Exo. 20:8-11), los mismos que toman su principio de la creación de Dios. Las prohibiciones en torno al sábado emanan de la creación misma, aunque aquí no se use el término sábado. Se debe hacer notar que en Génesis se está usando un lenguaje completamente antropomórfico, pues Dios no es hombre para que se canse y necesite descanso.

El sábado es un don de Dios (v. 30). En el Decálogo se indica claramente que es un día de Dios, por lo tanto hay que observarlo. Según Deuteronomio 5:12-15, hay una razón extra para guardar el sábado: en memoria del acto liberador de Dios con su pueblo Israel, por lo cual la ética de trato con sus siervos debe ser diferente a la que tuvieron los egipcios con ellos. El descanso del sábado tiene ahora razones, no tanto cultuales, sino principalmente razones humanitarias. En los dos pasajes el día es de Dios, pero es hecho para el hombre. En el pentateuco encontramos algunas leyes que van a regir sobre el sábado, por ejemplo hay la pena de muerte a quien viole el sábado (Núm. 15:32-36). La razón de la severidad de la ley es que el hombre que "viola el sábado" ha puesto a un lado a Dios, olvidó que el día es de Dios, y no de él, por lo tanto no hay que hacer obras ordinarias. La "violación del sábado" es una violación al pacto que hizo Dios con su pueblo.

Hay también bendiciones en guardar el sábado auténticamente (Isa. 58:13, 14); el enfoque en las diferentes prohibiciones no está en lo superficial y coyuntural, sino principalmente en la actitud del corazón, la que reconoce que Dios es soberano, por lo que no podemos hacer lo que nosotros queremos.

Cristo se opuso a las prácticas impuestas por los hombres, prácticas que ponían en primer lugar el sábado antes que Dios y el hombre, lo cual era contrario al espíritu de los Diez Mandamientos del Exodo y de Deuteronomio. Jesús se identificó como el "Señor del sábado" (Mar. 2:29), reclamando para sí el puesto que tiene Dios. El sábado para Jesús era la oportunidad para hacer el bien, hacer misericordia, hacer actos liberadores, siguiendo la tradición del éxodo.

1 La necesidad de un padre, Juan 4:46-48.

Vv. 46, 47. *Un oficial* del tetrarca Herodes Antipas, quien era representante del poder político, acude ante la persona que se confrontó con los poderosos religiosos de Jerusalén (2:13-25). El acudió a Jesús para que sanara a su hijo que tenía una enfermedad grave y estaba a punto de morir.

Tenía una "fe" limitada, pensaba que el milagro solamente se podía realizar si Jesús se hallaba presente, por esto era necesario que *descendiese* a *Capernaúm.* Tenía que ir inmediatamente pues, pensaba el oficial, que Jesús solamente podía actuar cuando estaba vivo.

V. 48. Jesucristo le llama la atención por tener una "fe incipiente", una fe que demandaba el ver *señales y prodigios,* para él no era suficiente escuchar a Jesús. No hace falta hacer diferencias entre las dos palabras (señales y prodigios), solamente es un hebraísmo que hace sobresalir lo que el hombre esperaba. Este hombre jamás creerá a menos que vea una señal. Es interesante que Jesús usa el plural, con lo cual incluye a toda una clase de personas, las que esperan el despliegue de fuerza, el espectáculo curativo para creer. Jesús se niega a dar el espectáculo demandado, no hará alarde de poder.

2 Poder sobre la enfermedad y la distancia, Juan 4:49-54.

Vv. 49-50. El oficial real insiste, pero ahora reconociendo que Jesús es el Señor. Se manifiesta la impotencia del poderoso ante la enfermedad y la muerte; solamente Jesús puede intervenir para resolver el problema.

El amor de Jesús no podía permanecer impasible, pero solamente basta su palabra, palabra que es creadora (1:3), para que se realice la señal. No necesita bajar a Capernaúm, su palabra supera las distancias. Frente a esta manifestación de amor y de poder sobre la enfermedad y la muerte, "el hombre creyó", ya no se trata del "oficial" de un funcionario del poder, sino solamente es un "hombre"; ha dado un paso en el crecimiento de la fe, ya no necesita ver las "señales y prodigios", ahora para él es suficiente oír la palabra del Señor.

Vv. 51-54. En Capernaúm se vive otro drama, los criados al darse cuenta de que el muchacho vivía, salen al encuentro de su amo para darle la buena noticia. El hombre hace una pregunta para confirmar lo que había pasado, y así sucedió: fue exactamente la misma hora cuando Jesús había dicho las palabras indicadas: *Tu hijo vive.*

El hombre ve la eficacia de la palabra de Jesús. Frente a todo este evento no solamente cree él, sino también toda su familia, entendiéndose el núcleo familiar amplio: padre, madre, hijos, demás parientes y criados. La salvación definitivamente había entrado en esa casa.

3 El paralítico de Betesda, Juan 5:1-9.

Vv. 1-4. Como ya se ha explicado no se sabe con precisión el sitio donde estaba ubicado este estanque. Sencillamente, como J. Jeremías dice, "Jerusalén era un centro de mendicidad", en donde se realizaban actos de "caridad", pero no se buscaba la verdadera redención del que sufre. Las personas que están allí, no son los poderosos de la "fiesta de los judíos", se trata de personas relegadas por la sociedad, "una multitud de enfermos": gente que no puede ver, gente que no puede moverse con libertad, gente que no puede actuar, que "no vive" (literalmente secos). Todos ellos son excluidos del templo (2 Sam. 5:8). **Vv. 5-9.** Entre toda esa multitud a Jesús le llama la atención la presencia de un hombre que ya ha permanecido allí por 38 años, es un hombre sin esperanza, o mejor dicho que "vive" su desesperanza, su "no vida". El, por otro lado, no es inocente, pues el v. 14 da a entender que es responsable en alguna medida por su enfermedad.

La señal va más allá de una curación, desea la liberación completa del individuo. Por esto la pregunta que le hace Jesús es para concienciar: "¿Quieres ser sano?" (v. 6) es la pregunta que hace despertar al paralítico, pues no podía depender de una leyenda religiosa, de una ilusión popular. La respuesta del hombre (v. 7), sin embargo, es propia de la persona oprimida. Tal es su situación que no se da cuenta de que es posible vivir mejor. La actuación de Jesús es sorpresiva (v. 8), pues la sanidad viene con el poder de ser libre, de tomar su cama, símbolo de limitación y andar por donde él deseaba. La cama que le llevaba al paralítico es ahora llevada por él (vv. 8, 9, 10, 11), "Jesús lo hace dueño de aquello que lo dominaba, le hace poseer aquello que le poseía" (Mateos). Ha curado a un paralítico dándole libertad para que tome sus decisiones, sin consultar con los religiosos.

Pero hay un problema, es sábado, lo cual tiene implicaciones con los ostentadores del poder.

4 Las prioridades de los religiosos, Juan 5:10-14.

Vv. 10-12. Jesús, al hacer el milagro el sábado se pone al margen de la religión oficial. Los ostentadores del poder no piensan en el hombre, solamente en "lo religioso" como instrumento de opresión. No existe de parte de los dueños de la "fiesta" un interés en la persona, ni en los motivos por los que lleva la cama. Ellos no pueden aceptar a un Jesús que viene a proclamar libertad de lo "religioso". El hombre (v. 11) solamente puede explicar lo que le ha pasado, no hay ortodoxia en sus palabras, solamente una vida libre, gracias a la participación de un hombre "desconocido". Los judíos no se interesan por la persona que hizo el milagro, sino por la persona que le ordenó tomar la cama, en "violación a la ley".

Vv. 13, 14. El hombre no sabía el nombre del benefactor. Fíjese que Juan centraliza su relato en torno a la curación, mientras los judíos a la violación de la tradición. Jesús no busca la popularidad, él hace el milagro sin esperar ninguna recompensa.

Las palabras finales de Jesús van al fondo de la situación, el encuentro se realiza en el templo, y es allí donde el hombre se da cuenta de las implicaciones del encuentro con Jesús: su vida debe cambiar, no ser solamente dependiente de los actos religiosos externos, sino fundamentalmente de una vida de arrepentimiento y fe; la liberación que ofrece Dios no es solamente de la opresión física, o de cualquier otra índole, sino básicamente liberación del poder del pecado que esclaviza.

Aplicaciones del estudio

1. Dios siempre escucha. Una de las bendiciones más grandes que tenemos como hijos de Dios, es que siempre podemos acudir a un Dios que nos oye. Nuestra meta es que nuestras peticiones sean en lo posible de acuerdo con sus planes y voluntad. ¿Estamos listos a que nuestras peticiones estén de acuerdo con Dios? **2. Jesús transforma nuestra vida.** Cuando Cristo entra en la vida de un ser humano, no quiere hacerlo como un sistema religioso más, él desea entrar para que cambiemos totalmente nuestra forma de vivir. Él desea que en nuestra vida exista una verdadera transformación. **3. Vida libre de religiosidad.** Jesús rechazaba en forma radical a los que usaban la religión para dominar, aquellos que usaban la religión como su forma de vida, aquellos que usaban la religión como pretexto para no dejar pensar como una especie de "aduana del pensamiento" (Juan Montalvo) y someter al pueblo. ¿Cómo usamos nosotros la religión?

Ayuda homilética

Una segunda señal en Caná
Juan 4:46-54

Introducción: Por medio de un estudio de un milagro hecho por Jesús aprenderemos cuál es el propósito de éstos en el Evangelio de Juan.

I. **La situación previa a la señal, vv. 46-49.**
   A. Un hijo enfermo lejos de allí, v. 46b
   B. La petición a Jesús, v. 47.
   C. La enseñanza de Jesús, v. 48.
   D. La petición reiterada, v. 49.
II. **La señal en sí misma, Juan vv. 50-52.**
   A. La orden de Jesús, v. 50a.
   B. Creencia en la palabra, v. 50b.
   C. Relato de la señal, vv. 51, 52.
III. **Consecuencias de la señal, vv. 53, 54.**
   A. Creencia en Jesús, v. 53.
   B. Propósito de las señales, 4:54; 20:30, 31.

Conclusión: Los milagros de Jesús no son hechos para demostrar su poder, son principalmente para enseñar a los receptores de los milagros que atrás de cada milagro hay una enseñanza más de fondo: Jesús es el Cristo.

Lecturas bíblicas para el siguiente estudio

Lunes: Juan 5:19-23   **Jueves:** Juan 5:31-35
Martes: Juan 5:24-27   **Viernes:** Juan 5:36-40
Miércoles: Juan 5:28-30   **Sábado:** Juan 5:41-47

AGENDA DE CLASE

Antes de la clase
1. Provéase de un mapa en el cual se pueda ubicar Capernaúm. Igualmente de un plano de Jerusalén, en donde se pueda apreciar la posible ubicación de Betesda. **2.** Verifique las respuestas de la sección *Lea su Biblia y responda* del Libro del Alumno. Para que al momento de realizar esta actividad usted pueda guiarles. **3.** Investigue las tradiciones que tiene su iglesia local, muchas de las cuales se han convertido en "casi ley". No valorice si son buenas o malas, solamente limítese a buscar en ellas el hecho de que el uso las ha llevado a ser regla. **4.** Investigue superficialmente acerca de la frase de Marx: "La religión es el opio del pueblo". Se podrá dar cuenta de que esta frase significa fundamentalmente que la religiosidad ha logrado adormecer al pueblo para que este no reaccione. **5.** Provéase de ejemplares de la Biblia RVA, y de otras tales como: Versión Popular, Jerusalén, Latinoamericana.

Comprobación de respuestas
JOVENES: Galilea (v. 43); Capernaúm (v. 46); Señales (v. 48); Siervos (v. 51); Séptima (v. 52); Judea (v. 54); Creyó (v. 53); Su casa (v. 53). ADULTOS: **1.** a. Convirtió el agua en vino. b. Sanó al hijo del oficial del rey. **2.** Todos los de su casa. **3.** En la aparente desobediencia de guardar el sábado. Ellos ponían énfasis en las cosas externas, más que en las necesidades mismas del hombre (puede ser una respuesta similar).

Ya en la clase
DESPIERTE EL INTERES
1. Dirija una breve conversación sobre el peligro de que viendo la decadencia de los valores religiosos en la sociedad, nosotros caigamos en el formalismo a ultranza, olvidando que las reglas y leyes de Dios fueron dadas para el beneficio del hombre, y no para su condenación. **2.** Coloque la frase de Marx en el pizarrón, y luego promueva el diálogo sobre ella. Conduzca a los integrantes de la clase a concluir que esta frase tiene razón, en cuanto significa lo que se ha explicado en el párrafo anterior. Recuerde que este momento solamente se debe hacer para despertar el interés, no para desarrollar el estudio, ni tampoco para defender una posición, sea la que sea.

ESTUDIO PANORAMICO DEL CONTEXTO
1. En la lección para hoy puede empezar desarrollando el último punto de esta parte, el relacionado con el sábado. Se hará esto para que haya un poco más de lógica y la clase sea más fluida hasta la parte central de la misma. **2.** Conduzca a los integrantes de la clase para que dialoguen sobre las tradiciones que tiene su iglesia local. Haga resaltar la relación que existe entre la primera parte de la lección con la actitud que tenían los fariseos en relación con el sábado, que tantas veces nosotros criticamos. **3.** En segun-

do lugar use el mapa y el plano para ubicar los sitios que son mencionados en el presente estudio. **4.** Explique el significado del término "señales" que es céntrico para comprender el propósito de todo el evangelio de Juan.

ESTUDIO DEL TEXTO BASICO

Siendo que hay dos milagros, la primera parte de la clase se basará en el primer milagro, dividiendo al grupo en subgrupos pequeños (3-4 personas). Pida que el estudio de este primer milagro se haga a nivel de grupo pequeño. Después de tener el tiempo suficiente para esta actividad, pida que un representante de cada grupo presente las conclusiones a las que han llegado. Oriente a los grupos hacia las *Metas de enseñanza-aprendizaje.* Esta actividad enriquecerá al individuo en su capacidad de deducción y diálogo.

Para el estudio del segundo milagro el maestro deberá exponer el contenido de la clase usando fundamentalmente el sistema de conferencia. Antes de la primera división se hace necesario que haya una investigación, lo más sencilla posible, relacionada con el por qué de la ausencia de la parte final del versículo 3 y de todo el versículo 4. Para esto haga uso de las versiones de la Biblia las cuales ha conseguido. Notará que la Versión Reina Valera del 60 sí incluye esta parte, no así la RVA, que, entre otras, ha usado los mejores manuscritos para lograr una traducción modelo.

En la última parte, deténgase el tiempo necesario para enfatizar los problemas en los que los cristianos caemos muchas veces al sobredimensionar temas periféricos, como por ejemplo día de reposo, consumo de comidas o bebidas, tipo de vestido, etc. El creyente debe concentrarse en los temas que son fundamentales para la vida cristiana. Insista en que al creyente no se lo debe conocer por lo que no hace, o por lo que se prohíbe, sino por poseer un sistema de vida de acuerdo con las normas del reino de Dios.

APLICACIONES DEL ESTUDIO

1. Las aplicaciones para la lección de hoy, las podría tomar directamente del Libro del Maestro. Estas aplicaciones terminan con preguntas. **2.** Dé la oportunidad para que los participantes puedan dialogar lo suficiente acerca de las tres preguntas hechas. **3.** Concluya esta parte animando a los participantes a poner en práctica sus decisiones en búsqueda de una madurez espiritual.

PRUEBA

1. Revise con los participantes las preguntas correspondientes a la evaluación y reforzamiento de este estudio. Pida a uno o varios de los participantes que, posteriormente, los lea en voz alta. **2.** La primera pregunta podrán contestarla en los mismos grupos en que se había dividido la clase anteriormente. Antes de tener esta actividad explique el contenido de la segunda pregunta pues ésta la deberán contestar en forma individual, luego de haber contestado a la primera.

La autoridad de Jesús

Contexto: Juan 5:19-47
Texto básico: Juan 5:19-40
Versículo clave: Juan 5:19
Verdad central: La relación de Jesús con el Padre es única, el Hijo no trabaja independientemente del Padre sino que recibe de él tanto la tarea como la autoridad para realizarla.
Metas de enseñanza-aprendizaje: Que el alumno demuestre su: (1) conocimiento de la manera como Jesús se somete a la dirección del Padre y recibe de él la tarea y la autoridad para realizarla, (2) actitud de confianza en la autoridad de Jesús para guiar su vida.

───────── **Estudio panorámico del contexto** ─────────

A. Fondo histórico:

Un solo Dios, ¿y Jesús? Los judíos tenían bien claro lo que dice su oración vespertina diaria, el *"Shemá* Israel" (Deut. 6:4-9). Esta oración llegó a ser tan importante que realmente se convirtió en una confesión vital y céntrica de fe. Esta confesión la llevaban atada a su frente, a sus manos, a su cuello y la ponían en las puertas de sus casas. Los niños tenían que repetirla desde una edad muy temprana, aprendiendo que al decirla estaban "tomando sobre sí el yugo de la soberanía celestial". Es muy significativo el relato de la muerte del rabí Aquiba, quien fue martirizado mientras repetía el "Shema Israel". "Prolongó largo rato la palabra 'uno' hasta que salió de él su alma con esta palabra" (Leipoldt). El valor a la frase "Jehovah uno es..." era tan grande que le reconocían ciertos poderes mágicos como el echar fuera demonios o el salvarse de la tentación. Bajo este trasfondo era muy difícil aceptar que Jesús era Dios para un judío. Ellos podían ver que Jesús, al atribuirse características de Dios, como por ejemplo trabajar en sábado, se hacía igual a Dios, lo cual era una blasfemia. En el segundo siglo más de un rabí acusaba a los cristianos de tener dos dioses.

Los judíos entendieron muy claramente lo que Jesús estaba diciendo, no era un "dios de inferior calidad" o simplemente una "manifestación de Dios". Para ellos las palabras de Jesús llevaban el sentido más alto que esta palabra podía significar: era exactamente igual a Dios, era Dios. Lógicamente ellos se enfrentaba a una alternativa: o era una gran blasfemia, que merecía la muerte; o simplemente era una verdad que debía aceptarse por fe. El Evangelio de Juan nos orienta a esta última opción, pero los judíos de la época de Jesús escogieron la primera, procurando matar a Jesús, no solamente como un hereje, sino sobre todo como un sedicioso. El hecho de que Jesús era Dios, para los judíos tenía varias implicaciones: Dios había decidido hacerse hombre, y no necesitaba intermediarios; entonces la ley dejaba de ser mediadora, pues Jesús tomaba su lugar. Es más, los representantes de la ley judaica, los intérpretes y guardianes ya no tienen motivo de existir. Sus instituciones tampoco tienen razón de ser. Al llamar Jesús a Dios "mi Padre", se está proclamando como su único representante, es la ruina del poder religioso judío (Mateos). Al ver amenazado su poder, el único camino que les queda es la manipulación de la Biblia para cometer asesinato.

B. Enfasis:

El proyecto de Juan es presentar a Jesús como "Hijo de Dios" (Juan 20:30, 31) y no duda en identificarlo como Dios mismo (Juan 1:1), o también como "Dios único" (Juan 1:18). Juan no ve la contradicción de esta declaración con Deuteronomio 6:4; al contrario, la presencia de Jesús es la confirmación de que Dios es único. Esta enseñanza es claramente distintiva de la fe cristiana, siendo céntrica en relación con el resto de doctrinas. El afirmar que Jesús es Dios es parte de la doctrina de la Trinidad. Esta doctrina hace básicamente tres afirmaciones: hay solamente un Dios; cada persona, Padre, Hijo y Espíritu Santo, es Dios; y por lo tanto cada uno son personas claramente diferenciadas. Esta doctrina no es tomada directamente de una declaración bíblica, sino que subyace en toda la revelación de Dios tanto en el AT como en el NT.

Normas para testificar. La situación que se plantea en Juan 5:31 se la presenta figuradamente como un litigio. En este litigio Jesús debe demostrar que lo que él dice es la verdad. Para esto apela al pasaje de Deuteronomio 19:15, en donde se establece que no se puede condenar a una persona a menos que haya más de un testigo. Deuteronomio 17:6 y Números 35:30 también afirman que para una situación de condena a muerte se exige la presencia de varios testigos. Fue un principio que se aplicó a lo largo de todo el NT. Juan hace un uso diferente del principio, pues no se trata de un asunto de pena de muerte o algo similar, aquí se trata de confirmar la veracidad de un dicho. En los escritos rabínicos, atestiguados por documentos del Qumrán, se establece el principio de que nadie puede ser testigo de sí mismo (comparar 8:13, 14).

Jesucristo no siempre rechazó las tradiciones de los escribas, en muchas oportunidades él usó sus propios principios para demostrarles lo que deseaba.

─────────── **Estudio del texto básico** ───────────

1 El que no honra al hijo, no honra al Padre, Juan 5:19-23.

Vv. 19, 20. La respuesta de Jesús a la última acusación no es una negativa, al contrario es una aceptación de lo que los judíos le decían, pero también es una línea de razonamiento un tanto diferente al que ellos estaban acostumbrados a oír. La respuesta está introducida por la fórmula *de cierto, de cierto...,* resaltando la importancia de su afirmación, como también la seguridad de ella. Su argumento es por la línea de que, si bien es cierto él es diferente al Padre, es cierto también que él tiene las mismas prerrogativas del Padre, implicando de esta manera que él mismo era Dios. Una persona diferente, pero igual al mismo tiempo.

Las obras que hazo Jesús en sábado, están de acuerdo con la voluntad del Padre, pues siguiendo el argumento de Jesús, las obras que hace el uno son exactamente iguales a las que hace el otro. La razón para esta situación está en que el Padre ama al Hijo, es decir el cariño (como se podría traducir también la palabra "ama") que le tiene, haciendo notar que esto sucede así por la relación filial que hay entre Padre e Hijo. Pero eso no es todo, pues hará más obras. El conflicto con los judíos ya no es en cuanto a sanar o no hacerlo, sino entre las tradiciones de los judíos, y su autoridad como Dios.

V. 21. Hay algunas actividades que se identifican plenamente entre Padre e Hijo: el poder sobre la muerte, asunto que se presenta en el prólogo del Evangelio (1:4), en el diálogo de Nicodemo ofreciendo un nuevo nacimiento, u ofreciendo a la samaritana el agua viva, lo mismo que en el hijo del oficial del rey, o como una nueva clase de vida para el paralítico de Betesda. El don de la vida es de acuerdo con su soberanía, y no puede ser limitada por una tradición impuesta por los hombres. Jesús es el Dios soberano.

Vv. 22, 23. Ahora se hace una diferencia entre el Padre y el Hijo, el Padre ha delegado toda la responsabilidad de juzgar al Hijo, esta responsabilidad delegada se la puede ver en el pasaje de Daniel 7:9-13ss, en donde el Anciano de Días delega la responsabilidad de juzgar al Hijo del Hombre. El argumento se orienta para concluir que quien tiene autoridad sobre las tradiciones de los hombres es Dios, es Jesús quien no impone mandamientos negativos "no hacer", sino alternativas: vida. Jesús se convierte así en la expresión plena y total de la voluntad de Dios; estar en contra de la voluntad de Jesús es estar en contra de la voluntad del Padre. "En sentido descendente, de Dios al hombre, la norma que el Padre propone es Jesús y sólo él; en sentido ascendente, del hombre a Dios, el honor tributado a Dios se identifica con el tributado a Jesús" (Mateos). No hay entonces un Dios que sea superior a Jesús para apelar a él, Jesús es la presencia de Dios en la Tierra, por tanto la norma para la humanidad.

2 De la muerte a la vida, Juan 5:24-30.

V. 24. Nuevamente en este párrafo tenemos dos declaraciones introducidas por "de cierto, de cierto...", solemnes y muy importantes. La primera tiene que ver con "pasar" de la vida, a la plenitud de vida; del estar alejado a Dios a disfrutar plenamente de las múltiples bendiciones que hay en este nuevo estado; por esto el juicio ya no le afecta de ninguna manera. El único camino es creer en la palabra de Jesús, que es sinónimo de creer al que envió a Jesús. Nuevamente es imposible hacer una separación entre Jesús y el Padre.

Vv. 25, 26. La segunda declaración solemne se relaciona con el poder de resurrección que tiene Jesús. El poder que tiene la voz de Jesús es conferir vida plena, pero vida solamente a los que oyen su voz. Este don de la vida es posible que sea otorgado solamente por quien tiene vida en sí mismo. Lo sorprendente, y siguiendo el argumento de Jesús, es que hay una nueva identidad entre el Padre y el Hijo, los dos son iguales en tener vida en sí mismos, no es que Jesús recibió la vida del Padre, pues los dos están en el "mismo rango".

Vv. 27-30. Debido a que Jesús tiene vida en sí mismo, entonces puede hacer juicio, trasladándonos nuevamente a la imagen del libro de Daniel capítulo 7. Este juicio determinará dos clases de personas, las mismas, que en el lenguaje de Juan en Apocalipsis, se enfrentará a dos clases diferentes de "resurrecciones" (Apoc. 20:4-6, 11-15), una para vida y otra para muerte. Estos juicios serán en función de sus obras, obras que han sido puestas delante de Dios por virtud de Jesucristo, quien revelará si sus obras fueron "hechas en Dios" (Juan 3:21) o no. Los judíos habían llegado a deformar la imagen de Dios, a quien presentan como un represivo y dictatorial, siendo él todo lo contrario, pues busca siempre el bien del hombre.

3 El testimonio acerca de Jesús, Juan 5:31-40.

Vv. 31, 32. Ya se ha explicado en el "Estudio panorámico del contexto" que una persona no podía testificar a favor de sí misma, como es lógico. Jesús acepta esta posición como punto de partida para poder dialogar con los judíos y demostrarles que lo que él afirma sobre sí mismo no es solamente una percepción personal, sino que puede presentar cuatro testigos diferentes que confirman lo que él ha venido diciendo.

Vv. 33-35. El propósito de Jesús al presentar este testimonio es que los fariseos puedan reconocer el mensaje de Juan, y de esta manera puedan acercarse a la salvación presentada por él; a disfrutar lo que en un comienzo reconocieron como presencia de Dios (Mar. 1:5; Luc. 3:1-19). Jesús siempre está ofreciendo la oportunidad de reconocer los errores por parte de los judíos.

V. 36. El testigo que presenta Jesús es mayor: las obras que él estaba haciendo. Jesús no habla tanto, sino que él hacía obras liberadoras, las mismas que eran explicadas por medio de sus enseñanzas. La relación de las obras de Jesús con su Padre ya ha sido explicada en los versículos 19, 20. Las obras de Jesús son exactamente iguales a las obras que hace su Padre.

Vv. 37, 38. Un testigo más importante es el Padre mismo. Es testigo en cuanto es la persona que ha enviado al Hijo, aludiendo también a la voz que se escuchó en Marcos 1:11, a la que alude Juan el Bautista (Juan 1:34). Lastimosamente este testimonio, ni la voz del Padre han sido escuchados. Tampoco conocen la "apariencia" de Dios, es decir la forma como se ha revelado para que se acerquen a él (Juan 1:18). Esto se hace palpable porque tienen la palabra de Dios morando permanentemente en ellos, pues no han creído en Jesús. Es un círculo cerrado, puesto que la única manera de llegar al Padre es por el Hijo, no se puede aceptar el testimonio del Padre, sin aceptar por la fe al Hijo.

Vv. 39, 40. El último testigo que presenta Jesús son las Escrituras, aunque ellos las conocen, pues las están escudriñando (una mejor traducción es "Escudriñáis", según la nota marginal de RVA), no pueden ver allí a Jesús, pues hacen una lectura equivocada, imponiendo el legalismo sobre ella, amordazándola para que diga lo que ellos quieren que diga. Ellos buscan "la vida eterna", pero su camino es equivocado. Las Escrituras tiene como función principal apuntar a Jesucristo, quien es la única manera cómo se ha revelado el Padre, el Verbo hecho carne; también el único dador de una vida diferente, como lo ha demostrado en la sanidad del paralítico de Betesda.

Aplicaciones del estudio

1. Sometimiento total al Padre. El sometimiento al Padre tiene como resultado la presentación de una vida cambiada, la misma que es consecuente con toda la revelación que presenta Dios. El creyente debe someter toda su experiencia cristiana al Padre, cuando así acontece sus obras serán de tal manera que en ellas se podrá ver su relación con Dios.

2. Confianza total en Jesús. Jesucristo no puede ser objeto de una fe parcial, es Dios mismo, no un dios de segunda categoría, o un ser creado. Por ser Dios, demanda completamente que toda nuestra confianza sea depositada en él, no sólo por los milagros que puede realizar, sino principalmente porque es Dios, y nada más.

Ayuda homilética

Poder sobre la muerte
Juan 5:25-29

Introducción: La Biblia nos muestra al Hijo como una persona con mucha autoridad, de una manera especial sobre la vida y la muerte.

I. Autoridad para dar vida, v. 24.
  A. Al que cree, v. 24a.
  B. No tiene condenación, v. 24b.
  C. Ha superado la muerte, v. 24c.
II. Autoridad sobre la muerte, vv. 25, 26.
  A. Los muertos oirán su voz, v. 25.
  B. Porque el Padre tiene vida en sí mismo, v. 26a.
  C. Porque el hijo tiene vida en sí mismo, v. 26b.
III. Autoridad para hacer juicio, vv. 27-30.
  A. Porque es el Hijo del Hombre, v. 27.
  C. Resurrección para vida, vv. 28, 29a.
  D. Resurrección para muerte, v. 29b.
  E. Un juicio justo, v. 30.

Conclusión: El Señor Jesucristo es una persona que tiene autoridad en sí misma, es una persona que tiene poder sobre la muerte, además de que hará un juicio justo, por esto se requiere de los creyentes nos acerquemos a nuestro Señor y Salvador como lo que es: una persona con autoridad.

Lecturas bíblicas para el siguiente estudio

Lunes: Juan 6:1-15   **Jueves:** Juan 6:30-40
Martes: Juan 6:16-21   **Viernes:** Juan 6:41-59
Miércoles: Juan 6:22-29   **Sábado:** Juan 6:60-71

AGENDA DE CLASE

Antes de la clase

1. El tema que se tratará en este estudio es muy difícil de explicar, al mismo tiempo que crucial dentro de todo el esquema doctrinal del cristianismo; por lo cual se recomienda que pase tiempo en oración con el fin de pedir la dirección de Dios para que la exposición de este tema sea lo suficientemente clara y de edificación para los integrantes de la clase. De igual manera ponga en manos de Dios a los participantes. **2.** Prepare con suficiente tiempo y documentación adecuada, un pequeño resumen acerca de dos doctrinas de los llamados "Testigos de Jehová": posición de Jesucristo dentro de la Trinidad, y la personalidad del Espíritu Santo. Sería conveniente que estudie un poco la historia de este movimiento, en caso de que haya alguna pregunta relacionada. **3.** Responda a las preguntas del libro del alumno en la sección *Lea su Biblia y responda,* del estudio de hoy. **4.** Elabore un cartel, o escriba en el pizarrón el bosquejo de la lección de hoy. Llévelo a la clase cubierto con tiras de papel, las mismas que irá destapando a medida que se desarrolla la clase.

Comprobación de respuestas

JOVENES: Las oraciones correctas son las siguientes: a., d., e., y f. ADULTOS: **1.** a. Juan el Bautista. b. Las obras que hace. c. El Padre. d. Las Escrituras. **2.** a. Lo que hace el Padre hace el Hijo (v. 19). b. Los dos tienen capacidad de resucitar (v. 20). c. El que no honra al Hijo no honra al Padre (v. 23).

Ya en la clase

DESPIERTE EL INTERES

1. Siendo que el grupo llamado "Testigos de Jehová" es ampliamente conocido por su gran labor proselitista, el maestro puede iniciar la clase de hoy comentando alguna experiencia con el mencionado grupo. **2.** Presente el pequeño resumen que ha preparado en relación con las doctrinas de los "Testigos de Jehová". Permita, a discreción, la participación de varios integrantes de la clase. Tenga siempre en mente el tema que tratan, para de esta manera evitar que la clase se desvíe de la meta propuesta para el estudio de hoy. Procure que estas conversaciones giren en torno a las doctrinas relacionadas con la Trinidad.

ESTUDIO PANORAMICO DEL CONTEXTO

1. Probablemente el maestro ha caído en la cuenta de que el pasaje estudiado en la lección pasada está inmediatamente antes del pasaje que se estudiará hoy. Este dato le servirá para recalcar al estudiante la importancia de relacionar una clase con la otra, para lograr así un mayor y mejor entendimiento. **2.** La conversación previa sobre los "Testigos de Jehová" debe haber servido como una buena base para introducir el primer punto de esta parte del estudio. **3.** Explique el punto relacionado con el concepto que tenían los judíos acerca de Dios, y cómo chocaba con ellos en una forma dramática la posibilidad de reconocer a Jesucristo como Dios. **4.** Antes de iniciar el estudio del texto para hoy, explique en pocas palabras el procedimiento que había para aceptar un testimonio como válido.

ESTUDIO DEL TEXTO BASICO

El tema que se tratará hoy, como ya se dijo, es un tema difícil, por lo cual el maestro tiene la responsabilidad de la presentación del material bajo el sistema de conferencia. Esto se hace con el fin de que un solo pensamiento guíe en el estudio de este día, y que las personas puedan salir luego del estudio con una idea más acertada y concreta en cuanto a las doctrinas presentadas.

Para evitar que la conferencia sea monótona, use el cartel o el pizarrón con el bosquejo que ha preparado con anterioridad. Al iniciar la clase, todo el bosquejo deberá estar cubierto con tiras de papel fácilmente desprendibles. A medida que usted va progresando en la explicación de las diferentes divisiones, se retirarán las respectivas tiras de papel sobrepuestas. Esto ayuda a que el interés de la clase se mantenga, evitando la distracción por parte de los alumnos.

Un bosquejo a usar podría ser el siguiente:

I. El que no honra al Hijo, no honra al Padre, Juan 5:19-23.
IDENTIDAD DEL PADRE CON EL HIJO.
II. De la muerte a la vida, Juan 5:23-30
EL PADRE Y EL HIJO DADORES DE VIDA
III. El testimonio acerca de Jesús, Juan 5:31-40.
LOS CUATRO TESTIGOS DE JESUS:
 • JUAN EL BAUTISTA
 • LAS OBRAS
 • EL PADRE
 • LAS ESCRITURAS

APLICACIONES DEL ESTUDIO

1. Pida a varios participantes de la clase que luego de meditar por unos segundos en el estudio, busquen aplicaciones a su vida diaria. **2.** Usted puede usar las que se encuentran en el material del maestro. **3.** Lea la tercera aplicación que se encuentra en el material del Maestro, con el propósito de ayudar al alumno a tener una lectura integral de todo el mensaje de la Biblia, y no de versículos sacados de su contexto.

PRUEBA

1. Divida a la clase en grupos pequeños (3 o 4 personas). **2.** Pida a los alumnos que respondan a los ejercicios de evaluación de manera personal. **3.** Pida que compartan sus respuestas en los grupos pequeños. **4.** Termine la clase con una oración de agradecimiento porque nuestro Dios es un Dios único y digno de toda confianza.

Jesús, el pan de vida

Contexto: Juan 6:1-71
Texto básico: Juan 6:25-58
Versículo clave: Juan 6:35
Verdad central: Solamente Dios puede dar el verdadero pan del cielo. Al declararse Jesús como el pan de vida está señalando que él es el verdadero pan de vida porque "desciende del cielo".
Metas de enseñanza-aprendizaje: Que el alumno demuestre su: (1) conocimiento del significado de las palabras de Jesús cuando se definió a sí mismo como el pan de vida, (2) actitud de valorar el sustento espiritual que Jesús, el pan de vida, le proporciona constantemente.

Estudio panorámico del contexto

A. Fondo histórico:
El maná del desierto. El maná fue el principal alimento de los judíos por 40 años, mientras pasaban en el desierto durante el éxodo. Es llamado "pan del cielo" (Exo. 16:4; Sal. 78:23, 24). Su nombre se deriva de la pregunta que hicieron en Exodo 16:15, 31. Los israelitas debían recoger cada mañana una medida por cinco días de la semana, el sexto día tenían que recoger el doble, para no hacerlo el día sábado (Exo. 16:4, 5). Se describe al maná como lo que queda después del rocío: "una sustancia menuda, escamosa y fina como la escarcha sobre la tierra" (Exo. 16:14); "como semilla de cilantro, blanco; y su sabor era como de galletas con miel" (Exo. 16:31); "su aspecto era como el de la resina" (Núm. 11:7). Como testimonio del cuidado de Dios para su pueblo (Exo. 16:33, 34) se le ordenó a Aarón que preservara una medida de maná.

El denario. Se puede afirmar que 200 denarios era el dinero que se podía ganar en más de medio año de trabajo de un obrero. El "denario" era una moneda romana de plata con la imagen e inscripción del emperador, cuyo valor era equivalente a una dracma, que era el jornal de un día de trabajo en una viña (Mat. 20:2, 9, 13). Literalmente "denario" significa que "contiene diez", es decir que contenía 10 "as", moneda de bronce también romana. Cuando había carestía era lo que costaba una medida de trigo o tres de cebada (Apoc. 6:6).

El mar de Tiberias. Es otra manera de llamar al mar de Galilea. El nombre fue tomado de la ciudad de Tiberias que está ubicada en la costa occidental del mar. Esta ciudad fue fundada por Herodes Antipas en el año 20 d. de J.C., en honor del emperador Tiberio, se llegó a convertir en la capital durante la época de Herodes. El nombre es mencionado solamente en Juan (6:1, 23; 21:1). La ciudad era totalmente gentil, pero después en el siglo III y IV se convirtió en un centro del judaísmo. Para los judíos es una de las ciudades consideradas como sagradas.

B. Enfasis:

Verdadera comida y verdadera bebida, 6:55. Se debe comprender esta frase a la luz de dos grandes verdades: (1) el Evangelio de Juan es un libro lleno de un lenguaje simbólico. Enseña que Dios nos quiere comunicar la vida eterna. "La condición para recibir la vida y poseerla es la adhesión a Jesús" (Mateos-Barreto). Esta adhesión se presenta en el Evangelio de Juan con diversas metáforas: comer el pan de vida (6:35, 53), y comer de su carne y beber de su sangre (6:54). (2) La segunda consideración es que la frase en discusión se usa dentro del esquema de las llamados "yo soy", todos ellos llenos de figuras simbólicas: "Yo soy la luz" (8:12), "Yo soy la puerta" (10:9), "Yo soy el buen pastor" (10:11, 14), "Yo soy la resurrección" (11:25), "Yo soy el camino" (14:6), "Yo soy la vid" (15:1, 5), "Yo soy el pan" (6:35, 41, 48, 51). Si somos consecuentes con nuestra interpretación, nadie puede decir que todos estos "yo soy" son literales. Sin duda todos los "yo soy" son simbólicos de una verdad mucho más profunda que la que se presenta.

Una interpretación literalista de la última frase ha llevado a la conclusión, por parte de algunos, que este pasaje se está refiriendo a la "cena del Señor". No hay nada en el pasaje que haga pensar en tal posibilidad. Jesucristo dice estas palabras dentro de un contexto en el cual desea enseñar una verdad espiritual, luego del milagro de la multiplicación de los panes. Siempre hay una verdad espiritual atrás de cada señal: él puede proveer el pan que perece, pero sobre todo y antes que nada él es el pan de vida, que es eterno.

Dos interpretaciones literalistas han resultado con dos doctrinas erradas en cuanto a la "cena del Señor": la transubstanciación, defendida por la Iglesia Católica, quien afirma que la "cena del Señor", "Comunión" o "Eucaristía" es un sacramento, entendiéndose aquí como un medio para obtener gracia. En el momento que el sacerdote consagra "los elementos", ellos se convierten literalmente en el cuerpo y la sangre de Cristo, cambiando su substancia. La consubstanciación, posición defendida por algunos grupos protestantes, es el fenómeno que sucede en la "cena del Señor", por el cual "los elementos", aunque no se convierten en "el cuerpo y la sangre de Cristo" literalmente, el cuerpo y la sangre de Cristo están en los elementos, sin que ellos cambien de susbtancia. Estas dos posiciones no tienen sustento bíblico, sino que son producto de una interpretación literalista exagerada con tendencia al sacramentalismo.

──────── **Estudio del texto básico** ────────

1 Un motivo equivocado, Juan 6:25-29.

Vv. 25-27. La multitud expresa su extrañeza en encontrar a Jesús, pues no le habían visto partir al *otro lado del mar*. Jesús, en forma muy sabia, no responde a la pregunta, lo cual hubiera dado más elementos para procurar hacerle rey; sino que pasa a evaluar el porqué de la presencia de la multitud. Su declaración se halla introducida por la frase solemne *de cierto, de cierto...*, indicando la importancia preponderante de lo que va a comunicar. A la gente le preocupaba satisfacer su necesidad física inmediata. El Maestro pide que se esfuercen por cosas que realmente tienen valor eterno. Esta "comida" será dada por el mismo Mesías, presentado en este pasaje nuevamente como el Hijo del Hombre (Dan. 7), quien es reconocido como el Mesías.

Vv. 28, 29. Al igual que Nicodemo y la samaritana, la multitud no puede comprender el significado de lo que él quiere enseñar. Su entendimiento se limita a ver la necesidad de obras de la ley que tienen que cumplir para tener la vida eterna. La respuesta a esta pregunta es por medio de una frase, que como se verá más tarde, tampoco es entendida. El hombre debe hacer no sus *obras*, sino *la obra de Dios*, que es creer en el enviado, en el "Verbo hecho carne". De ninguna manera se trata de un esfuerzo humano, pues en el resto del discurso Jesús enfatizará que el asunto de la salvación es por pura gracia, es un regalo de Dios que no se basa en lo que el hombre puede hacer.

2 El verdadero pan del cielo, Juan 6:30-40.

Vv. 30-33. Cuando el Señor exige que la fe de ellos sea depositada en él, ellos piden una *señal*, no les bastaba lo que habían visto el día anterior. Relacionan a Jesús con Moisés, quien les dio *pan del cielo*, pidiéndole a Jesús que se igualara al dador de la ley. Moisés les dio un pan muy especial que se origina en el cielo, Jesús solamente les dio un pan común.

Jesús aclara las cosas: En primer lugar quien dio el pan en el desierto no fue Moisés, como los judíos suponían, él fue solamente un instrumento en las manos de Dios. El verdadero hacedor de milagros fue Dios. En segundo lugar, solamente Dios puede dar el verdadero pan del cielo; este verdadero pan no es solamente "del cielo", sino que "desciende del cielo". Nos proyecta al mensaje central de todo el Evangelio de Juan: Jesucristo es Dios mismo que desciende a los suyos, él es el Verbo hecho carne. Por ser tal, es el autor de todas las cosas (1:3), es también el único capaz de dar vida, no solamente vida biológica, sino la verdadera vida, la vida eterna.

Vv. 34, 35. Los judíos empiezan a entender que Jesús no daba el mismo pan que Moisés, y le hacen una petición lógica. Jesús responde enseñando que sus palabras van mucho más al fondo de la comprensión que habían tenido hasta ahora. Su declaración es lapidaria: El es el pan de la vida, no de cualquier vida, sino de una vida muy especial. En medio de un lenguaje completamente simbólico, hace una invitación para apropiarse de la vida ofrecida por él. El acercarse a él como el pan de vida, es lo mismo que creer en él, que depositar toda la confianza en él.

Vv. 36-38. Ahora Jesús desea enfatizar las bases en las que se sustenta su afirmación que demanda acercarse a él en actitud de fe. La multitud había visto lo que él podía hacer, pero no creían, así que el problema no era las señales que podía hacer o no. El problema va mucho más al fondo. Radica en la soberanía de Dios, en su gracia como instrumento para que el hombre pueda apropiarse del pan de vida. Este acto de "venir a él" (6:35) es solamente posible por la gracia de Dios, quien acerca al hombre a Jesús.

Vv. 39, 40. La voluntad del Padre es definida de dos maneras en estos dos versículos. La primera hace referencia a la protección que hará el Hijo de quien sea dado por el Padre. La segunda es nuevamente la aseveración de que quien mira en actitud de fe al Hijo tendrá vida eterna.

3 El pan que da vida eterna, Juan 6:41-58.

Vv. 41, 42. Las declaraciones de Jesús son bastante claras, lo suficiente para producir un murmullo que expresaba el desagrado que sentían los judíos. La oposición se basaba en la declaración tan categórica que daba Jesús sobre sí mismo: *Yo soy...* Ni más ni menos Jesús se llamaba a sí mismo *el pan que descendió del cielo.* Jesús era perfectamente identificado con su familia, sin embargo, en sus enseñanzas indica que era también bastante diferente, pues descendió del cielo.

Vv. 43-46. Jesús interviene para cortar las murmuraciones, pues todavía no ha terminado su explicación en cuanto a que él es el pan de vida. Esta declaración y el llamado a acercarse a él en actitud de fe, se basa solamente en la soberanía de Dios, pues la salvación es solamente un acto de Dios.

El versículo 45 hace el perfecto equilibrio entre la soberanía de Dios y la responsabilidad del hombre. Dios enseña a todos, es responsabilidad del hombre acudir a su llamado. Este acercamiento a Dios es siempre limitado, pues nunca se podrá conocer en totalidad lo que él es, esa es una posibilidad que tiene solamente el Hijo (Juan 1:18).

Vv. 47-51. La frase *de cierto, de cierto...* es usada nuevamente, recalcando la importancia de lo que ha dicho. El resumen podría simplificarse así: hay que creer en él para tener vida eterna, él es pan de vida, los antepasados judíos comieron un pan que venía del cielo pero murieron, él es pan que desciende del cielo, por lo tanto puede dar vida. El nuevo elemento que introduce (v. 51) es otra figura relacionada con la comida: hay que comer su carne. Es interesante notar que el acto de dar el pan por la vida del mundo, es un acto suyo, un acto que es necesariamente concreto, la cruz del Calvario. El pan dado por Moisés al pueblo judío, fue solamente para este pueblo, el pan que desciende del cielo, dado en Jesús, es para todo el mundo.

Vv. 52-58. Lógicamente esta declaración es rechazada por los judíos, al menos es puesta en duda y demanda una explicación por parte de Jesús.

Las palabras de Jesús no las debían entender literalmente, pero aparentemente era la forma como ellos entendían este pasaje. La figura se relaciona con el acto de comer donde existe una relación completa entre el alimento comido y la persona que come. De esta manera se ilustra que quien cree en Jesucristo, es la persona que logra una completa identificación con lo que él es, una asimilación completa de la persona de Jesús en su vida. No solamente se trata de un creer porque Jesús puede dar el pan que perece, sino porque Jesús es capaz de darse a sí mismo como el verdadero pan de vida. El resultado de este "comer y beber" es la *vida eterna.* Jamás se podría entender como dos actos: creer en él produce vida eterna, y también comer su carne produce vida eterna; se trata de la misma cosa, siendo la segunda una figura de la primera.

1. No debemos minimizar la importancia del alimento espiritual. Si en el terreno de lo físico le damos la debida importancia a la dieta alimenticia, cuánto más debiéramos cuidar nuestra debida nutrición espiritual. **2. Motivos sinceros para seguir a Jesús.** El seguir a Jesús significa negación y compromiso completo con él y su reino, aunque eso signifique que no tengamos el pan que perece, pero que por otro lado nos ofrece el pan de vida. **3. Jesús es el centro de la vida.** La vida del creyente no puede estar dependiendo de señales, de actos espectaculares, o de manifestaciones que dicen que provienen de Dios. El mensaje de salvación que debe ser presentado, debe solamente girar en torno a una persona y su obra: Jesús.

Ayuda homilética

Una obra necesaria
Juan 6:25-29

Introducción: En el pueblo evangélico en no pocas oportunidades se contrastan la fe y las obras cuando se habla de salvación. Se piensa que las obras no entran definitivamente en el tema de la salvación. Sin embargo, Jesús explica a los judíos que buscaban un beneficio de él, cómo entiende el tema de las obras.

I. Un falso motivo para buscar a Jesús, vv. 25, 26.
   A. Una búsqueda interesada, v. 25.
   B. No buscan las señales, v. 26a.
   C. Buscan comida gratis, v. 26b.
II. Un trabajo indispensable para hacer, v. 27.
   A. Trabajar por la vida eterna, v. 27a.
   B. Un regalo del Hijo del Hombre, v. 27b.
III. Una obra indispensable para hacer, vv. 28, 29.
   A. ¿Debemos hacer alguna obra?, v. 28.
   B. La obra de Dios es creer, v. 29.

Conclusión: No podemos acercarnos a Dios buscando sus beneficios materiales, Dios demanda de las personas que hagan un trabajo, por la gracia de Dios, este trabajo, también llamado "obra de Dios", es creer en el Señor quien demanda y exige.

Lecturas bíblicas para el siguiente estudio

Lunes: Juan 7:1-8	**Jueves:** Juan 7:25-32
Martes: Juan 7:9-19	**Viernes:** Juan 7:33-44
Miércoles: Juan 7:20-24	**Sábado:** Juan 7:45-52

AGENDA DE CLASE

Antes de la clase

1. Tenga listo el mapa de Palestina, en donde señalará el mar de Tiberias, junto con la posible ruta que Jesús tomó para trasladarse a Capernaúm. **2.** Prepare en un pequeño cartel un cuadro en el que conste el sueldo que se le paga a un obrero por un día de trabajo en su país, además calcule cuánto recibiría este mismo obrero en 6 meses de trabajo y anótelo en el cartel. **3.** Responda a las preguntas del libro del alumno en su sección *Lea su Biblia y responda.* **4.** Esté listo para responder algunas preguntas sobre el sistema católico de los sacramentos. **5.** Invite al pastor de la iglesia, o a un líder capacitado, o usted mismo, para que se exponga la definición de "transubstanciación" y "consubstanciación", lo mismo que la interpretación evangélica sobre la cena del Señor.

Comprobación de respuestas

JOVENES: **1.** El número de veces que se menciona la frase es 4; y los versículos en los cuales se encuentran son: v. 26; v. 32; v. 47; y v. 53. **2.** "De cierto, de cierto os digo que no os ha dado Moisés el pan del cielo, sino mi Padre os da el verdadero pan del cielo. Porque el pan de Dios es aquel que desciende del cielo y da vida al mundo" Juan 6:32-33.

ADULTOS: **1.** a. v. 35. b. v. 48. c. v. 51. **2.** a. Que a todos lo que Dios da a Jesús, él les guardará y les resucitará al final de los tiempos. b. Que todos los que creen en el Hijo tengan vida, y que serán resucitados en el último día.

Ya en la clase

DESPIERTE EL INTERES

1. Presente el cartel que ha preparado con anterioridad sobre el sueldo de un obrero en su país. Con este cartel a la vista, explique el equivalente a 200 denarios, haciendo reflexionar a la gente acerca de la cantidad de dinero que se necesitaba para alimentar a la multitud (Juan 6:7). **2.** Inicie un diálogo corto, en el que se trate el tema de las ofertas demagógicas que en muchas ocasiones los políticos de nuestros pueblos hacen con el propósito de ganar adeptos. En la época de Jesús no era muy diferente, la gente estaba lista a declarar rey a quien le ofreciera pan gratis.

ESTUDIO PANORAMICO DEL CONTEXTO

1. Pida a un integrante del grupo que dé lectura al material "el maná del desierto" que aparece en el libro del Maestro. Tenga listas las citas bíblicas que se requieren para agilitar la presentación del tema. Al escoger a la persona que leerá, tenga en cuenta que debe ser una persona que lo haga con fluidez. **2.** En un mapa de Palestina ubique el mar de Tiberias, además de señalar el posible sitio en donde Jesús realizó el milagro de la multiplicación de los panes y los peces (Juan 6:1, 22, 24, 25). **3.** Pida a la persona que ha invitado a la clase, o usted mismo, para que se presente las tres maneras de interpretar el significado de la cena del Señor (transubstanciación, consubstanciación y la posición evangélica).

ESTUDIO DEL TEXTO BASICO

Divida a la clase en tres grupos, a cada uno de ellos asigne una de las tres divisiones mayores del *Estudio del texto básico.* Cuide de distribuir los grupos de manera que en cada uno de ellos haya personas con un poco más de experiencia y conocimiento de la vida cristiana, y de la Biblia. Esto permitirá que los grupos sean heterogéneos, y que puedan cumplir una labor fructífera. En cada grupo se debe nombrar a una persona para que coordine el estudio. Sugiérales que lean el texto bíblico.

Esta manera de trabajar tiene como propósito el que todos los integrantes de la clase participen de una manera muy activa en la elaboración de conclusiones. El tener un pasaje más reducido para estudiar les permite profundizar en el tema de una manera más efectiva y detallada.

Luego de un tiempo prudencial, permita que un integrante de cada grupo explique las conclusiones a las que llegaron. Siempre es aconsejable que luego de que esta persona ha dado las conclusiones, se pida al grupo representado que haga algún aporte extra, si cree necesario. El maestro debe estar listo para complementar los comentarios que se han hecho en caso de que sea necesario. Cuide durante la exposición de cada grupo que el tiempo que usen sea el mismo para cada uno.

En un tema como el que se ha presentado, las preguntas que surjan serán muy interesantes. Tenga en cuenta que la mayoría de los que asisten a la clase, posiblemente, viene de un transfondo católico romano. Recuerde, y tenga en mente, que lo mismo pasa con muchos evangélicos. Tenga mucho cuidado de no presentar la posición evangélica despreciando o colocándose en un nivel de superioridad sobre otros grupos.

APLICACIONES DEL ESTUDIO

1. Pida que los alumnos lean en silencio las aplicaciones que se encuentran en el Libro del Alumno. Luego de un tiempo adecuado, puede preguntar si alguien desea comentar sobre las mismas. **2.** Para terminar esta parte, el maestro puede dar lectura a una de las tres aplicaciones que aparecen en el Libro del Maestro. Usted podrá elegir de acuerdo con la situación que se dé en la clase, y en base al conocimiento que tiene de sus alumnos.

PRUEBA

1. Pida que contesten la prueba de manera individual. **2.** La segunda pregunta apunta a una reflexión interior. Luego de que cada uno ha respondido pídales que den gracias a Dios porque tienen a alguien que les cuida y sustenta. **3.** Termine orando con el grupo e invitándoles para que aprovechando la enseñanza de Jesús, nos dispongamos a vivir de manera que reflejemos compromiso y entrega real, en la plena certidumbre de que siempre Dios nos proveerá y cuidará.

Jesús enfrenta la oposición

Contexto: Juan 7:1-52
Texto básico: Juan 7:25-52
Versículo clave: Juan 7:30
Verdad central: Jesús enfrentó abierta oposición en el desempeño de su ministerio y, sin embargo, siguió adelante con la firme determinación de cumplir su obra de redención.
Metas de enseñanza-aprendizaje: Que el alumno demuestre su: (1) conocimiento de algunas de las manifestaciones de oposición que Jesús enfrentó durante su ministerio, (2) actitud de imitar la disposición de Jesús de seguir adelante a pesar de la oposición.

─────────── Estudio panorámico del contexto ───────────

A. Fondo histórico:
   La fiesta de los Tabernáculos. Llamada también la fiesta de las cabañas, o fiesta de la siega (Deut. 16:13; Lev. 23:33-36; Exo. 23:16). Era una de las tres grandes fiestas para conmemorar la peregrinación de los judíos, a la que debían asistir todos los varones. La celebración duraba siete días y era un tiempo de gran regocijo. Era un recuerdo del tiempo en el que el pueblo de Israel anduvo por el desierto luego de la liberación de Egipto. El último día era conocido como el "gran día de fiesta" (Juan 7:37). Se habían aumentado ciertas tradiciones que no constan en la ley, como por ejemplo ceremonias de derramamiento de agua, como muestra de gratitud por el agua provista en el desierto.
   Hermanos de Jesús. Este es un tema controversial; sin embargo, de una lectura sencilla de la Biblia podemos llegar a la conclusión de que Jesús sí tuvo hermanos, lo cual no anula la posición privilegiada de María al ser el instrumento escogido por Dios para hacerse hombre en la persona de Jesús (Mar. 3:31; 6:3). En estos pasajes sería muy forzado interpretar "primos" o algo similar, pues hay palabras precisas para esto. De todas maneras el hecho de que Jesús haya tenido hermanos le identifica completamente con el ser humano, teniendo un hogar normal, sin alterar ninguna doctrina bíblica.
   La esperanza de un Cristo distinto a Jesús. El concepto de lo que debía ser el Mesías, en época de Jesús era parcial; es decir que hacían ciertos énfasis descuidando ciertos pasajes bíblicos. Por ejemplo se sobredimensionaba el asunto de ser un líder político, descuidando su muerte expiatoria; su grandeza, descuidando su humildad; su exaltación a la ley, descuidando el espíritu de la ley, etc. Por esto se les hacía difícil encontrar en Jesús a la persona que cumpliría sus propias expectativas.

Belén, ciudad de David. Una de las características del Mesías era venir de Belén, al igual que el rey David. Jesús sí cumplió este requisito (Mat. 2:1, 5, 6; Miq. 5:2), pero también debía cumplir lo manifestado en Mateo 2:23, lo cual trajo alguna confusión, al creer que Jesús había nacido en Galilea.

B. Enfasis:

La familia de Jesús dudaba de él, 7:1-5. En realidad quienes dudaban de Jesús eran su hermanos. Ellos, al igual que los otros judíos, creían que el Mesías debía manifestarse en Jerusalén, que era el centro de la religión, la ciudad más importante. Jesús hasta ahora había realizado la mayoría de su ministerio en Galilea. Posiblemente los hermanos de Jesús habían desarrollado algo de impaciencia, y deseaban que se manifieste en el lugar central de la religión. El pedido a manifestarse al mundo era posiblemente una forma de decir que solamente cuando hiciera obras fuera de su círculo íntimo, entonces ellos creerían.

El tiempo de Dios y el tiempo de los hombres, 7:6-8. Las manifestaciones de Dios no suceden cuando el hombre quiere, sino solamente cuando y donde Dios quiere. Estas manifestaciones de Jesús se harían en el tiempo adecuado, por lo cual los hermanos tendrían que esperar. Por otro lado, hace un separación entre lo que le pasaría a él si iba a Jerusalén, y lo que les pasaría a ellos; no tendrían de que preocuparse porque sus vidas estaban identificadas, no con Jesús, sino con las obras malas que no dan testimonio de Dios.

Jesús causa de controversia, 7:9-13. Jesús no desea manifestarse abiertamente desde el inicio de la fiesta, de allí que no va con sus hermanos, pero él debe asistir a la fiesta como todo judío, por eso decide hacerlo en secreto. Esta etapa inicial de la controversia que sucede en torno a la presencia y vida de Jesús, es a nivel de la gente del pueblo. Los conceptos acerca de Jesús son variados, unos positivos y otros negativos, pero en todos ellos se presenta un factor determinante: la presencia de Jesús causó conflictos.

Jesús habla abiertamente, 7: 14-24. Ya había transcurrido algo del tiempo de la fiesta (tres o cuatro días), es ahora tiempo, según los criterios de Jesús, de hablar públicamente. Las interrogantes empiezan partiendo del hecho de que Jesús no tenía una preparación rabínica formal, sin embargo, sus palabras son llenas de sabiduría. Esta sorpresa para los judíos tiene una explicación sencilla para Jesús: lo que él enseña procede de quien le envió. Esta relación le permite no sólo hablar palabras de bonita sabiduría, sino que denuncia las intenciones de los judíos, intenciones que contradicen las enseñanzas de Moisés. A los judíos no les agrada que les desenmascaren, y pretenden olvidar lo que había pasado (Juan 5:18), desviando la atención a una acusación sin sentido: ser endemoniado. El insulto es la salida frente a hechos contundentes.

¿Es Jesús el Cristo?, 7:25-44. La presencia de Jesús exigía ciertas definiciones, el pueblo queda dividido en cuanto a decidir quién es Jesús, unos creyeron (vv. 31, 40, 41), pero las autoridades no, tratando de imponer sus criterios a la fuerza (v. 32). La pregunta sigue vigente hasta ahora; cada uno deberá responder de la manera más objetiva posible.

Las autoridades se oponen a Jesús, 7:45-52. La actitud de las autoridades es tajante, no aceptan ningún tipo de argumento, salvo el argumento de las influencias y el poder manejado con intenciones oscuras.

1 Controversia acerca de Jesús, Juan 7:25-34.

Vv. 25-27. La presencia de Jesús causa conflictos entre la gente. Hay varias preguntas que la multitud se hace en medio de la confusión. (1) *algunos de Jerusalén,* reconocen que las autoridades le estaban buscando para matarle, en contraste de lo que habían dicho en el v. 20 las multitudes de peregrinos. Sin embargo, se dan cuenta de que hay algunos problemas. Las autoridades desean matarle, pero Jesús parece que tiene plena libertad para hablar. (2) surge en la mente de algunos una duda: *¿Será que los principales realmente han reconocido* (convencerse) *que él es el Cristo?,* pero esta duda se plantea de tal manera que se espera una respuesta radical: no puede ser. La voz de las autoridades es tomada en cuenta como algo fundamental, antes de cualquier decisión. La gente no estaba tan bien enterada del origen del Mesías, pues hay dos opiniones diferentes (vv. 27 y 42). Parece que la opinión popular era que el Mesías vendría de una manera un tanto mágica (Robertson). **Vv. 28, 29.** Las palabras de Jesús tienen el tono de haber sido dichas con sorpresa, tal vez era una ironía (Calvino, Lenski), algo así como decir: "Así que ¿ustedes me conocen y saben de donde soy?, pues fíjense que no es así." En primer lugar él no tenía un origen mágico, como el Mesías que ellos pretendían conocer. En segundo lugar, su origen es mucho más que un sitio donde nació. Es enviado por el Padre, como tantas veces ya se ha dicho en este Evangelio. Pero su venida, para insistir en la idea, no es algo fantasioso, se origina en el *verdadero,* al que el pueblo no conoce. **Vv. 30, 31.** En situaciones de conflicto, Dios jamás pierde el control de la situación. Pero, por otro lado, hay personas que sí creen, tal vez con una fe bastante rudimentaria basada en las señales. Se nota que aunque creían en él, las dudas en cuanto a que es el Mesías o no, todavía estaban latentes. Las autoridades no habían dado su voz de aprobación. **Vv. 32-34.** La situación era intolerable para las autoridades, pues ya había división en el pueblo. Ante esto los *principales sacerdotes,* mayormente saduceos, *y los fariseos* deciden olvidar sus diferencias para sacar beneficio para sus intereses: *tomarlo preso.* No importan los planes de los fariseos y sacerdotes, hagan lo que ellos hagan, los planes de Dios se llevarán a cabo.

2 Disensiones a causa de Jesús, Juan 7:35-44.

Vv. 35, 36. Las palabras de Jesús quedan retumbando en la mente de sus detractores quienes pretenden dar una interpretación literal a lo que Jesús dice. *Los judíos* no se han dado cuenta de que en las palabras de Jesús hay una fuerte condena a su situación de incredulidad y rechazo a la realidad del Mesías. Las preguntas que se hacen, posiblemente en tono de burla, tendrán una respuesta más tarde cuando los griegos se interesen por escuchar a Jesús (12:20), y algunos años más tarde cuando el mismo evangelio predicado a los judíos en este sector, sea predicado entre los judíos de la *dispersión* y los griegos esparcidos a lo largo del Imperio Romano.

Vv. 37-39. Durante *la fiesta* de los Tabernáculos se tenía la tradición de derramar agua en la base del altar de los sacrificios, esta agua era traída desde Siloé, recordaban así la fidelidad de Dios al enviar la lluvia, apuntando también a la abundancia de agua que habría en la era mesiánica (Isa. 12:3). Jesús aprovecha esta coyuntura y habla de la capacidad que tiene en sí mismo para satisfacer plenamente las necesidades espirituales de los hombres. Juan, a renglón seguido, explica lo que quiso decir Jesús. Estos *ríos de agua viva* son el Espíritu Santo que "brotará" para bendición de otros. Esta promesa se cumplió según lo relatado en el libro de Los Hechos.

Vv. 40-44. Juan plantea que la gente no aceptaba con facilidad y se hacían cada vez más preguntas con el propósito de llegar a la verdad. Estas preguntas serán siempre válidas, si van acompañadas por buena fe y deseo sincero de llegar a las respuestas adecuadas. Algunas respuestas fueron: Jesús *es el profeta.., este es el Cristo... de la descendencia de David y de la aldea de Belén.* Los más radicales, posiblemente siguiendo la línea de los fariseos y sacerdotes, *querían tomarlo preso.* Pero las cosas no tendrían el viso de legalidad, así que se requería una reunión oficial para poder hacerlo.

3 Oposición de las autoridades, Juan 7:45-52.

Vv. 45, 46. En la frase: *¡Nunca habló hombre alguno así!*, se nota el impacto de las palabras de Jesús. ¿Qué es lo que les impactó? Posiblemente esa invitación llena de su gracia, de los versículos 37 y 38, una invitación para disfrutar de las bendiciones de Dios, y una invitación para ser instrumento de bendición para los demás.

Vv. 47-49. La reacción de los dirigentes religiosos no es presentar argumentos, sino pretender que han sido engañados. Esta falsedad tiene dos partes: (1) no han creído en él *alguno de los principales o de los fariseos,* es decir que mientras no crean las autoridades, la gente del pueblo se hallaba impedida de creer. (2) la gente del pueblo no puede pensar por sí misma, la decisión de quién es el Mesías es un asunto que compete solamente a los expertos, al clero; los que no pertenecen a esta élite religiosa, sencillamente son *malditos.*

Vv. 50-52. El clímax de la oposición por parte de las autoridades religiosas llega cuando uno del mismo grupo de ellos, Nicodemo, procura presentar argumentos reñidos con la justicia, por esto dice: *¿Juzga nuestra ley a un hombre si primero no se le oye y se entiende qué hace?*

La primera parte de su argumento es legal (Deut. 1:16 y 17), la segunda parte es lógica, pues no se puede juzgar antes de entender de lo que se trata. La respuesta dada a Nicodemo es también una forma clásica de refutar lo irrefutable, la ironía sin fundamento y el pretender menospreciar a la gente por su posible origen. Para esta gente lo importante es lo superficial. Según ellos Jesús era de Galilea, y en Galilea la ley no era respetada como en Jerusalén. Los fariseos y sacerdotes se olvidaron de profetas como Jonás, Oseas y Nahúm, quienes eran de Galilea. Su argumento lleno de sarcasmo y burla, alejado de lógica y razón, también está lleno de ignorancia. Esta es la única manera como se podían oponer a Jesús.

Aplicaciones del estudio

1. Obras irrefutables. "Haciendo el bien hagáis callar la ignorancia de los hombres insensatos" (1 Ped. 2:15). Nuestra vida debe ser de tal manera que las críticas que nos puede hacer la gente sean acalladas cuando puedan ver la clase de vida que tenemos. **2. Pese a todo, se debe seguir.** Debemos seguir las pisadas del Maestro, quien no rehuyó la confrontación abierta y respetuosa, y presentó "defensa con mansedumbre", pero firmeza al mismo tiempo. La oposición es una señal de que estamos marchando. **3. Dios tiene su tiempo.** Podemos intentar que las cosas se hagan a nuestro ritmo, pero no conseguiremos nada de esto. Tenemos que reconocer que Dios actúa cuando y como él quiere, no le podemos imponer nuestros condicionamientos, él, al igual que hace dos mil años, sigue siendo el Señor de la historia.

Ayuda homilética

La misión de Jesús y sus discípulos
Juan 7:28-38

Introducción: Al estudiar las palabras mencionadas por Jesús en la fiesta de los Tabernáculos, veremos tres grandes verdades relacionadas con su tarea y la tarea de sus discípulos.

   I. **Hay un origen del Mesías, vv. 28, 29.**
      A. Un origen humano, v. 28b.
      B. Un origen divino, v. 28c.
      C. Una relación íntima, v. 29.
  II. **Hay un tiempo de salvación, vv. 33, 34.**
      A. El Mesías no siempre estará al alcance, v. 33b.
      B. El Mesías no siempre será hallado, v. 34a.
      C. El Mesías no estará con todos, v. 34b.
 III. **Hay una invitación abierta, vv. 37, 38.**
      A. Una invitación de gracia, v. 37.
      B. Una invitación para ser bendición, v. 38.

Conclusión: Para Jesús las cosas estaban muy claras en cuanto a su misión. El sabía cuál era su origen: humano/divino; y su misión: ofrecer hoy la salvación. Además la parte que tenía del creyente: ser de bendición para otros.

Lecturas bíblicas para el siguiente estudio

Lunes: Juan 8:1-11   **Jueves:** Juan 8:31-38
Martes: Juan 8:12-20   **Viernes:** Juan 8:39-47
Miércoles: Juan 8:21-30   **Sábado:** Juan 8:48-59

AGENDA DE CLASE

Antes de la clase
1. Estudie con anticipación el texto bíblico, tanto en el Libro del Maestro como en el del Alumno. **2.** Busque dentro del medio cristiano en el cual usted se desarrolla, un artículo de algún periódico o revista, en el cual se presente algún tipo de oposición a la presentación del evangelio. Prepárese para compartir el artículo en la clase. Pida dirección de Dios para que esta ○ actividad sea pertinente para la situación de los integrantes del grupo. **3.** Busque en un diccionario bíblico o materiales similares los temas que se tratarán en la clase. Recuerde que siempre será positivo tener una preparación más amplia, que la que ofrece el Libro del Maestro. Si encuentra algún material que puede ser de utilidad para la clase, esté preparado para leer desde el diccionario para ilustrar al alumno la importancia de buscar en varias fuentes y tener así una investigación completa. **4.** Cumpla la sección *Lea su Biblia y responda* del Libro del Alumno.

Comprobación de respuestas
JOVENES: **1.** "A mí me conocéis y sabéis de dónde soy. Y yo no he venido por mí mismo; más bien, el que me envió, a quien vosotros no conocéis, es verdadero. **2.** Porque "no había llegado su hora". **3.** "Todavía estaré con vosotros un poco de tiempo; luego iré al que me envió. Me buscaréis y no me hallaréis, y a donde yo estaré vosotros no podréis ir."
ADULTOS: **1.** a. Jesús le conoce porque proviene de él. b. Irá al que le ○ envió. **2.** a. No se sabe. b. No de Galilea. c. De Belén. **3.** No había llegado su hora. b. Estaban impresionados por sus palabras.

Ya en la clase
DESPIERTE EL INTERES
1. Lea o haga un resumen del artículo acerca de la oposición que ha tenido el evangelio. Estimule una breve conversación sobre el tema. **2.** Indaguen con la clase en conjunto acerca de la lección que se puede sacar del evento relatado en el artículo. Procuren llegar a conclusiones precisas y que sean pertinentes a su situación. **3.** Enfatice la necesidad de que aprovechemos las dificultades para poder avanzar y crecer en nuestra vida cristiana.

ESTUDIO PANORAMICO DEL CONTEXTO
1. Remítase al material presentado en el Libro del Maestro sobre el *Fondo histórico.* En este punto use la ayuda complementaria que le puede proveer ○ el diccionario bíblico. **2.** En el *Fondo histórico* usted va a tratar cuatro temas, presente estos temas buscando un hilo de continuidad como el que sugerimos a continuación: el primer tema es acerca de una fiesta religiosa de los judíos, en la que Jesucristo, como un ser humano del primer siglo, participó activamente. El segundo punto le servirá como un motivo para enfatizar que Jesucristo era un hombre que pertenecía a una familia, como

cualquier ser humano. Sin embargo, Jesucristo era más que un ser humano, era el Mesías; Jesús cumplía todos los requisitos que debía tener el Cristo. Uno de ellos era haber nacido en Belén. **3.** Antes de comenzar el *Estudio del texto básico,* usando el Libro del Maestro, elabore un resumen, lo más conciso posible, acerca de la sección "Enfasis".

ESTUDIO DEL TEXTO BASICO

Lean los pasajes del Texto básico. A continuación dé tiempo para que los alumnos contesten la sección *Lea su Biblia y responda.* Pida que algunos de los integrantes del grupo de estudio compartan sus respuestas. De ser necesario haga las correcciones del caso.

Divida la clase en tres grupos, asignando a cada grupo una de las tres divisiones que se presentan en el *Estudio del Texto Básico.* Al dividir el grupo cuide que cada uno sea lo más heterogéneo posible, esto permite que todos los participantes se enriquezcan de esta actividad. Instruya también para que en cada grupo no haya el "dominio" de uno de los participantes por su exceso de opiniones. Nombre un moderador en cada grupo, el mismo que será el encargado de llevar las opiniones vertidas dentro del grupo al resto de los participantes.

Antes de que cada grupo proceda a la discusión del pasaje correspondiente, el maestro deberá dar una visión general y muy corta de todo el pasaje que se estudiará. Debe enfatizar las metas de enseñanza/aprendizaje para que cada grupo se encarrile dentro de los propósitos de la clase, y así se evitará pérdida de tiempo en discusiones que no son pertinentes para el tema que se trata.

Dé el tiempo suficiente para que se discuta, tomando en cuenta que para terminar, cada grupo expondrá su parte correspondiente del texto. Pida en cada grupo que las opiniones estén ordenadas en forma lógica, de ser posible que se presente en forma de un bosquejo que será explicado a los demás.

APLICACIONES DEL ESTUDIO

1. Permita la participación activa de cada miembro de la clase en esta parte. Dé el tiempo necesario para que cada persona haga su parte en el Libro del Alumno, luego puede pedir que uno o dos lean sus respuestas y los demás pueden opinar sobre esto. **2.** Termine con una palabra de reflexión en cuanto a los comentarios vertidos por los participantes en esta sección.

PRUEBA

Conceda un tiempo corto para que los participantes llenen esta parte en su Libro del Alumno. Luego puede pedir que se hable sobre las respuestas. La idea de esto es que los participantes puedan exteriorizar su necesidad de seguir a Jesús, y su ejemplo, en los momentos cuando existe oposición. Termine con una oración pidiendo que el Señor les fortalezca y les ayude a poner en hechos lo estudiado en esta lección.

Jesús testifica de sí mismo

Contexto: Juan 8:1-59
Texto básico: Juan 8:12-30
Versículo clave: Juan 8:14
Verdad central: Según la ley antigua, un testimonio no era válido si no procedía de dos o tres personas. Jesús, al dar testimonio de sí mismo, declaró que su testimonio era válido puesto que el Padre también testificaba de él.
Metas de enseñanza-aprendizaje: Que el alumno demuestre su: (1) conocimiento del testimonio que daba Jesús de sí mismo, (2) actitud de testificar de lo que Cristo ha hecho en su vida.

─────────── Estudio panorámico del contexto ───────────

A. Fondo histórico:
Leyes sobre el adulterio. Se entiende por adulterio la cohabitación de una persona con otra que no es su esposo/a legítimo/a. La prohibición dada en los Diez Mandamientos (Exo. 20:14; Deut. 5:18) tiene como propósito guardar la santidad del hogar y por ende la relación armoniosa con Dios. El pecado de adulterio es descrito en Levítico 18:20, y su pena se presenta en 20:10 del mismo libro, también en Deuteronomio 22:22. La pena, para los dos sorprendidos en adulterio, era la muerte; según la ley de Moisés no se halla especificado cómo se debía hacer. La anotación presentada en Juan 8:5 no es precisa, es un error de los judíos. La lapidación era para otros casos (Deut. 22:23). La idea de la lapidación se hallaba respaldada por la tradición; el libro de Ezequiel (16:35-40; 23:43-49), en la alegoría presentada habla de la lapidación. También en algunos casos, según alguna tradición, la pena era la estrangulación. Para poder aplicar la pena de muerte era necesario que se sorprendiera a las personas en el acto mismo del adulterio. En caso de que el adulterio existiera, pero no hubiera testigos, el sospechoso de adulterio era sometido a una prueba especial (Núm. 5:11-31). Jesucristo condena, a los ojos de Dios, a la persona que adultera con la mente (Mat. 5:28).
Los demonios y los judíos. Hay pocas referencias directas a los demonios en el AT: Lev. 17:7; Deut. 32:17; 2 Crón. 11:15; Sal. 106:37. En todos los pasajes la idea que existe es que a quien servían los israelitas en actitud de desobediencia, no eran dioses, sino que en realidad era a los demonios. Una referencia indirecta se halla en 1 Sam. 28:13. En la literatura rabínica la presencia de los demonios es abundante, y se creía que eran los "gigantes" de

Génesis 6:1-8, y se llaman "ángeles de Satanás". La demonología era bastante elaborada en el judaísmo contemporáneo a Jesús. Se les daba a los demonios ciertas característica "humanas" como: comer, beber, reproducirse, y aparecen varias veces como figuras humanas. Según el judaísmo, el príncipe de los demonios era Asmodeo o Belial. La habitación de los demonios eran los sitios abandonados y los cementerios. La protección de los demonios se lograba por medio de conjuros, actos mágicos, muchos de los cuales eran mezclados con porciones bíblicas.

B. Enfasis:
La mujer sorprendida en adulterio, 8:1-11. Este pasaje es una especie de paréntesis, el mismo que puede ser explicado por el problema textual que existe. Este pasaje corta el pensamiento que ha girado en torno al testimonio de Jesús, para presentar a un Jesús perdonador ante una injusticia y falta de consistencia en la vida. Hace un llamado a examinarse cada uno antes de ejercitar algún juicio condenatorio.

Testimonio de Jesús sobre sí mismo, 8:12-18. En esta porción Jesús usa otra forma de argumento para demostrar que lo que él dice es correcto, no sólo porque presenta varios testigos de sí mismo, sino porque su vida es el respaldo de lo que dice, además del Padre.

La falta de comprensión acerca del Padre, 8:19-30. La confrontación de Jesús con sus adversarios es directa. El argumento de Jesús por lo que ellos no comprenden, ni aceptan, ahora es presentado como una falta de entendimiento acerca de quién es el Padre, y la identidad que guardan los dos, Jesús y su Padre. Esta identidad repercute en el hecho de que Jesús nunca queda solo, y que él siempre hace lo que al Padre le agrada.

La verdad libertadora, 8:31-38. El mensaje de Jesús no apunta a lo meramente religiosos ni superficial, tal como pretendían los judíos. Su mensaje va al fondo del individuo. Todo ser humano es esclavo del pecado y requiere encontrar la verdadera libertad. Esta libertad solamente es posible encontrarla en Jesús; él es el único capaz de ofrecer una libertad auténtica.

Los verdaderos hijos de Dios, 8:39-47. El ser hijos de Dios no es algo solamente nominativo, el verdadero hijo de Dios hace las obras que Dios pide que haga, de la misma manera que el verdadero hijo de Abraham hace las obras que le identifican como tal. Los hijos de Dios aman a Jesús y oyen su palabra. Los que no son hijos de Dios son hijos del diablo, y por lo tanto no creen en Jesús, amando más la mentira que el camino de la verdad.

Cristo y Abraham, 8:48-59. El camino que escogen los judíos es el insulto: acusarle de endemoniado y tratar de desprestigiarle afirmando que es samaritano. Frente al insulto, Jesús presenta un mensaje de esperanza, de vida. Este mensaje de vida sigue la línea del mensaje presentado por medio de Abraham, quien apuntaba a la presencia del Mesías, pero va mucho más allá, pues su relación con él es la relación de Dios con su criatura. Abraham es apenas un instrumento de Dios. La opción que toman los judíos es ahora, no el insulto sino el procurar matarle, no hay más argumento.

1 El testimonio verdadero, Juan 8:12-18.

Vv. 12, 13. La función que tiene Jesús como *luz del mundo* es llamar a los hombres, quienes se encuentran en tinieblas, para que puedan seguirle y disfrutar de la *luz de la vida*. Esta expresión, seguir, implica un acercamiento a él en actitud de obediencia y confianza, es dejar el camino de cada cual y tomar el camino que le impone el discipulado de Jesús. Es una invitación que se extiende al *mundo,* no está limitada a los "hijos de Abraham", es universal. La reacción frente al mensaje de Jesús es una apelación a la validez del testimonio. (Nos remitimos a la explicación que se hace en el estudio siete, Juan 5:31, especialmente al artículo titulado: "Una persona no podía dar testimonio de ella misma".) Su argumento se basa en que sus palabras no son creíbles, pues nadie confirma su testimonio.

V. 14. El argumento de Jesús se basa ya no en un asunto legal, sino en el valor que tienen sus propias palabras. En primer lugar él afirma: *sé de dónde vine y a dónde voy.* Los judíos habían afirmado que le conocían (7:27a), pero están equivocados, por lo tanto sus palabras en cuanto a Jesús no se las puede considerar válidas, pues se basan en un error. El argumento de Jesús es válido, pues se basa en una verdad: él tiene conciencia de su origen y su destino.

Vv. 15, 16. En segundo lugar, el testimonio de los judíos no es válido porque se fundamenta en apreciaciones externas y aparentes, *según la carne.* En cambio Jesús no ha venido para emitir juicios superficiales. La necesidad que tiene él de juzgar se basa no en superficialidades y falsos conocimientos, sino que sobre todo se origina en la verdad; su juicio es *verdadero,* genuino o real, debido a que no está solo, sino que se halla con el Padre. No es un juicio y testimonio de un simple hombre, es el testimonio de Dios mismo.

Vv. 17, 18. En tercer lugar, regresa a sus argumentos, *vuestra ley,* porque era una interpretación que se daba a la ley dada por Moisés que no era precisamente eso, sino una tradición. Siguiendo esta tradición, los testigos, no solamente debían ser dos personas, sino dos personas que fueran creíbles (Deut. 19:16-19). Qué mejores testigos que el Padre y el Hijo.

2 Los de abajo, Juan 8:19-24.

Vv. 19, 20. Los judíos siguen hablando de asuntos superficiales, no habían entendido el fondo del mensaje de Jesús. No podían ver al Padre. Su pregunta: *¿Dónde está tu Padre?,* llena de malicia y con el propósito de ofender (Juan 8:41), se refiere al hecho de que Jesús no había nacido como cualquier otro niño dentro del matrimonio, pues él no era hijo de José (Mat. 1:18-21). Los judíos no podían ver más allá de las apariencias, y la razón es lógica: si no pueden conocer a Jesús, tampoco podían conocer al Padre.

Lo que estaba diciendo Jesús era razón suficiente para ser tomado preso, pero no lo hicieron. Estaba muy cerca de la sede oficial del Sanedrín, pero no fue aprendido, ¿la razón?, Dios tiene control de todo, él es el único soberano y sabía cuándo tendría que llegar a la cruz. No era un asunto de los judíos, era un asunto de Dios.

Vv. 21, 22. *En vuestro pecado moriréis.* La situación de rechazo a él y al Padre ocasionará una separación definitiva, y una privación de disfrutar de la luz que está ofreciendo. La forma burlona al igual que lo hicieron en 7:35 y 36, muestra una vez más la incapacidad de argumentar de los judíos, ahora su salida no es el insulto, sino la burla; querían insinuar que se suicidaría para ocultar sus verdaderas intenciones (5:18; 7:32, 45-52).

Vv. 23, 24. Estar en pecado impide disfrutar de la presencia de Dios. La terminología responde a la cosmovisión que tenían los hebreos, es decir, que Dios es de *arriba* y que los hombres que permanecen en pecado son de *abajo*. Sin embargo, esta parte de la discusión termina con palabras de esperanza, esto puede ser diferente *a menos que creáis que yo soy,* dijo Jesús. Retorna a las frases que empiezan con el *Yo soy...* Se requiere aceptar las palabras de Jesús en cuanto a lo que él dijo que era para disfrutar de su compañía eterna.

3 Muchos creyeron en él, Juan 8:25-30.

Vv. 25-27. Parece que los judíos no habían escuchado nada de lo que Jesús les había enseñado. Su pregunta es ahora directa, no habían entendido, o no habían querido entender. Otra posibilidad es que están haciendo su pregunta a manera de burla y procurando ridiculizarlo. La respuesta de Jesús no se hace esperar, ya lo ha dicho y de una manera muy clara; pero se hace necesario también seguir con el argumento que había empezado en los versículos anteriores. El tiene muchas cosas que decir en relación con lo que son los judíos: están en pecado, y también son de "abajo", pero su propósito ahora es diferente, no va a caer en una confrontación personal. Su mensaje central es que viene de parte de él, del Padre. Su mensaje es la presencia misma del Padre, quien *es verdadero* en sí mismo. Su responsabilidad es sencillamente transmitir lo que ha *oído de parte de él.* Todo parece una gran redundancia, pero no hay otro mensaje, ni otra misión del Hijo, sino revelar al Padre. Esto no lo entendían los judíos, por esto se hace necesaria una última declaración en torno al tema.

Vv. 28, 29. La comprensión plena de la misión de Jesucristo solamente sería entendida desde la perspectiva de la cruz. La frase *levantado al Hijo del Hombre* ya fue usada y explicada en el capítulo tres del Evangelio. La cruz es la única manera de llegar a un conocimiento completo de Jesús, tanto de sus palabras, sus *yo soy;* como su obras, y la relación íntima que llega a la identidad completa con el Padre. Esta identidad se puede ver en dos cosas que menciona Jesús: *no me ha dejado solo,* es decir, que siempre ha estado con él, siempre ha sido la persona que le acompaña en la realización de su misión, y, *yo hago siempre lo que le agrada a él,* o sea la unión de voluntades que conduce a una relación de agrado entre los dos, la relación que existe en cuanto son "parte" de la Trinidad.

V. 30. Como siempre sucedía en las palabras de Jesús, había personas que creían y otras no. Nuevamente las personas que creen posiblemente no tenían una fe verdadera y madura, tal vez fue una "fe intelectual" que se rendía ante la lógica, pero que no estaba lista a seguirle en todo, como era la demanda de Jesús. Esta misma gente despreció no solamente en forma verbal a Jesús (v. 33), sino que también llegó al intento de matarle (v. 59).

171

1. Razón de nuestra fe. El cristianismo no es una serie de enseñanzas sin fundamento. La fe cristiana tiene sus fundamentos históricos, por lo tanto demostrables. Los creyentes no debemos tener temor de presentar nuestra fe delante de quien sea y donde sea necesario.

2. No tener miedo a la confrontación fructífera. No debemos caer en el error de una discusión sin sentido. Presentemos los argumentos con honestidad, pero también exijamos esa misma honestidad en quien presenta argumentos contrarios.

3. Evangelización que conduzca a la decisión. Jesús presentaba su mensaje esperando algún tipo de respuesta de parte de quien le escuchaba. A veces esta respuesta era el confrontamiento directo, pero siempre hubo reacción. Que nuestro mensaje no sea un mensaje inofensivo, sino que siempre produzca algún tipo de efecto en nuestros oyentes.

Ayuda homilética

El testimonio de Jesús sobre sí mismo
Juan 8:12-18

Introducción: Jesucristo nunca fue un hombre cerrado en sus enseñanzas, siempre presentó los argumentos bien definidos y lógicos sobre cada una de sus enseñanzas y verdades. Por lo menos presentó tres clases de argumentos.

I. Su argumento inicial: una verdad, v. 12.
   A. Jesús es la luz, v. 12a.
   B. Invitación a salir de las tinieblas, v. 12b.
   C. El don de la luz de la vida, v. 12c.
II. Su argumento histórico: su destino, v. 14.
   A. Jesús conoce su destino, v. 14a.
   B. Sus detractores no le conocen, v. 14b.
III. Su argumento legal: sus testigos, vv. 15-18.
   A. Sus detractores le juzgan por apariencias, v. 15.
   B. El juicio de Jesús es verdadero, v. 16.
   C. Los testigos que le respaldan, vv. 17, 18.

Conclusión: Jesucristo nunca rehuyó la discusión fructífera, al contrario pudo presentar todos los argumentos necesarios con sus razones bien elaboradas, concluyendo de un manera lógica que tenía la razón para afirmar lo que afirmó.

Lecturas bíblicas para el siguiente estudio

Lunes: Juan 9:1-12   **Jueves:** Juan 9:30-34
Martes: Juan 9:13-25   **Viernes:** Juan 9:35-38
Miércoles: Juan 9:26-29   **Sábado:** Juan 9:39-41

AGENDA DE CLASE

Antes de la clase
1. Uno de los puntos de la lección a estudiar hoy trata el tema del adulterio; siendo que es un asunto controversial pida ayuda y dirección divina para que pueda abordar este tema con sabiduría de lo alto. Pase tiempo en oración, pida por cada uno de los alumnos en particular, y en especial por la lección que estudiarán hoy. **2.** Prepare papeles con las citas de los textos bíblicos según la división de la sección *Enfasis*. Estos deben ser entregados a los alumnos conforme vayan llegando al salón de clase. **3.** Investigue, de acuerdo con sus posibilidades, el problema textual con las explicaciones del pasaje de Juan 8:1-11. Esté listo a una eventual pregunta sobre el tema. **4.** Prepare un cartel con el título y los subtítulos del estudio del *Texto básico*. **5.** Complete la sección *Lea su Biblia y responda*.

Comprobación de respuestas
JOVENES: **1.** "Yo soy la luz del mundo. El que me sigue nunca andará en tinieblas, sino que tendrá la luz de la vida" (v. 12b). **2.** La respuesta correcta es la (c). **3.** "Yo soy el que doy testimonio de mí mismo, y el Padre que me envió también da testimonio de mí" (v. 18).
ADULTOS: **1.** a. Jesús mismo. b. El Padre. **2.** Creer que Jesús es lo que dijo ser. **3.** Judíos: son de abajo, son del mundo. Jesús: es de arriba, no es del mundo.

Ya en la clase
DESPIERTE EL INTERES
1. Comience la clase dando la bienvenida a todos los presentes, reconozca en forma especial a las visitas. **2.** Dirija al grupo en su totalidad a discutir informalmente sobre problemas relacionados con líderes latinoamericanos, quienes por su doble discurso, es decir testimonios alejados de la verdad, se vieron en la necesidad de renunciar a sus cargos públicos como el de presidente o vicepresidente de algunas de las Repúblicas de nuestra América Latina. Si es necesario puede tratar el caso específico de su país, si fuere el caso. Cuide siempre de dar libre expresión, guardando el respeto que todos merecemos; no use rumores, o cosas que no son comprobables, permita que se presenten argumentos demostrados por la vía legal. Trate de que se apunte a hechos y no a ideas de tal manera que se hieran susceptibilidades.

ESTUDIO PANORAMICO DEL CONTEXTO
1. Para iniciar esta parte, el maestro puede explicar, o dar lectura desde el Libro del Maestro, a los dos artículos que se plantean en la sección *Fondo histórico*. **2.** Pida a las personas quienes tienen los papeles con las citas bíblicas que las lean, haga notar las diferencias existentes, si hay otra versión diferente a RVA. Esta lectura bíblica deberá ser intercalada con la lectura, que puede hacer otro alumno, del material correspondiente que se encuentra en el Libro del Alumno.

ESTUDIO DEL TEXTO BASICO

El maestro puede dar lectura a todo el texto básico para luego dar oportunidad a que cada alumno en particular pueda cumplir las actividades de la sección *Lea su Biblia y responda.* A continuación dé oportunidad para que uno o dos compartan sus respuestas.

El cartel que ha sido elaborado de antemano puede ser colocado a la vista de la clase. Esto le servirá como guía para los puntos y subpuntos que se trabajarán en este estudio.

La primera sección puede ser tratada a base de preguntas hechas por el maestro a la clase. Estas preguntas podrían ser por ejemplo: ¿Cómo se identifica Jesús a sí mismo? ¿Qué implicaciones hay en seguir a Jesús? ¿Por qué el testimonio de Jesús es verdadero? ¿Por qué "los testigos" que presenta Jesús son válidos? El maestro puede buscar otras preguntas como las presentadas o preguntas de interpretación, de acuerdo con el tipo de personas que se encuentran en la clase.

La segunda parte puede ser explicada por el maestro, en ella se debe enfatizar la unidad que existe entre el Padre y el Hijo, y la necesidad de conocerles a los dos por igual. Explique la forma cómo los judíos entendían el mundo (arriba-abajo). Termine esta parte recalcando la necesidad de creer en la persona de Jesucristo. Use el cartelón como un medio pedagógico para fijar con efectividad el contenido de la lección.

La parte final del estudio del texto básico, puede ser leída por el maestro, y a continuación promover el diálogo y la reflexión, orientando a la necesidad que como creyentes tenemos de testificar de lo que Cristo ha hecho en nuestras vidas. Este tiempo puede ser de bendición si es usado como un medio para ayudar a quienes por diferentes causas no han experimentado el nuevo nacimiento.

APLICACIONES DEL ESTUDIO

En esta parte del estudio guíe a los participantes a que lean de manera individual, o lo puede hacer pidiendo que dos o tres personas den lectura a las aplicaciones presentadas en el Libro del Alumno. Luego de realizada esta actividad pregunte a los participantes si hay otras apreciaciones en cuanto a posibles aplicaciones. Cuide mucho de que éstas sean pertinentes y que guarden relación con el estudio de este día. De existir otras ideas en cuanto a aplicaciones, tómelas en cuenta y comenten acerca de éstas con los demás participantes.

PRUEBA

Conceda tiempo para que los alumnos llenen en sus libros los espacios correspondientes de esta parte. Luego, pida que tres o cuatro, dependiendo del tiempo, compartan sus respuestas anotadas. Dé especial atención para que hablen sobre la necesidad de compartir del amor de Dios a otros. Para concluir terminen con una palabra de oración; para esto puede hacerlo el maestro o algún participante; pida ayuda y dirección de Dios para llegar a compartir con las personas que se han propuesto en su corazón.

Jesús causa controversia

Contexto: Juan 9:1-41
Texto básico: Juan 9:1-7, 13-17, 24-38
Versículo clave: Juan 9:39
Verdad central: La ocasión cuando Jesús sanó al hombre ciego de nacimiento, causó controversia entre los líderes religiosos que estaban más interesados en observar la ley del día sábado que en el bienestar de una persona.
Metas de enseñanza-aprendizaje: Que el alumno demuestre su: (1) conocimiento de la controversia que Jesús causó por obrar un milagro de sanidad en el día sábado, (2) actitud de valorizar a las personas y atender sus necesidades en forma inmediata.

———————— Estudio panorámico del contexto ————————

A. Fondo histórico:
   Algunos ejemplos de la exageración del sábado. Una mujer no podía verse en un espejo un sábado, pues podría encontrarse una cana, y si se la sacaba era un trabajo prohibido. Se podía tragar vinagre para curarse en un sábado, pero no podía hacer gárgaras, pues era un trabajo. En el Documento de Damasco se afirma que nadie podía sacar con algún instrumento, en sábado, a un hombre que había caído en un pozo, como tampoco podía cargar un tutor a un niño lactante durante el sábado.
   ¿Es la enfermedad un resultado del pecado? Algunas enfermedades pueden ser una consecuencia de algún pecado, pues el principio que regiría es que "todo lo que el hombre siembra eso cosecha". Otras veces es un instrumento usado por Dios con fines pedagógicos. Los judíos en la época de Jesús exageraban la posibilidad de que las enfermedades eran resultado del pecado, como se ilustra muy claramente a lo largo de todo el libro de Job. Jesús fue muy claro en relación con esto (Luc. 13:2-5). Muchos rabinos pensaban que aun los niños podían pecar en el vientre de su madre.
   El estanque de Siloé. Siloé es una palabra aramea que significa "enviado". El estanque era una de las principales fuentes de provisión de agua para Jerusalén, por medio de un canal cubierto o túnel, el mismo que se realizó como una obra genial de ingeniería.
   Motivos para expulsar de la sinagoga. No hay datos ciertos sobre las causas de excomunión en la época de Jesús, se conocen ciertos datos posteriores, que afirman que había tres clases de expulsiones: (1) por falta leve corres-

pondía una expulsión por menos de una semana; (2) por falta más grave se expulsaba por treinta días, y (3) por falta muy grave se expulsaba definitivamente, se hablaba en este caso de maldición.

B. Énfasis:

Los motivos de Dios, 9:1-7. Las cosas que nos suceden no siempre tienen una explicación adecuada para nosotros. En más de una oportunidad Dios obra de maneras muy especiales, pero siempre de acuerdo con la promesa de que "todas las cosas ayudan a bien a los que a Dios aman" (Rom. 8:28). Esto es lo que pasó con el "ciego de nacimiento".

El testimonio del exciego, 9:8-12. Cuando Dios obra no siempre entendemos el cómo lo hace, tal como le sucedió al exciego. Él solamente pudo relatar que Jesús obró y lo sanó. Nuestro testimonio no tiene que ser un testimonio complicado, solamente debe ser un relato de lo que ha pasado y cómo Dios logró hacer cambios.

Los fariseos interrogan al sanado, 9:13-17. Jesús decidió actuar para transformar la situación de un hombre que sufría, aunque esto le traería complicaciones. Algunas cosas suceden cuando Dios obra, unos no creen, mientras otros, los que han recibido las bendiciones pueden reconocer en Jesús a un verdadero profeta.

Los fariseos interrogan a los padres del sanado, 9:18-23. Los judíos actúan con toda desconfianza, poniendo en tela de duda lo que hace Dios, por esto su interrogatorio llega hasta los padres del sanado. Ellos se sienten presionados frente a las amenazas que había en su contra y deciden no presentar su testimonio sobre los hechos.

Segundo interrogatorio al sanado, 9:24-34. El testimonio del sanado es firme, pese a las presiones, y puede confrontarse con los judíos que le presionan. Esta confrontación llega hasta el punto de dejar ver las falsedades de los judíos, y la base de su argumento de que Jesús es algo muy especial. Los judíos no tienen argumentos, solamente la expulsión. Los enemigos de Jesús solo usan la violencia.

El ciego sanado cree en Jesús, 9:35-41. El hombre que era ciego ha llegado al convencimiento de que Jesús no es solamente un hombre que no es pecador, sino que es el Hijo del Hombre. En él había sucedido un milagro mayor, no solamente empezó a ver, sino que pudo ver con los ojos de la fe a un Dios poderoso, cosa que los judíos no hicieron, permaneciendo ciegos.

───────── **Estudio del texto básico** ─────────

1 Un hombre ciego recibe la vista, Juan 9:1-7.

Vv. 1, 2. El ciego del relato se constituye en una especie de "rompecabezas teológico", algo así como un objeto, sobre el cual se hará una gran discusión, sin importar que se trata de un ser humano con necesidades, antes que de un caso teológico. En la pregunta: *Rabí, ¿quién pecó, éste o sus padres, para que* *naciera ciego?,* hay un concepto de fondo, a saber: toda enfermedad era resultado de un pecado.

Vv. 3-5. La respuesta de Jesús es radical, no toda enfermedad es causa del pecado, él no mira hacia atrás, sino obliga a los discípulos a mirar los designios de Dios, con el propósito de que todo sea para su gloria. En el caso del ciego es nuevamente para demostrar que Dios no es una persona que se halla en reposo, hoy es el tiempo de la acción de Dios. **Vv. 6, 7.** La forma como Jesús hace los milagros descansa solamente en su soberanía, ahora él escoge obrar por medio del *lodo con saliva* y el lavamiento *en el estanque de Siloé.* La sanidad no la puede hacer con autorización del ciego, como fue el caso del paralítico de Betesda, pues el hombre no sabe lo que es la luz, pero tampoco lo hace en forma mecánica, espera obediencia del beneficiario del milagro. Tiene que ir a *Siloé,* lugar usado en el AT como símbolo de las bendiciones que vienen de Dios (Isa. 8:6; Eze. 47:1). Solamente al seguir el camino de la obediencia el ciego pudo experimentar el significado real de la luz, y *regresó viendo.*

2 Testimonio del hombre sanado, Juan 9:13-17.

Vv. 13, 14. El milagro realizado por Jesús, como han sido todos los milagros o señales, tiene repercusiones en el entorno del ciego. El exciego se presenta ante los fariseos no para ser examinado si ha recibido un bien, o algo parecido, sino exclusivamente porque el milagro se realizó en día sábado. Esta premisa les lleva a pensar en algunas implicaciones: Jesús es un pecador y violador del sábado, Dios no viola el sábado, por lo tanto Dios no puede estar con Jesús; es necesario realizar una investigación, pues puede existir algún fraude. **Vv. 15, 16.** *El me puso lodo sobre los ojos; me lavé y veo.* El razonamiento de los fariseos es presentado con dos posibilidades: la una que comienza afirmando que Jesús violó el sábado, luego no es de Dios. La segunda, a manera de pregunta sin sostener nada pero con una alta dosis de duda, afirma que los pecadores no hacen señales, por lo tanto Jesús no es pecador. Los planes y obras de Dios no se rigen por el razonamiento humano, mucho más cuando este razonamiento se halla velado por prejuicios religiosos. **V. 17.** Los fariseos acuden al exciego como un testigo de excepción, posiblemente buscando más argumentos para su razonamiento prejuiciado. La respuesta del sanado: *Que es profeta,* implica un cierto progreso en la comprensión que iba adquiriendo el hombre. Para él, en su respuesta sencilla, Jesús no está separado de Dios, y mucho menos en su contra, tiene que ser un enviado suyo y que está actuando en su nombre.

3 Un nuevo interrogatorio, Juan 9:24-34.

Vv. 24, 25. Luego del interrogatorio a los padres del sanado, y de no ver resultados para sus propósitos, acuden de nuevo al exciego. Su forma de interrogatorio es ahora diferente. No proceden por el razonamiento, sino que apelan al sentimiento religioso, *¡Da gloria a Dios!* Se pretende apelar al temor a Dios que tenía esta persona. No se reconoce que Jesús haya hecho el milagro por su relación con Dios, sino que Dios hizo el milagro pese a que Jesús era un violador del sábado. El exciego cada vez va haciendo conciencia de lo que le pasó, y de quién intervino en su problema. Su respuesta inicial fue *No sé* (v. 12), luego los fariseos afirmaron *sabemos* (v. 24); él mismo dijo luego *no lo sé* (v. 25a); pero ahora puede decir *Una cosa sé*. La evidencia que tenía no le capacitaba para seguir el razonamiento que los fariseos pretendían que tuviera, la premisa estaba llena de prejuicios religiosos. La certeza que tenía era que ahora podía ver, eso no admitía explicación, la experiencia personal no puede ser discutida. **Vv. 26-29.** La metodología que ahora usan con el sanado es la de la presión, ya no hay razonamiento o búsqueda de argumentos. El hombre está cansado de oír la misma pregunta por tercera ocasión, de allí su respuesta llena de fastidio, *Ya os dije, y no escuchasteis.* El argumento sigue siendo viciado y enceguecido por la religiosidad, no desean aceptar lo que Jesús ya había dicho tantas veces, él viene del Padre y su autoridad radica en esto. **Vv. 30-34.** El proceso de concientización del sanado va en aumento, ahora él puede confrontarse con los fariseos, le acorralan de tal manera que, a aquellos que estaban siempre listos para decir "sabemos", ahora él les dice: *que vosotros no sepáis de dónde es,* a pesar de esto, Jesús los sanó. Los fariseos ahora escuchan al hombre, él puede decir ahora *sabemos,* él interrogado se convierte en la persona que lleva la iniciativa.

En medio de su falta de percepción para la luz que Jesús estaba trayendo, reconocen lo que no querían reconocer, que Jesús hizo el milagro. La presencia de una persona que hace conciencia de lo que pasa es peligrosa para el poder religioso, por lo tanto es mejor echarlo de la comunión de Israel.

4 El ciego sanado cree en Jesús, Juan 9:35-38.

V. 35. Ahora el sanado está en posición de poder tomar una decisión consciente frente a Jesús. Ya no responderá en la euforia del milagro, ahora puede responder al llamado pese a los problemas que tiene. Es el Maestro, que al ver al hombre desprotegido por el poder religioso acude en su ayuda. Viendo la luz ahora puede decidir frente a la demanda de Jesús.

Vv. 36, 37. El hombre empieza a razonar su fe, no puede creer por creer, él había sentido el poder de Dios, pero eso distaba de poner su confianza en Jesús, él tenía que unir los pedazos de su rompecabezas. Jesús le conduce por este camino, él es el Hijo del Hombre, aquella figura prometida en el AT, aquel que irrumpirá con poder en medio de su pueblo, aquel que se ha hecho carne y habla con el sanado. Ahora puede ver con claridad a la persona que hace el milagro, ha respondido a la manifestación de la luz, así dice Jesús: *le has visto.*

V. 38. La respuesta ahora es clara: *¡Creo, Señor!* estamos frente a una fe madura, razonada, que sabe en quién cree, por qué cree, los problemas que hay en creer y las implicaciones que hay en creer. Una fe de esta magnitud conduce a la adoración, una adoración en espíritu y en verdad.

Aplicaciones del estudio

1. Una fe razonada. Estamos muy acostumbrados a apelar a los sentimientos para buscar respuesta a la demanda de fe. El proceso de Jesús es diferente, pues él desea que cada persona, usando los procesos lógicos y despojados de prejuicios, pueda llegar a dar una respuesta de fe, fe que sin duda será una fe madura y responsable, que conduzca a una adoración verdadera. **2. El hombre antes que la religión.** Jesús enseña que la religión puede ser un estorbo para conocerle de verdad. El desea poner en primer lugar las necesidades de los hombres, pues para eso ha venido, para dar "libertad a los oprimidos". **3. Valor en nuestro testimonio.** Es necesario seguir el ejemplo del ciego de nacimiento, quien se armó de valor para poner en su sitio a los fariseos, y arriesgando, mejor dicho perdiendo muchas cosas, decidió seguir a Jesús.

Ayuda homilética

Una fe madura
Juan 9:35-38

Introducción: Dios desea que nuestra fe sea bien sustentada, para que sea madura. En el pasaje a estudiar se verá el proceso que Dios quiere para un encuentro de fe maduro.

I. Jesús llama, v. 35.
    A. Jesús busca al hombre, v. 35a.
    B. Jesús confronta al hombre, v. 35b.
    C. Jesús explica el contenido de la fe, v. 35c.
II. Jesús explica, vv. 36, 37.
    A. Espera que el hombre se cuestione, v. 36.
    B. Ahora el hombre puede ver, v. 37a.
    C. Ahora el hombre le puede identificar, v. 37b.
III. El hombre responde, v. 38.
    A. Deposita su confianza en el Señor, v. 38a.
    B. Sus prioridades van hacia el Señor, v. 38b.

Conclusión: Nuestra fe no se basa en sentimientos subjetivos, sino en hechos ciertos. Pero demanda la intervención de Dios para que podamos ver esos hechos.

Lecturas bíblicas para el siguiente estudio

Lunes: Juan 10:1-5   **Jueves:** Juan 10:22-30
Martes: Juan 10:6-18   **Viernes:** Juan 10:31-38
Miércoles: Juan 10:19-21   **Sábado:** Juan 10:39-42

AGENDA DE CLASE

Antes de la clase

1. Estudie con cuidado la sección *Enfasis,* el *Texto básico* y los comentarios en los libros de Maestros y de Alumnos. **2.** Seleccione de los participantes de la clase a dos personas, quienes harán una representación tipo "entrevista periodística". La primera persona hará el papel de narrador del milagro, y también será el encargado de hacer las diferentes preguntas, similares a las que fueron hechas al ciego por parte de los judíos. La otra persona representará al ciego de nacimiento. Busque a estas personas con suficiente anticipación para que la representación sea algo agradable y provechoso para el aprendizaje. **3.** Sería muy bueno que las dos personas escogidas, luego de haber recibido la explicación sobre su responsabilidad, junto con el maestro se reúnan para hacer un ensayo previo y pulir de esta manera posibles inconvenientes. **4.** Provéase de un mapa de la ciudad de Jerusalén en donde se pueda distinguir el estanque de Siloé. En algunos diccionarios se puede encontrar todo el sistema de riego que existía en la ciudad; este material le puede ser de utilidad. **5.** Responda la sección *Lea su Biblia y responda* del estudio de hoy.

Comprobación de respuestas

JOVENES: **1.** "No es que éste pecó, ni tampoco sus padres. Al contrario, fue para que las obras de Dios se manifestaran en él" (v. 3). **2.** "Escupió en tierra, hizo lodo con la saliva y con él untó los ojos del ciego. Y le dijo: —Vé, y lávate en el estanque de Siloé" (vv. 6, 7). **3.** El hombre fue llevado dos ocasiones a testificar de su sanidad.

ADULTOS: **1.** (Palabras similares) a. Jesús le puso lodo, se lavó y pudo ver. b. Jesús es profeta. c. No sé si Jesús es pecador, sólo sé que ahora veo. d. Hay una cosa maravillosa, Dios oye a los que le temen, si Jesús hizo el milagro es porque procede de Dios. **2.** Porque lo hizo en sábado (v. 16).

Ya en la clase

DESPIERTE EL INTERES

1. Dé la bienvenida a los alumnos, procure que cada uno se sienta a gusto en el grupo, una de las maneras es que todos conozcan los nombres de cada integrante. **2.** Luego de esta bienvenida, recalque sobre la importancia que cada uno de los asistentes tiene para que se lleve a cabo el proceso de enseñanza/aprendizaje. Recuérdeles que sin ellos no es posible la realización de la clase, al igual que sin la presencia de un guía. Dios no se preocupó por salvar instituciones como tales, sino se preocupó por individuos con toda su problemática. **3.** Haga un esfuerzo especial para que durante esta clase, y por qué no en el futuro, todos los participantes se sientan importantes dentro del desarrollo de cada actividad.

ESTUDIO PANORAMICO DEL CONTEXTO

1. Para la parte del *Fondo histórico* divida la clase en tres grupos. Asigne a cada grupo uno de los temas. El maestro deberá tomar la parte acerca del estanque de Siloé. En no más de cinco minutos, cada grupo estudiará el tema y presentará un informe de sus conclusiones a la clase. **2.** Note que el material de la sección *Enfasis* es bastante similar al del *Estudio del texto básico.* Debido a esto en esta lección no nos detendremos en la sección *Enfasis.*

ESTUDIO DEL TEXTO BASICO

La mecánica sugerida para esta parte de la lección es la siguiente: presentación de las personas responsables de la entrevista periodística con una breve explicación de lo que pretenden hacer, representación de la entrevista, foro abierto y conclusiones al *Texto básico.*

Las personas responsables de la entrevista deben dar inicio a su parte luego de que el maestro explique la mecánica a seguir. Inicialmente el relator expondrá a los oyentes sobre los acontecimientos que le han llevado a que este día esté junto a él el hombre que fue objeto del milagro. Procure hacer la narración del milagro bastante fluida, y aplicada al contexto en el que se desenvuelve, no por esto descuidando la fidelidad al contenido del relato bíblico. Luego el sanado contará, de acuerdo con el texto bíblico, lo que le ha sucedido. La representación de este evento deberá ser cuidadosa para que los alumnos puedan darse cuenta del progreso en la comprensión del milagro, y de quién es Jesucristo por parte del ciego de nacimiento.

A continuación de esto se abrirá el foro en el cual los participantes de la clase podrán hacer preguntas, tanto al ciego de nacimiento como al relator. El maestro deberá guiar a la clase de acuerdo con las divisiones que trae el *Texto básico.* Por favor no pierda de vista las *Metas de enseñanza-aprendizaje,* al igual que la verdad central.

APLICACIONES DEL ESTUDIO

Léanse las aplicaciones del Libro del Alumno, pregunte si hay otras ideas en cuanto a aplicaciones. En caso de que no se mencionen otras posibles aplicaciones, el maestro puede hacer uso de las existentes en el material del Maestro. Recalque nuevamente la importancia que deben tener las personas sobre las instituciones o las tradiciones religiosas que podamos tener.

PRUEBA

1. Pida que cada alumno conteste, en silencio, las preguntas que se encuentran en el Libro del Alumno. **2.** Pida que algunos de los participantes compartan sus respuestas. Cuide mucho de no herir susceptibilidades; recuerde que la persona que ha llenado esta parte está haciendo un esfuerzo personal por reconocer sus fallas. **3.** Termine orando por los integrantes de la clase para que Dios les dé fuerza y ellos siempre puedan poner por delante las necesidades de las personas por encima de las instituciones.

Jesús es el Cristo

Contexto: Juan 10:1-42
Texto básico: Juan 10:22-42
Versículos clave: Juan 10:24, 25
Verdad central: Jesús declaró abiertamente que él era el Cristo, el Hijo de Dios, por lo cual los judíos le rechazaron.

Metas de enseñanza-aprendizaje: Que el alumno demuestre su: (1) conocimiento de la ocasión cuando Jesús declaró abiertamente que él era el Cristo, (2) actitud de compartir con otros la verdad central del cristianismo: Jesús es el Hijo de Dios que vino al mundo para salvarnos de nuestros pecados.

Estudio panorámico del contexto

A. Fondo histórico:

Costumbres de los pastores. En la época de Jesús las ovejas eran guardadas, durante la noche, en rediles. Durante el invierno eran guardadas también en cuevas. Los rediles eran hechos con madera o con piedras, aprovechando algún rincón natural. Para facilitar el cuidado se reunían varios rebaños y se los introducía en un redil, al cuidado de un portero. No había ningún problema en que los animales se mezclaran, pues cada mañana cada uno de los pastores llamaba a sus ovejas por nombre, y ellas le seguían, yendo el pastor por delante. Jamás seguían a otra persona que no fuera su pastor.

La fiesta de la Dedicación. En hebreo *Hanukká.* Esta es una de las fiestas que celebraban los judíos, la misma que no está incluida en los libros de la ley. Se celebraba el 25 del mes de Quisleu, más o menos nuestro mes de diciembre. Se celebraba el tiempo cuando Judas Macabeo (164 a. de J.C.) purificó el templo que había sido profanado por Antíoco Epífanes tres años antes. La historia de todo este evento se encuentra en el libro deuterocanónico o apócrifo de 1 de Macabeos 1:59; 4:47-59. Se la conocía como la Fiesta de las Luces, debido a que se prendían lámparas en las casas.

La lapidación como método de juicio. La lapidación, como pena de muerte, se la aplicaba por varias razones, según la ley bíblica: los adivinos (Lev. 20:27), por blasfemia (Lev. 24:16), por idolatría (Deut. 17:2-5), se menciona debido a una violación del sábado (Núm. 15:35). Como se nota las causas eran siempre de tipo "teológico". En los libros fuera de la ley se menciona una lapidación por ofensas al rey (1 Rey. 21:13). La ejecución la realizaba toda la comunidad, generalmente en la ciudad donde se le había sorprendido al malhechor, y se ejecutaba fuera de ella (Lev. 24:14; Núm. 15:36). Los testigos debían tirar la primera piedra (Deut. 17:7). En época de Jesús, por mandato de la ley romana, los judíos no podían condenar a muerte sin la presencia de una autoridad imperial, los casos de lapidación o intento de ella responden más a un linchamiento popular, fuera de los cánones de la justicia.

B. Enfasis:
El verdadero pastor, 10:1-5. Jesús describe al verdadero pastor, en contraste con el ladrón. El verdadero pastor: entra por la puerta, le abre el portero, llama a sus ovejas por sus nombres, sus ovejas reconocen su voz, va delante de las ovejas y ellas le siguen.

La puerta de las ovejas, 10:6-15. "La puerta" es aquel personaje que cuidaba el redil colocándose como puerta en la entrada.

Las otras ovejas, 10:16-21. En forma sorprendente nos orienta más allá de la cruz, a la formación de la iglesia, pueblo que está formado por "ovejas" de varias partes, no solamente de las "ovejas de Israel". Esta verdad grandiosa se hace realidad solamente porque Jesús es el soberano, tiene poder para poner y quitar su vida, él es el que controla todo.

Las ovejas que no son del redil de Jesús, 10:22-26. Aprovechando la presencia de la multitud, debido a la Fiesta de la Dedicación o Fiesta de las Luces, Jesús procederá a enseñar con toda la claridad lo que se puede. El problema no estaba en las enseñanzas de Jesús, pues él había enseñado con claridad, el problema estaba en los receptores, pues ellos no siendo de las ovejas de Jesús no podían oír su voz.

Los beneficios de las ovejas de Jesús, 10:27-30. En contraste con los versículos anteriores, las ovejas de Jesús sí pueden oír su voz, y no sólo eso sino que tienen vida eterna que ha sido otorgada por Jesús. Esto significa que no morirán eternamente, y disfrutarán de las bendiciones de no poder ser arrebatados de la mano de Jesús y de la mano del Padre.

Los suyos no le recibieron, 10:31-39. La confrontación es directa, los judíos no aceptan estas palabras y pretenden apedrearle. Jesús hace un intento más para que tengan conciencia de lo que hacen. Las obras que él hace son muestras de su identidad con Dios, pero no quieren creer.

Otros creyeron en él, 10:40-42. Pero como siempre sí hay personas que le aceptan, pero fue necesario salir de allí. Esta gente cree en Jesús por las obras que le vieron hacer y por hacer un vínculo correcto con todo el mensaje que Juan dio.

─────────── **Estudio del texto básico** ───────────

1 Jesús habla abiertamente, Juan 10:22-26

Vv. 22, 23. El evento para estudiar en la lección de hoy sucede en Jerusalén, en los días en los que se celebraba la *fiesta de la Dedicación* o de las Luces. Esta era una fiesta que recordaba los hechos heroicos de los hermanos Macabeos, un símbolo de la "pureza" de los judíos y todos sus ritos. Al mismo tiempo se recordaba la fidelidad de Dios con su pueblo. Era *invierno,* la época de lluvias, por esto es lógico que Jesús esté caminando por los pórticos cubiertos. Estos pórticos, una especie de corredores, estaban en todo el oriente del patio del templo, se creía que era lo único que quedaba del templo original, de allí su nombre de *pórticos de Salomón.* **Vv. 24-26.** Las palabras de Jesús llamaron mucho la atención. La pregunta del versículo 24 evidentemente no era sincera, tenía como propósito encontrar una causa para apedrearle. Jesús no había querido revelarse en forma directa como el Cristo, como lo había hecho a la samaritana, y posiblemente no lo hizo por el concepto que tenía del Cristo, a quien le consideraban un líder político/militar, asunto que no era completamente verdad, él era el Mesías, pero esto incluía otras cosas, como el ser Hijo del Hombre y ofrecer su vida por sus ovejas, como explicará durante sus discursos. La respuesta de Jesús, *os lo he dicho, y no creéis,* enseña que los judíos habían escuchado, pero no se habían acercado con un corazón listo a creer, sino listo a pelear y si es posible matarle. Pero no solamente Jesús les ha dado a entender lo que era, sino que sus hechos son de tal manera que no hay discusión sobre el asunto. Los judíos habían cerrado los ojos al significado de las señales, como diría Pablo más tarde: su entendimiento está cegado, no pueden ver.

2 Ovejas del Buen Pastor, Juan 10:27-30.

Vv. 27, 28. Los judíos no podían disfrutar de las bendiciones que Dios tiene para los que han depositado su vida en él. Hendriksen hace una relación recíproca de las promesas y bendiciones que tenemos, así:

Mis ovejas (de Jesús)		Yo (Jesús)
1. escuchan mi voz	y	2. las conozco
3. me siguen	y	4. les doy vida eterna
5. nunca perecerán	y	6. me ocuparé de que nadie me las arrebate.

Sí se debe aclarar, para evitar equívocos, que las ovejas no llegan a ser tales por escuchar la voz, sino que escuchan su voz por ser ovejas, es decir que "la acción procede del don" (Hendriksen), tampoco que las ovejas son pasivas, pues le siguen. Lo que es sumamente claro es que la salvación, una vez más es recalcado por Juan, radica en la gracia y soberanía de Dios exclusivamente. En las frases enumeradas se nota un deseo de Dios de guardar una relación muy íntima, personal y eterna con aquellos que han depositado sus vidas en actitud de fe.

V. 29. El versículo 29, tal como lo presenta la RVA, es una exaltación a la grandeza de Dios, y en virtud de esa grandeza, *nadie las puede* (a las ovejas) *arrebatar de las manos del Padre.* La grandeza de Dios es la garantía para nuestra perseverancia en la familia de Dios, no depende de nosotros, sino como toda la salvación, depende de Dios. Ese *nadie* se lo tiene que entender con su significado absoluto: ni Satanás, ni ningún problema o situación, nos puede separar de la relación de oveja y pastor que tenemos con Dios, con Jesús.

V. 30. El v. 30, *Yo y el Padre una cosa somos,* es la consecuencia lógica de lo que ha dicho, además de ser la declaración explícita que esperaban los judíos.

La unidad que existe entre las dos personas no es solamente de operación o propósitos, sino fundamentalmente de esencia íntima, y como consecuencia de esta unidad de esencia, se produce una unidad de criterios. Literalmente, Jesús no dice "somos uno", sino como ha traducido muy bien la RVA, *una cosa somos* o "una sustancia", pero se halla también el verbo *somos* que indica la presencia de dos personas diferentes.

3 Muchos creyeron en él, Juan 10:31-42.

Vv. 31, 32. Los judíos entendieron perfectamente lo que Jesús quería decir, el problema no era de comprensión, sino de incredulidad. La reacción de ellos, desde el puento de vista judío era lógico, según ellos, Jesús estaba blasfemando, por lo cual debería ser lapidado. Al ver a los judíos armados con piedras Jesús pregunta: *¿Por cuál de estas obras me apedreáis?,* indicando que sus obras eran del Padre, por lo tanto no había ninguna blasfemia.

V. 33. Los judíos eran amantes de las palabras y no podían relacionarlas con hechos, por esto recalcan la razón de su pretendida lapidación. Juan insiste en que los judíos sí entendieron las palabras de Jesús, por esto es aventurado decir que Jesús nunca pretendió ser igual a Dios o llamarse Dios. Este pasaje es sumamente claro y preciso.

Vv. 34-36. El argumento de Jesús parte ahora desde la ley tan respetada por los judíos, en teoría. La cita es del Salmo 82:6, en donde se llama a los jueces *dioses* por haber recibido un nombramiento divino para ejercer una función que le correspondía a Dios. En nuestro caso, el cuidado que tenía Jesús para sus ovejas era igual al del Padre. Luego, el razonamiento sigue, esta parte de la Biblia no puede ser suprimida, su autoridad es la palabra de Dios. Pero, si esto es aceptado, con cuánta mayor razón a quien es la Palabra, el Verbo hecho carne, a quien el *Padre santificó y envió al mundo.* En esta declaración se halla un resumen de todo el Evangelio de Juan, Jesús es quien fue santificado para revelar al Padre presentándose como *Hijo de Dios.*

Vv. 37, 38. Jesús es tajante: *Si no hago las obras de mi Padre, no me creáis.* En ese argumento, Jesús completa su planteamiento diciendo: *Si las hago* (las obras del Padre), *creed a las obras.* Al final del cuentas son del Padre y del Hijo.

Vv. 39-42. La reacción no se deja esperar, y algunos arremeten nuevamente contra Jesús. Ahora ya no desean apedrearlo, quizás por la fuerza de los argumentos de Jesús, sino tomarlo preso, posiblemente para confrontarlo con el Sanedrín. Ellos no quieren creer. Jesús decide pasar al otro lado del Jordán, a Perea, y nuevamente relacionarse con la obra de Juan el Bautista, se hace un recuerdo de la identidad de ministerios. No hay contradicción en el mensaje de Jesús y su identidad con el Mesías con lo que dijo Juan. Su mensaje no era diferente del de él. Los judíos que ven a Jesús ahora haciendo señales, en contraste con Juan quien no hizo señales, creen en él. Nuevamente, no es una fe madura, pero es un paso muy importante para llegar al creer sin haber visto (Juan 20:29).

Aplicaciones del estudio

1. Una salvación segura. La salvación que Dios nos ofrece no depende de nuestra fuerza, ni de nuestro intelecto. La salvación viene de Dios exclusivamente, y allí radica la seguridad y perseverancia que hay.

2. Una salvación llena de bendiciones. Cuando Dios determinó salvarnos, no solamente nos ofreció un bienestar en el más allá, sino que sobre todo nos prometió una serie de privilegios aquí y ahora. Podemos tener una comunión muy especial con él hoy mismo.

Ayuda homilética

Mi salvación es segura
Juan 10: 27-30

Introducción: La perseverancia del creyente no depende de nuestros esfuerzos, por esto no debemos estar pensando que cualquier situación nos puede hacer perder la salvación. Hay, al menos, cuatro razones para estar confiados en nuestra salvación.

I. Porque él nos conoce, v. 27.
  A. Conocer es identidad total, v. 27b.
  B. Oímos su voz, v. 27a.
  C. Le seguimos, v. 27c
II. Porque estamos en la mano de Jesús, v. 28.
  A. El nos ha dado vida eterna, v. 28a.
  B. No pereceremos jamás, v. 28b.
  C. Nadie nos puede arrebatar de Jesús, v. 28c.
III. Porque estamos en la mano del Padre, v. 29.
  A. El Padre nos dio a Jesús, v. 29a.
  B. El Padre es lo más grande, v. 29b.
  C. Nadie nos puede arrebatar del Padre, v. 29c.
IV. Por su unidad de esencia y propósito, v. 30.
  A. Sus esencias concuerdan (una cosa), v. 30a.
  B. Son dos personas diferentes (somos), v.30b.

Conclusión: Las palabras de Jesús nos deben ayudar a tener una vida de confianza, de ninguna manera a tener una vida de descuido espiritual, sino que debemos animarnos a vivir de una manera acorde con la grandeza de Dios.

Lecturas bíblicas para el siguiente estudio

Lunes: Juan 11:1-4   **Jueves:** Juan 11:17-27
Martes: Juan 11:5-10   **Viernes:** Juan 11:28-31
Miércoles: Juan 11:11-16 **Sábado:** Juan 11:32-44

AGENDA DE CLASE

Antes de la clase
1. El estudio de hoy demandará leer una parte del libro apócrifo (deutero-canónico) de los Macabeos. Es necesario que se provea de una Biblia que contenga estos libros, ésta deberá ser llevada a la clase. **2.** Investigue más a fondo de lo que se encuentra en el Libro del Maestro, acerca de la Fiesta de la Dedicación. Recuerde que el Antiguo Testamento no hace mención de esta fiesta. **3.** Pida al pastor o a un miembro de la clase que prepare una pequeña explicación sobre las costumbres existentes en los tiempos bíblicos de la manera cómo se relacionaban los pastores de ovejas con su rebaño. **4.** Provéase de materiales tales como papel, lápices, marcadores, en número suficiente para que sean distribuidos en caso de necesidad en el momento de exponer el material del *Texto básico* (Actividad 2). **5.** Conteste en el libro del Alumno la sección *Lea su Biblia y responda.*

Comprobación de respuestas
JOVENES: **1.** a) Oyen su voz. b) Le siguen. **2.** a) Vida eterna. b) No perecer jamás. c) Nadie podrá arrebatarlas de su mano. **3.** "Mi Padre que me las ha dado, es mayor que todos; y nadie las puede arrebatar de las manos del Padre", Juan 10:29.
ADULTOS: **1.** a. Oyen la voz de Jesús. b. El las conoce. c. Siguen a Jesús. d. Les da vida eterna. e. No perecerán jamás. f. Nadie las arrebatará de su mano. **2.** Las obras que hace Jesús. El Padre está en el Hijo, y el Hijo en el Padre.

Ya en la clase
DESPIERTE EL INTERES
1. Escriba en el pizarrón o lleve en un cartelón escrita la palabra CRISTO. **2.** Con base en esta palabra, lo que se quiere es tener una "lluvia de ideas". Pida que los alumnos hablen sobre lo que piensan que quiere decir esta palabra. Mientras los integrantes de la clase exponen sus pensamientos, el maestro debe ir anotando todas las ideas que salen del grupo. **3.** Luego de tener una lista de lo que la clase piensa, hable sobre lo que la Biblia dice acerca de Cristo. No es un ser extraño al hombre. En el estudio de hoy tenemos que Juan nos presenta la relación de Cristo con sus hijos por medio de la imagen del pastor y sus ovejas. Esta imagen puede resultar un tanto extraña y lejana para quienes no conocen la vida del campo, e incluso lejana para los algunos campesinos de nuestras tierras.

ESTUDIO PANORAMICO DEL CONTEXTO
1. Pida a la persona asignada que haga una breve exposición de las costumbres de los pastores en sus relaciones con sus rebaños. **2.** El maestro deberá exponer los dos temas restantes que quedan del *Fondo Histórico.* Para el tema de la Fiesta de la Dedicación sería aconsejable que haga uso

de la Biblia que contiene los libros apócrifos (deuterocanónicos). Se recomienda que lea el pasaje pertinente al tema. En cuanto al tema de la lapidación como método de juicio haga un breve resumen del material que se encuentra en el Libro del Maestro. **3.** Para la presentación del material de *Enfasis,* el maestro puede presentar un resumen. Tenga en cuenta que los primeros 21 versículos no constan en el *Texto básico,* por lo tanto deténgase un poco más en éstos, haciendo una relación con lo presentado en el *Fondo Histórico.*

ESTUDIO DEL TEXTO BASICO

Lean los pasajes del *Texto básico* y completen la sección *Lea su Biblia y responda.*

Divida la clase en tres grupos. A cada grupo asigne una de las divisiones del *Texto básico.* Cada grupo, teniendo su parte a estudiar, deberá presentarla al resto de la clase haciendo uso de diversos métodos. Pida que cada grupo sea creativo en sus exposiciones. Algunas de las formas de presentar el material pueden ser: dramatizaciones, uso de carteles, panel, mesa redonda, entrevista, entre otros. Permita que los participantes den "rienda suelta" a su capacidad creadora. El propósito de tener esta actividad es despertar la creatividad de los participantes, al mismo tiempo que permite que cada uno pueda dar su opinión sobre el tema.

El maestro debe estar listo para dar apoyo y guía a los grupos. Por esto, debe tener muy bien estudiado el material que se expondrá. Tenga siempre en cuenta la "verdad central" y "las metas de enseñanza aprendizaje".

APLICACIONES DEL ESTUDIO

Pida a los participantes que piensen en aplicaciones que darían a lo que han estudiado este día. Vaya anotando las que los alumnos mencionen. No dedique mucho tiempo a esta actividad. Luego de esto puede pedir que se lean las aplicaciones que se encuentran en el Libro del Alumno, siempre que sean diferentes; de no serlo, haga notar que las aplicaciones mencionadas por los participantes han coincidido con las descritas en su material. Si cree necesario puede usar las aplicaciones que se encuentran en el Libro del Maestro.

PRUEBA

1. Forme grupos de dos o tres personas. Pida que contesten la primera pregunta que se encuentra en el Libro del Alumno. Esto es válido tanto para jóvenes como para adultos. **2.** Para la contestación de la segunda pregunta, pida que ahora lo hagan en forma personal. Los adultos han pensado en dos personas con las que quisieran compartir el mensaje. Haga que luego de escribir los nombres, los grupos oren por ellas. Con los jóvenes puede proceder de igual manera. Al finalizar se puede tener una oración de intercesión por los alumnos para que Dios les guíe en los propósitos que han hecho en esta sesión de estudio.

Unidad 7

Victorioso sobre la muerte

Contexto: Juan 11:1-44
Texto básico: Juan 11:17-44
Versículo clave: Juan 11:25
Verdad central: Cuando Cristo resucitó a su amigo Lázaro, demostró su poder aun sobre la muerte y dejó la incomparable promesa que el que cree en él "aunque muera, vivirá".
Metas de enseñanza-aprendizaje: Que el alumno demuestre su: (1) conocimiento de las declaraciones de Jesús en torno a la muerte y la resurrección de los que creen en él, (2) actitud de esperanza de que si cree en Jesús, vivirá para siempre con él.

Estudio panorámico del contexto

A. Fondo histórico:

Los amigos de Jesús (Marta, María y Lázaro). Los tres hermanos eran una familia de Betania, muy amigos de Jesús. Parece que Marta era la hermana mayor, pues ella es la que toma la iniciativa en el servicio en su casa (Luc. 10:38-42; Juan 12:1). Lucas llama la atención a Marta por su excesiva preocupación. María es la persona que unge al Señor. De Lázaro se conoce muy poco, lógicamente aparte de su resurrección. En 12:10, 11 se menciona debido a que lo querían matar.

Los sepulcros en el tiempo de Jesús. Los sepulcros se hacían perforando las rocas. Los cadáveres eran colocados sobre lechos de piedra. Eran muy raros los sarcófagos de piedra. Los sepulcros eran hechos a manera de túneles, como una especie de hornos profundos. A veces las tumbas tenían varias cámaras. La entrada tenía una grada, formándose un túnel pequeño de más o menos la altura de un hombre. La "puerta" de la tumba era una piedra, que muchas veces era bien pulida y tapaba bastante bien, pero la mayoría de veces era una gran roca que cerraba la entrada. En algunas tumbas se hacía una fachada ornamentada. En los interiores se podían encontrar recipientes de arcilla con los huesos de muertos antiguos.

El Sanedrín. Era el tribunal más alto de los judíos que se reunía en Jerusalén. Tradicionalmente se originó con los 70 ancianos que llamó Moisés para que le ayudaran (Núm. 11:16-24), y luego fue reorganizado por Esdras. En varias oportunidades se le llamó *gerousía* (grupo de ancianos). Durante el gobierno romano tuvo poderes limitados, especialmente durante la época de Herodes el Grande. En la época de Jesús, según el historiador Josefo, todo el gobierno estaba en sus manos, pero siempre en Judea; no tenía poder en Galilea. Básicamente se hallaba formado por la aristocracia sacerdotal (saducea), y en la época de Jesús se permitió el ingreso a este cuerpo a los fariseos y escribas. Estaba dirigido por una presidente, que era por lo general el sumo sacerdote. Tenía autoridad sobre asuntos religiosos, civiles y penales, pero la pena de muerte debía ser confirmada por el Procurador Romano (Juan 18:31). *Caifás el sumo sacerdote.* Su nombre era José. Fue sumo sacerdote desde el 18 al 36 d. de J.C. Era yerno de Anás (también llamado Ananós), con quien parece que trabajó íntimamente. Estuvo en el juicio de Jesús y en las persecuciones descritas en los primeros capítulos de Los Hechos.

B. Enfasis:
   Enfermedad para la gloria de Dios, 11:1-4. Las hermanas de Lázaro mandan a llamar a su amigo Jesús, posiblemente buscándole para que haga alguna intervención milagrosa. Las primeras palabras de Jesús nos orientan a buscar la verdadera razón de la enfermedad, es para que sea manifestada la gloria del Hijo del Hombre, la gloria de Dios.
   El sueño de Lázaro, 11:5-12. Vemos a Jesús dominando toda la situación, frente a la enfermedad no hay ninguna prisa, además irá a Judea lo cual es peligroso, pero él por ser luz sabe por donde camina. Además entiende la muerte de Lázaro como un sueño, en el cual él va a intervenir.
   Jesús habla claramente, 11:13-16. Jesús, frente a la interpretación equívoca, se ve en la necesidad de ponerse en la situación de los seres humanos: Lázaro ha muerto. Pero él sigue teniendo el control de la situación, que como explica será para beneficios de todos, aunque algunos no pueden entender los propósitos divinos, pues sólo ven su seguridad personal.
   El reproche de una amiga, 11:17-24. Marta sólo puede ver desde su dolor, eso le hace decir cosas que en realidad cuestionaban el poder de Jesús. El Hijo del Hombre entiende el dolor y no la reprende, al contrario le comunica un mensaje de esperanza, que ella lo entiende postergado para el día de la resurrección, no para su ahora.
   Jesús la resurrección y la vida, 11:25-37. El mensaje de Jesús no es solamente para el momento de la resurrección final. El es el dador de la vida en plenitud hoy mismo; no hay que esperar para después, por esto el milagro al dar vida nuevamente a Lázaro es una respuesta a la necesidad inmediata, se identifica con el dolor y pone remedio a esta situación.
   Victoria sobre la muerte, 11:38-44. Su manera de intervenir es resucitando a su amigo, de esta manera manifestaba su gloria, pese a los problemas que ofrecían los fenómenos naturales. Su voz de autoridad rompe el poder de la muerte.
   Acuerdo para matar a Jesús, 11:45-57. Las autoridades religiosas no pueden dejar que la gloria de Dios se manifieste, la situación ha llegado a un punto que deben tomar decisiones radicales. Su líder habla sin saber que en sus palabras hay una gran verdad, Jesús morirá por todo el mundo. Esto era una muestra de que Jesús, pese a ser perseguido y que le iban a matar, seguía controlando toda la situación.

1 La promesa de resurrección, Juan 11:17-27.

Vv. 17-19. Lázaro ha muerto, pese al aviso de sus hermanas, aparentemente Jesús no llegó a tiempo. El proceso normal de descomposición ya se había iniciado. Según la tradición rabínica el alma se separaba del cuerpo al cuarto día; aunque esto no es verdad, el milagro se realizaría dentro de esta posibilidad no consentida. **Vv. 20-22.** El milagro se realizará en público, pero es necesario que la enseñanza en torno a él sea de persona a persona, es decir que la fe de cada uno debe ser confrontada. El ambiente se prepara con Marta, quien acude en busca del Maestro. Parece que Jesús no desea estar, por ahora, en contacto con la gente (v. 30). Las palabras de Marta, *si hubieses estado aquí...,* reflejan su personalidad, al mismo tiempo que tiene palabras de fe, pero una fe limitada que espera la ayuda del Señor para poder crecer, como lo expresa a continuación: *sé que todo lo que pidas a Dios, Dios te lo dará,* ella confía en Jesús. La palabra que usa Marta, pidas (*aitéo*), es la palabra que se usa para oración, pero para un pedido de uno menor a uno mayor, palabra que nunca se refiere a las oraciones de Jesús, quien usó otro término (*erotáo*). Marta no entendía a plenitud la relación de Jesús con su Padre. **Vv. 23, 24.** Las palabras de Jesús están llenas de esperanza, aunque no son entendidas sino sólo en forma parcial por Marta. Ella tiene fe, pero no tanta. Ella duda. Su esperanza es para después, ella está buscando consuelo ahora. **Vv. 25-27.** Jesús es *la resurrección y la vida,* las implicaciones de esta identificación son dos. Por ser la resurrección: *el que cree... aunque muera, vivirá.* Y por ser la vida, *aquel que vive y cree... no morirá para siempre.* Jesús es vencedor sobre la muerte, por esto en el momento más triste recibimos consolación. Pero no solamente en la muerte, sino mientras vivimos. No hemos transcrito dos palabras que se repiten en forma intencional *en mi,* porque la fe no un acto en el vacío, la fe que demanda Dios es la fe en el Hijo del Hombre, es depositar nuestra vida, para heredar una clase de vida diferente. En virtud de que él es vida, nosotros tenemos vida.

2 El gran amor de Jesús, Juan 11:28-37.

Vv. 28-31. Era necesario que aconteciera un nuevo encuentro de fe. Marta acude donde su hermana María para compartir con ella su experiencia. María también necesita crecer y tener ese encuentro de fe tan fructífero. Al igual que Marta ella acude al encuentro con el Maestro. El sitio de encuentro era posiblemente cerca del cementerio, y ya no podría ser una entrevista en privado, pues los judíos le seguían. Jesús debía actuar de una manera diferente. **Vv. 32-35.** Las palabras de María son exactamente iguales a las de Marta, llenas de sinceridad y que reflejan una confianza, pero también la necesidad de que esa confianza crezca. No se debe buscar comparaciones mayores entre las dos hermanas, pues cada una es como es. Jesús no procede de la misma manera que con Marta, ahora él *se conmovió en espíritu y se turbó,* además de que *lloró* al ver el sufrimiento. La actitud de Jesús no fue el lamento y la desesperación (vv. 31 y 33), como tampoco del plañidero profesional. Sino las lágrimas, porque él también es humano, que sufre pero no se desespera, pues sabe lo que pasa. Esta actitud está llena de identificación con el que sufre. El ha hecho suyo el sufrimiento de la gente, de los que creen en él y de los que no creen en él. Su identificación con el ser humano es total.

Vv. 36, 37. Esta actitud de Jesús provocó dos reacciones: la primera el entendimiento de que Jesús tenía una gran simpatía por Lázaro. La segunda reacción fue que el "caso Lázaro" había terminado con su muerte, y ya no había solución. El asunto ya no se centra en Lázaro, ahora nuevamente nace la controversia con Jesús. La forma de la pregunta es una especie de reproche, o tal vez de acusación por negligencia. Ellos esperaban alguna solución previa. Su conocimiento de Jesús y la fe que podían tener en Jesús es, definitivamente, muy incipiente, radica en la señales.

3 Jesús, victorioso sobre la muerte, Juan 11:38-44.

Vv. 38-40. Hay una mezcla de situaciones, por un lado un Dios que se identifica en todo con el hombre, y por otro lado un paisaje tétrico y difícil de superar. Jesús tiene pleno control de la situación y procede a dar una orden "fuera de foco". Marta ha crecido en su fe, pero no lo suficiente. Requiere una palabra del Maestro para que haga conciencia de quién es la persona que habla con ella. Jesús hace un resumen de lo que ha dicho (vv. 11:4, 23, 25, 26). Jesús no quiere decir que el milagro dependerá de la fe de Marta, lo que desea comunicarle es que de acuerdo con su fe podrán entender el significado del milagro, el cual va mucho más allá de resucitar a su hermano, se podrá ver la *gloria de Dios* reflejada en Jesús.

Vv. 41, 42. Las palabras que dice Jesús tienen como propósito recalcar que sus señales no eran solamente por hacerlas, sino que tenían como propósito que la gente crea quién es él y cuál es la relación que tiene con su Padre. Esta oración hace notar que siempre sus oraciones fueron contestadas, no tanto como peticiones, sino como un reflejo de la intimidad que tenía con el Padre, pues son una sola cosa (Juan 10:30). El ha sido acusado de blasfemia (10:33), ahora él desea demostrar la unidad que tiene con el Padre.

Vv. 43, 44. El milagro en sí es sencillo; la *gran voz* responde a la necesidad de ser escuchado por la multitud. La orden es precisa, la muerte ha sido vencida, ahora se puede ver la gloria del Hijo del Hombre. El resultado es claro: *el que había estado muerto salió.* La presencia de Lázaro es impresionante: todavía atado, posiblemente con mucha dificultad para moverse, el hombre objeto del milagro obedece a la voz de su amigo. La presencia de este hombre es una mezcla, todavía experimentando la realidad de la muerte, allí están las *vendas* y el *sudario,* pero también experimentando el milagro de la vida abundante *salió.* Lázaro no debe ser objeto de la curiosidad y de preguntas sin sentido, de allí que la orden es que le faciliten su regreso, que lo desaten y le dejen ir. No hay más palabras de Jesús, él ha vencido a la muerte.

Aplicaciones del estudio

1. Victoria sobre la muerte. Marta y María, pese a su confianza en el Señor se enfrentaron a la muerte como algo que no tiene solución. Los creyentes debemos recordar que Jesús ya venció a la muerte, y ahora es sólo el paso de lo pasajero a lo eterno. Como dijo Pablo: "El morir es ganancia". **2. Una fe en crecimiento.** No podemos permanecer contentos con la calidad de fe que podemos tener. Dios quiere mostrarnos su gloria, y para esto se requiere que nos acerquemos a él con mente dispuesta a que nos interrogue, nos cuestione y al mismo tiempo nos impulse a crecer. **3. Identificación con el que sufre.** Nuestra misión es como la de Jesús, la misión de identificarse en todo con aquellos con quienes vivimos, pero sin pecado.

Ayuda homilética

Vida sobre la muerte
Juan 11:25, 26

Introducción: La realidad de la muerte es algo que acompañará al ser humano mientras viva. Esta presencia puede ser una carga muy pesada, un temor esclavizante, o puede ser un motivante para poder vivir mejor. Todo dependerá de la reacción que tengamos a las palabras de Jesús presentadas en este pasaje.

I. **Victoria basada en Jesús, v. 25a-c.**
   A. Yo soy, su esencia, v. 25a.
   B. La resurrección, su acción, v. 25b.
   C. La vida, su don, v. 25c.
II. **Resultados de la victoria, vv. 25d, 26a.**
   A. La base: creer en él, vv. 25d, 26a.
   B. Muertos, pero victoriosos, v. 25e.
   C. Vivos, no moriremos para siempre, v. 26a.
III. **¿Cómo respondemos?, v. 26b.**
   A. Una pregunta que debemos hacernos.
   B. Una respuesta que debemos dar.

Conclusión: Hay grandes verdades en la Biblia, y nos gusta penetrar en ellas, pero hay verdades que no las podemos dejar como declaraciones, tenemos que responder con nuestros actos a estas verdades. La pregunta a Marta es una pregunta ahora para cada uno. No podemos escapar de su respuesta.

Lecturas bíblicas para el siguiente estudio

Lunes: Juan 11:45-50   **Jueves:** Juan 12:1, 2
Martes: Juan 11:51-54   **Viernes:** Juan 12:3-8
Miércoles: Juan 11:55-57 **Sábado:** Juan 12:9-11

AGENDA DE CLASE

Antes de la clase

1. Dedique tiempo suficiente para orar por cada uno de los alumnos de su clase. Este día se estudiará sobre la muerte y resurrección. Este tema es muchas veces olvidado o no enfrentado. Ore para que este estudio sirva de ayuda para las personas que aún no han hecho su "paz con la muerte" y para aquellas que temen la muerte, olvidando que tras ella Dios nos ofrece la resurrección. **2.** Lea con detenimiento el pasaje bíblico y los comentarios que se encuentran en el libro tanto de Alumnos como de Maestros. **3.** Elabore un cartelón con los puntos y los pasajes bíblicos, a manera de un bosquejo, de la división "Enfasis". **4.** En la presente lección se tendrá una dramatización del milagro de la resurrección de Lázaro, para esto, si cree conveniente y si le es posible, consiga mantas o material similar que considere que le podrían ayudar para tener una representación más efectiva. **5.** Responda en el libro del Alumno la sección *Lea su Biblia y responda.*

Comprobación de respuestas
JOVENES: Las respuestas correctas son: **1.** d); **2.** b); **3.** a); y **4.** b).
ADULTOS: **1.** Vv. 25, 26. Yo soy la resurrección y la vida. El que cree en mí, aunque muera, vivirá. Y todo aquel que vive y cree en mí no morirá para siempre. ¿Crees esto? **2.** a. v. 33; b. v. 35; c. v. 38.

Ya en la clase
DESPIERTE EL INTERES
1. Comience un diálogo acerca de las distintas actitudes que existen entre las personas al enfrentarse a la muerte, ya sea personal o de un ser querido. Marque las diferencias que deben existir entre la muerte de una persona que ha depositado su vida en Cristo y aquella que no lo ha hecho. Si desea, puede anotarlas en el pizarrón en dos columnas para marcar el contraste. **2.** Haga consciencia en los presentes que la muerte es algo inherente al ser humano, y que Jesús no estuvo lejano al dolor que ésta ocasiona. Jesucristo se solidarizó con el ser humano y su dolor.

ESTUDIO PANORAMICO DEL CONTEXTO
1. Presente los datos relacionados con la familia de amigos de Jesús. Para esto puede recabar datos de los presentes, acerca de cada uno de los tres hermanos. Estos datos ayudarán a las personas que luego representarán a estos personajes. **2.** Hable acerca de la estructura de los sepulcros de la época bíblica, y las diferencias con los existentes hoy en día. De igual manera proceda buscando datos que pueden aportar los presentes. **3.** Para el tercero y cuarto puntos, el maestro puede leer haciendo uso del material del libro del Maestro. **4.** Basándose en el bosquejo que preparó de antemano, explique de la manera más corta posible todos los eventos que giran en torno al estudio del texto básico.

ESTUDIO DEL TEXTO BASICO

Dé tiempo para que cada integrante de la clase pueda leer con detenimiento todo el texto correspondiente para la clase de hoy.
Complete en el libro del Alumno la sección Lea su Biblia y responda.
El estudio del Texto básico de hoy se hará con base en una dramatización de los eventos ocurridos en relación con la resurrección de Lázaro. Esta dramatización no requiere ninguna preparación previa, solamente se dará un tiempo muy corto de preparación. Puede hacer uso de todos los materiales que trajo para esto, si es que los consiguió. Por medio de esta actividad se pretende hacer sobresalir la retentiva de los integrantes de la clase, y darse cuenta de los elementos que se han aumentado al relato, al igual que los que se han suprimido.

Para el desarrollo de este método pedagógico divida la clase en cuatro grupos. Tres de ellos harán la representación de lo relatado en la Biblia, de acuerdo con las tres divisiones que se presentan. El cuarto grupo será una especie de juez; éste deberá ver y escuchar todo lo que hagan los otros grupos y analizar todo lo que se les pasó por alto, lo mismo que todo lo que aumentaron al texto. Deben leer bien el texto bíblico.

Para cumplir las Metas de enseñanza-aprendizaje de la clase, el maestro deberá, luego de cada representación y análisis hecho por el grupo de "jueces", hacer un análisis de las enseñanzas que se dan en el material del Maestro.

APLICACIONES DEL ESTUDIO

Para las aplicaciones puede pedir que se formen parejas, y que lean las aplicaciones que se encuentran en el Libro del Alumno. Cada pareja agregue una aplicación más a las que se encuentran en sus libros. Luego, pida que las personas que deseen compartan sobre aquellas aplicaciones que fueron añadidas por cada pareja. Si la clase es muy numerosa, el maestro deberá escoger cuidadosamente a los que leerán sus aplicaciones. Cuide de dar mayor participación a aquellos que por lo general no lo hacen.

PRUEBA

Los adultos han experimentado, por regla general, mucho más de cerca y en mayor número, el proceso de ver a seres queridos morir. Por esto se recomienda que se permita, luego de ser llenada esta sección en el libro del Alumno, se dé paso a que se compartan las respuestas. Esto ayudaría a otros que están pasando por procesos similares, e incluso les permitirá a los adultos mayores a enfrentar su propia muerte en el futuro con mayor conocimiento de los hechos. Cuide, de ser posible, que todos participen, no dé oportunidad para que una sola persona acapare la atención al compartir sus experiencias.

Los jóvenes, por otro lado, necesitan enfrentarse con que la muerte es real y a pesar de que para ellos puede ser algo lejano deben tomar consciencia de su existencia. Proceda de igual manera que con los adultos, dando participación a todos, de ser posible.

Acuerdo para matar a Jesús

Contexto: Juan 11:45 a 12:11
Texto básico: Juan 11:45-57
Versículos clave: Juan 11:53, 54
Verdad central: Sin tener mayor acusación que las señales hechas por Jesús, los religiosos de su tiempo tomaron acuerdo para matarle.
Metas de enseñanza-aprendizaje: Que el alumno demuestre su: (1) conocimiento del acuerdo que tomaron las autoridades religiosas para matar a Jesús, (2) actitud de valorar y compartir el poder de Jesús manifiesto hoy como señales de su divinidad.

──────────── **Estudio panorámico del contexto** ────────────

A. Fondo histórico:
Las autoridades religiosas, su poder. Debido a que Israel siempre tuvo como su ideal un gobierno teocrático, el poder político como el religioso, con algunos cambios y diferentes énfasis a lo largo de su historia, por lo general se originaba en las autoridades religiosas. Generalmente este poder casi total lo ejercían por medio del Sanedrín. Esta institución en más de una oportunidad transaba su fidelidad a la ley por el poder político, especialmente en tiempo de los gobiernos corruptos de los Herodes. En la época de Jesús los romanos controlaban a los religiosos, que eran muy susceptibles de chantajes para tranquilizar al pueblo. Este poder encontraba su límite teórico, cuando se trataba de aplicar la pena de muerte, la misma que debía tener el visto bueno del procurador romano.

La fiesta de la Pascua. Es la fiesta más importante del calendario judío. Todos los varones judíos debían asistir a esta fiesta cada año a Jerusalén. Su institución está registrada en Exodo 12 cuando se describe el evento histórico de la liberación de Israel de la esclavitud egipcia. Se celebraba el mes de Nisán, que es el primer mes del año judío. Hasta el año 70 d. de J.C. la Pascua era celebrada en Jerusalén, luego de este año la Pascua llegó a ser una celebración para tenerla dentro del hogar, sin el sacrificio animal, siguiendo las especificaciones de Deuteronomio 16. La palabra Pascua originalmente significa "pasar sobre", en el sentido de "perdonar". Durante la fiesta se sacrificaba un cordero, y quienes podían participar eran los judíos, con inclusión de los prosélitos que habían cumplido todos los requisitos. A los largo del AT se notan algunos cambios en las costumbres de conmemorar la fiesta. En la época de Jesús la Pascua se celebraba en el patio del templo, en donde pequeños grupos de personas, siendo la mayoría de ellos grupos familiares, aunque a veces se hacían grupos por afinidades, como por ejemplo de maestros con sus discípulos, sacrificaban a los animales; la sangre de los corderos muertos era echada en el altar por un sacerdote. Había otra serie de ceremonias, como por ejemplo la búsqueda de cualquier rastro de levadura prohibida, los lavamientos de purificación. Lo esencial de la Pascua es el recordatorio de los actos liberadores de Dios, quien irrumpe con poder para liberar a un pueblo sometido a la opresión, y se constituye en un tema permanente en varios libros del NT, especialmente en Juan, además de que es un tipo de la muerte de Cristo en el Calvario, lo mismo que de su intervención poderosa para dar plena libertad a su pueblo bajo opresión.

B. Enfasis:
Muchos creyeron en Jesús, 11:45, 46. Nuevamente hay un grupo de personas que viendo el milagro de la resurrección de Lázaro creen en Jesús. Esta clase de fe se halla fundamentada solamente en lo que habían visto, no en una entrega completa en actitud de confianza a Jesús. Como siempre hay otros que no creyeron y acuden a los fariseos para "denunciar" las obras que hace Jesús. *El caso de Jesús ante el Sanedrín, 11:47-50.* Las autoridades religiosas se reúnen para tratar un problema que se les podía venir. Piensan algunos que, de parte de Roma se podría creer que Jesús es un líder político. Por lo tanto se planifica la muerte en una forma oficial.

La profecía de Caifás, 11:51, 52. La profecía de Caifás indudablemente no tenía en la mente de quien lo dijo el significado profundo que tiene. Para él era una forma de librarse de un hombre que estaba minando su poder político-religioso entre el pueblo, al mismo tiempo que quedar bien con Roma.

Una resolución fatal, 11:53-57. La resolución que toman las autoridades es definitiva, y va de la mano de los planes de Dios. Por unos días más es necesario que Jesús permanezca oculto, para que haya cumplimiento literal de las profecías acerca de Jesús como el cordero pascual.

Jesús es ungido en Betania, 12:1-3. De la ciudad de Efraín, situada en el desierto, Jesús llega hasta la casa de sus amigos, Marta, María y Lázaro. La escena se desarrolla nuevamente en Betania. Allí sucede un evento que sería también premonitorio de la muerte de Jesús, pues la unción, en actitud de adoración humilde que hace María, es una preparación para la sepultura del Maestro. La actitud de María apunta a una entrega total al Señor, una entrega de humildad, como también una entrega de los bienes materiales más preciosos. Su fe ha sido fortalecida y puede ahora expresarse con plena libertad y madurez.

La hipocresía de Judas, 12:4-11. Frente a la actitud de María surge una persona que pretende dudar de la honestidad de la entrega humilde de María. Jesús coloca el acto de María como la ayuda a los pobres en su correcta perspectiva: hay tiempo de alabar a Dios y tiempo de ayudar a los pobres, ahora era tiempo de adoración. Las autoridades religiosas, se sienten amenazadas por el mensaje y presencia de Jesús. Su poder religioso está siendo atacado, por lo cual deciden actuar, no solamente con Jesús, sino también con Lázaro para que no haya pruebas de que Jesús ha actuado con poder, librando a personas de los lazos de la muerte.

1 Jesús causa de división, Juan 11:45, 46.

La presencia de Jesús es siempre controversial, eso es lo que Juan nos ha enseñado en esta sección del Evangelio. Frente a un mensaje y actitudes claras hay solamente dos opciones que tomar: o se cree en él, optando por su señorío, o no se cree en él, optando por el señorío del poder religioso corrupto. **V. 45.** Los judíos que habían llegado al hogar de los tres hermanos luego de que *habían visto lo que había hecho Jesús, creyeron en él.* La fe que ellos tienen en Jesús parece ser una fe basada solamente en lo que han visto, por esto parece que algunos de estos judíos se hallarán presentes en los eventos de la crucifixión. Su fe fue interpretada por los sacerdotes como una amenaza para su hegemonía político-religiosa, más que como un seguimiento de confianza y entrega completa al Mesías.

V. 46. Algunos de los judíos que viendo no ven, los que "son muertos y buscan la muerte", acuden *a los fariseos* para buscar algún refuerzo a su incredulidad. No se hallan contentos de que Jesús haya sido capaz de crear al hombre nuevo.

2 La muerte de Jesús profetizada, Juan 11:47-52.

Vv. 47, 48. Los fariseos han sido capaces de mover el aparato del poder. El *Sanedrín* se reúne, allí se hallan presentes *los principales sacerdotes,* ostentadores del poder religioso y político, como también *los fariseos,* ostentadores del "poder espiritual" del pueblo. Los dos son "representantes de Dios", unos por su cargo y los otros por su observancia de la ley. La preocupación de ellos no es si Jesús ha hecho algún bien, sino solamente que *este hombre hace muchas señales.* La palabra "señal", como se usaba en ese entonces apunta a una realidad superior, la cual no desean ver los poderosos. Por esto acuden a la seguridad del Estado, las razones para matar a Jesús son razones eminentemente políticas. Ya no se preocupan si Jesús es o no el Mesías. Ahora temen perder sus privilegios. No solamente sobre sus intereses personales, sino también el peligro que traerá sobre sus instituciones: *nuestro lugar.* No hablan del "lugar de Dios", es el lugar de ellos.

Vv. 49, 50. Las palabras de Caifás adquieren un especial significado, se subraya por parte de Juan *que era sumo sacerdote en aquel año,* responsable por sus actos, representante del poder opresor, y al mismo tiempo instrumento de Dios. Este hombre que encarna el autoritarismo interviene con violencia frente al Sanedrín: *Vosotros no sabéis nada.* Al mismo tiempo apela a la conveniencia de los religiosos: *os conviene.* En la frase profética de Caifás hay dos palabras que se usan: *pueblo* y *nación.* La primera tiene más una connotación teológica, y hace mención del pueblo de Dios como tal, como relacionado al Pacto. El segundo se orienta más al pueblo judío como raza, un sentimiento de racismo de parte de ellos, una *nación* relacionada con "su templo" y con "sus sumos sacerdotes".

Vv. 51, 52. Juan explica en qué sentido las palabras de Caifás son profecía: el Señor no morirá solamente por la "nación", sino que habrá otras personas que pertenecen al pueblo de Dios. La muerte de Cristo ayudará a la "nación" para que se pueda liberar de la opresión religiosa. Ahora se formará un nuevo pueblo, *los hijos de Dios,* unidos no en torno al poder religioso o a la estructura del templo, sino unidos en el poder de un Dios redentor que es capaz de ofrecer su vida como "Buen Pastor", como único Pastor (10:16).

3 La peor decisión acerca de Jesús, Juan 11:53-57.

Vv. 53, 54. El discurso de Caifás tiene éxito. La decisión del Sanedrín es *matarle.* El plan para matar a Jesús ya había sido fijado, así la farsa del juicio sería el próximo paso. Jesús ya no será matado por un linchamiento, la muerte del Maestro será resultado de un "proceso legal". No hay justicia en la muerte de Jesús, solamente intereses mezquinos para que las autoridades se puedan perpetuar en el poder opresor. Esta sentencia afirma las palabras de Jesús, cuando decía que quienes defienden la ley no la cumplen (7:19), y que seguían los designios del padre de ellos, quien es homicida desde el principio (8:44).

Sin embargo, de la sentencia de muerte que dieron los poderosos, Jesús es el que tiene pleno control de la situación: *Jesús ya no andaba abiertamente entre los judíos.* La muerte de él se haría de acuerdo con el plan de Dios, y cuando él decidiera que debía suceder. Por esto decide permanecer oculto por un tiempo. Escoge una ciudad que no ha sido posible ubicarla con precisión, pero que parece estar en territorio samaritano, o tal vez es otra manera de decir Samaria, según la nomenclatura del AT. (La construcción de la frase *una ciudad que se llama Efraín,* es un tanto especial, y se podría traducir literalmente: "a Efraín, una ciudad así llamada".) *Los judíos* le habían rechazado, así que va a la comunidad donde fue aceptado: los samaritanos. Desde allí iniciará su peregrinación hacia la cruz.

V. 55. Algunos habían llegado a la fiesta antes de la fecha señalada para cumplir las diferentes normas de la purificación (Exo. 19:10-15; Núm. 9:9-14; 2 Crón. 30:17, 18), y poder así participar con todo el pueblo. Esta purificación solamente será capaz de hacer una limpieza exterior, la *Pascua de los judíos* solamente hace eso. El verdadero Cordero pascual, Jesucristo, será el único capaz de hacer una purificación interna, de liberar completamente a los esclavos del formulismo religioso.

Vv. 56, 57. Al igual que en la fiesta de los Tabernáculos (7:11) los judíos están llenos de curiosidad, desean saber dónde está Jesús. Esto se debía a que pensaban que Jesús, frente al decreto de las autoridades, estaría escondido, sin saber que era Jesús el que tenía control de todo lo que estaba pasando. El no acudiría a la *Pascua de los judíos,* él sería la Pascua, acudirá a su Pascua. Las autoridades usan todo su poder para apresar a Jesús, sin saber que eran sólo un engranaje en los planes de Dios, al igual que las palabras de Caifás sus acciones están controladas por la gracia salvadora de Dios. La peor decisión acerca de Jesús tomada por los judíos, se convertirá en la decisión para el sacrificio pascual.

Aplicaciones del estudio

1. **Dios usa a todos.** En no pocas oportunidades Dios usa a personas que están en su contra, para revelar su plan de redención, aunque estas personas no saben que son usadas por Dios. Tenemos un Dios soberano que actúa como él quiere y usa a las personas que él quiere.
2. **Hay que decidirse.** Ninguna persona puede permanecer imparcial ante el mensaje de Jesús. La presencia de Jesús siempre causó conflictos, y la gente tenía que decidir estar con él o no. No hay una tercera vía.
3. **Una misión "cuesta arriba".** Estamos equivocados si pensamos que la misión del creyente es fácil. La verdad es que muchas veces estaremos en el extremo de ofrecer la vida por cumplir la misión. No hay opción para el creyente: o cumplimos con fidelidad o no somos aptos para el Reino.

Ayuda homilética

¿Razón suficiente para morir?
Juan 11:45-52

Introducción: Algunos decidieron matar a Jesús buscando su beneficio personal, mientras Dios, por su lado, usa todos estos deseos para presentar el verdadero motivo de su muerte. Dios usa a las personas menos recomendadas para proclamar su planes.

I. **Falsas razones.**
   A. Jesús hace muchas señales, v. 47.
   B. La gente creerá en él, v. 48a.
   C. Destruirán el lugar de opresión, v. 48b.
   D. Por conveniencia de pocos, v. 50a.
II. **Verdaderas razones.**
   A. Morir en beneficio de una nación, v. 51b.
   B. Morir en beneficio de un pueblo, v. 52.

Conclusión: Puede haber dos clases de razones para la muerte de Jesús: la primera una falsa, pero que puede ser vista como razón valedera. La segunda, la que ve más allá de las conveniencias, la que es controlada por Dios en función de su plan redentor. Con su muerte Jesús pudo cumplir su plan liberador, al rescatar de la esclavitud a aquellos que depositan su fe en él y los saca de la opresión religiosa a la que los poderosos desean someterlos.

Lecturas bíblicas para el siguiente estudio

Lunes: Juan 12:12-19
Martes: Juan 12:20-26
Miércoles: Juan 12:27-32

Jueves: Juan 12:33-36
Viernes: Juan 12:37-43
Sábado: Juan 12:44-50

AGENDA DE CLASE

Antes de la clase

1. Investigue si cerca de su comunidad hay una Sinagoga, de ser así acérquese y hable con el rabino para que él le de una visión panorámica de la fiesta de la Pascua, de ser posible invítelo para que comparta esto con su clase. De no ser así investigue usted por su cuenta acerca de esta fiesta. Tome en cuenta que el significado de la fiesta no ha variado desde su inicio. **2.** Provéase de un mapa en donde pueda indicar el sitio a donde Jesús se retiró. **3.** Investigue cuál es la relación que existe en su país entre el poder político y el poder religioso mayoritario. Busque similitudes de esta alianza, con la alianza que existía entre estos poderes en el tiempo de Jesús. **4.** Pase un buen tiempo en oración por los participantes de la clase para que Dios prepare sus corazones para poder tomar decisiones importantes en lo relacionado con su compromiso con el Señor. **5.** Conteste las preguntas del Libro del Alumno, para el estudio de hoy.

Comprobación de respuestas

JOVENES: **1.** Que todos crean en él (v. 48). **2.** Porque era sumo sacerdote aquel año (v. 51). **3.** Resolvieron matarle aquel día (v. 53); y Jesús ya no andaba abiertamente entre los judíos (v. 54a). **4.** A la región que está junto al desierto, a una ciudad llamada Efraín (v. 54b).

ADULTOS: **1.** a. Todos creerán en él. b. Vendrán los romanos y destruirán nuestro lugar y nuestra nación. **2.** Que un solo hombre muera por el pueblo, y no perezca toda la nación. **3.** Que muera para reunir en uno a los hijos de Dios que estaban esparcidos.

Ya en la clase

DESPIERTE EL INTERES

Debido a que en su investigación, posiblemente, usted consiguió algunos datos interesantes acerca de la fiesta de la Pascua, por hoy y para cumplir lo que tiene por delante, y en busca de administrar bien el tiempo se comenzará el *Estudio panorámico del contexto* desde su inicio de la clase.

ESTUDIO PANORAMICO DEL CONTEXTO

1. Conduzca a su clase a un diálogo acerca de lo que sucede en su país entre el poder religioso y el poder político. Para esto usted debe haber investigado y así dar una guía acertada. Evite que se hagan pronunciamientos contra determinadas personas o autoridades, el propósito es descubrir similitudes y diferencias con lo que sucedía en el tiempo de Jesús. **2.** Presente a la persona invitada, si la consiguió, para que exponga acerca de las prácticas relacionadas con la fiesta de la Pascua. Si no fue posible, hágalo usted mismo. Permita la participación de la clase con sus inquietudes y apreciaciones. Tenga muy en cuenta el tiempo que va a usar en esta actividad, pues hay el peligro de extenderse demasiado. **3.** Use el material de *Enfasis* para ubicar a toda la clase en el tema que se va a tratar el día de hoy.

ESTUDIO DEL TEXTO BASICO

Lean con la clase el texto bíblico que es objeto de estudio de este día. *Luego de haber leído el pasaje, pida* a los participantes que realicen las actividades del Libro del Alumno *Lea su Biblia y responda.*

El maestro debe estar bien preparado para que pueda proveer en cada división los datos que la clase requiere para los diferentes pasos que se usarán en la metodología sugerida para hoy.

Para este estudio haremos uso de la técnica "Solución de problemas". Para esto debe tener en mente las divisiones del *Estudio del texto básico,* las mismas que servirán de guía.

Inicie la solución al problema, planteando cuál es el problema a tratar. Lea los vv. 45-47. Permita que los participantes describan en sus palabras cuál era el problema que enfrentaban los miembros del Sanedrín. Para esto deben informarse lo más que se pueda acerca de los hechos que habían acontecido, por ejemplo la resurrección de Lázaro y el que muchos creyeron en Jesús. Recuérdeles que estos hechos los han venido estudiando en las lecciones anteriores. Por otro lado se debe recordar que todos estos hechos forman una unidad.

Luego de planteado el problema y analizados los hechos, lean los versículos 48-52. Tomen nota que los sacerdotes y fariseos dan posibles soluciones para evitar que Jesús siga consiguiendo adeptos. En este punto Dios usa a Caifás para anunciar su muerte vicaria. Estas palabras como es lógico no fueron entendidas y tal parece que quedan en el aire. Llame la atención al hecho de que el evangelista Juan amplía estas palabras de Caifás, presentando la solución al problema desde la perspectiva de Dios.

Lleve a la clase a un análisis del porqué de la resolución tomada por el Sanedrín, permita que hagan un autoanálisis y se pongan en la situación de estos hombres bajo estas circunstancias; miren en la forma más objetiva posible el porqué de su decisión.

Termine leyendo el pasaje de Juan 11:53-57, use el mapa para indicar el sitio donde Jesús, luego de estos hechos, tuvo que ir por un tiempo. Complete la información que sea pertinente para dar por concluida la lección.

APLICACIONES DEL ESTUDIO

1. Dé tiempo para que cada participante lea cada una de las aplicaciones que se encuentran en el material del alumno. **2.** Luego pida que tres voluntarios compartan con la clase la aplicación que más les ha impactado, y el porqué. **3.** Para finalizar esta parte vea si hay alguien que tiene una aplicación personal diferente a las que se han presentado en el Libro del Alumno.

PRUEBA

1. Revise con los alumnos las preguntas correspondientes a la evaluación y reforzamiento de este estudio. **2.** Pida que varios den lectura a sus respuestas. **3.** Si usted conoce de asistentes a su clase que aún no han tomado una decisión firme por comprometerse completamente con Jesús, este es el tiempo en que puede motivarles a que lo hagan.

Unidad 8

Jesús confronta la incredulidad

Contexto: Juan 12:12-50
Texto básico: Juan 12:37-50
Versículo clave: Juan 12:48
Verdad central: Ante la incredulidad de muchos de sus oyentes, Jesús aclara que la misma palabra que han rechazado será la que les juzgue en el día final.

Metas de enseñanza-aprendizaje: Que el alumno demuestre su: (1) conocimiento de las declaraciones de Jesús acerca de los que rechazaron sus enseñanzas, (2) actitud de confianza y obediencia a las enseñanzas de Jesús.

Estudio panorámico del contexto

A. Fondo histórico:
El significado de la entrada triunfal. Un desfile como el descrito en los Evangelios era propio de un rey que regresaba a su ciudad en actitud de triunfo. La entrada triunfal de Jesús era un simbolismo de su realeza, realeza que fue reconocida por la gente de Jerusalén, y que puso en apuros los planes de las autoridades judías. Esta exaltación responde a las expectativas de la gente que deseaba un Mesías poderoso que continuara las glorias de David, un Mesías nacionalista, un Rey de Israel. Este título sería el que serviría más tarde como causa para llevarlo hasta la cruz (19:19).

Una señal de humildad. El Señor montó el borriquillo indudablemente como un símbolo de humildad, a diferencia de la costumbre guerrera, pues el soldado victorioso entraba montando en un caballo. Para esto Juan hace una mezcla de palabras de dos profetas: cita en parte a Sofonías (3:16) y a Zacarías (9:9). El primero en su profecía original desea hacer sobresalir el carácter universal del Mesías, mientras que Zacarías originalmente dice que el rey es justo, victorioso y humilde, palabras que suprime Juan dejando solamente la escena simbólica en su relato. El Mesías es diferente, su entrada triunfal es de poder pero también de humildad.

Glorificación. La gloria de Dios es fundamentalmente "la revelación del ser de Dios, su naturaleza y su presencia ante los hombres" (Nixon). De allí que Jesús está lleno de la gloria de Dios (1:14), como estuvo antes el Tabernáculo, convirtiéndose así en el nuevo Templo (2:19, 21). En el cuarto Evangelio la hora de la cruz es el tiempo de mayor manifestación de la gloria de Jesús (7:39; 12:23-28; 13:31; 17:5). Este acto de glorificación de Jesús está también al alcance de sus hijos (17:22, 24), quienes por su gracia tenemos acceso a la intimidad divina (17:3).

Los griegos que buscaban a Jesús. Sin duda se trata de prosélitos, es decir griegos que habían adoptado la religión judaica como suya. Es interesante notar que Zacarías 9:9, pasaje que hace referencia a la entrada triunfal, se halla dentro del contexto del versículo en que se muestra hostil a los griegos (Zac. 9:13). Aquellos que no tenían cabida en el templo, sino sólo hasta el "atrio de los gentiles", ahora tienen cabida hasta la presencia misma del Mesías. No hay otro camino para acercarse al Mesías sino a través de la cruz.

B. Enfasis:

Entrada triunfal en Jerusalén, 12:12-16. Jesús ha sido ungido en Betania, éste ha sido reconocido como un símbolo de adoración de un pueblo creyente. Ahora Juan presenta la adoración de una nación, quienes pretendían tener un rey local, con sólo el propósito de ser liberados de Roma. Esta idea es contrarrestada con el mensaje de Zacarías, para quien el Mesías entrará en una cría de asna, como señal de su humildad, pero también de su victoria por medio de la cruz.

El mundo va tras Jesús, 12:17-19. La gente, el mundo como lo decían los fariseos, ven en Jesús al Mesías que les traería libertad de la opresión pero una liberación que sería posiblemente con el costo de luchas, pero no con el costo de la negación del yo. La gente sigue a Jesús porque oyeron que el Maestro había resucitado a Lázaro, creían en un Mesías hacedor de milagros, no en un Mesías que demandaba la vida en forma completa.

Ciertos griegos buscan a Jesús, 12:20-26. Estos griegos desean ver a Jesús, no los milagros, no las tradiciones, no el sistema religioso, ellos desean ver a Jesús. El Señor les enseña que el único camino para poder recibir la honra del Padre es la cruz.

El Hijo del Hombre será levantado, 12:27-36. Las palabras de Jesús no son fáciles de aceptar, ni para él mismo. Por esto, en este momento de turbación toma la decisión de seguir adelante, se requiere que Dios sea glorificado en el acto de la cruz. Esta glorificación implica derrotar a Satanás. Los judíos permanecían en la oscuridad, sin poder ver la presencia del Mesías.

Incredulidad de los hombres, 12:37-41. Los hombres no pueden ver al Mesías, se hallan limitados por su razonamiento. Si la gracia de Dios no interviene haciéndoles ver, ellos no lo podrán hacer por sí mismos.

Amaron más la gloria de los hombres, 12:42-47. Frente a la disyuntiva que presenta el mensaje de Jesús, algunos optaron por "creer" en Jesús, pero de una manera muy primitiva, es decir con una fe que todavía ponía sus intereses por delante. Ellos solamente podían creer en los milagros, mas no en la persona de Jesús quien demandaba una negación completa de los intereses particulares.

Jesús habla la palabra del Padre, 12:48-50. Al fin, siendo que las palabras de Jesús son las palabras del Padre, será esta palabra la que juzgue a cada uno. No hay otra alternativa, uno tiene que decidirse, al no aceptar a Jesús está rechazando las palabras de vida eterna que ofrece el camino de Jesús.

1 "¿Quién ha creído a nuestro mensaje?", Juan 12:37-41.

Vv. 37, 38. Los oyentes de Jesús en más de una oportunidad creían en Jesús por las señales que hacía, no por lo que él era. Este punto se plantea a la inversa, ahora los del pueblo ya *no creían en él,* pese a las señales que hacía, que según el versículo que se analiza eran *tantas señales.* Se nota que a lo largo del evangelio la actitud frente a Jesús cada vez va cambiando, pues la oposición se iba haciendo cada vez mayor. El pueblo de Israel se va endureciendo cada vez más frente a las obras y palabras de Jesús. Esta actitud del pueblo estaba dentro de los planes de Dios, sin querer decir con ello que Israel no es responsable de sus actos. Pero todos los actos de estas personas están dentro del plan soberano de Dios. Isaías está viendo más allá del simple evento, pues el tiene la capacidad de ver más allá de la cruz a la gloria de Dios, precisamente en este acto. Los judíos no podían escuchar el mensaje de Dios por medio de Jesucristo, como tampoco podían ver e interpretar en forma adecuada los hechos liberadores de Jesús.

Vv. 39, 40. Dios no actúa de una manera despótica, sino que actúa soberanamente pero sabiendo de la responsabilidad que tiene el hombre. La consecuencia de la incredulidad del hombre es caer en un abismo de mayor incredulidad. Hendriksen lo describe con la frase: "los que no quieren arrepentirse no pueden arrepentirse".

V. 41. La razón para que Isaías haya podido comprender estas palabras, fue que pudo ver la *gloria* de Dios. El pasaje citado se relacionan con el momento en que Isaías responde al llamado de Dios (Isa. 6:1-13), llamado para presentar el mensaje en medio de un pueblo que tenía su corazón enceguecido. Isaías pudo ver la gloria del mismo Siervo de Jehovah (Isa. 53:10b-12). En un solo pasaje se puede ver que la gloria de Jesús era la cruz y su exaltación, un solo evento salvífico: humillación y exaltación.

2 "Amaron la gloria de los hombres", Juan 12:42-46.

Vv. 42, 43. Al optar por la vida se corre el riesgo de perderla. Ciertos *dirigentes* judíos había creído en las señales de Jesús. Esta clase de fe era muy rudimentaria, basada solamente en lo que veían, que por cierto les causaba admiración. Una fe que esperaba beneficios personales pero que no implicaba un compromiso total de vida.

El resultado de esta clase de fe era que *no confesaban.* Esta clase de fe permite ver la luz, pero no ayuda a dar el paso para vivir en la luz, quedando en las tinieblas.

Los dirigentes habían percibido la *gloria de Dios,* el camino de la cruz; sin embargo, prefirieron seguir el camino de *la gloria de los hombres.* Aceptar la gloria de Dios como norma de su vida significaría perder sus privilegios temporales que el hombre ofrece.

Vv. 44, 45. Jesús responde con palabras de gracia, frente a personas que le niegan, él ofrece palabras de esperanza. La respuesta de Jesús a la situación de los dirigentes se constituye en las últimas palabras, según el Evangelio de Juan, que dirá públicamente. De allí en adelante sus diálogos serán con sus discípulos o con las personas que le interrogarán.

Estas últimas palabras en público son un resumen de toda su misión, al mismo tiempo que se constituyen en palabras de esperanza e invitación abierta a sus oyentes.

Algunas cosas se notan en estas palabras: en primer lugar usa la frase *cree en mí,* en el sentido no de una fe superficial, sino de una fe madura. En segundo lugar no hay diferencia entre el Padre y Jesús, pues ver al Padre es ver al Hijo. La persona y la actividad de Jesús revelan al Padre, explican quién es el Padre. En tercer lugar se debe notar que Jesús no dice que él es igual o se parece a Dios, sino que Dios es igual a él. No hay otra manera de conocer al Padre sino por el Hijo quien es la plenitud de la gloria y amor de Dios.

V. 46. La invitación de Jesús está abierta. El es la luz, por lo tanto se manifiesta como la alternativa frente a las tinieblas. Este ha sido el mensaje del Evangelio de Juan desde el prólogo. La luz es la alternativa frente a la dominación de los enemigos de Jesús, de los opresores que usan la ley y las tradiciones como su instrumento para perpetuarse en el poder.

3 La palabra que rechazaron juzgará a los hombres, Juan 12:47-50.

V. 47. Sí, hay una invitación llena de gracia, pero también hay una responsabilidad que trae ciertas implicaciones al no aceptar esta invitación. La invitación de Jesús tiene dos opciones. Una es que Jesús, en primer lugar, no vino para juzgar al mundo sino para que el mundo sea salvo por él, su tarea es ofrecer salvación al mundo, ofrecer la oportunidad de vivir en la luz a quienes viven en las tinieblas.

V. 48. La otra opción de la invitación de Jesús es que se la debe tomar con la misma seriedad. Quien rechaza la opción de la verdadera libertad, la opción de la vida, queda sin ella. Esta actitud será verificada en el *día final,* es decir, en el "momento" cuando cada uno dará cuenta a Dios de sí mismo. *La palabra que he hablado,* es decir todo su mensaje y su continua invitación, será quien juzgue a cada uno. No habrá posibles excusas, la palabra de Jesús será la que ejerza el juicio.

Vv. 49, 50. Lo que le pase al hombre dependerá de su actitud hacia Jesús. Su presencia y su mensaje serán la única manera de acercarse al Padre, pues Jesús hizo lo que el Padre le ordenó que hiciese. El mandamiento que recibió Jesús del Padre fue que revelara la vida eterna, el mandamiento del Padre fue su tarea mesiánica (10:17, 18).

Hay una unidad completa de criterios entre los dos, no existe tal idea que afirma la presencia de un Dios Padre que es Juez severo, mientras que el Hijo es todo amor. Los dos se conjugan perfectamente en propósitos y actos. No hay diferencia entre ellos. Esto nos da garantía para creer con más firmeza en las palabras de Jesús, pues todas ellas van valoradas por lo que es el Padre.

Aplicaciones del estudio

1. La fe implica obediencia. La fe implica siempre obediencia. Tener fe en Jesús y lo que él es, significa sometimiento a su voluntad, además de obediencia en el camino del discipulado radical. Debemos dejar de engañarnos si pensamos que tener fe es cumplir ciertos actos religiosos, la fe es obediencia.

2. ¿La gloria de Dios o de los hombres? En el camino de la fe en no pocas oportunidades deseamos negociar con los valores del mundo para tener una vida más cómoda con "el visto bueno" de la sociedad. El seguimiento a Jesús exige rechazo a la gloria de los hombres, para seguir la gloria de Jesús.

3. Palabras confiables. No podemos depositar nuestra confianza en palabras del hombre. Jesús nos ofrece la palabra de su Padre como un punto de referencia, en el cual podemos confiar, con la plena certidumbre de que hay palabra de vida plena y eterna.

Ayuda homilética

Palabras para tomar en serio
Juan 12:44-50

Introducción: En muchas oportunidades, dudamos de todo lo que oímos y, también de lo que decimos. La mentira y el engaño se han convertido en ingredientes normales de nuestra vida diaria. Jesús desea presentarnos una alternativa diferente, él desea presentarnos palabras en las que podamos confiar. Sus palabras son confiables por las siguientes razones:

I. Su unidad con el Padre, vv. 44, 45.
   A. Creer en Jesús es creer en el Padre, v. 44.
   B. Ver a Jesús es ver al Padre, v. 45.
II. Su propósito redentor, vv. 46, 47.
   A. Ha venido como luz, v. 46.
   B. Ha venido para salvar al mundo, v. 47.
III. Quien juzga es el Padre, vv. 48-50.
   A. Las palabras de Jesús se deben tomar en cuenta, v. 48.
   B. Las palabras de Jesús provienen del Padre, v. 49.
   C. Hay identidad de las palabras de Jesús con las del Padre, v. 50.

Conclusión: Las palabras de Jesús son confiables. Debemos tomar decisiones claras frente a ellas, o las obedecemos o las ignoramos. Habrá serias consecuencias con cualquiera de las opciones que tomemos.

Lecturas bíblicas para el siguiente estudio

Lunes: Juan 13:1-5   **Jueves:** Juan 13:18-20
Martes: Juan 13:6-11   **Viernes:** Juan 13:21-30
Miércoles: Juan 13:12-17   **Sábado:** Juan 13:31-35

AGENDA DE CLASE

Antes de la clase

1. Investigue si en la historia de su país existe una alusión a una "entrada triunfal" de algún héroe o libertador. En caso de no tener material a la mano relate la entrada triunfal de Tito luego de haber conquistado Jerusalén en el año 70 d. de J.C. Este personaje regresó a Roma con todos los utensilios del templo y desfiló por la ciudad mientras las multitudes le aclamaban; como ○ un recordatorio de esta entrada triunfal se construyó en Roma el famoso "Arco del Triunfo". **2.** Dedique tiempo a orar por cada uno de sus alumnos. **3.** Pida a uno de los alumnos de la clase que prepare un resumen sobre el tema "los griegos que buscaban a Jesús". Puede usar el material que está en el libro del Maestro. **4.** Elabore en un cartel el bosquejo general para el estudio de este día. Para esto tome en cuenta los puntos mayores en que está dividido el estudio del *Texto básico* del Libro del Maestro. Puede usar un bosquejo como el siguiente:

  I. ¿Quién ha creído a nuestro mensaje? Juan 12:37-41
    1. No creyeron, vv. 37, 38
    2. Dios tiene el control de todo, vv. 39-41
  II. Amaron más la gloria de los hombres, Juan 12:42-46
    1. Creyeron pero no le confesaron, vv. 42, 43
    2. El que cree no permanece en tinieblas, vv. 44-46
  II. La palabra que rechazaron juzgará a los hombres, Juan ○ **12:47-50**
    1. La palabra es la que juzga, vv. 47, 48
    2. Jesús habla lo que el Padre le dio, vv. 49, 50

Responda a las preguntas dadas en el Libro del Alumno en la sección: *Lea su Biblia y responda,* del estudio de hoy.

Comprobación de respuestas

JOVENES. a. F ; b. V ; c. V ; d. V ; e. F ; f. V.
ADULTOS. **1.** En el Padre. **2.** a. Para no ser expulsados de las Sinagogas b. Amaron más la gloria de los hombres que la gloria de Dios. **3.** No. El hablaba lo que Dios le dio a que hablase.

Ya en la clase

DESPIERTE EL INTERES

1. Presente a la clase al personaje del cual usted ha investigado que tuvo una "entrada triunfal", y anote en el pizarrón con la ayuda de los alumnos ○ una lista de las diferencias de esta entrada triunfal con la que tenemos en la sección *Enfasis.* **2.** Usando el relato anterior encamine a la clase a pensar en la veracidad de los hechos relatados en la historia y haga una comparación con los relatos bíblicos. Esto le servirá para que los alumnos vayan encaminando sus pensamientos al hecho de créer o no en lo que se oye. Cosa que sucedía con los que conocían u oían de Jesús.

ESTUDIO PANORAMICO DEL CONTEXTO

1. Para que la exposición sea presentada como una unidad, trataremos los puntos 1 y 2 de esta división. **2.** Haga un recuento del significado de una entrada triunfal con todos sus elementos, haciendo sobresalir las diferencias que hay con la entrada triunfal de Jesucristo. **3.** Lea el punto acerca del significado de la glorificación, que se encuentra en el Libro del Maestro. Esté listo para alguna explicación que puede ser demandada por los integrantes de la clase. **4.** Pida a la persona escogida que presente un resumen breve acerca de "los griegos que buscaban a Jesús".

ESTUDIO DEL TEXTO BASICO

Para esta parte usará el cartel que ha preparado con anterioridad. *Divida la clase en tres grupos.* Cuide de que cada grupo sea heterogéneo, tanto en el conocimiento bíblico como también en madurez cristiana. En grupos pequeños las personas se expresan con mayor confianza, lo que permite una interacción grupal positiva, a la vez que enriquece al grupo grande con diferentes perspectivas de ver la realidad.

El material a estudiar hoy será expuesto por cada uno de estos tres grupos. Cada uno de los grupos a su debido tiempo expondrá delante de la clase su parte correspondiente.

Dé tiempo a que cada grupo estudie el material y que se distribuyan responsabilidades para exponerlo. En primer lugar se debe nombrar un coordinador. Puede ser que escojan a uno que exponga, otro que tome nota; o en su defecto se dividen todo el material y cada uno expone una parte. Para estas divisiones se deberá usar el bosquejo que fue preparado de antemano. Mientras cada grupo está exponiendo su parte, el maestro puede ir anotando ideas básicas en cada división del bosquejo.

Dé una pequeña introducción al tema del primer grupo. Lo propio hará con los dos restantes grupos. Si hubiere preguntas deje primero que contesten los integrantes del grupo, de no ser posible, el maestro debe estar listo para contestar cualquier inquietud que surja.

APLICACIONES DEL ESTUDIO

1. Pida que lean las aplicaciones que se encuentran en su libro, y que discutan acerca de la pertinencia de éstas para su vida personal. **2.** Esté atento a las posibles aplicaciones que se den, y de no dejar que sean irreales o fuera de la vivencia de los asistentes.

PRUEBA

1. En forma individual permita que los alumnos completen la prueba. **2.** Dé suficiente tiempo para que cada uno termine sus actividades. **3.** Termine esta parte orando por los presentes para que haya un mayor grado de compromiso con Jesús, al mismo tiempo que cada uno haya podido comprender la seriedad de las enseñanzas de Jesús.

Jesús anuncia la traición de Judas

Contexto: Juan 13:1-35
Texto básico: Juan 13:21-35
Versículo clave: Juan 13:21
Verdad central: En la ocasión cuando Jesús lavó los pies a sus discípulos, anunció públicamente que sería víctima de la traición de uno de sus más cercanos seguidores.
Metas de enseñanza-aprendizaje: Que el alumno demuestre su: (1) conocimiento de las circunstancias que precedieron a la traición de Judas, (2) actitud de fidelidad a Jesús bajo cualquier circunstancia.

────────── Estudio panorámico del contexto ──────────

A. Fondo histórico:
El lavamiento de los pies, origen y significado. En el primer siglo los caminos eran polvorientos, las personas se movilizaban mayormente a pie. Todos usaban sandalias o estaban descalzos, por lo cual los pies los llevaban bastante sucios. Un deber básico de hospitalidad era el lavar los pies a las personas que llegaban a los hogares (Gén. 18:4), antes de entrar a ellos. Generalmente esta responsabilidad estaba a cargo de un siervo o un esclavo. Sin embargo, en situaciones muy especiales, lo hacía el dueño de casa, lo cual llevaba un significado de muy profunda humildad. La ceremonia de lavamientos se hacía antes de cada comida, allí se colocaba una jarra, el lavamanos y una toalla. Se esperaba que un siervo pudiera proceder al lavamiento. En la reunión de Jesús con sus discípulos no había ningún "siervo oficial", y es Jesús quien se levanta tomando la iniciativa. Jesús se despoja de sus vestidos, y con la ropa que tenía un esclavo procede a dar una de las lecciones más importantes del Evangelio. Este ejemplo enfatiza la importancia de ser humilde y estar dispuestos a servir.

Judas, hijo de Simón Iscariote. En cada una de las listas de los apóstoles Judas aparece al final de ellas, y en todas se describe como el que entregó a Jesús (Mat. 10:4; Mar. 3:19) o el traidor (Luc. 6:16). Se le llama Iscariote (literalmente hombre de Cariot) en los sinópticos, o hijo de Simón Iscariote (Juan 6:71; 13:2, 26). En algunos manuscritos se usa la expresión "de Cariot". Esta ciudad está ubicada a 19 km al sur de Hebrón. Otros entienden que esta expresión se debe entender como la forma hebraizada (*'isqarya'a*) de "sicario", asesino (cf. Hech. 21:38). Judas servía como tesorero de los discípulos (13:29), pero es presentado como un ladrón (12:6), y en el fondo un avaro e hipócrita. Acude a los sacerdotes para ofrecer la vida del Maestro a cambio de dinero. La muerte de Judas está llena de dificultades de armonización (Mat. 27:3-10; Hech. 1:18, 19), problemas que han sido resueltos de una u otra manera, más o menos satisfactoria. Sin embargo, la expresión que es tremendamente dura y severa se halla en Hechos 1:25, en donde se le describe como una persona que fue al lugar donde van quienes no han creído en el Señor.

B. Enfasis:
Una muestra de humildad, 13:1-10. La traición de Judas no toma por sorpresa a Jesús, él sabe que la hora de su glorificación ha llegado, por lo tanto su meta sublime de mostrar el amor se halla más cerca. Es el Dios Soberano quien dará una muestra más de humildad. Esta muestra se halla en un acto simple y sencillo, al mismo tiempo que lleno de significado y de profunda enseñanza, el lavamiento de pies, una responsabilidad para esclavos es tomada por Jesús. Es una manera de enseñar a su gente de la grandeza del servicio.
No todos están limpios, 13:11-20. El lavamiento de pies no se trata de un mandamiento sino de una actitud que debe ser imitada: la humildad ante todos. Esta humildad adquiere especial significado cuando quien se encuentra humillándose es nada menos que Dios mismo. Sobresale la unidad completa entre el Padre y el Hijo, entre el que envió y el que es enviado.
Uno de vosotros me va a entregar, 13:21-26. En medio de su actitud de servicio, para Jesús se le hace difícil decir quién le entregará, quien hará este acto de traición será uno de sus discípulos. En algunos de ellos se puede ver cierta desconfianza hacia los demás, y tal vez desconfianza en sí mismos. La duda se encuentra rondando entre los discípulos. Sólo uno de ellos se atreve a preguntar abiertamente a Jesús, la respuesta y el acto siguiente apuntan a Judas.
Hazlo pronto, 13:27-30. Judas ha abierto su corazón al pecado, su vida fue de un engaño permanente. Su acto de mayor vileza tenía que ser respaldado por la presencia misma de Satanás. Entonces el hombre lleno de pecado, pero siempre, y en primera instancia, bajo la soberanía de Dios, decide poner en práctica su plan. El no puede hacer suyas las palabras de Jesús relacionadas con el amor por las otras personas, él tiene que salir.
La marca distintiva del discípulo, 13:31-35. La hora final está cada vez más cerca. La manifestación suprema de la gloria de Dios se hará palpable a toda la humanidad. Es el mejor momento para dejar una de las enseñanzas más sublimes de Jesús. Después de la traición de su amigo, después de un acto de servicio, y previo al acto sacrificial de la cruz, qué mejor que hablar del motivante de su misión: el amor. Los discípulos serán conocidos en el mundo, no por su doctrina, ni por su religión, sino por su amor que les conduce al servicio, al sacrificio por su amor, pese a ser traicionados.

———————— **Estudio del texto básico** ————————

1 Jesús anuncia que será traicionado, Juan 13:21-26.
V. 21. Ha llegado un momento crucial para la vida de Jesús. Frente a este momento él *se conmovió en espíritu.* Juan incluye la palabra *espíritu,* la misma que denota la faceta del hombre en donde radica la fuerza de ánimo. La pala-

bra conmovió lleva el significado de tener indignación, resolución y tener compasión al mismo tiempo. Todos estos sentimientos se mezclan en Jesús, pues anunciará con una frase solemne, *de cierto, de cierto os digo,* que uno de sus discípulos ha optado por la traición y la búsqueda del bien económico, desplazando la fidelidad al Maestro. Las palabras que hacían ver que alguna persona le iba a entregar, no eran lo suficientemente claras como para señalar a uno de los doce (13:10, 18). Jesús se estremeció al *testificar* que uno de sus seguidores decidió dejarle. Uno con quien había trabajado fracasa en su misión de presentar el reino: hay una doble "tragedia", la de Jesús y la de Judas. **Vv. 22-24.** Las palabras de Jesús toman por sorpresa a sus discípulos, quienes tienen duda unos de otros. Así es de frágil la situación humana y la disponibilidad que se tiene para faltar a la fidelidad. Los otros Evangelios hacen notar esta situación cuando todos preguntaban al Maestro: ¿Seré yo Señor? La tensión llegó al punto de que Pedro se viera impulsado a pedir a Juan, *a quien Jesús amaba,* que además se hallaba muy cerca de Jesús, *para que preguntase quién era aquel de quien hablaba.*

Se hace necesario hacer un paréntesis importante para poder entender el asunto de *recostado* y *recostándose sobre el pecho de Jesús.* La Cena no se realizó de la manera como se halla pintada en la famosa obra de Leonardo de Vinci "La Ultima Cena". Esta pintura sin duda es una visión medieval de lo que pasó. Los participantes de la Cena estaban reclinados en una especie de literas inclinadas, alrededor de una mesa un tanto baja. Cada uno tenía la cara hacia la mesa, y los pies extendidos hacia el piso. Se inclinaban hacia el lado izquierdo, apoyados en el brazo del mismo lado, dejando la mano derecha libre para tomar la comida. De esta manera, se daba la espalda a la persona que estaba a su derecha, y la cabeza descansaría sin dificultad en el pecho, realmente el vestido que cubre el pecho, de esta persona. O como dice la nota de la "Versión Popular", "estar 'en el pecho' de alguien era estar a su lado, de tal manera que permitía a las dos personas conversar".

Vv. 25, 26. Ante el pedido de Pedro, Juan hace una pregunta directa. Acude a su *Señor* con plena confianza; en él hay toda la fidelidad del caso, que le hace posible hablar con tranquilidad. La respuesta de Jesús no es directa, aunque sí es clara. No se sabe con certeza si lo dijo en voz alta, o solamente a Juan. Lo cierto es que se nota una actitud de invitación a Judas, Jesús le ha identificado por medio del símbolo de darle *el bocado.* El Señor ha mostrado su amistad hasta el último minuto. Frente a la infidelidad solamente hay muestras de fidelidad completa.

2 Satanás entra en Judas, Juan 13:27-30.

V. 27. El diablo ya había puesto en el corazón de Judas el traicionarlo (13:2), allí se podía haber arrepentido, pero no lo hizo. Ahora Satanás ha tomado control completo de Judas, quien se identifica con la idolatría del dinero. Frente a esta situación, Jesús nada puede hacer. Nuevamente sobresale la idea, ya repetitiva de Juan, de que Jesús es el que tiene control de la situación. No es Judas el que determina el cuando, es Jesús, el Señor, el que tiene control de las cosas.

Vv. 28, 29. Parece que nadie más escuchó las palabras de Jesús a Juan: *ninguno... entendió.* Los discípulos frente a lo sorpresivo de los eventos, posiblemente no pudieron relacionar todo lo que estaba pasando. Todavía ven a Jesús sometido al sistema financiero imperante, el sistema que pretende dar dádivas, *a los pobres,* el sistema religioso que maneja la fiesta con el dinero. Jesús sería el Cordero pascual que Dios había provisto para la liberación de su pueblo. Ya Jesús había dicho antes que el sistema de dádivas no es de él, pues los pobres debían ser acogidos por la comunidad (12:8). El grupo de discípulos todavía tenía que crecer: Pedro no acepta el cuidado y servicio de Jesús, Judas le traiciona, los otros no entienden...

V. 30. Judas entra en el ámbito de las tinieblas. Las palabras de Juan se llenan de significado, la luz será traicionada, la luz que vino a los suyos no fue aceptada, por ello *ya era de noche.* La presencia de Jesús es para vencer esa clase de tinieblas (Juan 1:5).

3 Un "mandamiento nuevo", Juan 13:31-35.

Vv. 31, 32. La interpretación de Jesús sobre el hecho de la traición de Judas no es una interpretación de dolor o de queja. El lo puede ver como una manifestación de que *es glorificado* el *Hijo del Hombre.* Esta glorificación es la muestra de la decisión libre de Jesús al poner su vida en las manos de sus enemigos. Pero es más, también en este acto *Dios es glorificado en él,* es decir, que se puede ver a Dios en forma más palpable en el momento en que Jesús entrega su vida por sus hijos.

V. 33. Luego de que su gloria ha sido manifestada, le queda otro paso, que los discípulos entiendan que su partida es necesaria, y que justamente en ella se halla manifestada su gloria. Ellos deben comprender la necesidad de esta separación. Lo buscarán, en el sentido de extrañarle, de reclamar su presencia, pero no será posible tener el mismo trato que han tenido hasta ahora. Ya no podrán disfrutar de la presencia de Jesús, pero es necesario que puedan disfrutar de la presencia mutua. Esta presencia debe ser muy especial, un elemento claramente manifestado en todo el ministerio de Jesús.

Vv. 34, 35. El *mandamiento nuevo,* no es nuevo en el sentido de la necesidad de amar, pues ya el AT lo había dicho más de una vez, y el mismo Jesús lo había repetido (Mar. 12:29-31). Es un mandamiento nuevo en el sentido de que ahora es claramente ejemplificado por Jesús, es nuevo en calidad y en forma. La encarnación se constituye en un modelo para seguir por parte de los discípulos de Jesús, tenemos que regresar a pensar que Juan 3:16 es el modelo que debe seguir cada discípulo.

Los que viven bajo los valores del mundo, bajo los valores de Judas, deben ver en los discípulos de Jesús una forma de vivir diferente. Por esta marca se podrá conocer que los discípulos son de él, de nadie más. Note el uso enfático de *mis discípulos.* Esta marca del creyente fue vista por sus perseguidores en los primeros siglos, así lo testificaron los enemigos del cristianismo. A ellos siempre les sorprendió que personas que no eran parientes en la sangre, estuvieran listas a dar su vida por sus hermanos en la fe, listas a seguir las pisadas que trazó el Maestro.

1. **Fidelidad hasta los sumo.** La traición de Judas es una muestra de infidelidad, al mismo tiempo que es un desafío para quienes pretendemos seguir al Maestro en todas sus pisadas.

2. **Honestidad completa.** La presencia de Judas es un modelo negativo para no imitar. El pretendió engañar al Maestro, a sus compañeros y a los pobres, y pretendió estar limpio. Se descuidó de un detalle, Jesús conocía su corazón y sabía a plenitud la situación en la que se hallaba interiormente.

3. **Amor bajo un modelo.** Tenemos un punto de referencia para imitar un modelo que se pudo ver cristalizado en la cruz del Calvario. Esa es la clase de amor que debe caracterizar a la comunidad de Cristo.

―――――――――――― Ayuda homilética ――――――――――――

Un amor que tiene un modelo
Juan 13:31-35

Introducción: Los mandamientos de Jesús exigen un compromiso de parte de sus seguidores. Al mismo tiempo que hay demandas, Jesús nos presta ayudas para poder cumplirlas. Sus exigencias no son fuera de nuestra realidad, por esto el mandamiento del amor es presentado desde las bases para hacerlo, pasando por la necesidad de cumplirlo, y terminando por su contenido.

   I. **La base del amor, vv. 31, 32.**
      A. La glorificación del Hijo, vv. 31a, 32b.
      B. La glorificación de Dios, vv. 31b, 32a.
      C. La proximidad de la glorificación, v. 32c.
   II. **La necesidad del amor, v. 33.**
      A. Jesús le acompañará poco tiempo, v. 33a.
      B. No podrán estar con Jesús, v. 33b.
   III. **El contenido del amor, vv. 34, 35.**
      A. Un mandamiento nuevo, v. 34a.
      B. Un modelo para imitar, v. 34b.
      C. La marca del discípulo, v. 35.

Conclusión: No tenemos pretextos para no cumplir el mandamiento del amor. Tenemos que amar porque sabemos su base, su necesidad y su contenido. Todo este amor fue claramente presentado en los actos de Jesús, quien nos dio el ejemplo máximo para imitar.

Lecturas bíblicas para el siguiente estudio

Lunes: Juan 13:36-38   **Jueves:** Juan 14:7-9
Martes: Juan 14:1-4   **Viernes:** Juan 14:10, 11
Miércoles: Juan 14:5, 6   **Sábado:** Juan 14:12-14

AGENDA DE CLASE

Antes de la clase
1. En un diccionario bíblico busque mayor información sobre la costumbre del lavamiento de los pies. En el material del maestro se presenta algo. **2.** Consulte sobre la costumbre que tiene el Papa cada Jueves Santo, cuando él lava los pies de 12 personas. **3.** Investigue igualmente alguna costumbre propia de su país que se usa para dar la bienvenida o simplemente saludar a una persona. De no existir use las conocidas normas generales, como por ejemplo: estrechar la mano o dar un beso en la mejilla. **4.** Responda a las preguntas que se encuentran en el Libro del Alumno en su sección *Lea su Biblia y responda*.

Comprobación de respuestas
JOVENES: **1.** Fiesta (v. 1). **2.** DIablo (v. 2). **3.** Simón PeDro (v. 6-8). **4.** Ejemplo (v.15). **5.** DiscípuLos (v. 22). **6.** Simón Iscariote (v. 26). **7.** EnseguiDa (v. 30). **8.** MandAmiento. **9.** Discípulos (v. 35). La palabra que se forma es FIDELIDAD.
ADULTOS: **1.** a. Habla con plena certidumbre de lo que le va a pasar (v. 21). b. Indica con claridad quién es la persona que le entregará (v. 26). El alumno podrá señalar otras situaciones, o indicar los dos indicios de una manera diferente a la respuesta planteada aquí. **2.** Este es también una parte del alumno que no podrá ser uniforme, haga sobresalir que la respuesta debe tener al menos tres elementos: amar, el ejemplo de Jesús y la necesidad de amar como señal de ser discípulos de Jesús.

Ya en la clase
DESPIERTE EL INTERES
1. Pregunte a los miembros de la clase qué costumbres usamos normalmente para dar la bienvenida a una persona en nuestro hogar. Comparta el material que usted ha investigado. Haga sobresalir que nuestras vidas cotidianas están llenas de tradiciones y formulismos, muchos de los cuales son buenos. **2.** Comparta con la clase lo que usted investigó acerca de la costumbre del Papa en cuanto al lavamiento de pies en el Jueves Santo. Promueva un pequeño diálogo en el cual los participantes puedan expresar sus ideas relacionadas con este evento.

ESTUDIO PANORAMICO DEL CONTEXTO
1. Explique el significado del lavamiento de pies en la época de Jesús. Relacione este acto con la muestra de humildad que Jesús estaba ejemplificando. **2.** Presente los datos sobre quién es Judas Iscariote, que aparecen en el Libro del Maestro. Puede relacionar este punto con el anterior haciendo notar que a una de las personas a quien lavó los pies Jesús, era Judas, el mismo que más tarde le traicionaría. **3.** El material que se presenta en el Enfasis en gran parte será explicado en el *Estudio del texto básico* o fue ya analizado, en parte, cuando se habló sobre el significado de la ceremonia

del lavamiento de los pies, que ahora será aplicado directamente a lo que hizo Jesús. No dedique mucho tiempo a esta parte de la clase.

ESTUDIO DEL TEXTO BASICO

Esta parte del material será presentada a manera de un diálogo; en el mismo el maestro hará la parte de Jesús, mientras que los alumnos harán la parte de los discípulos. Lea usted el material bíblico en el cual Jesús describe la manera y la persona que le traicionaría. Luego pida a los alumnos que hablen sobre los sentimientos que esta declaración provocó en sus mentes. Usted o un secretario puede ir anotándolos en el pizarrón. Lleve a la clase a que juntos vean que los sentimientos que ocasionó la declaración en este día fue igual o similar a la que los discípulos pudieron haber tenido. Exponga el material de la primera división del *Estudio del texto básico.*

Haga que los alumnos lean el material que se encuentra en su libro, mientras usted hace las observaciones pertinentes. Procure que la clase se convierta en un intercambio de ideas, no en un monólogo. Para esto usted puede preparar algunas preguntas de antemano en caso de que el diálogo no resulte fluido. Esta modalidad puede ser aplicada al punto dos del *Estudio del texto básico.*

El punto tres del Estudio del Texto Básico presenta una de las verdades centrales del Evangelio. Debido a esto se recomienda que sea el maestro quien presente este material. Por la naturaleza de la enseñanza, el maestro deberá estar listo para responder preguntas, las mismas que pueden estar orientadas a problemas de relación que seguramente son algo vivencial para los participantes de la clase. De haber personas en su clase que no participan activamente, el maestro deberá buscar la manera de integrarlas a la dinámica de la clase. Lo puede hacer mediante preguntas o buscando la respuesta a alguna inquietud de parte de ellos.

APLICACIONES DEL ESTUDIO

1. Promueva una "lluvia de ideas", las aplicaciones que pueden resultar luego del estudio de hoy. **2.** Seguramente dos aplicaciones serán mencionadas en la clase: una de ellas relacionada con la infidelidad de Judas Iscariote, y la otra relacionada con el amor que debemos tener entre los creyentes. De no ser así, menciónelas usted y además enfatice estas dos aplicaciones para que el alumno pueda terminar la reunión teniendo en mente que Dios le exige que sea fiel a él, como también el hecho de que debe amar a todos los creyentes siguiendo el modelo que nos dejó Jesús.

PRUEBA

1. Pida que cada alumno realice la prueba que se encuentra en su material. **2.** Luego de un tiempo en el que todos hayan terminado esta actividad, el maestro puede solicitar a dos o tres personas que lean sus respuestas. **3.** Sería recomendable terminar la clase con un tiempo de oración, en el cual intercederían unos por otros pidiendo a nuestro Dios que nos dé fuerzas para ser fieles y amar a los demás así como él nos amó.

Unidad 8

Jesús, el camino al Padre

Contexto: Juan 13:36 a 14:14
Texto básico: Juan 14:1-14
Versículo clave: Juan 14:6
Verdad central: En una declaración sin precedentes, Jesús afirma que él y sólo él es el camino, la verdad y la vida. Jesús es el único salvador que reconcilia al pecador con Dios.
Metas de enseñanza-aprendizaje: Que el alumno demuestre su: (1) conocimiento de la declaración de Jesús en Juan 14:6, (2) actitud de valorar la provisión que Dios hizo en Jesús para su salvación.

─────────── **Estudio del texto básico** ───────────

A. Fondo histórico:
Filosofías reinantes acerca de la verdad, el camino y la vida. En la literatura griega, "verdad" era una palabra con una connotación demasiado intelectual. Por ejemplo, según Bultmann, los historiadores la usan para señalar acontecimientos reales, a diferencia de los mitos. Los filósofos la usaban para referirse al ser real y verdadero en el sentido absoluto. En el AT la palabra verdad, a más del significado intelectual de ser una característica contraria a la falsedad, se usa mayormente como un atributo de la persona.

Jesús es la personificación de la verdad: es recto, confiable, fiel, como también es lo opuesto a lo falso y deficiente. Jesús es también el original, en oposición a una copia o a una simple apariencia.

La palabra "camino" tiene la connotación de forma de actuar, es la actitud total de la vida y conducta del hombre. Se lo puede usar también en un sentido más estricto, como una serie de normas que indican cómo se debe comportar una persona. El uso de esta palabra en el libro de Los Hechos, parece que lleva una connotación un tanto despectiva. Para Jesús, al describirse como "el camino" está significando una opción, al mismo tiempo que una forma de vivir y la única manera de poder acercarse al Padre. Este concepto va ligado con Jesús como la máxima revelación del Padre, por consiguiente es la única manera de acercarse al Padre.

La palabra "vida" para Juan jamás denota la mera existencia física, sino una calidad de vida, que por ser un don de Dios no está sujeta a la muerte. De esta manera, al describirse Jesús como la vida, implica que el Maestro es la fuente de una forma de enfrentar la realidad de una manera diferente a la del simple existir. Tener vida, la vida que otorga Jesús, la vida que es Jesús en sí mismo, es disfrutar de la presencia del Verbo entre los hombres.

B. Enfasis:

El canto del gallo, 36-38. En este momento, Pedro declara y se compromete a seguir a Jesús dando su vida. Qué gran amor el de Jesús hacia esta persona que es tan rápida para hablar sin pensar en las implicaciones de sus palabras. Allí dentro de este amor, Jesús tiene que enseñarle, tiene que hacerle notar su pequeñez. No pasarán muchas horas hasta que Pedro lo niegue tres veces. La señal será el toque de la trompeta que marcará el cambio de vigilia, el canto del gallo, como se llamaba a este toque de trompeta, señalará que Pedro, al igual que todos los hombres, necesitan crecer permanentemente para mostrar un amor como el que tuvo Jesús hacia nosotros.

El camino de la salvación, 14:1-4. Pero Jesús no nos ha dejado solos. Sus palabras nos alientan y nos dan ánimo. Si hemos depositado nuestra confianza en él, podremos disfrutar de las moradas eternas que Jesús nos ha preparado. La tranquilidad que tenemos es que pese a nuestras limitaciones, pese a nuestros pecados, Jesucristo no nos ha abandonado y vendrá otra vez por nosotros, para estar para siempre con nosotros.

El camino, la verdad y la vida, 14:5, 6. El camino que nos puede enseñar Jesús es él mismo. No hay otra manera de disfrutar de la presencia del Padre, sino por medio del Hijo. Sí podemos saber a dónde va, como también podemos saber cuál es el camino. La pregunta de Tomás ya tiene ahora respuesta. Jesús se ha mostrado como el camino al Padre.

El que conoce al Hijo conoce al Padre, 14:7-11. Esto es así porque sencillamente la identidad que tiene Jesús con el Padre es completa. Si conocemos al Hijo, conocemos al Padre. Si hemos visto a Jesús hemos visto al Padre. Las palabras de Jesús son las palabras del Padre. Las obras del Padre son las obras del Hijo. El Padre es en el Hijo, como el Hijo es en el Padre. Jesús es el mismo Dios, pero una persona diferente.

Lo que pidáis al Padre en mi nombre, lo haré, 14:12-14. La identidad del Hijo con el Padre es tal que, cualquier cosa que pidamos, asumiendo que es un pedido que el Hijo hiciera, el Padre nos lo va a conceder. Y es mucho más que eso, tal es el amor que tienen el Hijo y el Padre, que nos concederá hacer cosas mucho más grandes que las que hizo cuando estaba entre nosotros.

―――――――――― Estudio del texto básico ――――――――――

1 Jesús fue a preparar un lugar, Juan 14:1-4.

V. 1. Jesús hace un llamado de consuelo a sus discípulos: *No se turbe*, sería mejor traducirlo como "dejen de estar turbados". No es un llamamiento a no tener miedo, sino a dejar de estar en un estado de turbación y confusión. El uso de la palabra *corazón*, implica la personalidad como un todo. Los discípulos se hallaban en un estado de completa desorientación, y es allí cuando interviene Jesús.

Los discípulos habían experimentado varias situaciones: la traición de uno de sus compañeros, el anuncio de que ya no podrán estar con el maestro, el anuncio de que aun Pedro no permanecerá completamente fiel. Frente a esto Jesús no les da palabras de consuelo superficial, les presenta una esperanza firme. El escritor del presente comentario preferiría traducir la frase *Creéis en Dios; creed también en mí*, de la siguiente manera: "Sigan confiando en Dios, sigan confiando en mí." El uso de los dos imperativos va de acuerdo más con el contexto. Los discípulos sí confiaban en Jesús, pero en ese momento necesitaban una especie de inyección para seguir haciéndolo. **Vv. 2, 3.** Donde está el *Padre,* allí hay un verdadero hogar. La palabra hogar es mucho más que una casa, es un sitio de intimidad, comunión y de vida. Allí donde Dios muestra todo lo que él es, allí hay *muchas moradas.* Esta última frase no quiere decir que hay varias clases de moradas, sino que hay suficiente espacio para todos. La separación, por otro lado, no sólo permite disfrutar de la presencia del Padre, sino que también será una separación temporal, pues el mismo Jesús dice: *vendré otra vez y os tomaré conmigo.* La separación presente de Jesús hará posible que él pueda venir. Se da un énfasis especial, pues la promesa que hace es que *donde yo esté, vosotros también estéis.* La promesa no es simplemente "llevarlos al cielo", sino llevarlos a disfrutar de su presencia, de su comunión en el hogar del Padre.

V. 4. Este versículo contiene dos afirmaciones: en primer lugar que los discípulos *saben,* tienen una fe de tal magnitud que ya saben la esencia del mensaje de Jesús, ellos ya saben *a dónde voy,* dice Jesús. En segundo lugar también, según la traducción alternativa que trae RVA, saben cuál es *el camino.* No han podido sistematizar todas estas ideas, pero saben quién es Jesús y cuál es su misión: revelar al Padre.

2 Jesús es el camino, la verdad y la vida, Juan 14:5-11.

Nos introducimos en uno de los pasajes con más contenido de todo el Evangelio de Juan, estamos frente a palabras centrales en su ministerio. **V. 5.** Los discípulos habían creído en Jesús, pero se hallaban en una crisis de fe. Es Tomás quien desea crecer cada vez más en su fe, él es quien se arriesga a hacer una pregunta vital. Su fe no ha alcanzado la madurez suficiente para entender a cabalidad el proceso que tenía que seguir Jesús. No puede ver a la muerte como un camino a seguir, su visión era muy liimitada, él no podía entender que luego de la muerte venía la resurrección, para él siempre fue difícil aceptar esta parte (Juan 20:24-29). **Vv. 6, 7.** La respuesta de Jesús es tajante y radical. Lo hace por medio de un *Yo soy,* el penúltimo que se menciona en el Evangelio de Juan. Jesús no nos enseña una filosofía, o un principio a seguir; por el uso del pronombre *Yo,* nos enseña a una persona. Su declaración va más allá de la petición de Tomás. El no sólo le enseña el camino, él mismo es *el camino.* En virtud de que él mismo es el camino, entonces puede enseñar cuál es el camino. El se constituye en el camino en dos sentidos: en primer lugar es el camino que escogió Dios para revelarse al hombre, y es el camino que escogió Dios para que el hombre se acerque a Dios.

Jesús también es *la verdad.* No es una verdad relativa, sino se trata del absoluto, del cual depende cualquier otro concepto. Jesús se convierte en la fuente confiable para sus discípulos. En medio de su incertidumbre, de su turbación, ellos pueden acudir al único fiel.

Pero Jesús es también *la vida*. Ya se ha dicho, se trata de una clase de vida diferente, no de la simple vida biológica. La vida que nos ofrece es la vida que puede disfrutar de la presencia de Dios.

Estos tres conceptos van relacionados entre sí, no son entidades separadas una de otra, al contrario depende una de otra. Sin embargo, la última frase del versículo, *nadie viene al Padre sino por mí,* nos hace pensar que Jesús desea fijar en la mente de los discípulos la importancia del ministerio que Dios le mandó a cumplir, esto es revelar al Padre.

V. 8. Felipe, posiblemente llevando la voz de todo el grupo (*muéstranos*), no ha podido entender que el Verbo está dando a conocer al Padre. Parece que Felipe deseaba ver alguna manifestación especial de Dios, una teofanía, como la que vio Moisés, o algún otro personaje del AT. No había captado que Dios le daba un privilegio mayor.

Vv. 9-11. Jesús responde tres preguntas con palabras de protesta: La primera (*¿y no me has conocido?*) de ellas va acompañada de una aclaración. Para Jesús, Felipe no había entendido las palabras que le dijo a Tomás: "el Hijo manifiesta al Padre". El Señor ha dicho esto tantas veces, al menos en Juan 23 veces, hasta ahora. Ha estado con ellos *tanto tiempo,* tres años y ellos no han captado completamente lo que deseaba anunciar. Una vez más lo dice, ahora muy claramente: *El que me ha visto, ha visto al Padre.* Dios se ha hecho visible en Jesús. La segunda pregunta tiene un tono de reproche (*¿Cómo, pues, dices...?*). La tercera pregunta (*¿No crees...?*) conduce a una reflexión más profunda, está buscando una respuesta afirmativa. Jesús desea que tanto Felipe como el resto de discípulos puedan crecer en la comprensión de su fe. Jesús tiene una completa identificación con el Padre, la dependencia entre los dos es recíproca.

3 Jesús responde las oraciones, Juan 14:12-14.

V. 12. La partida de Jesús traerá algunos beneficios a los discípulos que creen en él. El primero será el tipo de obras. El creyente *hará las obras que yo hago. Y mayores...* Las obras de Jesús son irrepetibles en el sentido de que llevan un significado especial de la liberación completa que hace en el hombre. Pero el que cree podrá continuar las obras que hizo Jesús. No se debe buscar de ninguna manera la espectacularidad de las obras, sino obras que conduzcan a un propósito específico, obras que hagan ver al Padre. Jesús no fue un milagrero, y tampoco promete que los creyentes serán milagreros.

Vv. 13, 14. El segundo beneficio que se tendrá por la partida de Jesucristo es la posibilidad de *pedir alguna cosa en mi nombre,* decía Jesús. Esta posibilidad no se hace factible con la aplicación mecánica de una fórmula. La expresión *en mi nombre,* debe ser entendida con la frase *yo la haré.* Estamos diciendo que el *Padre* responderá a las peticiones que vienen como si las hubiera hecho Jesús mismo. Orar *en el nombre* de Jesús es orar con las mismas palabras, con el mismo contenido, el mismo propósito que Jesús lo hubiera hecho. Entonces la respuesta será dada por el Padre. Nuevamente hay identidad total entre el Hijo y el Padre. Esta respuesta tiene como propósito no satisfacer los caprichos del peticionario, sino el que *sea glorificado el Hijo.*

Aplicaciones del estudio

1. Confianza en medio de los problemas. En medio de la desesperanza escuchemos las palabras de Jesús "No se turbe vuestro corazón". Cuando nos motivamos a seguir adelante por una gran esperanza, después de los problemas hay consuelo por la presencia eterna con el Padre y con el Hijo. **2. No nos engañemos, no hay otro camino.** En nuestros días hay sincretismos religiosos. Afirman que no importa lo que uno predica o cree, que todos estamos en lo mismo, por lo tanto, no importa el camino que sigamos. La Biblia es clara, sí importa cuál es el camino, no hay otra manera de llegar al Padre sino por medio de Jesucristo. **3. Fe en constante crecimiento.** No podemos contentarnos con la fe que podemos tener ahora. Dios nos la ha dado, pero ahora es responsabilidad de cada uno hacerla crecer. Las dudas y los tropiezos que tenemos los podemos usar en nuestro provecho para poder crecer, y que nuestra fe pueda ser más como Jesús quiere que sea.

Ayuda homilética

Esperanza que nos da tranquilidad
Juan 14:1-4

Introducción: La confianza que tenemos para el más allá nos debe motivar para vivir mejor en el "más acá", nos motiva para vivir con tranquilidad.

I. Llamado a confiar, v. 1.
    A. Confianza que nos anima, v. 1a.
    B. Confianza en un Dios total, v. 1b.
II. Un lugar nos espera, v. 2.
    A. Hay un lugar para todos, v. 2a.
    B. Hay certeza en las palabras de Jesús, v. 2b.
    C. Es un lugar que está preparado, v. 2c.
III. Una compañía nos espera, vv. 3, 4.
    A. Jesucristo vendrá a buscarnos, v. 3a.
    B. Jesucristo nos acompañará, v. 3b.
    C. Sabemos dónde mora Jesús, v. 4.

Conclusión: Como cristianos tenemos la plena certeza de que en la eternidad estaremos perpetuamente gozando de la presencia de Jesús. Esta certeza nos debe animar a vivir de tal manera que reflejemos esta esperanza.

Lecturas bíblicas para el siguiente estudio

Lunes: Juan 14:15-17
Martes: Juan 14:18-20
Miércoles: Juan 14:21-25

Jueves: Juan 14:26, 27
Viernes: Juan 14:28, 29
Sábado: Juan 14:30, 31

AGENDA DE CLASE

Antes de la clase
1. Invite con suficiente tiempo a dos líderes de su congregación, pueden ser miembros de su clase, para que participen en un simposio con preguntas y respuestas. Al final de la presentación de los exponentes los integrantes de la clase hacen preguntas dirigidas a los expositores. Los temas que tratarán son: "Jesús fue a preparar un lugar" Juan 14:1-4 y "Jesús responde las oraciones" Juan 14:12-14. El maestro deberá preparar sobre el punto "Jesús es el camino, la verdad y la vida" Juan 14:5-11. Busque personas que posean conocimiento bíblico suficiente, y que además tengan facilidad para exponer. Una de las funciones del maestro es capacitar a las personas que está invitando, en caso de que ellas no tengan la preparación que el maestro considere como suficiente. Para esto le recomendamos el uso de comentarios bíblicos, diccionarios y material similar. Es una buena oportunidad para promover la capacitación de más personas. **2.** Provéase de papeles y suficientes lápices para que, de ser necesario, los alumnos tengan donde anotar las preguntas que surjan luego de cada exposición. **3.** Será responsabilidad del maestro preparar el tema "Filosofías reinantes acerca de la verdad, el camino y la vida". **4.** Prepara un cartel en el cual estará descrito lo que es un simposio, esto ayudará a que todos los participantes sepan cómo se desarrollará la clase. **5.** Responda a las preguntas del libro del alumno en la sección *Lea su Biblia y responda.*

Comprobación de respuestas
JOVENES: Los nombres o palabras que designan personajes a encontrar son: Padre, Jesús, Felipe, Tomás, Hijo, Pedro, Judas.
ADULTOS: **1.** a. Creer en él y en el Padre. b. Fue a preparar lugar. c. Vendrá otra vez. **2.** a. Conocer al Hijo es conocer al Padre. b. Ver al Hijo es ver al Padre.

Ya en la clase
DESPIERTE EL INTERES
1. Escriba en el pizarrón las divisiones del *Estudio del texto básico,* junto con el nombre de la persona que expondrá el tema. Explique la mecánica a seguir en la clase de hoy, presentando a cada uno de los exponentes. **2.** Coloque, en un lugar visible a todos, el cartel en el que se encuentra descrito lo que es un simposio con preguntas y respuestas. Puede pedir que alguien lo lea para que estén todos al tanto de la mecánica a seguir el día de hoy.

ESTUDIO PANORAMICO DEL CONTEXTO
1. Empiece exponiendo el tema "Filosofías reinantes acerca de la verdad, el camino y la vida". Esta presentación servirá como introducción al tema. El maestro puede usar el material que se encuentra en su libro. **2.** Como vínculo entre lo anteriormente expuesto y el desarrollo del simposio, el maestro deberá hacer un recuento de la lección anterior, en la que se haga sobresalir

la crisis de la traición de Judas, la presentación del nuevo mandamiento de Jesús en medio de esta crisis y la situación crítica que se presenta frente al anuncio de la negación de Pedro. En este punto se usará el material del *Enfasis,* añadiendo una presentación muy rápida del contenido del capítulo 14:1-14 del Evangelio de Juan. De esta manera se dan un amplio trasfondo sobre el *Estudio del texto básico.*

ESTUDIO DEL TEXTO BASICO

Comience dando lectura al texto de Juan 14:1-14, lo cual puede ser hecho por usted o pedir que un participante de la clase lo haga. Inmediatamente los alumnos, en forma individual, pasarán a responder las preguntas contenidas en la sección *Lea su Biblia y responda.* Puede hacer una comprobación rápida de las respuestas.

Pida que la persona que tiene el primer tema pase a exponerlo. Recuerde a la clase que las preguntas serán formuladas al finalizar todas las presentaciones. Si juzga necesario puede pedir que las preguntas sean anotadas en papeles que luego serán leídos para su respectiva contestación. Luego de finalizada esta primera presentación el siguiente punto expóngalo usted como maestro siguiendo la misma mecánica. Finalmente será presentado el tercer punto.

Luego de las presentaciones pida sean recogidas las preguntas que se han escrito, solicitando que un integrante de la clase cumpla la responsabilidad de leerlas. Procure ordenar las preguntas de acuerdo con el orden de cada uno de los temas presentados. Para facilitar la respuesta puede darse el caso de que dos preguntas sean similares y que se las pueda juntar.

Para finalizar haga una síntesis de las enseñanzas de este día. Siempre tiene que haber la posibilidad de que se realice un diálogo abierto con nuevas preguntas o inquietudes. Recuerde que nunca es aconsejable coartar el deseo de participación de cada alumno, lógicamente dentro del orden requerido. De existir preguntas que no se las puede contestar en forma satisfactoria, reconozca este hecho ante la clase y comprométase a que en los días venideros el maestro buscará una respuesta más satisfactoria.

APLICACIONES DEL ESTUDIO

1. Pida a varios que voluntariamente den lectura a las aplicaciones que tienen descritas en el material del alumno. 2. Luego de leer las aplicaciones pueden haber comentarios e incluso incorporar nuevas aplicaciones en base a lo que durante el transcurso de la clase se ha desarrollado.

PRUEBA

1. Dé tiempo para que los alumnos de manera individual completen la prueba. 2. Termine el estudio haciendo una oración para que cada uno haya comprendido que en medio de los problemas Cristo nos acompaña, porque él es la única manera de acercarnos al Padre. 3. Es muy bueno que les recuerde las ventajas de estar realizando las *lecturas bíblicas diarias* como una preparación para la clase de la siguiente semana.

Jesús promete enviar al Consolador

Contexto: Juan 14:15-31
Texto básico: Juan 14:15-26
Versículo clave: Juan 14:26
Verdad central: Al volver a la gloria, que le pertenece, Jesús hizo la promesa de rogar al Padre que enviara otro Consolador asegurándoles así a los suyos que no les dejaría huérfanos.
Metas de enseñanza-aprendizaje: Que el alumno demuestre su: (1) conocimiento de la promesa de Jesús acerca del Consolador y su tarea, (2) actitud de sumisión a la dirección del Espíritu Santo en su vida.

─────────── **Estudio panorámico del contexto** ───────────

A. Fondo histórico:

El Paracleto. Esta es una transliteración de la palabra griega usada para describir al Espíritu Santo, y que ha sido traducida como Consolador (Juan 14: 16, 26; 15:26; 16:7). En 1 de Juan 2:1 se usa para describir a Jesús, allí se ha traducido como "abogado". Esta palabra ha sido muy difícil de ser traducida conservando el significado original. Tratando de resumir a William Barclay, se darán cuatro significados de la palabra *Paracleto.* (1) Etimológicamente significa mandar a llamar a alguien para que ayude en una situación que no se puede resolver. Es la persona llamada a estar junto a las personas que se hallan frente a un problema de difícil solución. (2) La palabra se aplica a la persona que cumple la tarea de consolar a alguien que se halla en problemas o en soledad, y recibiendo esta ayuda puede salir adelante. Así el Espíritu Santo consuela al creyente. (3) Se usa para señalar a la persona que está al lado de alguien que ha sido acusado, con el propósito defenderla y hablar a favor de ella. (4) La palabra Paracleto se usa para la persona que ha sido llamada junto a otra para animarla e infundirle valor, con el propósito de que cumpla la responsabilidad que le ha sido encomendada. Todas estas funciones se pueden aplicar al Espíritu Santo como el Paracleto, como el Consolador.

"El príncipe de este mundo". También se puede traducir como "gobernante de este mundo". Este es un término usado para describir a Satanás (Juan 12:31; 14:30; 16:11). El término "mundo" se aplica a un sistema de valores, un sistema de vida que se halla controlado por Satanás. Es un "sistema socio político injusto donde están encuadrados los hombres" (Mateos).

Judas, no el Iscariote. No se sabe mucho de este personaje. Es uno de los discípulos de Jesús. En las diferentes listas se conoce como Judas Tadeo (Mat.

10:3; Mar. 3:18), o "hijo de Jacobo", también traducido por algunos "hermano de Jacob" (Luc. 6:16; Hech. 1:13). Literalmente estos pasajes dicen "Judas de Jacobo", siendo el sentido más natural "hijo", se ha dicho que se debe traducir "hermano" posiblemente en busca de armonía con Judas 1. También se conoce como Lebeo en algunas variantes textuales de Mateo 10:3.

B. Enfasis:
Un Consolador permanente, 14:15-17. El Señor ha empezado su sermón hablando de la necesidad que existe de separarse de sus discípulos. Frente a la situación, ellos se preocupan. Allí se hace necesario hablar de las bendiciones que conllevará la necesaria separación. Una de ellas es que, en una nueva relación se pueden hacer cosas mayores que las que hizo Jesús, además se podrá pedir en el nombre de él. Las bendiciones no se limitan a esto, sino que también los creyentes podrán tener al Espíritu Santo como el Consolador, en lugar de la presencia de Jesús. Su permanencia será para siempre.

No os dejaré huérfanos, 14:18-20. La ausencia de Jesús es solamente temporal. La garantía es que sus discípulos no quedarán huérfanos. A más de la presencia del Consolador, el retorno de Jesús es una garantía y un motivante para seguir adelante. A esta garantía de su regreso, o sea la presencia del Espíritu Santo, se debe sumar que Dios no les ha abandonado, pues hay una identidad completa entre el Padre y el Hijo, y la permanencia de los discípulos en el Hijo y del Hijo en los discípulos.

El que me ama guarda mis mandamientos, 14:21-24. La mejor manera de expresar que amamos a Jesús es obedeciendo sus mandamientos. Al obedecer al Hijo, él mismo se manifestará en cada discípulo. Esta manifestación del Hijo será la morada permanente en el discípulo, junto con el Padre. Nuevamente esta manifestación será posible por la unidad que guardan el Padre y el Hijo, además de que esto se hace posible porque el Verbo ha sido enviado para manifestar al Padre.

El Espíritu Santo recordará las palabras de Jesús, 14:25-28. La presencia del Espíritu Santo deberá cumplir otro ministerio con los discípulos: les recordará las palabras que les enseñó el Maestro. De esta manera se garantiza la transmisión fiel de lo que enseñó Jesús.

Un aviso oportuno, 14:29-31. Esta promesa de su presencia se debe principalmente a la presencia del "príncipe de este mundo", es decir de Satanás, quien se halla en franca oposición a la labor y ministerio de Jesús. Es necesario que la separación de Jesús se presente, es la prueba de que Jesús ama al Padre y de que el Padre lo envió. Su obediencia es el clímax de su misión.

--------------------- Estudio del texto básico ---------------------

1 El otro Consolador, Juan 14:15-18.
V. 15. El versículo se halla formado de dos partes. Por un lado está la condición: *Si me amáis...,* y por otro lado la consecuencia del cumplimiento de la condición: *guardaréis mis mandamientos.* La fe no es solamente un acto de

"creer intelectualmente", como tampoco es un acto "puramente emocional". La fe implica amar a Jesús, lo que significa obedecer. **Vv. 16, 17.** La palabra usada aquí (*rogar*) implica que existe igualdad entre la persona que "ruega" y la que recibe la rogativa. Jesús pedirá a *otro Consolador*. Es decir una persona con sus mismas características. Este *otro Consolador* vendrá a hacer las mismas funciones que hacía Jesús con sus discípulos. No se trata de una fuerza o algo impersonal, como tampoco de una creación de Dios. Este *Espíritu, como se identifica* se lo identifica, es de la "misma categoría" de Jesús. La bendición que se tiene con este *otro Consolador* es que *estará para siempre*. Note el uso del futuro para poder entender a cabalidad el ministerio tan especial que cumplirá el Espíritu Santo desde Pentecostés. Este *Espíritu de verdad a quien el mundo no puede recibir.* La razón es que siendo el mundo un sistema gobernado por Satanás, la mentira, la muerte y las tinieblas, no pueden aceptar la participación de quien es verdad, vida y luz. Los discípulos, en contraste con los discípulos del príncipe del mundo, tienen la bendición de *conocerle.* Esta capacidad de conocimiento se puede tener gracias a que el Espíritu *permanece* con sus discípulos, es decir, que mora al lado de ellos, que sería una posible traducción. Pero no sólo *permanece,* sino que también está en ellos, o lo que es lo mismo está dentro de ellos. **V. 18.** Este versículo no hace referencia necesariamente a la Segunda Venida, sino sobre todo a la venida del Espíritu Santo. La partida por la muerte de Jesús no debe ser causa de desesperanza, sino motivo de esperanza, pues jamás quedarán *huérfanos.* La presencia del Espíritu en el creyente nos habla de una relación muy íntima que Dios tiene con sus discípulos.

2 La demostración del amor, Juan 14:19-24.

Vv. 19, 20. Jesús introduce algo del tema sobre el mundo, y la diferencia que hay entre sus discípulos y aquellos que pertenecen al mundo. Con estos últimos habrá un rompimiento total, pues *el mundo no me verá más.* La relación que había con ellos hasta ese momento era una relación física, es decir le podían ver, pero *todavía un poquito y* ya no podrán estar en contacto con Jesús. Por otro lado sus discípulos sí le podrán ver. Esta relación tan especial que permanecerá con sus discípulos es debido a que ellos vivirán porque Jesús vive. La relación que hay entre el Padre y el Hijo se convierte en un modelo de cómo es la relación que hay entre el Hijo y sus discípulos. **V. 21.** Esta relación será posible gracias a la presencia del Espíritu Santo en el creyente. Implica también una relación de obediencia, pues el que le obedece es el que le ama. Obediencia y amor son dos cosas que no se pueden separar. Todas estas relaciones van en crecimiento y se desarrollan como una especie de cadena. *El que me ama,* dice Jesucristo, *será amado por mi Padre.* Lo que se quiere decir hasta ahora es que Dios nos ama, nos ama tanto que pone en nosotros el deseo de obedecerle-amarle, y como resultado de esta acción Dios nos ama más. La parte final de la cadena que se ha descrito está en una manifestación más de la gracia de Dios, Jesús se *manifestará* en la persona amada. La persona que le ama. Esta manifestación será la presencia misma de Dios, por medio del Espíritu Santo en la vida del discípulo.

V. 22. Los discípulos estaban acostumbrados a acrecentar sus conocimientos a base de preguntas a su Maestro, ya lo habían hecho Tomás y Felipe, y varias veces Pedro. Ahora le toca a *Judas, no el Iscariote* (remitimos a la lectura de la sección *Fondo histórico* para saber más sobre este personaje). Judas desea saber más cómo será la diferencia de trato hacia sus discípulos y hacia el mundo. Posiblemente él pensaba que Jesús sí debía manifestarse hacia el mundo, no sólo hacia los que le aman.

Vv. 23, 24. La respuesta de Jesús sigue la línea de lo que ya había dicho. El amor a Jesús será palpable solamente en la obediencia. Por medio de la obediencia de los discípulos es que Jesús sin duda se manifestará al mundo, y el mundo podrá ver el amor del Padre. Pero no solamente se podrá ver este amor, sino que tanto el Padre como el Hijo *harán morada con* el discípulo. Nótese que se usa la misma palabra de 14:1, es decir, que hay una promesa de una morada eterna en el más allá. Esta morada del Padre y del Hijo se ha acercado a nosotros por la presencia del Espíritu Santo y la obra de redención de Jesús. Esto no es posible en la persona que se halla bajo el dominio del príncipe de este mundo, quienes no le aman y por lo tanto no pueden obedecer sus mandamientos. Esta declaración no se puede tomar con ligereza, pues sus palabras en realidad no son de él solamente, pues debido a la unidad completa que existe entre Padre y el Hijo, sus palabras son palabras del *que me envió*, culmina diciendo Jesús.

3 La tarea del Consolador, Juan 14:25, 26.

Vv. 25, 26. La relación de conocimiento, de amor, de obediencia y en general la manifestación continua del Padre y del Hijo en el discípulo, sólo se logrará por la presencia del Espíritu Santo. Jesús recalca la necesidad de partir a la gloria que le pertenece, deben estar convencidos de que se hace necesario su partida y solamente entonces la presencia del Consolador se hará posible.

La presencia del Espíritu Santo es una manifestación más de la obra conjunta de las personas de la Trinidad: estará con sus discípulos porque *el Padre le enviará en* el nombre de Jesús. Hay una completa armonía en el ministerio de las tres personas. El ministerio del Espíritu Santo descrito en estos versículos es como una especie de dos círculos concéntricos (Hendriksen) con un eje común. En los dos elementos del ministerio del Espíritu Santo hay un elemento común: *todas las cosas* y *todo*.

El Espíritu Santo enseñará nuevas cosas, pero este aprendizaje sólo se basa en lo que este mismo Espíritu Santo les haga recordar. El aprendizaje futuro se basa en lo que aprendieron en el pasado, y lo que aprendieron en el pasado será entendido desde la perspectiva de lo que vendrá. Las dos frases no pueden ser separadas, no se trata de dos ministerios diferentes, sino que se trata de uno mismo pero visto desde dos perspectivas.

Tampoco esta enseñanza debe llevar a afirmar que el creyente, por la presencia del Espíritu Santo, está en capacidad de "aprender todo", considerado este "todo" como el "todo absoluto". Este *todo* en el pasaje es una promesa a sus discípulos, dándoles la garantía de la comprensión de lo que ya había pasado y lo que pasará.

1. No estamos solos. Dios ha prometido estar en nosotros y con nosotros por medio de la presencia del Espíritu Santo, presencia que es producto de un ministerio armónico de la Trinidad. **2. Una presencia que tranquiliza.** La presencia del Espíritu Santo en el creyente la podemos sentir con la tranquilidad que ella nos puede dar, pues fundamentalmente es una presencia de consuelo, ánimo, fuerza y deseo de seguir adelante en servicio a su voluntad. **3. Amar es obedecer.** La manera más sublime de demostrar el amor es una obediencia a todos los mandamientos que nos ha dejado Jesús. Amar a Dios es obedecerle, y obedecer a Dios es amarle, no hay otro camino para demostrarle nuestro amor.

Ayuda homilética

Una petición de Jesús
Juan 14:16, 17

Introducción: Una de las bendiciones más especiales que tiene el creyente es la posibilidad de hacer peticiones a Dios. Hay una petición muy especial que nos debe motivar a vivir diferente. Esta petición de Jesús tiene al menos dos elementos fundamentales.

I. La presencia del Consolador, v. 16
  A. ¿Qué es un Consolador?, v. 16a. (Una persona que está al lado del creyente para animarle, sostenerle, y darle fuerza para seguir adelante.)
  B. ¿Cuál es la tarea del Consolador?, v. 16b. (Será nuestro compañero para siempre, no dependiendo de nuestra actitud, sino dependiendo de su propia fidelidad.)
II. La presencia del Espíritu de verdad, v. 17.
  A. El mundo no lo puede recibir, v. 17a.
  B. El creyente sí le conoce, v. 17b.
  C. El Espíritu permanece en el creyente, v. 17c.

Conclusión: Estos dos elementos en la petición de Jesús nos permiten tener una vida de victoria y ánimo, pero al mismo tiempo nos animan a que demostremos el amor que tenemos hacia Dios por medio de la obediencia (Juan 14:15, 21). La presencia del Espíritu nos capacita para obedecerle.

Lecturas bíblicas para el siguiente estudio

Lunes: Juan 15:1-10   **Jueves:** Juan 16:1-4
Martes: Juan 15:11-17   **Viernes:** Juan 16:5-15
Miércoles: Juan 15:18-27   **Sábado:** Juan 16:16-24

AGENDA DE CLASE

Antes de la clase
1. Investigue en algunas otras versiones de la Biblia la traducción del término "Consolador". **2.** Ore por los alumnos para que puedan entender a cabalidad el significado de una relación viva y personal con el Espíritu Santo. **3.** Investigue la posición de los llamados Testigos de Jehovah en cuanto al Espíritu Santo, y las diferencias que hay con la concepción bíblica sobre el tema. Consiga una Biblia del grupo mencionado para que pueda hacer una comparación de los pasajes en donde se menciona al Espíritu Santo. **4.** Provéase de suficientes pliegos de papel para que sean usados en el *Estudio del texto básico,* y en el cual los alumnos anotarán las ideas que surgen de su estudio. Provea marcadores gruesos para escribir en forma clara y que sea visible para todos. **5.** Conteste a las preguntas en del Libro del Alumno en la sección: *Lea su Biblia y responda.*

Comprobación de respuestas
JOVENES: El orden de las respuestas correctas es como sigue: d. (v. 15); a. (v. 17a); e. (v. 17b); b. (v. 18); c (v. 24); f. (v. 19).
ADULTOS: **1.** a. (v. 16) Para que esté con vosotros para siempre. b. (v. 26a) Enseñará todas las cosas. c. (v. 26b) Os hará recordar todo lo que yo os he dicho. **2.** No es como el mundo la da.

Ya en la clase
DESPIERTE EL INTERES
1. Si le fue posible conseguir la Biblia de los Testigos de Jehová (Traducción del Nuevo Mundo de las Santas Escrituras) dé lectura a pasajes tales como: Génesis 1:2 y los textos de Juan donde se usa el término Consolador. Si desea usar más pasajes puede hacer uso de una Concordancia para encontrar las citas que crea convenientes. **2.** Cuide que al tener esta actividad, no se haga una crítica demasiado fuerte del grupo. Por otro lado, debe estar atento para que la clase no se desvíe del tema que nos interesa, al tratar de los llamados Testigos de Jehová. No dé oportunidad para que los asistentes hablen de experiencia con personas de este grupo. Haga saber a la clase que este no es el tiempo para esto, use tacto para no lastimar suceptibilidades.

ESTUDIO PANORAMICO DEL CONTEXTO
1. Exponga ante la clase las diferentes versiones de la Biblia con sus diferencias de traducción, lo cual le servirá para poder explicar el significado del término bíblico "Paracleto". **2.** Solicite a un integrante de la clase que dé lectura del material del maestro sobre el tema: "El príncipe de este mundo". **3.** El maestro puede también explicar acerca de Judas, no el Iscariote. Este material se halla impreso en el libro del maestro. De esta manera se cubre el material del *Fondo histórico.* **4.** Pida a los miembros de la clase que compartan acerca de las lecturas diarias que debían realizarla

durante la semana pasada. Esté atento si es que hay algún asunto que los alumnos no lo presenten. Procure que esta parte sea hecha como un tema más devocional. Dé preferencia a aquellos que no participan generalmente.

ESTUDIO DEL TEXTO BASICO

Para la presentación del estudio del Texto básico del día de hoy, se usará la técnica Phillips 6 - 6 - 6. ("Trabajo en grupos formados por 6 personas que se reúnen por 6 minutos para elaborar 6 ideas sobre un tema ○ determinado. Obliga a sintetizar y ser concretos. Ayuda a obtener rápidamente un acuerdo"). Recuerde que esta técnica, al igual que cualquier otra, no debe ser aplicada rígidamente. Por ejemplo, no se requiere necesariamente que haya 6 personas integrando cada grupo, al igual que no tiene que ser obligatoriamente por 6 minutos. El maestro deberá aplicar esta técnica de acuerdo con sus circunstancias muy particulares.

Divida a la clase en tres grupos. A cada grupo asígnele una de las divisiones a estudiar. Solicite que cada grupo nombre a un coordinador, con el propósito de que haya orden. El coordinador no es la persona que más participa, es la persona que debe poner orden y cuidar que los propósito de la técnica Phillips 6 - 6 - 6 se cumplan. Explique cuál será la mecánica a usar, de esta manera todos los participantes trabajarán para que sobre todo el tiempo se cumpla sin hacer mal uso de él.

Luego de que hayan tenido el tiempo suficiente (no necesariamente tiene que ser 6 minutos, pueden ser más), dé la oportunidad para que cada coordinador presente las "6" ideas (más o menos, siempre de acuerdo con sus ○ necesidades) delante de todo el grupo. Puede usar para esta parte un papel suficientemente grande en el cual se hayan anotado estas ideas clave.

El maestro deberá estar atento para complementar alguna enseñanza, con el propósito de cumplir la meta de enseñanza-aprendizaje que se ha propuesto, la misma que está indicada en el Libro del maestro. También debe estar atento a satisfacer alguna pregunta que surja de los grupos de estudio.

APLICACIONES DEL ESTUDIO

1. Pida que lean las aplicaciones que aparecen en el Libro del Alumno, luego lea, si considera pertinente, las aplicaciones que se encuentran en su material. **2.** Escoja una o dos aplicaciones y pida a sus alumnos que procuren vivirlas en su cotidianidad. Cuide que no se espiritualicen los hechos de la vida diaria. Lo que buscamos sobre todo es hacer de las enseñanzas bíblicas algo que todos podamos poner en práctica en la vida diaria.

PRUEBA ○

1. Escriba en el pizarrón: ¿Que haré con lo aprendido hoy? Esto ayudará para que el alumno se sienta impulsado a tomar muy en serio esta parte de la clase. **2.** Dé tiempo a que llenen esta parte del material del alumno. **3.** Termine la clase dirigiéndolos en oración acerca de la necesidad de comprender que tenemos un Dios muy grande que nos acompaña siempre, pero que también nos demanda sumisión completa.

Unidad 8

Jesús, la vid verdadera

Contexto: Juan 15:1 a 16:24
Texto básico: Juan 15:1-17
Versículos clave: Juan 15:1, 2
Verdad central: El cristiano que está en una relación personal íntima y permanente con Jesús, tendrá una vida fructífera en el servicio a su Señor.
Metas de enseñanza-aprendizaje: Que el alumno demuestre su: (1) conocimiento de la necesidad de estar unido a Cristo para tener una vida cristiana productiva, (2) actitud de dependencia absoluta en el Señor para llevar mucho fruto que permanezca.

────── Estudio panorámico del contexto ──────

A. Fondo histórico:

Los viñedos en el tiempo de Jesús. Los cultivos de vides o viñas eran muy comunes en el tiempo de Jesús. Valles como el de Escol eran famosos por sus grandes y fructíferos viñedos. La parra fue usada como símbolo de prosperidad y paz. Muchas veces era el símbolo del pueblo de Dios.

La relación siervo-amo. Las enseñanzas bíblicas como también la influencia de la ley romana reglamentaron la esclavitud. El esclavo o siervo era propiedad de su amo, casi sin derechos y podía ser vendido como cualquier otra propiedad. Según la ley bíblica, el esclavo quedaba libre de su amo en el año del jubileo (Lev. 25:39-43), o podía ser comprado, redimido, por un pariente (Lev. 25:47-55). Para el israelita era responsabilidad de todos el procurar la liberación del esclavo judío que había caído en esta situación frente a un gentil. El siervo judío, a la luz de las enseñanzas bíblicas, tenía sus derechos iguales a los de un judío libre, pues todos eran en última instancia "siervos de Jehovah". En el mundo gentil la situación era diferente. El esclavo era una persona a quien el amo no le debía ninguna explicación de sus actos, sencillamente tenía que obedecer sin ninguna clase de discusión o razonamiento.

Hostilidad contra los seguidores de Jesús. Jesús fue fuertemente cuestionado por los judíos, quienes fueron en muchos casos mucho más allá, siendo muy hostiles con todo lo que él hacía. La hostilidad que mostraron hacia Jesús era natural que la tuvieran más tarde hacia sus discípulos, como claramente se puede testificar haciendo una lectura del libro de Los Hechos. Cuando el creyente vive de acuerdo con los valores que predica Jesús, es lógico y natural que tenga complicaciones con las personas que viven con valores de acuerdo con los principios del mundo.

B. Énfasis:

La naturaleza productiva del creyente, 15:1-10. La esencia del creyente es llevar fruto, es decir, debe producir frutos de acuerdo con lo que él es. El no producir ningún fruto es señal de enfermedad o de alguna clase de problema que debe ser solucionado por medio de una limpieza. El llevar fruto es garantizado por permanecer íntimamente ligados a Jesús. Esta permanencia en Jesús se puede dar solamente bajo las condiciones de obediencia a los mandamientos que él mismo nos ha dejado.

El mayor mandamiento, 15:11-17. El mayor mandamiento que los seguidores de Jesús deben cumplir es el amarse unos a otros, bajo el ejemplo de Jesús. Este amor no es una simple declaración, se debe reflejar en los actos, siendo el más significativo la negación de uno mismo ofreciendo la vida de uno mismo por otras personas.

El mundo aborrece a los creyentes, 15:18 a 16:4. El resultado de la obediencia al mandamiento de Jesús trae sus consecuencias. Por un lado uno puede disfrutar de la vida abundante prometida por él, pero por el otro tiene que pasar por las mismas circunstancias que pasa Jesús: ser aborrecido por el mundo. En medio de esta hostilidad, la presencia del Espíritu Santo es vital, pues gracias a ella el seguidor de Jesús podrá testificar. Esta presencia es importantísima, pues fortalecerá al creyente en medio de persecuciones, expulsiones de la sociedad e inclusive la muerte.

El ministerio del Espíritu Santo, 16:5-15. El Consolador tendrá un ministerio específico en las personas que no creen en Jesús: convencer al mundo de pecado. No serán las palabras de los discípulos las que convencerán a las personas, es solamente la tarea del Espíritu Santo la que cumplirá esta función. Pero el Espíritu Santo tiene también otra función: guiar a los discípulos a la verdad, es decir, que les indicará las cosas que van a venir. Sin duda se está hablando de la obra del Espíritu Santo en la inspiración de su palabra.

Jesús, vencedor del mundo, 15:16-24. La victoria se garantiza pues Jesús es vencedor del mundo. Por ahora posiblemente las cosas serán difíciles, pero la confianza es que se podrá salir adelante en victoria, fundamentándose en la victoria que tenemos en Jesús. En Jesús nuestro gozo será completo.

--------- Estudio del texto básico ---------

1 La vid y las ramas, Juan 15:1-6.

V. 1. Los eventos aquí relatados suceden la misma noche de la "Ultima Cena". En ella Jesús había tomado el fruto de la vid como símbolo del Nuevo Pacto. Por otro lado los judíos pensaban que la figura de la vid se aplicaba a ellos como pueblo elegido por Dios. Jesús es *la vid*. Pero esta vid se halla en una relación muy estrecha con el *labrador, su Padre*. Nótese que se trata de *su Padre*, no nuestro Padre. Los pámpanos, o ramas son cuidados por este labrador. Aquí tenemos una palabra más de aliento, al irse Jesús debemos darnos cuenta de que el Padre será también quien cuidará al discípulo de Jesús.

Vv. 2, 3. El labrador tendrá que *quitar* la rama infructífera, y en otras ocasiones tendrá que limpiar a fondo la rama que sí está llevando fruto, *para que* *lleve más fruto.* La gracia de Dios ha sido tan grande que por *la palabra* que ha hablado Jesús, sus discípulos ya han sido limpiados. De esta manera el paso inicial de la salvación irá en aumento, pues cada vez el creyente deberá ser santificado por medio de la limpieza a la que es sometido. **Vv. 4-6.** Una vez que hemos nacido de nuevo, la única manera de *llevar fruto* es por medio de *permanecer en la vid,* permanecer en Cristo. Esto conduce a Jesús a dar un paso más en la comparación que está haciendo, lo que era implícito en los vv. 2 y 3, ahora es claro: *Yo soy la vid, vosotros las ramas.* Ahora la relación ya no se trata con el Padre quien cuidará a las ramas, ahora la relación es con cada rama para que pueda llevar el fruto deseado. La vida de las ramas, y su fructificación, sólo se hace posible por la vida que hay en la vid misma. Ahora gracias a la relación con la vid, estas ramas no sólo llevarán "más fruto" (v. 2), sino que llevarán *mucho fruto.*

El que no está unido a Cristo es *echado fuera,* luego *se seca,* en tercer lugar son recogidos para ser echados al fuego, y finalmente *quemados.* La gracia es muy grande, pero el despreciarla conduce a cosechar tremendo sufrimiento.

2 Dependencia que da fruto, Juan 15:7-10.

V. 7. La permanencia en Cristo implica algunos privilegios. Uno de ellos es que podemos *pedir lo que queramos y* nos *será hecho.* Pero antes de este nuevo privilegio, el Señor ha dicho algo más, el permanecer en él implica que su palabra permanece en nosotros, es decir, que se hace necesario tener una dinámica de vida que gire en torno a la obediencia y motivaciones que vienen de la palabra de Dios. Note que no dice "permanecer en su palabra", sino *mis palabras permanecen en vosotros.* Es la palabra, con la vitalidad que tiene en sí misma, la que actúa.

V. 8. El Señor regresa al tema del *mucho fruto.* Este privilegio de llevar fruto significa que por medio de esto, explica Jesús, *es glorificado mi Padre.* Al llevar fruto la gloria del Padre se hace visible en los seguidores de Jesús, en los que permanecen en Cristo. Esta gloria visible en el creyente le convierte en *discípulo* de Jesús. El Señor desea una vez más recalcar que el asunto de seguimiento, como de permanencia en él no es un asunto de una simple declaración, sino que se debe ver en una vida cambiada.

Vv. 9, 10. El mismo argumento es ahora presentado de otra manera, en relación con el amor. El modelo de amor que tenemos es, en primer lugar, la manera como el *Padre amó* a Jesús, un amor que se realiza a nivel de Trinidad, por lo tanto infinito e incomprensible. Este amor que se tienen a este nivel, tiene su manifestación en el amor con el que Jesús nos ha *amado.* En virtud de esto viene la demanda: *permaneced en mi amor.* La relación de dependencia con Jesús, como la vid y las ramas, está sustentada en el amor que él nos ha tenido. Para terminar el nuevo círculo de amor, Jesús demanda del creyente que su permanencia en él se vea en guardar sus *mandamientos.* Primero es su amor, luego nosotros demostramos nuestro amor al obedecerle, y el obedecerle implica que permanecemos en su amor. Y todo esto se puede ver ejemplificado en la relación que tiene Jesús con su Padre, de quien ha guardado sus mandamientos porque le ama, y por lo tanto permanece en su amor.

3 Amigos de Jesús, Juan 15:11-17.

V. 11. Todo lo dicho anteriormente tiene como propósito que los discípulos tengan un *gozo completo.* Debemos acordarnos de que la conversación de Jesús con sus discípulos se origina en la necesidad de que Jesús se aparte de los discípulos, lo cual ha causado tristeza y desaliento por parte de ellos. Este gozo está al alcance de sus discípulos, nuevamente no por sus méritos ni por su fuerza, sino solamente porque Jesús dijo que *mi gozo esté en vosotros.* Este gozo que promete el Señor es SU gozo, así como fue anteriormente SU paz (Juan 14:27), que no es el gozo y la paz que puede ofrecer el sistema mundial bajo el principado de Satanás.

Vv. 12, 13. Jesús retoma el tema del nuevo mandamiento. Ahora sus discípulos pueden entenderlo mucho mejor, además de que se hallan mejor equipados para poder ponerlo en práctica. Solamente cuando permanecemos en su palabra y en su amor, entonces podremos amar a los demás. Desde esta nueva perspectiva Jesús nos desafía a amar a todos. Pero esto de amar no es una simple declaración, sino que se debe concretizar al estar listos a dar la vida por los otros, *como yo os he amado,* dijo Jesús.

Vv. 14, 15. Una nueva relación es planteada por Jesús, dentro de la figura de la "vid y las ramas". Ya nos ha dicho que hay una relación muy íntima por lo cual hay que llevar fruto, somos también sus discípulos, somos amados por él, podemos disfrutar de su gozo, y ahora podemos disfrutar de su amistad. Esta relación de amistad se halla circunscrita a la obediencia que le debemos. Se ejemplifica con el contraste que hay de la relación con un esclavo y la relación con un amigo. En la primera relación *el siervo no sabe lo que hace su señor,* ahora el Maestro introduce a sus discípulos a la relación de amistad, basándose en *todas las cosas que* oyó *de su Padre,* pero que ahora ya conocen quienes permanecen en él. La bendiciones van en aumento, ahora los seguidores de Jesús pueden saber las cosas del Padre, en virtud del papel revelador que cumple el Verbo. La obediencia que le debemos a Jesús ya no es en el plano del servilismo, del deber, sino en el plano de la amistad, del amor, del darse completamente a él. Le obedecemos no sólo porque nos ha ordenado, sino le obedecemos porque le amamos, y sobre todo porque somos sus amigos.

Vv. 16, 17. El hecho de tener amistad con Jesús no quiere decir que estamos al mismo nivel. Debemos recordar que somos amigos de él solamente en virtud de su gracia, la misma que *nos eligió a nosotros.* Nosotros no le elegimos a él, fue él siempre el que tomó la iniciativa. Por ello nos anima a que seamos llenos de *fruto que permanezca.* Los frutos que podemos producir, y no se nos debe olvidar, tienen como base la obra salvífica llena de gracia de Dios, por medio de la cual él nos escogió. Esta situación que comienza en la gracia de Dios explica también las bendiciones que se pueden recibir de la oración, *todo lo que pidáis al Padre en mi nombre él os lo dé.* Esta respuesta a nuestra oración se recibe teniendo como base la gracia de Dios, no ninguno de nuestros méritos. Para finalizar, debemos recordar que también la posibilidad de amar al prójimo se puede obtener solamente porque hemos sido objetos de la gracia de Dios. El amor hacia los otros es una extensión del amor de Dios hacia nosotros.

Aplicaciones del estudio

1. Estamos para producir fruto. La vida del creyente no puede ser algo pasivo. El mundo está a la expectativa para ver en nosotros frutos no podemos desconocer que la presencia de Jesús en nosotros debe causar efectos trascendentes en nuestra vida, pero también en la vida de los que nos rodean.

2. Obedecer es el camino. Si le obedecemos permanecemos en él, y si permanecemos podemos llevar fruto, si llevamos fruto podemos pedir en su nombre y él responderá. Este proceso es un círculo que se mantiene en nuestra obediencia.

3. Listos a servir. La gente, en general, sirve esperando tener algún beneficio de ese servicio. En el reino no puede ser así, nuestro servicio debe ser sin esperar ninguna clase de recompensa, sencillamente debemos estar listos a dar nuestra vida por los demás.

Ayuda homilética

Una gracia que demanda responsabilidad
Juan 15:16, 17

Introducción: El énfasis en la predicación de la salvación por gracia ha conducido a predicar una especie de "gracia barata", "un evangelio sin cruz". La salvación que tenemos en Jesús es gratis, pero no es barata. Estudiando los dos versículos propuestos se pretende encontrar el equilibrio entre la gracia de Dios y la responsabilidad del receptor de esta gracia.

I. **Somos salvos por elección divina, v. 16**
   A. Nosotros no hemos tomado la iniciativa,v. 16a.
   B. Dios tomó la iniciativa, v. 16b.
II. **Somos salvos para producir fruto, v. 16.**
   A. Hemos sido puestos para ir llevando fruto, v. 16c.
   B. Nuestro fruto permanecerá, v. 16d.
   C. Este fruto podrá ser pedido en oración, v. 16e.
III. **Somos salvos para obedecer, Juan 15:17.**
   A. No es una opción, es un mandato, v. 17a.
   B. Obedecer es amar a los otros, v. 17b.

Conclusión: No merecemos la gracia de Dios, pero al ser receptores de ella estamos comprometidos a llevar una vida que muestre frutos. Es tener una vida de obediencia, especialmente en nuestras relaciones con el prójimo.

Lecturas bíblicas para el siguiente estudio

Lunes: Juan 16:25-28
Martes: Juan 16:29-33
Miércoles: Juan 17:1-8

Jueves: Juan 17:9-13
Viernes: Juan 17:14-18
Sábado: Juan 17:19-26

AGENDA DE CLASE

Antes de la clase

1. Por lo general en cada uno de nuestros países latinoamericanos, hay una o varias historias o inclusive libros acerca de la esclavitud. Indague acerca de una historia corta en la que se pueda ver la relación despótica del amo hacia el siervo. Si no hay una historia de su país que pueda estar a su alcance, puede usar historias de otras partes. **2.** Se debe tomar en cuenta que no todas la personas han tenido contacto con una plantación de uvas, debido a esto se hace necesario indicar algo acerca de ellas. Prepare un diagrama en el que se puedan distinguir las diferentes partes de la vid. Igualmente que se pueda distinguir la manera como se cultiva una viña. Para esto puede recurrir a una enciclopedia o a un diccionario bíblico. Procure que este diagrama sea lo suficientemente grande para que la gente pueda verlo con claridad, no debe ser un dibujo artístico necesariamente. **3.** Responda a las preguntas del libro del alumno en la sección: *Lea su Biblia y responda.*

Comprobación de respuestas

JOVENES: La frase debe quedar así: "En primer lugar es echado fuera, luego se seca, en tercer lugar son recogidos, para ser echados al fuego, y finalmente quemados".

ADULTOS: **1.** a. 7 (vv. 2, 4, 5, 8, 18). b. Es el tema central y es vital para el creyente llevar fruto. **2.** a. Se llevará fruto. b. Se guarda los mandamientos. **3.** Améis los unos a los otros (vv. 12 y 17).

Ya en la clase

DESPIERTE EL INTERES

1. Presente el diagrama de la vid, e indique cada una de sus partes y la manera en que era cultivada, así como la manera de cuidarla, podarla e incluso las costumbres acerca de limpieza final luego de la cosecha. **2.** Puede ser que usted se encuentre en un medio completamente urbano por lo que se verá en la necesidad de hacer comparaciones con cultivos que puedan ser más conocidos. De no ser así, y su medio es uno rural, permita la participación de los alumnos para que juntos puedan ir descubriendo similitudes o diferencias acerca del cultivo de la vid en tiempos de Jesús y lo que se acostumbra en el día de hoy.

ESTUDIO PANORAMICO DEL CONTEXTO

1. La manera como usted ha tratado la sección anterior, le permitirá introducirse con facilidad al estudio del *Fondo histórico.* Permita que la transición sea fluida, lo que ayudará a que los alumnos accedan a la nueva información de una manera más natural. **2.** Usando el material investigado acerca de la esclavitud, explique a la clase las diferentes clases de relaciones que puede haber entre un esclavo y su amo, para luego dar una muy corta explicación de la perspectiva bíblica acerca del tema. **3.** Procure relacionar los sufrimientos de los esclavos con los sufrimientos y conflictos que tienen los creyentes en el mundo debido a que procuran presentar los valores apegados a la ética del reino de Dios. **4.** En la presentación de los diferentes temas del llamado *Enfasis,* procure que los integrantes de la clase participen, ya que ellos debían haber leído toda esta porción del pasaje bíblico durante esta semana. Haga hincapié en que la lectura diaria de las Escrituras, a más de ser una muy buena costumbre, nos permite estar más capacitados para entender, conocer el tema y el transfondo de la clase. Presente con énfasis la necesidad de que el creyente debe ser una persona fructífera. Cuide de no dar muchos detalles, pues en el *Estudio del texto básico* se introducirá mucho más a fondo.

ESTUDIO DEL TEXTO BASICO

Pida a los alumnos que contesten las preguntas que tienen en el material del alumno bajo el título: *Lea su Biblia y responda.* Dé suficiente tiempo para que todos acaben esta actividad.

Para la clase de hoy exponga el tema a manera de conferencia pedagógica; mientras va exponiendo cada punto, en el pizarrón el maestro deberá ir anotando las divisiones principales del mismo. Para una ayuda puede usar el siguiente bosquejo, o en su defecto usar uno que usted elabore con anticipación: *La vid y las ramas, vv. 1-6.*

Pida a uno de los alumnos que lea el pasaje bíblico. Escoja a una persona que pueda leer correctamente y con claridad.

En la exposición resalte el hecho de la dependencia que debe existir de la rama a la vid. *Dependencia que da fruto, vv. 7-10.*

Pida a otro alumno que dé lectura del pasaje bíblico indicado.

En la exposición resalte la importancia de que la dependencia mencionada en el punto anterior va a resultar en mucho fruto. *Amigos de Jesús, vv. 11-17.*

Pida a otro participante que dé lectura a este pasaje bíblico.

Durante la exposición recuerde que debe resaltar el hecho de que la dependencia en Jesús implica una nueva relación de amistad.

APLICACIONES DEL ESTUDIO

1. Por medio de esta actividad los alumnos dan sus propias aplicaciones. **2.** Mientras los alumnos van mencionando las diferentes aplicaciones, el maestro deberá ir anotándolas en el pizarrón. **3.** Luego de esto se puede hacer una simplificación de las ideas, hasta llegar a dos o tres que deberían ir de acuerdo con las metas de enseñanza-aprendizaje para la clase de hoy.

PRUEBA

1. Divida la clase en parejas, para contestar la sección: *Prueba.* **2.** Luego que cumplan esta actividad pida que cada uno de los integrantes de las parejas, a su debido tiempo intercedan por la otra persona de acuerdo con las resoluciones que han tomado después de la clase.

Jesús ora por sus discípulos

Contexto: Juan 16:25 a 17:26
Texto básico: Juan 17:6-24
Versículo clave: Juan 17:11
Verdad central: Jesús oró por sus discípulos, y esto nos asegura su interés y apoyo para el bienestar de sus seguidores mientras cumplen en el mundo la tarea que les asignó.
Metas de enseñanza-aprendizaje: Que el alumno demuestre su: (1) conocimiento de lo expresado en la oración de Jesús a favor de sus discípulos, (2) actitud de confianza en la obra intercesora de Jesús a su favor.

──────────── **Estudio panorámico del contexto** ────────────

A. Fondo histórico:
El uso de figuras como método didáctico. La palabra usada en 10:6; 16:25 y 29, originalmente (*paroimía*) significa literalmente "dicho marginal", y no es otra cosa que un dicho figurativo o diferentes clases de comparaciones en general. Estas herramientas de enseñanza-aprendizaje eran usadas con mucha frecuencia por Jesucristo el maestro. Varias figuras pueden ser listadas: metáforas, símiles, parábolas, alegorías, etc., también dentro de esta categoría se puede listar el *"mashal"* hebreo, ya sea un acertijo, un proverbio, hasta un poema. Todas estas figuras literarias tienen como propósito ilustrar cierta enseñanza, o también aclararla. Los judíos en época de Jesús estaban fuertemente influenciados por el espíritu fariseo, el cual era extremadamente literal; esta mentalidad impide la comprensión de las enseñanzas.

Jesucristo usó mucho figuras tomadas de la vida real, siendo la forma más famosa las parábolas. En el Evangelio de Juan no hay ni una sola parábola, pero está llena de otras clases de figuras: el pan de vida, la puerta, el buen pastor, la vid, el camino, etc.

El "hijo de perdición". Esta expresión es un hebraísmo clásico. Cuando se desea hacer sobresalir una característica de una persona se usa el término "hijo". Por ejemplo cuando Juan y su hermano Jacob piden que descienda fuego del cielo para destruir a los samaritanos, Jesús decide apodarlos "hijos del trueno", lo que hace destacar su carácter violento. En Mateo 23:15 se usa el término "hijo del infierno", con lo cual se refiere a personas que se hacen merecedoras del infierno. Así, "hijo de perdición" significa totalmente perdido, o completamente perdido, el que no tiene solución.

B. Enfasis:

Metodología pedagógica del Maestro, 16:25-33. Los discípulos no podían entender todas las cosas. Jesús les presenta figuras, las mismas que deberían aclarar, pero por la mentalidad un tanto cerrada, además de que no contaban con la presencia del Espíritu en ellos, no podían entender todo a fondo. La promesa de Jesús es que más tarde podrá hablarles en forma más clara, de tal manera que podrían captar con mayor facilidad.

En qué consiste la vida eterna, 17:1-5. El propósito de Jesús es dar vida eterna, la misma que consiste en el conocimiento del Padre, por medio de Jesús quien le da a conocer, pues el Verbo revela al Padre. La misión de Jesús ha sido manifestar la gloria del Padre.

Oración por los justos, 17:6-13. Sus discípulos han comprendido la relación que hay entre él y su Padre. Las peticiones que vienen a continuación se refieren a los discípulos quienes se hallan diferenciados de los que pertenecen al sistema mundial, por lo tanto tienen una vida difícil, por lo cual pide al Padre que sea él el que les guarde.

No son del mundo, 17:14-19. La petición de protección para sus discípulos es que, siendo que ellos no provienen o no viven bajo los valores del mundo, su situación es difícil. A pesar de esta situación no es conveniente que ellos salgan del mundo, pues esa no es la responsabilidad de un seguidor de Jesús. En medio de este sistema adverso se requiere que ellos sean santificados por la palabra.

Oración por los que han de creer, 17:20-26. La oración que hace Jesús va más allá de sus discípulos, es una petición para los que crean por testimonio de sus primeros seguidores. Se sobrentiende que el mensaje será el mismo, que lo que enseñen los discípulos será lo mismo que les enseñó Jesús. Son enviados como el Padre envió al Hijo, y deben vivir como viven el Padre y el Hijo. Porque Jesús dio a conocer el nombre del Padre, el amor de éste que permanece en el Hijo, permanecerá en los que creen en Jesús.

--- **Estudio del texto básico** ---

1 Jesús intercede por los suyos, Juan 17:6-13.

Vv. 6-8. En estos versículos nos enfrentamos a una transición desde la petición que hace Jesús sobre sí mismo, hasta la petición por sus discípulos. Jesús está terminando su tarea, pues ha *manifestado* el nombre del Padre, está culminando su tarea como revelador del Padre, como el Verbo entre los hombres. Es interesante que Jesús "informa" que esta manifestación ha sido a aquellos que le han sido dados *del mundo,* es decir provenientes del mundo. Por la gracia de Dios estos hombres fueron dados al Hijo, por lo tanto ellos *han guardado tu palabra.* Luego de un largo proceso de aprendizaje han podido reconocer que entre el Hijo y el Padre hay una perfecta armonía (Juan 16:29, 30), por lo tanto han creído en el Hijo. Jesús usa los verbos conocer y creer en forma indistinta, pues el conocer a Dios implica una relación completa con el Padre y con el Hijo, que resulta en depositar toda la confianza en Dios.

Vv. 9, 10. La petición que hace el Señor es concreta: no es el momento de orar por protección y fuerza acerca de los *del mundo,* ahora es tiempo de orar por *los que me has dado.* Su oración se centrará en aquellos que han optado por el seguimiento al Señor. Esta petición se basa en que los discípulos les pertenecen, tanto al Padre como al Hijo por igual. Una muestra de que los discípulos les pertenecen es que Jesús *ha sido glorificado en ellos.* Su ministerio no ha sido en vano, la gloria de Dios ahora se hará palpable en la vida de los discípulos.

Vv. 11, 12. El propósito de esta parte de la oración es que los discípulos *sean una cosa.* No se trata de una "superiglesia", sino de la unidad frente a este sistema malo, el sistema mundial. Esta unidad en la misión debe ser precedida por una unidad profunda entre sus discípulos: *así como nosotros.* Es decir que así como el Padre y el Hijo son una misma cosa, así también sus discípulos, aceptando que el Padre cumple un ministerio, mientras el Hijo cumple otro, en unidad de propósito. Todos sus discípulos fueron guardados. La situación de Judas, *el hijo de perdición,* no es un fracaso de Jesús. Esto sucedió así *para que se cumpliese la Escritura.* Es decir, todo está dentro del plan de Dios, en este plan no hay sorpresas para Dios.

V. 13. La situación para los discípulos es difícil, el Hijo se apartará de ellos, pero es necesario que así suceda. Sin embargo de esta situación difícil, por este ruego de Jesús al Padre, los discípulos podrán disfrutar del gozo, fíjense que dice *mi gozo completo en sí mismos.* La tranquilidad y el gozo no son producto de la fuerza humana, este se hace posible solamente porque es de Dios.

2 El mundo aborrece a los cristianos, Juan 17:14-19.

V. 14. La misión de Jesús tiene sus efectos. El mismo les ha *dado* la *palabra,* pero hay consecuencias de ello: *el mundo los aborreció.* La razón de esta consecuencia es sencilla: *no son del mundo,* es decir que no viven bajo los valores del mundo, ni se han sometido al "príncipe de este mundo". Esta situación es a su vez una consecuencia de que Jesús tampoco es de este mundo. Ahora la identificación entre discípulos y Maestro es total.

Vv. 15, 16. La petición no es que sean sacados del mundo sino que les guarde *del maligno.* Y la petición es lógica, pues el maligno, Satanás (13:27), el príncipe de este mundo (12:31; 14:30; 16:11), ya está utilizando a Judas, uno de los doce. Este personaje va a seguir trabajando para lograr sus propósitos.

Vv. 17-19. La petición es que los discípulos sean apartados para Dios, sean apartados en la palabra, o sea que vivan de acuerdo con ella, que vivan de acuerdo con la verdad revelada en ella, que tomen los valores que esta palabra transmite. Esto se hace imperioso debido a que los discípulos han sido enviados *al mundo,* este "apartamiento" (santificación) debe ser realizado dentro del mundo. El modelo que deben seguir es el modelo de Jesús, quien siendo hombre en todo, menos en el pecado, cumplió su misión aquí en la tierra. El modelo de Jesús va mucho más allá, no es solamente la forma que se debe imitar, sino también el carácter santo.

3 Jesús intercede por los que han de creer, Juan 17:20-23.

Vv. 20, 21. El pensamiento de Jesús va más allá de sus discípulos, sus oraciones incluyen a los creyentes de las siguientes generaciones. El como Buen Pastor está pensando en las ovejas de otros rediles. La petición concreta que hace Jesús está en el v. 21 aplicada a los que creerán por la palabra de los discípulos. La unidad es también una necesidad para ellos. La unidad de la Trinidad no es ahora solamente un modelo, es sobre todo el fundamento de ella. Pero mucho más que fundamento, la unidad será posible entre los creyentes, cuando los creyentes sean una cosa con Dios. Cuando los creyentes muestren su unidad con Dios, entonces la unidad entre ellos será factible. Solamente esta unidad producto del reflejo de la unidad con Dios será una garantía del testimonio para presentar ante el mundo.

Vv. 22, 23. El camino que plantea Jesús es el siguiente: Dios le dio la gloria a Jesús, ésta consiste en que Jesús pudo manifestar quién es Dios; ahora Jesús da la gloria a sus discípulos, y esto es que ellos puedan ser uno, como su Padre y él lo son, y así manifestar a Jesús como revelador del Padre. Esta unidad perfecta, se recalca en el v. 23, es debido a la presencia de Cristo en el creyente, de la misma manera como se halla presente el Padre en el Hijo. La unidad perfecta que ahora tienen los creyentes, como un reflejo de la unidad del Padre y el Hijo, es también un resultado del amor que tiene el Padre hacia el Hijo.

El esquema final, resumiendo lo dicho hasta aquí es el siguiente: El Hijo y el Padre son una cosa, el Hijo está en todos los discípulos, luego la unidad entre estos últimos se debe dar.

4 Juntos para siempre, Juan 17:24-26.

V. 24. El profundo deseo de Jesús, y allí está la grandeza de esta oración para nosotros, es la petición que se halla a continuación. El amor es tan grande hacia sus seguidores que hace el pedido al Padre para que podamos estar eternamente junto al Hijo, para que contemplemos la gloria que le ha sido dada al Hijo. Esta petición se halla enraizada en el amor eterno que le ha tenido el Padre al Hijo. No hay lugar para el mérito humano, cualquier cosa que tengamos, o cualquier situación de bendición que podamos poseer es resultado de la relación trinitaria, resultado de la misma naturaleza de Dios.

Vv. 25, 26. Las peticiones han terminado. Lo que tenemos a continuación es el fundamento por lo que ha podido hacer toda su oración. Es además la garantía de que el Padre oirá su petición. En primer lugar el rechazo del mundo y sus valores a todo lo que ha hecho Jesús, en contraste con el ministerio de Jesús que siempre fue el de proclamar las verdades del reino, las mismas que han sido también aceptadas por los discípulos.

Toda esta cadena de conocer al Padre y conocer al Hijo tiene como propósito final que el amor con que fue amado el Hijo esté en los discípulos; y es mucho más, Cristo mismo esté en ellos. La unidad de conocimiento y amor Padre-Hijo-creyentes es total.

Aplicaciones del estudio

1. Tenemos un intercesor. Jesús ya ha intercedido por nosotros, ha intercedido para que salgamos adelante en nuestras luchas diarias por serle fieles. **2. Un lucha difícil.** Nuestra vida de seguidores de Jesús no será fácil, de la misma manera que no fue fácil para el Maestro. El desafío que tenemos es vivir en el mundo, influenciando en él, pero sin dejarnos influenciar. Es una lucha difícil, pero contamos con la ayuda intercesora del Maestro. ¡Adelante! **3. Un modelo difícil de imitar.** El modelo máximo que tenemos para cumplir la misión es el mismo Jesucristo. En un sentido la misión de Jesús es única y no es posible imitarla, pero en otro se constituye en el paradigma para seguir mientras vivimos en una sociedad adversa: en el mundo, pero sin ser del mundo.

Ayuda homilética

Vivimos en el mundo, pero...
Juan 17:14-19

Introducción: Dios nos ha llamado para que trabajemos, y seamos de bendición para este mundo que no comparte con nosotros nuestros valores. En la oración de Jesús podemos encontrar una premisa, una conclusión de ella y un resultado de estas dos, que nos comprometen a trabajar siguiendo el modelo de Jesús.

I. **Premisa: Jesús no es del mundo, v. 14.**
   A. Estamos equipados con la palabra, v. 14a.
   B. El resultado es que somos aborrecidos, v. 14b.
   C. Somos iguales que Jesús, v. 14c.
II. **Consecuencia: no somos del mundo, vv. 15-17.**
   A. No podemos salir del mundo, v. 15.
   B. No somos del mundo, igual que Jesús, v. 16.
   C. Debemos dejarnos santificar, v. 17.
III. **Resultado: nuestra misión como la de Cristo, vv. 18, 19.**
   A. El único modelo, v. 18.
   B. Todo en el proceso de santificación, v. 19.

Conclusión: El desafío queda allí, como creyentes debemos estar listos a tomar el ejemplo de Jesús, no habrá otra manera como el mundo donde nos desarrollamos pueda cambiar: debemos imitar a Jesús.

Lecturas bíblicas para el siguiente estudio

Lunes: Juan 18:1, 2   **Jueves:** Juan 18:9, 10
Martes: Juan 18:3, 4   **Viernes:** Juan 18:11, 12
Miércoles: Juan 18:5-8   **Sábado:** Juan 18:13, 14

AGENDA DE CLASE

Antes de la clase
1. Elabore un cartel de tres columnas con los títulos SIMIL, METAFORA, y PARABOLA. Se proporciona una breve descripción de las mismas más adelante. **2.** Pida a dos o tres personas que preparen testimonios sobre bendiciones que hayan tenido al hacer oraciones intercesoras por otra persona o recibir los beneficios de ella. Pida que estas personas estén listas para que los integrantes de la clase les hagan algunas preguntas relacionadas con la manera cómo aprendieron a orar así, cómo se hace una oración de este tipo, etc. Cuide que las personas escogidas sean personas que guarden un testimonio correcto y sean maduras en la fe. **3.** Dé contestación a las preguntas que se encuentran en el libro del alumno en la sección: *Lea su Biblia y responda,* correspondientes para el día de hoy.

Comprobación de respuestas
JOVENES: Los versículos son: "He manifestado tu nombre a los hombres que del mundo me diste. Tuyos eran, y me los diste; y han guardado tu palabra. Yo ruego por ellos. No ruego por el mundo, sino por los que me has dado; porque tuyos son" Juan 17:6 y 9.
ADULTOS: **1.** a. No está en el mundo (v. 11). b. No es del mundo (v. 16). c. Fue enviado al mundo por el Padre (v. 18). **2.** a. Están en el mundo (v. 11). b. No son del mundo (v. 16). c. Son enviados al mundo por Jesucristo (v. 18).

Ya en la clase
DESPIERTE EL INTERES
En el papel que preparó de antemano con las tres columnas, y en cada una de ellas con los siguientes títulos: SIMIL, METAFORA, y PARABOLA, solicite a los miembros de la clase que mencionen algunos ejemplos bíblicos que se les vengan a la mente. Para evitar confusiones sugerimos leer previamente las siguientes definiciones con los ejemplos dados. Si juzga necesario puede anotar las definiciones bajo cada uno de los títulos. "Símil: figura literaria que describe algún objeto, acción o relación como semejante a otra cosa no similar. El símil usa las palabras como, así, semejante, etc. (Ej. Prov. 26:1)". "Metáfora: Dos ideas guardan entre sí algún parecido. Al referirse a uan de ellas con el nombre de la otra tenemos un metáforra. (Ej. Mat. 5:14)". "Parábola: narración de un suceso fingido, de que se deduce, por comparación o semejanza, una verdad importante o una enseñanza moral (Ej. Mat. 13)."

ESTUDIO PANORAMICO DEL CONTEXTO
1. Luego de que se han buscado varias figuras literarias usadas en la Biblia, se dará cuenta de que la mayoría de ellas han sido usadas por Jesucristo. Haciendo notar esto, presente el primer punto del *Fondo histórico.* **2.** De la

manera más fluida posible lleve al segundo punto partiendo de que el término "hijo de perdición" es también una figura literaria de transfondo hebraico. **3.** Los dos temas tratados hasta el momento le servirán para poder arribar a la sección titulada *Enfasis.* Recuerde que esta sección debe ser bastante breve y es el resultado de las lecturas que los alumnos deberían haber realizado durante la semana. Haga hincapié en que los alumnos estén luchando por cumplir esta parte importantísima de su crecimiento cristiano.

ESTUDIO DEL TEXTO BASICO

Comience esta parte de la clase pidiendo a las personas que han preparado sus testimonios, que lo hagan de la manera más breve y concisa posible. Pida de inmediato a los miembros de la clase o hágalo usted mismo, que formulen preguntas en torno a la <u>mecánica</u> de la oración intercesora, recuerde que no se están analizando ni mirando los efectos o beneficios, sino la <u>mecánica</u>.

Procedan a llenar la sección Lea su Biblia y responda, para luego proceder a una revisión muy sucinta de las respuestas dadas.

Para la clase de hoy vamos a usar varias metodologías en la presentación del *Texto básico.* La primera parte del estudio será de responsabilidad del maestro desarrollarla. Recuerde que el uso de la conferencia puede ser un tanto aburrida si la limitamos a un sencillo discurso. Recomendamos usar el libro "La conferencia en la enseñanza" de LeRoy Ford para que sus conferencias adquieran frescura en su presentación.

El siguiente punto "El mundo aborrece a los creyentes", vv. 14-19. El maestro deberá dar lectura al pasaje, y a continuación permitir que los alumnos desarrollen el tema, cuidando de no desviarse de los puntos principales. Se sugiere que el maestro haga cierta clase de preguntas como por ejemplo: ¿Cuál es la idea central del pasaje?, ¿qué personajes o grupos de personas son mencionados en el pasaje?, ¿cómo se identificaría usted con los personajes mencionados en el pasaje?, etc.

Los dos puntos siguientes se pueden hacer bajo la misma mecánica que se hizo con los dos anteriores. Si usted desea dar alguna variedad, podría dividir la clase en grupos pequeños para que todos traten un mismo tema, y luego traer al grupo grande las conclusiones de su estudio y discusión.

APLICACIONES DEL ESTUDIO

1. Pida a los alumnos que lean en silencio del libro del alumno la sección *Aplicaciones del estudio.* **2.** Luego pida que algunos voluntariamente presenten en sus propias palabras lo que han entendido y captado de esta parte del estudio.

PRUEBA

1. Que los alumnos contesten esta parte de manera individual. **2.** Pida que se lean algunas de las respuestas. **3.** Termine recordando la necesidad de leer las lecturas diarias durante la semana. La próxima semana se inicia una nueva Unidad relacionada con la Pasión y Resurrección de Cristo.

Unidad 9

Jesús es arrestado

Contexto: Juan 18:1-14
Texto básico: Juan 18:1-14
Versículo clave: Juan 18:12
Verdad central: Cuando Jesús fue arrestado por un grupo de soldados dirigidos por Judas Iscariote se cumplió lo que él ya había anunciado que sucedería.

Metas de enseñanza-aprendizaje: Que el alumno demuestre su: (1) conocimiento de la ocasión cuando Jesús fue arrestado, (2) actitud de ser leal a Jesús aun en las circunstancias más adversas.

─────────── **Estudio panorámico del contexto** ───────────

A. Fondo histórico:
El arroyo de Quedrón. También conocido como Cedrón (significa turbio). Es un arroyo que solamente en época de lluvia tiene agua, que a veces puede ser torrentosa. Era considerado el límite de Jerusalén, en donde en época de los reyes reformistas se quemaban a los ídolos paganos (1 Rey. 15:13). Este arroyo se origina en la parte norte de Jerusalén, pasa luego por un lado del templo y del monte de los Olivos, desembocando en el mar Muerto. El origen de sus aguas es de varios manantiales.

Una compañía de soldados. Parece que Pilato sí estaba enterado del plan para tomar preso a Jesús. La cohorte romana estaba formada por 600 u 800 soldados, la décima parte de una legión. Sin duda Juan hace mención a solamente un destacamento que era un número mucho más pequeño, pero que indicaba la participación de los romanos en el apresamiento de Jesús.

Malco. Este era un nombre bastante popular entre los pueblos árabes de ese entonces. Se refiere al siervo del sumo sacerdote, a quien Pedro le cortó la oreja, cuando era arrestado en el jardín de Getsemaní.

Anás y Caifás. Suegro y yerno, ejemplifican todos los sentimientos religiosos mezclados con los intereses políticos, y la corrupción institucionalizada. Ambos fueron sumos sacerdotes, el primero con la influencia (cinco de sus hijos fueron sumos sacerdotes) y el poder por haber ejercido esta función, y el segundo con los poderes de las autoridades en ejercicio. Anás fue nombrado sumo sacerdote en el año 6 d. de J.C., y fue depuesto en el 15 d. de J.C. por los romanos. Los judíos los consideraban sumos sacerdotes vitalicios, aunque no podían presentar el sacrificio en el día de la expiación. Caifás fue sumo sacerdote desde el 18 d. de J.C. hasta el 36 d. de J.C. Fue depuesto por Vitelio, el gobernador de Siria.

B. Enfasis:
El plan de Judas, 18:1-3. El "aposento alto" queda atrás, ahora se hace necesario atravesar el arroyo del Quedrón, fuera de la ciudad de Jerusalén. Allí Judas, aquel que tantas veces había estado en este lugar con su Maestro, ha hecho sus planes para entregarlo. Para esto usa tanto a los soldados romanos como a la "guardia religiosa". Todos se han unido para apresar a Jesús.

No perdió ninguno de los suyos, 18:4-9. Jesús se enfrenta con valentía a los soldados y al traidor. Cuida de los suyos para que ninguno se pierda.

Una reacción humana, 18:10-12. Frente a una situación de crisis los humanos buscamos los caminos más sencillos, los caminos que nos resultan de acuerdo con nuestros intereses y con nuestros valores. Pedro, el típico representante del hombre cambiante y voluble que se comporta de acuerdo con la corriente del mundo, opta por "defender" al Señor, ha perdido la perspectiva de que Jesús ha venido para cumplir una misión específica, alejada de los intereses humanos inmediatos. Jesús tiene que seguir adelante, hasta llegar a la cruz.

Jesús ante Anás, 18:13, 14. El Maestro es arrestado por el símbolo del poder político y del poder religioso. Su primer interrogatorio será ante Caifás, el poder verdadero atrás de la autoridad religiosa. A pesar de que parece un prisionero, es él el que tiene el control de lo que está pasando, pues Juan nos recuerda el evento en el que Caifás fue usado por Dios para hacer una profecía acerca de la muerte de Jesús.

─────────────── **Estudio del texto básico** ───────────────

1 El negocio del traidor, Juan 18:1-3.

V. 1. El ambiente ha cambiado, ya no se hallan en la conversación tan íntima el maestro con sus discípulos, el tiempo de oración ha quedado atrás, ahora se enfrentan a una nueva realidad. Judas el Iscariote está por llevar a fin su plan. Jesús junto con sus discípulos ha decidido ir al *otro lado del arroyo de Quedrón.* El *huerto* se llama Getsemaní según el relato de los otros Evangelios. Este huerto será no solamente el lugar de oración, sino también será el sitio de su muerte y sepultura (19:41 ss.) Juan no ve la necesidad de presentar la agonía que tuvo que pasar Jesús, solamente hace alusión a su presencia en dicho lugar.

Vv. 2, 3. El sitio de reunión del Maestro con sus discípulos se convierte en el lugar de encuentro del traidor con el Mesías. A Judas se le identifica como *el que le entregaba,* literalmente se podía traducir "el que lo estaba entregando". El Cristo sabe que Judas *conocía aquel lugar,* y por esto mismo acude a este sitio familiar para todos.

En el complot participan Judas y las autoridades judías, pero también los soldados romanos: un contubernio entre las autoridades religiosas opresoras y los que controlan el sistema de las tradiciones a nivel popular junto con las autoridades políticas, los representantes del imperio. Todos ellos estaban con *antorchas, lámparas y armas.* Aquel que salió "de noche" (Juan 13:30), ahora necesita varias fuentes de luz para "buscar una ruta en las tinieblas". Habían salido para tomarle preso como si fuera un ladrón, es que Jesús era un peligro para el sistema. Jesús se enfrentará solo ante el instrumento de Satanás (Judas), el poder de la violencia (soldados y guardias), el poder religioso y la aristocracia defensora de la posición (fariseos, Anás y Caifás), el poder político (Pilato y Herodes), y la debilidad del discípulo desconcertado (Pedro).

2 La omnisciencia de Jesús, Juan 18:4-9.

V. 4. Como Dios soberano, Jesús tenía el pleno control de la situación. Sabiendo lo que le esperaba, y lo que pasaría, se enfrenta a los captores con toda la resolución del caso. Judas procedió a dar el "beso de la traición", para poderle identificar sin equívocos. En El evangelio de Juan es Jesús quien toma la iniciativa frente a sus enemigos, no hace falta ninguna identificación de terceros, él mismo se presentará frente a sus perseguidores.

Vv. 5, 6. El grupo se vuelve a convertir en el escudo, la masa responde: *A Jesús de Nazaret.* Jesús es el hombre que venía de la periferia, el hombre que había desafiado a la gran ciudad de la religión, el hombre que llegaba desde los que son despojados. Jesús no tiene temor de ser lo que él es, al contrario sin temor se identifica con claridad. Las palabras que usa son las que le han servido para identificarse plenamente como el Mesías, *Yo soy* es el nombre de Dios. Frente a esta declaración majestuosa, se presenta al traidor, pero ya no como parte de la comunidad mesiánica, está en el lado de Satanás: *con ellos.* No se puede explicar a cabalidad lo que realmente pasó en el versículo 6. Lo cierto es que hay varios factores que se suman: los perseguidores de Jesús buscaban a un hombre relativamente solo y sin poder; pero en el momento mismo de las acciones sale un hombre que tiene control completo de la situación, sale al encuentro de ellos y se convierte en el interrogador. El asombro de ellos es grande ante tal presencia. La entrega de Jesús no es la entrega de Jesús derrotado, es el Jesús que ha derrotado a Satanás y su sistema de opresión.

Vv. 7, 8. Frente a la actitud cobarde de sus perseguidores Jesús les hace nuevamente la misma pregunta. Está produciendo en ellos la concientización necesaria de que es solamente a él a quien buscan, por lo tanto debían dejar libres a sus discípulos. La actitud paternal y de protección se hace presente en el momento de crisis, pues él da la vida por sus amigos. Jesús tiene control completo de la situación, hasta tal punto que determina quién debe ser tomado prisionero. Sus discípulos todavía no están preparados para seguirle hasta la cruz.

V. 9. Todo lo que pasa está bajo el control de Dios: su aprehensión como también que no fueron tomados presos sus discípulos. Tal es el control que tiene Jesús que Juan al incluir este versículo, bajo la guía del Espíritu Santo, usa la misma fórmula que se usa en otras partes para citar porciones del AT que tienen su cumplimiento: *que se cumpliese la palabra.* Este cumplimiento no va sólo hasta la protección de la muerte de sus discípulos en ese momento, sino que se cumple la verdad de un Mesías que da la vida eterna. La protección es total.

3 Prendido como un criminal, Juan 18:10-14.

Vv. 10, 11. *Simón Pedro* nuevamente ocupa un lugar central en el relato. También es mencionado por nombre la víctima de Pedro: *Malco*. Varias explicaciones se han pretendido dar al hecho de que Pedro *tenía una espada*. Pedro tenía una verdadera espada. ¿Por qué la tenía?, ese es otro problema. Pedro decide optar por el camino de la violencia. No ha aprendido que el triunfo de Jesús no se puede obtener dando muerte, sino entregando la vida. Pedro se muestra dispuesto, en teoría, a dar su vida por su líder, no está listo a morir con su líder. El Mesías sabe perfectamente que el camino de él no es la violencia, es el camino de la obediencia al Padre. La agonía del Getsemaní ha quedado superada, por lo tanto la obediencia es la única posibilidad en este punto. Los valores de Jesús son completamente diferentes a los valores del mundo (Juan 18:36), por lo tanto su forma de actuar tiene que ser completamente diferente. La muerte de Jesús es de acuerdo con el plan de Dios, no de acuerdo con las maquinaciones de Satanás y de sus instrumentos: Judas, los soldados, los guardas del templo, los fariseos, Anás, Caifás y Pilato. La aprehensión de Jesús no fue una derrota, fue una victoria de Dios.

V. 12. Los dos grupos, los representantes del poder político (*soldados, el comandante*) y los representantes del poder religioso (*guardias de los judíos*) asumen en forma aparente el control de la situación. Por medio de la fuerza se pretende *atar* a Jesús. Por medio de este acto público Jesús llega a ser un prisionero, es que de esa posición es la única manera en que puede dar libertad a los que verdaderamente están en prisiones de oscuridad y pecado.

Vv. 13, 14. Se ha iniciado el proceso de la cruz, se ha iniciado la farsa del juicio a Jesús, en donde se notará que nadie quiere asumir la responsabilidad de juzgar al Mesías. *Primero ante Anás:* el "representante de Dios", o mejor dicho, el "representante de los hombres ante Dios". Una figura religiosa corrupta, representante del peor de los contubernios: la unión del poder político y del poder religioso. Anás es sólo parte del sistema de corrupción, pues quien verdaderamente tiene poder religioso es Caifás, él será el instrumento que usa Satanás para cumplir su plan depravado *aquel año*.

Pero este es el personaje que habló, pero siempre bajo el control de Dios. Sea lo que sea, sea la alianza que sea, Dios sigue con el control de la situación (v. 14). Este hombre será quien dé su vida por el pueblo, palabras que nos preparan para las siguientes escenas, en donde Jesús es el Rey de su pueblo que ofrece su vida por el mundo.

────────── Aplicaciones del estudio ──────────

1. Una misión sin atajos. En un mundo que nos empuja a hacer las cosas más fáciles y siguiendo sus valores, el creyente debe estar seguro de cuál es su misión aquí entre los hombres. Tenemos el ejemplo de Jesús, quien pudo tomar el atajo de la violencia, pero prefirió seguir el camino trazado por el Padre, llegar hasta la cruz.

2. Haciendo el bien a todos. En nuestra sociedad lo normal es pagar con mal a quien nos hace mal. El ejemplo de Jesús nos orienta a hacer el bien hasta a las personas que se hallan dispuestas a hacernos mal, como Malco. No es fácil, pero el camino está trazado. **3. Hay que enfrentar con valentía los problemas.** Jesús también podía huir, pero él prefirió enfrentarse a sus perseguidores con valor. Y mucho más que eso, él decidió enfrentarse a sus enemigos y al mismo tiempo proteger a sus discípulos del eventual peligro. El camino de la paz no se halla en contraposición con el camino del valor y el amor sacrificial al contrario se identifica más.

───────────── **Ayuda homilética** ─────────────

Dos caminos en busca de la voluntad del Padre
Juan 18:10, 11

Introducción: La violencia es considerada por la sociedad contemporánea, en la mayoría de casos, como el único camino para solucionar los problemas y para imponer la justicia. Como creyentes nos enfrentamos con la disyuntiva de usar o no usar la violencia para defender nuestros derechos. Veamos a Jesús cuando tuvo la opción de usar o no la violencia para presentar su evangelio.

I. La opción de la violencia, v. 10.
A. Un Pedro amigo de la radicalidad. Siempre impulsivo, seguramente buscaba cambios radicales, pero en esta búsqueda optó por los caminos más cortos, pero menos efectivos a la larga.
B. Un Pedro amigo de la violencia. Pedro llevaba una espada.
C. Un Pedro en contra de la opresión religiosa. Malco era siervo del sumo sacerdote, símbolo de la opresión religioso-política.
II. La opción de Jesús, v. 11.
A. La espada no es la opción, v. 11a. Para Jesús el camino de la espada no era posible. Ni siquiera mostró evidencias de ejercer lo que se ha dado en llamar la "violencia justa".
B. La voluntad de Dios es la opción, v. 11b.

Conclusión: Jesús fue radical, pero su radicalidad jamás fue confundida por el uso de la violencia. El la podía usar o permitir usarla, pero optó por el camino del Padre, negarse a sí mismo aceptando la opción de seguir su voluntad: el camino de la cruz.

Lecturas bíblicas para el siguiente estudio

AGENDA DE CLASE

Antes de la clase
1. Lea el pasaje bíblico de este estudio, así como los comentarios en los libros del Alumno y del Maestro. **2.** Infórmese del procedimiento acostumbrado, según las leyes de su país, para tomar preso a un presunto delincuente. **3.** Provéase de un mapa de Jerusalén en donde pueda observarse el arroyo de Quedrón y el huerto de Getsemaní. **4.** Pida con anticipación a uno ○ de los asistentes, de los más fieles y con deseo de participar, que prepare las divisiones relacionadas con Malco, Anás y Caifás. **5.** Elabore un bosquejo general del *Estudio del texto básico,* en el que sobresalga el tema de hoy: "Jesús es arrestado". Téngalo a la mano a manera de referencia. Mientras va desarrollando la clase puede ir anotándolo en una pizarra para que de esta forma los participantes puedan visualizar la organización de la lección para el día de hoy. **6.** Responda en el libro del alumno a la sección: *Lea su Biblia y responda,* y verifique las respuestas correspondientes.

Comprobación de respuestas
JOVENES: **1.** a. _3_, b. _5_, c. _1_, d. _4_, e. _6_, f. _7_, g. _2_. **2.** "De los que me diste, ninguno de ellos perdí". Juan 18:9b.
ADULTOS: **1.** a. Judas. b. Compañía de soldados. c. Guardias de los principales sacerdotes y fariseos. **2.** a. Yo soy. b. Vv. 5, 8. **3.** a. Caifás. b. Anás era su suegro. ○

Ya en la clase
DESPIERTE EL INTERES
Dé inicio a la clase relatando cuál es el proceso, en su país, para tomar presa a una persona. Relacione la actitud de las personas frente a este hecho con la actitud tanto de fariseos, sacerdotes y de los romanos en el proceso que se relata en la lección de hoy. Por ejemplo haga sobresalir el hecho de que en muchísimas ocasiones la justicia como tal está viciada con ciertos errores como sucedió en el caso de Jesús. Esto con el propósito de ayudar a que los participantes se pongan en el contexto de los acontecimientos que se estudian el día de hoy, y que se den cuenta de la facilidad con que todos juzgamos a las personas antes de que la ley lo haga.

ESTUDIO PANORAMICO DEL CONTEXTO
1. La clase dará inicio con la presentación acerca de cómo se toma prisionero a un presunto delincuente en su país. Relacione este tema con lo presentado en el *Estudio panorámico del contexto* bajo el título "Una compañía de soldados". **2.** Procurando hacer la transición lo más fluida posible, proceda a indicar en el mapa que ha llevado o en los mapas de las Biblia de los asistentes, la localización del arroyo de Quedrón, así como también del huerto de Getsemaní. **3.** Inmediatamente después de esto puede pedir a la persona que ha preparado sobre el tema de Malco, Anás y Caifás, que ex-

ponga delante de la clase lo que ha investigado. Permita siempre la participación de otros integrantes de la clase, ya sea con observaciones al contenido del tema o con preguntas pertinentes.

ESTUDIO DEL TEXTO BASICO

Dé un tiempo prudencial para que los participantes puedan contestar las preguntas de la sección *Lea su Biblia y responda.* Termine haciendo una verificación de las respuestas dadas.

Coloque en el pizarrón o a la vista de todos la frase: "Jesús es arrestado", indique que este es el tema que se estudiará el día de hoy. Recuerde que cada vez que toque un punto principal del Estudio deberá anotarlo a la vista de todos. Esto ayudará a que los participantes al término del estudio tengan con más firmeza en su mente el contenido del pasaje bíblico. Recuerde que este bosquejo puede anotarlo en la pizarra o puede buscar otras alternativas como es el uso de un cartelón.

Solicite que un integrante de la clase dé lectura en forma clara del texto bíblico que se tratará hoy. Esto ayudará a que los participantes tengan en mente el contenido del estudio, para no salirse del tema.

Inmediatamente después de la lectura, pida a los integrantes de la clase que expresen las primeras impresiones que vienen a su mente sobre lo relatado en el texto bíblico. El propósito de esta actividad es que cada uno procure ubicarse en la situación en la que se encontró Jesucristo aquel día en que fue entregado por Judas.

Lea del libro del Maestro la primera división del *Estudio del texto básico.* Para ayudar a la exposición puede volver a leer el texto bíblico, ayudará mucho si se lo hace en otra versión de la Biblia. Para los siguientes puntos siga la misma mecánica y puede ir intercambiando con preguntas directas a los participantes sobre el contenido del texto, y sobre las emociones que pueden derivarse de la presentación del material. Esto tiene como propósito el orientar a la clase para que piensen que es necesario estar dispuesto a sufrir injustamente, como lo hizo Jesús, por el adelanto de la obra.

APLICACIONES DEL ESTUDIO

1. Para terminar el estudio pida a los participantes que presenten algunas posibles aplicaciones que sean pertinentes para su vida. Permita que participen aquellos que no han hablado, si es necesario puede hacerles preguntas directas. **2.** Siempre es aconsejable que toda la clase salga más o menos con una misma orientación sobre el significado y la aplicación de la lección. Por esto se sugiere que el maestro pueda leer una o varias aplicaciones presentadas en el material del Maestro.

PRUEBA

1. Respondan a las preguntas en parejas. **2.** Organice a sus alumnos para que así como parejas, dediquen unos momentos a la oración.

Jesús es negado por Pedro

Contexto: Juan 18:15-27
Texto básico: Juan 18:15-27
Versículo clave: Juan 18:17
Verdad central: La negación de Pedro acerca de su relación con Jesús muestra la vulnerabilidad humana.
Metas de enseñanza-aprendizaje: Que el alumno demuestre su: (1) conocimiento de la negación de Pedro, (2) actitud de fidelidad a pesar de los riesgos que resulten de seguir a Jesús.

---------------- Estudio panorámico del contexto ------------

A. Fondo histórico:

Pedro el personaje. Posiblemente el nombre original era Simeón, pero una forma más común era Simón. Su padre se llamaba Jonás (Mat. 16:17). Estaba casado y solía viajar en sus periplos misioneros con su esposa (Mar. 1:30, 1 Cor. 9:5). Su lugar de nacimiento: cerca del mar de Galilea, ya sea en Betsaida (Juan 1:44) o en Capernaúm (Mar 1:16-21). Su forma de hablar lo delataba inmediatamente como de origen galileo (Mar. 14:70). En cuanto al respeto a ley era muy estricto, como la mayoría de judíos nacidos en Galilea (Hech. 10:14). Era de oficio pescador, posiblemente de ancestros bastante humildes.

Pedro tuvo un contacto previo con Jesús, (Juan 1:41). Antes de su "llamado oficial" (Mar. 1:16-18). Fue Jesús quien le dio el sobrenombre de "Cefas" (arameo) o Pedro (*petros* en griego). Este no era un nombre que existía en el primer siglo. Seguramente este sobrenombre fue asignado por Jesús pensando en el ministerio, y en general el temperamento de Pedro. A lo largo del Evangelio de Juan es llamado "Simón Pedro" la mayoría de veces.

Fue uno de los primeros discípulos llamados por Jesús, y siempre ocupa el primer lugar en las listas de ellos. Junto con Jacob y Juan formaban el círculo íntimo de Jesús. Sin duda era el mayor líder del grupo, ya que en varias oportunidades llevó la voz de sus compañeros; no solamente en la confesión (Mat 16:13-16), sino también en el momento de la negación, pues fue el único, a más del conocido de Caifás (Juan 18:15), en al menos intentar seguirle hasta la cruz.

Declaración de Pedro en las inmediaciones de Cesarea de Filipo (Mat. 16:13-28). Sin desconocer que es uno de los pasajes más discutidos del NT, sí hay un asunto que es completamente claro: Pedro tendría una responsabilidad futura muy especial en relación con la iglesia. Se debe mencionar que este pasaje de Mateo es uno de los dos (Mat. 18:17) en donde es mencionada la palabra iglesia por Jesús. A partir de este momento siempre se encontrará una constante en el mensaje del reino de Dios, junto al Mesías siempre se hallará la idea de una comunidad mesiánica. Por otro lado, bajo este contexto de la confesión de Pedro, Jesús presenta el verdadero significado del discípulado y seguimiento al Mesías: implica negación y disposición a la muerte.

Interpretación de la palabra "roca" (petra) (Mat. 16:18). Hay básicamente tres interpretaciones: que la roca es Jesús mismo, que la roca es la declaración/fe de Pedro, y que la roca es el mismo Pedro. Si esto último fuera así, no hay ninguna justificación bíblica para afirmar que este pasaje, o cualquier otro da la primacía del obispado romano sobre otros obispados. No se puede afirmar, a la luz de la Biblia, la posibilidad de que se pueda justificar la existencia de una "sucesión apostólica". El pasaje de Mateo hace referencia a un asunto completamente histórico como es la fundación de la Iglesia, situación que no se puede repetir, por simple lógica. El pasaje de Juan 21:15-19 solamente confirma el llamamiento a su función pastoral, pero jamás a una función pastoral de supremacía sobre los demás.

Dos etapas. En la iglesia del primer siglo se notan marcadas dos etapas, una de ellas donde Pedro es un indiscutible líder, pero jamás un líder sobre el resto. A Pedro se lo ve como un discípulo, mayormente entre las regiones cercanas a Palestina. La tradición lo ubica en sus últimos años en la ciudad de Roma (¿1 Pedro fue escrita desde allí? 1 Ped. 5:13), pero no hay mayores pruebas que indiquen que él fue el primer obispo de esa ciudad. Los relatos del libro apócrifo "Hechos de Pedro", en el sentido de que murió crucificado boca abajo, no tiene fundamento histórico definitivo.

B. Enfasis:

El valiente se acobarda, 18:15-18. A Pedro le pareció que el mejor camino para demostrar la fidelidad al Padre era el camino de la violencia. Tal vez pensaba "pasar a la historia" como un mártir que murió junto a su maestro, pero descuidó que Jesús lo necesitaba no para demostrar su valentía, sino su valor en el seguimiento diario, en la cotidianidad. Es muy difícil vivir optando la negación personal cada día. De esta manera, el "valiente" se "acobarda".

Jesús no habló nada en secreto, 18:19-24. La comparecencia de Jesús ante las autoridades, según el Evangelio de Juan es una comparecencia valiente. Es Jesús quien tiene el control de toda la situación. No son Anás, Caifás o Pilato quienes llevan la iniciativa. La razón que da Juan para su presentación de un Mesías verdaderamente valiente, es que Jesús no era la primera vez que hablaba delante de la gente, él nunca se había ocultado, al contrario Jesús es el Verbo que ha venido a revelar al Padre, y eso siempre lo hizo en forma pública. El sumo sacerdote debía entender esto en forma clara.

Hasta que el gallo cantó, 18:25-27. La crisis que tiene que enfrentar Jesús es en medio del abandono de sus seguidores. El está abandonado, pero eso no significa que no tiene control de la situación. Pedro le ha negado, pero Jesús debe seguir adelante.

1 La profecía cumplida, Juan 18:15-18.

Vv. 15, 16. La palabras de Jesús tendrían su cumplimiento muy pronto: Pedro le negaría tres veces (Juan 13:38) antes de que cantara el gallo. Pero antes del acto mismo, Juan presenta ciertos datos que se hallan ausentes en los otros Evangelios, además de que su relato nos habla un tanto más detallado, de la negación como de la restauración de Pedro (21:15-19). En primer lugar *Simón Pedro y otro discípulo seguían a Jesús.* Este relato nos hace pensar, que la negación de Pedro no es un acto aislado, este "otro discípulo" lo acompañó y parece que no fue de ninguna ayuda para evitar esta caída. (El Evangelio de Juan nos da las suficientes pistas para determinar que el "otro discípulo" y el "discípulo amado" [13:23; 20:2-10; 21:7; 21:20-22] es el mismo Juan). La negación de Pedro y la cierta complicidad de Juan nos hacen pensar que todo nace en un momento de desobediencia a lo que Jesús ya había dicho (13:36).

No se sabe cómo nace la relación entre Juan y el sumo sacerdote, solamente se sabe que Juan *era conocido,* por lo cual usa sus influencias para permitir el acceso de Pedro. Se nota que el propósito del sumo sacerdote no era involucrar a los seguidores de Jesús, ellos sólo querían tomar preso a Jesús, pensando posiblemente que al ser silenciado éste, todo su movimiento desaparecería. Era necesario todo esto para que se cumplieran las palabras pronunciadas por Jesús. Dios en su soberanía permitió todo lo que estaba pasando.

Vv. 17, 18. La *criada portera* hace una pregunta que espera una respuesta negativa. Ella quería confirmar que no hacía mal al dejar entrar a un discípulo de Jesús ante el sumo sacerdote. La pregunta toma por sorpresa a Pedro, quien inmediatamente responde con un *No lo soy.* ¡Qué contraste con las palabras de Jesús, quien sabía el peligro de su situación pero no dudó en identificarse con un "Yo soy" (18:5, 8)! Pedro se queda sin identidad de discípulo, ahora Pedro opta por el compañerismo de los perseguidores de Jesús, se acerca a disfrutar del calor que ellos pueden dar, ha dejado el calor del seguimiento fiel al Maestro. No hay una posición intermedia, o se sirve al Mesías o se sirve a sus perseguidores. En estos momentos la actitud de Judas ("estaba con ellos" 18:5) es la misma de Pedro (*estaba con ellos*).

2 Jesús ante Anás y Caifás, Juan 18:19-24.

V. 19. A Jesús se le interroga acerca *de sus discípulos.* Jesús está ante el representante del poder religioso/político opresor. Su pregunta tiene una mala intención, Anás pretende tener control de la situación y procede a interrogarlo. En primer lugar acerca de la influencia que Jesús tiene: sus discípulos, es decir esta comunidad de seguidores que ponen en duda el poder y supremacía de Anás. No se trata de un juicio formal, pues la sentencia ya se ha dado. Es una hipocresía más de Anás.

Vv. 20, 21. Jesús no tiene nada secreto que participar, él siempre ha enseñado lo que debía enseñar y en público, ante la vista de todos. Su mensaje ha sido *al mundo,* el sistema contrario a Jesús; ha sido también en el mismo centro del poder religioso, como *la sinagoga y el templo.* Allí él enseñó a *los judíos,* los seguidores de Anás. No existe un mensaje secreto, todo lo ha dicho públicamente, su invitación ha sido pública a todos. Jesús tiene que rechazar las impugnaciones que pretende asignarle el sumo sacerdote. No hay fundamento para seguirle ningún juicio. Jesús se convierte ahora en el interrogador y cuestionador de un Anás sin fundamento. Jesús no acepta la autoridad que se le quiere imponer por medio del promotor del presente sistema de pecado. A este personaje, una "autoridad" sin autoridad moral Jesús no le responderá. **Vv. 22, 23.** *Uno de los guardias* actúa con violencia. Al "jefe" no hay que contradecirle, solamente hay que obedecerle. Este hombre solamente se preocupa por la actitud hacia el ostentador de poder. Este personaje presenta un paralelo con Pedro mismo, quien frente a la violencia y la injusticia opta por la violencia, defendiendo al "líder", queriendo contentar a su señor. Pero hay una diferencia radical entre Anás y Jesús, el primero necesita quien lo defienda, el segundo requiere seguidores comprometidos (18:36). La respuesta de Jesús es una respuesta que llama a la fuerza del razonamiento, no a la fuerza de la violencia. La característica del servil es la irracionalidad y el seguimiento a "su superior" en forma incondicional. Este ha perdido la libertad al optar por el poder religioso constituido.

V. 24. La autoridad de Anás ha quedado en entredicho, es quien tiene preso a Jesús, pero éste es verdaderamente libre. Anás no ha podido manipular a Jesús, es que el Cristo de la Biblia tiene dignidad y es inmanipulable, es el Soberano. La verdad de Jesús mina el poder ostentado por el religioso, este en cambio sólo puede usar o la "bofetada" o el intento de "atar" a Jesús. Hay que seguir intentando, el relevo de la opresión y la injusticia la toma Caifás.

3 Pedro niega de nuevo a Jesús, Juan 18:25-27.

V. 25. Entre tanto, mientras Jesús respondía con valor a su interrogatorio, Pedro ha optado una vez más por el camino más sencillo en su interrogatorio: la negación (Juan no menciona en detalle las tres negaciones). Según los otros Evangelios Pedro trata de escapar, pero es imposible, ha regresado a la misma situación del versículo 18. Se halla completamente identificado *calentándose* con ellos. A cambio de un poco de calor ha decidido negar al Hijo. Ahora son "ellos" los que deciden interrogar a Pedro (Mat. 26:73; Mar. 14:70b). Queda al descubierto la debilidad de quien se manifestaba seguro de que nada pasaría, nuevamente ha perdido su identidad de discípulo *No lo soy.* Ya no sólo frente a una persona sino públicamente ha negado lo que él es, frente a un Jesús que parece derrotado Pedro ha escogido el poder religioso...

Vv. 26, 27. El personaje que parecía muy valiente ante Malco, ahora se siente acorralado por un siervo *del sumo sacerdote, pariente de aquel a quien Pedro le había cortado la oreja.* Ahora ya no está listo a seguir a un Jesús que permanece "atado", Pedro se ha acomodado a la situación, quien defendía la violencia, ahora la teme. Ya no hay nada más que hacer, *en seguida cantó el gallo.* Tanto Lucas (22:62) como Marcos (14:72) nos relatan el triste final de este episodio, Pedro lloró...

Aplicaciones del estudio

1. Jesús nos exige que vivamos en forma valiente. Debemos conocer nuestras limitaciones dependiendo de la fuerza que podemos obtener de una relación íntima con el Señor. **2. ¿Cuántos Pedros hay?** Ojalá podamos ver en Pedro a un hombre igual a nosotros. Lo criticamos fuertemente por su debilidad pero no vemos nuestra propia condición. **3. ¿Cómo hemos negado a Jesús?** Desconociendo que le conocemos cuando nuestra vida es diferente a nuestra predicación, cuando nos ocultamos del mundo al no hacer la obras de Cristo, cuando no mostramos compromiso con los que sufren, cuando no revelamos a Jesús, sino a una religión.

Ayuda homilética

Una posición valiente
Juan 18:19-23

Introducción. En no pocas oportunidades, pensamos en Jesús como una figura débil, rara vez podemos verle en una confrontación de ideas. Jesús jamás rehuyó el debate y la lucha frente a derechos de una justicia mal aplicada.

I. Una pregunta hipócrita, v. 19.
   A. Se origina en un hipócrita. La vida de Anás es de lo peor.
   B. Tiene un contenido hipócrita. Es en realidad una trampa.
II. Una respuesta frontal, vv. 20, 21.
   A. No hay muestras de un Jesús que se oculta.
   B. Jesús ha hablado con toda claridad, v. 20.
   C. Jesús ha hablado a otros, v. 21.
III. Una actitud de prepotencia, v. 22.
   A. Ante argumentos incontestables la violencia es el camino.
   B. La violencia es la respuesta del prepotente.
IV. Una respuesta digna, v. 23.
   A. Jesús no es un personaje débil.
   B. Jesús responde con dignidad.

Conclusión: Jesús nos deja el ejemplo, y la necesidad de luchar por la defensa de nuestros derechos, aunque éstos sean violentados por el uso de la fuerza. La dignidad que debemos tener, es un derecho que tenemos por ser hechos a la imagen de Dios.

Lecturas bíblicas para el siguiente estudio

Lunes: Juan 18:28-32
Martes: Juan 18:33-37
Miércoles: Juan 18:38-40

Jueves: Juan 19:1-6
Viernes: Juan 19:7-11
Sábado: Juan 19:12-27

AGENDA DE CLASE

Antes de la clase
1. Para el estudio de hoy usaremos un "estudio de caso" que se le puede llamar: "Un momento en la vida". Este caso debe tener un diagnóstico, prescripción y posible tratamiento. Puede presentarse por escrito, en forma oral, drama, película o grabación. **2.** Investigue todos los datos que la Biblia da acerca de Pedro. **3.** Pida que un integrante de la clase se prepare para presentar un panorama de la vida de Pedro. Facilítele a este alumno el material del Libro de Maestros sobre Pedro, el personaje. Los elementos que deberá tomar en cuenta son: (1) Vida familiar. Nombre, padre, esposa, lugar de nacimiento. (2) Oficio. Trabajo, actitud ante la ley, posible participación en grupos políticos. (3) Llamamiento. Contacto previo con Jesús, nombre dado por Jesús. (4) Posición como discípulo. Formando parte del grupo íntimo de Jesús, su liderazgo. (5) Compromiso con Jesús. Declaración en Cesarea de Filipo. (6) Negación. Alarde de valentía, las tres negaciones. (7) Teorías sobre su muerte. Haga hincapié en el punto (6) (negación). **4.** Responda en el Libro del Alumno la sección: *Lea su Biblia y responda*. Verifique las respuestas.

Comprobación de respuestas
JOVENES: **1.** F (v. 15). **2.** V (v. 16). **3.** F (v. 17). **4.** V (v. 18). **5.** V (v. 20). **6.** F (v. 22). **7.** V (v. 26). **8.** V (Vv. 17, 25, 27).
ADULTOS: **1.** a. La criada portera (v. 17). b. Con quienes se calentaba (v. 25). c. Un siervo del sumo sacerdote, pariente de Malco (v. 26). **2.** No ser discípulo de Jesús. **3.** Que tenía dignidad y valor.

Ya en la clase
DESPIERTE EL INTERES
1. Divida la clase en dos grupos. **2.** Organice un concurso en el que busquen "adivinar" quién es el personaje entre los dos grupos en base a pistas tales como las siguientes: nací en Galilea, mi padre se llama Jonás, me gusta hablar mucho, me cambiaron de nombre, conozco a Jesús, soy casado, suelo llevar una espada. Arregle más pistas que no sean muy específicas en cuanto a Pedro.

ESTUDIO PANORAMICO DEL CONTEXTO
Dedique unos momentos para que sus alumnos de manera individual den un repaso a esta sección del estudio. Recuerde que esta parte tiene como propósito fundamental ubicar al estudiante en el contexto histórico, político, geográfico, etc., que rodea el evento que está bajo consideración. Una vez que el alumno tiene un marco teórico referencial, hará un estudio más seguro y objetivo del texto correspondiente.

ESTUDIO DEL TEXTO BASICO

Dé tiempo a los participantes para que hagan el ejercicio que se encuentra en los libros del alumno en la sección: *Lea su Biblia y responda.* Una vez que terminen esta actividad verifique las respuestas. Pida a la persona que preparó el material acerca de la vida de Pedro que lo presente.

Luego de que haya sido presentado el "caso" proceda a motivar a los integrantes del grupo para que hagan un diagnóstico (especificar el qué y por qué, es decir, cada actitud con la razón que la motivó) de las diferentes actitudes de Pedro a lo largo de su vida. Use las divisiones I y III del *Estudio del texto básico* para completar las opiniones y reacciones de los integrantes de la clase.

Para contrarrestar la actitud de Pedro, el maestro puede proceder a explicar lo que hizo Jesús cuando se enfrentó a Anás y Caifás (división II del *Estudio del texto básico*), destacando su postura de valentía frente a los atropellos del sumo sacerdote, lo mismo que a la violencia impuesta por el guardia.

Con base en las actitudes vistas en Pedro, en contraste con la fidelidad de Jesús, lleve a la clase a que identifique el problema de Pedro. Esto se deberá presentar con una frase similar a: Pedro se manifestó vulnerable y no fue fiel al Señor y a su reino.

Hemos llegado al punto del posible "tratamiento" del estudio de caso. Involucre a toda la clase para que lleguen a una conclusión más o menos unánime y que esté centrada en la Palabra de Dios. Este tratamiento debe tener cuidado de no colocarnos en actitudes de jueces frente a Pedro o a otros que han caído en situaciones similares. Busque identificar sus propios errores en la vida cristiana con los fracasos de la vida de Pedro. El tratamiento que debemos asumir frente a las tentaciones de negar a Jesús en nuestro diario vivir es mantenernos fieles a sus demandas pese a los riesgos que resulten del seguimiento al Señor.

APLICACIONES DEL ESTUDIO

1. Durante la actividad anterior las aplicaciones sin duda ya han sido mencionadas. Sea sensible a aquellas que en base a su conocimiento previo de los alumnos puedan ser más valederas para ellos. **2.** En caso de que no fluyan las aplicaciones, haga uso de las presentadas en el material de alumnos y maestros.

PRUEBA

Conceda un corto tiempo para que cada alumno conteste las dos preguntas que se encuentran en este Libro de Trabajo. Guíelos a tomar resoluciones que signifiquen cambios en su vida personal. Termine con una oración pidiendo a Dios ayuda en su vida diaria para seguir los valores del reino a pesar de las presiones y las "resbaladas".

Unidad 9

La crucifixión de Jesús

Contexto: Juan 18:28 a 19:27
Texto básico: Juan 19:17-27
Versículos clave: Juan 19:17, 18
Verdad central: La crucifixión de Jesús es el evento que culmina la historia de la salvación del hombre, es en la cruz del Calvario que Dios mostró su amor entregando a su Hijo.
Metas de enseñanza-aprendizaje: Que el alumno demuestre su: (1) conocimiento de la crucifixión como el evento por medio del cual se logra la salvación del hombre, (2) actitud de valorizar lo que significa la crucifixión de Cristo para su vida.

─────────── Estudio panorámico del contexto ───────────

A. Fondo histórico:
El Pretorio. Era el sitio en donde vivía el comandante del ejército romano, la tienda central del campamento militar; y en general se aplica al cuartel donde estaba el ejército. En varias oportunidades se aplica a la residencia del gobernador de la provincia, o simplemente al lugar de residencia de la autoridad romana en las tierras conquistadas. También se usa este término para aplicarlo a una especie de tarima desde donde la autoridad romana colocaba una especie de silla para cumplir algún acto público. El Pretorio que se menciona en Juan parece que se hallaba en la Torre Antonia.

Las leyes judías y sus limitaciones. La negativa de ajusticiar a Jesús (18:31) puede responder a la necesidad de no contaminarse previamente a la fiesta de la Pascua, siendo que ellos no buscaban un juicio justo, sino que ya habían determinado que Jesús debía morir. Según la ley romana los judíos sí podían condenar a muerte a un enjuiciado, pero no tenían el derecho de ejecutar la sentencia sin el "visto bueno" de los romanos. El sistema de ejecución judío era la lapidación o el ahorcamiento, y si así ocurría, no se hubiese cumplido lo dicho por Jesús en 3:14 y 12:32. Todo está bajo el control de Dios, pues la muerte del Mesías se daría bajo las condiciones establecidas, fuera de los cánones judíos.

La costumbre de soltar un preso en la Pascua. Esta costumbre no encuentra confirmaciones extrabíblicas, aunque los relatos de Juan y de Marcos son suficientes. Parece que tiene su origen en un precepto de la *Mishna,* el mismo que dice que el cordero pascual puede ser ofrecido por alguien que se halla en prisión. La Pascua como un recuerdo de la liberación de Egipto, llevaba a la costumbre de soltar un preso. Por otro lado era costumbre también, entre el pueblo romano, que durante sus fiestas se liberara a presos como símbolo de su benevolencia.

La crucifixión como método de ejecución. Este método de ejecución fue inventado posiblemente por los persas o fenicios, como una modificación del empalamiento. La palabra cruz (*staurós*) significa estaca o viga vertical. Hay varios tipos de cruces: cruz simple (poste vertical), cruz commissa (en forma de T), cruz decussata (en forma de X), cruz immissa (con dos barras +). Los romanos fueron quienes la perfeccionaron, además de que legislaron los usos de la crucifixión. Este ajusticiamiento se hacía por parte de los romanos para los esclavos y sobre todo para condenar a los subversivos. Era un sistema humillante, de tal manera que era prohibido aplicarlo a los ciudadanos romanos. El ejecutado era amarrado o clavado en la cruz hasta que muriera. Previamente era azotado, luego obligado a llevar el *patibulum,* la viga transversal de la cruz immissa. El cuerpo quedaba suspendido en la cruz apenas elevado unos centímetros del suelo, generalmente se le hacía sentar a horcajadas sobre un soporte que resistía la mayoría del peso del condenado, o según últimos descubrimientos se sentaba sobre una madera como especie de silla. A veces, como un "acto de misericordia" fracturaban las piernas de los condenados para apresurar su muerte, pues muchas veces pasaban varios días antes de que la persona muriera.

B. Enfasis:
El rey de los judíos, 19:17-22. Pilato no podía crucificar a nadie si no había una buena razón, desde el punto de vista romano. La razón más común durante algunos años en Palestina era la subversión. Debido a esto Pilato decide cubrir cualquier falla en el proceso al colocar el letrero "Jesús de Nazaret, rey de los judíos". Esta sentencia además ayudaba a los romanos para seguir imponiendo su fuerza y amedrentando a los posibles judíos rebeldes. Por otro lado este título, no dado a nadie después de la muerte de Herodes el Grande, era una afirmación de una verdad a medias, Jesús sí era rey, pero es rey de un reino nada parecido al de Herodes y basado en valores diferentes que no son los de la violencia y el oportunismo. Para los judíos el título "Rey" se hallaba muy relacionado con el de "Mesías" (Mat. 27: 42, 43; Mar. 15:32).

Para que se cumpliera la Escritura, 19:23, 24. Nada de lo que le pasaba a Jesús era un invento, o se daba por iniciativa de quienes le crucificaron. Todo lo que estaba pasando en la cruz estaba bajo el control de Dios, y bajo sus planes. Por esto Juan es enfático, una vez más (compare 18:9, 32; 19:28, 36, 37), en decir que lo que pasaba allí era para cumplimiento de las Escrituras.

Se debe recalcar que el cuadro que presenta Juan acerca de la muerte de Jesús es que todo está bajo el control de él mismo, un ejemplo se puede ver en que según este Evangelio Jesús no se queda callado las veces que se presenta ante el sumo sacerdote o ante Pilato. Jesús siempre lleva el control de la situación, pues al igual que las Escrituras es él el que dice qué es lo que va a pasar.

Las tres Marías, 19:25-27. Hasta la cruz solamente se han acercado Pedro, pero que falló el momento preciso, Juan que se hallaba protegido por la amistad del sumo sacerdote, y las cuatro mujeres que se mencionan: las tres Marías (María la madre de Jesús, María la esposa de Cleofas y María Magdalena), y la hermana de María la madre de Jesús.

―――――――――― **Estudio del texto básico** ――――――――――

1 Rumbo al Gólgata, Juan 19:17-22.

Vv. 17, 18. El relato que hace Juan del camino al Gólgota es bastante más corto del que hacen los otros evangelistas. Luego de la flagelación y de la humillación a la que fue sometido carga *su cruz.* Lo que en realidad estaba cargando era el *patibulum* o la viga transversal de la cruz immisa, o llamada también cruz latina. No es obligado a llevarla, él la tomó para cargarla. El lugar donde se realizará la crucifixión es el sitio *que se llama la Calavera, y en hebreo Gólgota.* Ahora nosotros usamos el término Calvario que es la traducción latina al término Calavera. No es claro en el pasaje quiénes le crucificaron, pues al decir *le crucificaron,* se involucra a todos: judíos con sus autoridades religiosas y romanos con su poder militar. La crucifixión se realizó con *otros dos,* sin importar, para Juan, quiénes son estas personas, solamente son dos personas. En el relato de Juan Jesús va hasta la muerte en pleno control de la situación.

Vv. 19, 20. El *letrero* que se ubica sobre la cabeza de Jesús indicaba, según la costumbre, la causa de la crucifixión. Es interesante notar que la mención que hace Juan sobre la ubicación del Gólgota, lo hace más para hacer sobresalir que estaba *cerca de la ciudad,* es decir que desea mantener la responsabilidad del centro religioso en la muerte de Jesús. Era necesario que todos conocieran este evento, de allí que se encuentra en los idiomas que se manejaban en ese entorno: *hebreo,* el idioma de la gente nativa de palestina; *latín,* el idioma oficial del imperio; y *griego,* el idioma que todo el mundo entendía. El cumplimiento de la misión universal de Jesús debía ser entendido por todas las lenguas (12:32).

Vv. 21, 22. *Los principales sacerdotes,* quienes han optado en franca traición a su país por el César como rey, tienen que oponerse a la declaración de que Jesús es el rey, que Jesús es el Mesías. Entendían que las palabras escritas por Pilato eran una burla, no podían entender que el Mesías estaba siendo colgado en el madero, y es más, ellos eran los responsables de aquello. Los sacerdotes pertenecen a un reino diferente del que Jesús es el portador (18:36).

La pugna entre Pilato y los judíos se hace nuevamente presente. Ahora la fuerza de las palabras de Pilato tiene un tono de oráculo divino. Sus palabras quedaron escritas y no hay fuerza que las pueda cambiar. Definitivamente el Mesías ha sido crucificado, el Dios-Hombre, el Hombre-Dios se ha entregado por amor a los hombres, y está sobre cualquier limitación de raza o cultura. Es la cumbre del amor: "el Verbo se hizo carne y habitó entre nosotros y vimos su gloria..."

2 La túnica del Rey, Juan 19:23, 24.

V. 23. Según el relato de los otros evangelistas, los ejecutores echaron suertes para ver cuál prenda le tocaba a cada uno. Pero también *tomaron la túnica.* Esta túnica era bastante especial, pues no tenía costuras. Según relatos de la época se hace mención de estas túnicas sin costuras como prendas muy valiosas, generalmente las llevaban los sumos sacerdotes. **V. 24.** Todos los detalles de la muerte de Jesús están dirigidos por Dios, Juan aprovecha para mencionar, una vez más, que todo está bajo el control de Dios. Hasta el asunto de sus ropas ha sido precedido por una declaración anticipada de parte de Dios, citando uno de los Salmos más ricos en conceptos mesiánicos. Frente a la crucifixión "nos detenemos con horror... y adoración" (Hendriksen). El pasaje termina enfatizando: *así lo hicieron los soldados.* Quienes condenaron a muerte a Jesús fueron los judíos, quienes mataron a Jesús fueron los romanos. Estos últimos son los herederos de la salvación que vino de los judíos.

3 "Mujer, he ahí tu hijo", Juan 19:25-27.

V. 25. No se sabe con precisión el por qué se menciona a estas cuatro mujeres (La teoría de que realmente son sólo dos o tres mujeres parece que es bastante forzada, y depende de una traducción muy deficiente del griego). Trabajando con los sinópticos se llega a la conclusión de que las cuatro mujeres serían: la madre de Jesús; su hermana que se llama Salomé, quien también es la madre de Jacobo y Juan; María la esposa de un tal Cleofas, la madre de Jacobo y José; y María Magdalena. La presencia de estas mujeres hace sobresalir su valor, y su decisión de seguir a Jesús hasta el último momento. La mujeres fueron más fieles que los discípulos, quienes no estaban listos a enfrentar los peligros y los riesgos del seguimiento fiel.

Vv. 26, 27. Descrito en estos versículos se halla la llamada "tercera palabra de Jesús en la cruz". Esta palabra es original del cuarto Evangelio. Se encuentra citada para enfatizar el cuidado de Jesús por su madre. En medio del dolor y rumbo a cumplir su tarea salvífica, él se da tiempo para preocuparse por su madre, su papel redentor no le exime de su responsabilidad humana de hijo. El no sólo debe dejar en orden el asunto de su misión redentora, sino que también es necesario que deje en orden la situación de cuidado para su madre. A ella se dirige con todo el respeto como lo ha hecho antes (2:4): *Mujer.* Además esta palabra implica un distanciamiento necesario, pues hay una nueva relación con Jesús el Señor. Se inicia un nuevo tipo de relación, Juan es encomendado a María, pese a que allí estaba su madre Salomé. Y María es encomendada a Juan, pese a que ella tenía otros hijos, quienes a esta altura se mantenían en su incredulidad (7:5). *Junto a la cruz* hay relaciones más importantes y más de fondo que las relaciones sanguíneas. *Y desde aquella hora,* la muerte de Jesús que había hecho mención a la misma María en las bodas de Caná (2:4) ha llegado, por esto *el discípulo la recibió en su casa:* desde ese momento las cosas cambiaron, una nueva comunidad había empezado.

Aplicaciones del estudio

1. En busca de justicia. Como creyentes debemos actuar dentro de la justicia y no hacer juicios *a priori,* como lo hicieron los judíos y romanos, quienes ya tenían la sentencia antes del juicio. La justicia debe ser impartida pese a que ello nos traiga consecuencias difíciles, para no caer en la misma actitud de Pilato, quien no fue responsable.

2. Preocupación por los suyos. Una responsabilidad de todo creyente es cuidar a su familia, no se puede, bajo el pretexto de asistir al templo o cumplir cierta responsabilidad, descuidar las personas que Dios nos ha entregado en la familia. Sigamos el ejemplo de Jesús y pongamos el cuidado que se merecen todos nuestros familiares.

Ayuda homilética

Un seguimiento que tiene resultados
Juan 19:25-27

Introducción: En el seguimiento a Jesús se pueden ver algunas de las implicaciones que hay en seguir a Jesús de cerca.

I. Seguimiento pese a los peligros, v. 25.
   A. La cruz es un sitio peligroso. Las mujeres no tuvieron miedo
   B. La cruz exige compromiso valiente.
II. Seguimiento con dolor, v. 26.
   A. La cruz implica sufrimiento. Un sitio de dolor y tortura.
   B. La cruz implica negación.
III. Seguimiento con satisfacciones, v. 27.
   A. Una nueva relación, v. 27a.
   B. Una nueva forma de vivir, v. 27b. La madre de Jesús, luego de su seguimiento fiel tuvo que optar por una nueva forma de vivir, dentro de las nuevas relaciones que se presentan. Ser discípulo de Jesús implica un cambio de vida en forma completa.

Conclusión: El ejemplo que nos han dejado las cuatro mujeres mencionadas en el relato, nos desafía a seguir a Jesús, pero a seguirle pese a los problemas. Este seguimiento implica no pocas veces dolor, pero también implica una nueva posibilidad de satisfacciones.

Lecturas bíblicas para el siguiente estudio

Lunes: Juan 19:28, 29	**Jueves:** Juan 19:38, 39
Martes: Juan 19:30-34	**Viernes:** Juan 19:40
Miércoles: Juan 19:35-37	**Sábado:** Juan 19:41, 42

AGENDA DE CLASE

Antes de la clase
1. Lea con detenimiento el pasaje que se estudiará hoy. **2.** Elabore un cartel que contenga la frase: "Jesús de Nazaret, Rey de los judíos". Podría ser novedoso que usted pueda averiguar la forma de escritura en los tres idiomas (hebreo, latín y griego), de no ser posible puede hacer tres carteles cada uno de diferente color indicando de esta manera que cada uno representa un idioma diferente. Por ejemplo puede poner en uno de ellos la palabra bastante conocida *INRI* que corresponde a las iniciales de la frase en latín. **3.** Investigue acerca de la pena máxima que existe en su país; sobre todo averigüe sobre la aplicación de la pena de muerte. **4.** Lea la mayor cantidad posible de información acerca de la fiesta de la Pascua, pues aunque no es el tema de la lección, pueden surgir preguntas relacionadas con ella. Busque posibles relaciones entre el "cordero pascual" y Jesucristo. Este material puede ser usado potencialmente en esta lección como también en la siguiente. **5.** Elabore tres pequeños papeles en los cuales colocará el título de cada división del *Texto básico* junto con la cita correspondiente. Esto se entregará a cada grupo a su debido tiempo. **6.** Verifique las respuestas de la sección: *Lea su Biblia y responda,* del libro del alumno.

Comprobación de respuestas
JOVENES: **1.** El salió llevando su cruz hacia el lugar que se llama de la CALAVERA, y en HEBREO Gólgota (v. 17). **2.** Pilato escribió y puso sobre la cruz un letrero en el cual fue escrito: JESUS DE NAZARET, REY DE LOS JUDIOS (v. 19). **3.** El letrero estaba escrito en HEBREO, en LATIN, y en GRIEGO (v. 20). **4.** Cuando los soldados crucificaron a Jesús, tomaron los VESTIDOS de él e hicieron CUATRO partes, una para cada SOLDADO (v. 23). **5.** Junto a la cruz de Jesús estaban su MADRE, la HERMANA DE SU MADRE, María esposa de CLEOFAS y MARIA MAGDALENA (v. 25).
ADULTOS: **1.** a. Jesús de Nazaret, Rey de los Judíos (v. 19). b. Hebreo, latín y griego (v. 20). **2.** a. Los vestidos (v. 23). b. La túnica (vv. 23 y 24). **3.** (v. 25) a. La madre de Jesús. b. La hermana de su madre. c. María esposa de Cleofas. d. María Magdalena. e. (v. 26) El discípulo amado.

Ya en la clase
DESPIERTE EL INTERES
1. Presente el material que ha investigado acerca de la pena de muerte en su país y relacione con lo que se estará viendo en esta lección: la muerte de Jesús. **2.** Lea o presente un resumen del material que se encuentra en el libro del Maestro bajo el título "La crucifixión como método de ejecución", enfatizando lo terrible del método usado para quitar la vida a una persona.

ESTUDIO PANORAMICO DEL CONTEXTO

1. Para iniciar este estudio, y luego de haber presentado el tema de "la crucifixión como método de ejecución", presente en orden cada uno de los temas detallados en el libro del Maestro bajo la división *Fondo histórico.* Se dará cuenta de que los tres temas presentados ayudan al entendimiento y comprensión del entorno a la muerte de Jesús. **2.** Siendo que los temas tratados en el *Enfasis* abarcan el mismo pasaje del *Estudio del texto básico,* limítese a presentar un resumen breve de esta división.

ESTUDIO DEL TEXTO BASICO

Dé inicio pidiendo a uno o varios participantes que lean el pasaje que se estudiará hoy. Esto permite que se tenga una visión global de los hechos que se estudian y a la vez les capacita para la siguiente actividad.

Reunidos en parejas, dé tiempo para que contesten la sección: *Lea su Biblia y responda,* del Libro del Alumno. Para dar por terminada esta actividad verifiquen las respuestas con todo el grupo.

Para el *Estudio del texto básico* divida a la clase en tres grupos. A cada grupo entregue el papel en el que consta la sección que le correspondería estudiar y que ha sido elaborado de antemano. En cada grupo se estudiará detenidamente el texto indicado. El grupo puede ayudarse con el material que se encuentra en el Libro del Alumno. Pida que cada grupo nombre a un "director" quien coordinará la discusión y las ideas que se presentarán. Indique que esta persona no es la que debe hablar más, sino que es la encargada de moderar. Recuérdeles que al finalizar esta actividad, esta misma persona deberá presentar lo que han aprendido al resto de la clase. Esta actividad a la vez que promueve el estudio detallado de un pasaje bíblico, ayudará para que la participación de los alumnos sea más activa.

APLICACIONES DEL ESTUDIO

1. Nuevamente pida que formen las parejas que trabajaron en la división: *Lea su Biblia y responda.* Leerán las aplicaciones que se encuentran en el Libro del Alumno. **2.** Después de haber tenido el tiempo prudencial para realizar esta actividad en parejas, pida que algunos de los integrantes del grupo compartan las aplicaciones que han descubierto. En caso de que el grupo se encuentre satisfecho con las aplicaciones del Libro del Alumno, el maestro podría presentar alguna aplicación personal para su vida.

PRUEBA

1. Esta actividad se puede realizar en forma individual. Siendo que las dos preguntas promueven una reflexión personal, se presta para que puedan realizar dicha reflexión en privado. **2.** Presente los carteles con la frase: "Jesús de Nazaret, Rey de los judíos". Colóquelos en un sitio visible. Indique que los tres idiomas implican que es necesario presentar el mensaje de Jesús a toda criatura. **3.** Termine la clase con una oración por sus alumnos, para que ellos puedan cumplir sus propósitos de llegar con el mensaje universal de Dios a todas las personas.

Jesús consuma su tarea

Contexto: Juan 19:28-42
Texto básico: Juan 19:28-37
Versículo clave: Juan 19:30
Verdad central: Habiendo pasado por todas las dificultades que implicó su arresto y su juicio, Jesús fue llevado a la cruz donde consumó la obra de salvación a favor de los pecadores.
Metas de enseñanza-aprendizaje: Que el alumno demuestre su: (1) conocimiento de la consumación de la obra salvadora de Cristo en la cruz del Calvario, (2) actitud de valorar la salvación que Jesús le ofrece por su muerte en la cruz.

Estudio panorámico del contexto

A. Fondo histórico:
El uso del vinagre para los crucificados. La bebida que le ofrecieron a Jesús era un licor fermentado, vino agrio que constituía parte de la ración diaria que se le daba a un soldado. Esta substancia era bastante popular entre la gente pobre y los obreros. El ofrecerla era una actitud de "misericordia" en medio del gran sufrimiento. No se debe confundir este momento con el relatado en Mateo 27:34, pero es posiblemente el mismo evento que se presenta en Mateo 27:48. En el primer caso fue un acto de burla y con el propósito de hacerle daño.

El día de la Preparación. Este día era el día anterior a la fiesta de la Pascua, en donde, por lo general se realizaba la preparación de los diferentes alimentos y cada elemento que se debía usar en el día de la Pascua propiamente dicho. En el templo se realizaba, por parte de los sumos sacerdotes, el sacrificio de un cordero, dando así por iniciada en forma oficial la fiesta de la Pascua.

El Gran Sábado. Este era el día más importante de la fiesta, en el que se iniciaba todo el período de la Pascua. No se trataba de un sábado como "cualquier otro sábado", era el sábado de la Pascua. Por ello era necesario tomar algunas medidas para no caer en pecado y profanar la fiesta de la Pascua.

La costumbre de qubrar las piernas a los crucificados. La medida de fracturar las piernas era una "actitud de misericordia". Tenía como propósito el acelerar la muerte del condenado. Fracturaban las piernas golpeándolas con una especie de martillo o con una gran barra metálica. La conmoción era tremenda y suficiente para acelerar la muerte.

Se debe recordar que a Jesús no se le rompieron las piernas debido a que los soldados ya se habían dado cuenta de que había muerto. *Sangre y agua brotan del costado de Jesús.* La herida en el costado de Jesús la hicieron pensando en confirmar o asegurarse de que Jesús ya había muerto. La lanza no produjo la muerte. En primer lugar, según el análisis que hace Michael Green, es una prueba de que Jesús ya estaba muerto. En segundo lugar, la sangre y "agua" (en realidad suero) que brotaron del costado se puede explicar, según el doctor Stroud, debido a que la muerte por crucifixión puede provocar una acumulación de agua en los pulmones (pleura) y en el corazón (pericardio), y la sangre se debe a que posiblemente se produjo una "ruptura del corazón", en realidad del "saco pericárdico" (una especie de envoltura que rodea al corazón, la misma que contiene líquido). (Se recomienda ver el libro de Josh MacDowell, Evidencia que exige un veredicto, páginas 179-262, en donde discute más a fondo el tema.)

B. Énfasis:
Sangre y agua por nuestros pecados, 19:28-34. Estos dos elementos que hace notar el evangelista Juan señalan el simbolismo que se quiere dar: al tomar Dios toda la naturaleza humana (simbolismo que hay atrás de estos dos términos), el alcance de su redención es de tal manera que abarca todo lo que es el ser humano. No se trata de una redención que cubre "el alma" solamente, la redención de Jesús apunta hacia un involucramiento de todo lo que es el ser humano.

Testimonio confiable, 19:35-37. Las palabras de Juan son enfáticas, él se constituye en un testigo de todo lo que pasa. Pero también su testimonio apela al texto bíblico que certifica lo que está diciendo. Nosotros podemos estar tranquilos confiando en que lo que aquí tenemos relatado es cierto, y por ser así podemos depositar nuestra confianza en el Señor. Nuestra fe no descansa en fábulas, sino en cosas certísimas que son certificadas por testigos presenciales y por la palabra de Dios.

Dos discípulos especiales, 19:38-40. Muchos de los seguidores de Jesús tenían miedo de la opinión de los demás. Dios demanda que seamos diferentes y que podamos ser sus testigos abiertamente. A estas personas, sin embargo, Dios en su amor y gracia pudo usarlas, para cumplir sus propósitos. Sí, son "discípulos especiales", pero no son el modelo de discípulos adecuado para nosotros.

Un sepulcro nuevo, 19:41, 42. Los muertos eran colocados en tumbas "reusables". Juan hace sobresalir que en el sepulcro preparado para Jesús no se había colocado otro cuerpo. La pasión de Jesús está llegando a su fin. Todo comenzó en el "huerto", y todo terminará en el "huerto". Juan insiste en que quiere dar un relato fidedigno, así que tiene que mencionar eventos que confirmen la precisión de su relato.

El entierro en esta parte del huerto se debía hacer muy rápidamente, en un lugar muy cercano, para no violar la ley y para que todos pudieran participar de la fiesta de la Pascua.

1 "¡Consumado es!", Juan 19:28-30.

Vv. 28, 29. La imagen final de Jesús, un poco antes de su muerte, pone énfasis en un Cristo que tiene pleno control de lo que está pasando. La agonía ha sido superada, la gloria está a las puertas. El Mesías se da cuenta de que *todo se había consumado.* Ya no hay nada más que hacer. Hace un alto para mostrar, una vez más, su identificación completa con el ser humano; ahora se puede preocupar por sí mismo y puede clamar *Tengo sed.* Pero ninguno de los actos del Mesías se realiza aisladamente; todo lo que hace se relaciona con el plan perfecto de Dios. Sus palabras tiene como propósito llegar hasta la muerte cumpliendo la Escritura.

Ellos *pusieron en un hisopo una esponja empapada en vinagre y se la acercaron a la boca.* Juan describe que este acto de misericordia que se tenía para con Jesús se realizó con un *hisopo,* planta que presenta un tallo de unos 30 centímetros de largo, suficientes para alcanzar la boca del Maestro. Se debe recordar que el cuerpo de Jesús estaba a no más de unos 30 centímetros del suelo.

V. 30. Jesús ha aceptado *el vinagre,* ya no hay nada más que hacer. Jesús ha cumplido su éxodo. La mejor descripción de lo que significó para Jesús este momento se halla impregnado en sus palabras *¡Consumado es!* Literalmente Jesús estaba diciendo "he llegado a la meta". Ya no se nota el desamparo de Dios, todo lo contrario se puede vivir la presencia misma del Creador, el autor de la vida está con el Mesías, la muerte física de Jesús no interrumpirá su vida fecunda. Ahora sí, sólo le queda inclinar la cabeza, y entregar el espíritu. Nadie se lo ha quitado ni nadie se lo arrebata, él por su propia voluntad y con pleno dominio de la situación entrega el espíritu. Jesús no muere para morir sino para dar vida, él entrega el espíritu humano para poder transmitir el Espíritu divino a toda criatura que cree en él.

2 El testimonio verdadero, Juan 19:31-35.

V. 31. ¡Qué tendría Pilato en mente al oír el pedido de los religiosos! Hasta la cruz llega la infamia del religioso, cuya doble vida le impide ver allí al Dios que se ha entregado por ellos. Su preocupación es solamente cumplir lo externo. Su preocupación es que se baje de la cruz a quien había sido objeto de su opresión, y así poder cumplir el rito de la Preparación, ¡qué contradicción! Para poder cumplir su "forma externa de religión" apelan a una práctica de barbarie, que se camufla en la misericordia. Se solicita que a los condenados *se les quebrasen las piernas y fuesen quitados.* No querían que nada impidiera su celebración religiosa sin sentido.

Vv. 32, 33. Los expertos en la muerte acuden para cumplir su triste tarea. La cumplen con los que *habían sido crucificados con él.* Ellos todavía estaban padeciendo lo dolores previos a la muerte, así que son sometidos a la nueva tortura, lo cual "ayuda" para que puedan morir sin padecer más. Juan hace sobresalir que Jesús no fue sometido a este "acto de misericordia" pues él ya había muerto. Jesús no esperó que lo mataran, él murió cuando él quiso morir, cuando él mismo entregó el espíritu. **V. 34.** El romper las piernas del condenado, en el caso de Jesús, era innecesario; como también fue innecesario que el soldado le abriera *el costado con una lanza.* Fue una demostración más de la violencia y la hostilidad propias del mundo y sus valores. El asunto de la presencia de *sangre y agua* tienen que ver con su importancia teológica. Para Juan era una prueba más de que Jesús tenía una naturaleza humana completamente. Por otro lado se puede apuntar a cierta clase de simbolismo muy propia del evangelista, la presencia de agua y sangre se podría aplicar a los efectos de la expiación, como parece señalar 1 Juan 5:6, tal vez Juan 3:5, como también Juan 7:37-39.

V. 35. Al terminar su misión se requiere de otro testigo que pueda testificar de lo que estaba pasando. Por primera vez el escritor del Evangelio se refiere a los receptores de su escrito, les dice *vosotros.* El propósito de presentar todo lo que está pasando es que la gente que pueda leer más tarde este relato pueda creer. ¡Qué grandeza la de Dios! El estaba previendo que la historia del Calvario no quedaría, no podía quedar en la mente de los que la contemplaron. Este mensaje tendría que ser transmitido a otras personas, para que ellas pudieran disfrutar de las mismas bendiciones que aquellos que oyeron de viva voz el mensaje del Maestro.

3 Conforme a la Escritura, Juan 19:36-37.

V. 36. Juan no desea terminar su relato de la muerte de Jesús sin darnos más seguridad de todo lo que estaba pasando. Cada detalle de lo sucedido tiene apoyo en alguna porción bíblica. El asunto de que sus piernas no fueron quebradas se apoya en los siguientes pasajes bíblicos. Esto se debe a que Juan no cita literalmente el texto bíblico, sino que hace una especie de paráfrasis. El primer texto bíblico que puede estar en la mente de Juan es el de Exodo 12:46, junto con Números 9:12. En los dos pasajes hay una alusión directa al cordero pascual, Jesús como el cordero pascual debía cumplir con los requisitos ceremoniales que debía cumplir el cordero de la Pascua. Jesús es el liberador por excelencia, en la muerte de él podemos celebrar nuestra liberación completa de las garras de opresión. El otro pasaje puede ser el Salmo 34:20, que pone énfasis en que el Mesías pasará por la muerte sin sufrir alteración en su cuerpo.

V. 37. El segundo pasaje que es citado para dar certeza a sus palabras se halla en Zacarías 12:10. Este pasaje hace mención de uno de los acontecimientos del Día del Señor, o como se menciona en el libro profético "aquel día" (Zac. 12:3, 4, 6, 8, 9, 11; 13:1, 2, etc.). Este será un día de bendición, un día en el que se abre la posibilidad de "limpieza de pecado". El evento de la cruz da por inaugurada una faceta del Día del Señor, la faceta del ofrecimiento de salvación a toda criatura (Zac. 14:8, 9). La muerte de Jesús no es un evento aislado, se trata de una situación que se relaciona con todo el mensaje ya presentado en el AT, un mensaje de gracia, pero que llega a convertirse en la cruz en la manifestación sublime de la "gracia sobre gracia".

1. Nada más hace falta. No hacen falta nuevos sacrificios ni obras de parte de nosotros para completar la obra de Cristo. Todo lo que tenía que hacer ya lo hizo él. La meta de Dios para el ministerio de Jesús ha tenido su propósito. Las obras de Dios para nosotros son obras terminadas, obras perfectas. **2. Tiempo de pensar.** La muerte de Jesús en la cruz nos debe motivar a que hagamos un alto y valoricemos lo que él ha hecho. En la cruz murió un ser que se identificó completamente con el hombre, que tomó toda la naturaleza humana, pero que también, y al mismo tiempo, tenía la naturaleza divina. La muerte en la cruz es la muerte de un ser todo divino y todo humano, que decidió hacerlo solamente para que nosotros podamos disfrutar de su don inefable, de la salvación con todas las implicaciones presentes y futuras.

Ayuda homilética

La muerte del Mesías muestra de fidelidad
Juan 19:28-30

Introducción: Toda la vida de Jesús es una muestra palpable de la fidelidad de Dios. Esta muestra llega a su clímax en la medida que se acerca la cruz. Allí se puede ver que se trata de un evento divino, pues es precisamente allí que se puede ver la fidelidad de Dios que decidió manifestarse en el Mesías. Esta fidelidad se puede ver en dos eventos precisos en el momento de su muerte.

I. Identificación con el hombre, vv. 28, 29.
   A. Pleno conocimiento de Jesús, v. 28a.
   B. Pleno cumplimiento de las Escrituras, v. 28b.
   C. Plena identificación con la necesidad del hombre, v. 28c.
   D. Plena aceptación de los actos del hombre, v. 29.
II. Cumplimiento de su misión, v. 30.
   A. Pleno cumplimiento de la tarea, v. 30a.
   B. Pleno control de la situación, v. 30b.

Conclusión: Jesús se identificó en plenitud con los hombres, sabiendo todo lo que iba a pasar decidió seguir adelante. Esto sin duda le motivó para identificarse plenamente con los hombres que sufren. Su misión debía ser cumplida como se cumplió. Dios jamás perdió control de lo que pasaba.

Lecturas bíblicas para el siguiente estudio

Lunes: Juan 20:1-5   **Jueves:** Juan 20:19-23
Martes: Juan 20:6-10   **Viernes:** Juan 20:24-29
Miércoles: Juan 20:11-18   **Sábado:** Juan 20:30, 31

AGENDA DE CLASE

Antes de la clase

1. Haga los arreglos necesarios para conseguir el libro de Josh McDowell "Evidencia que exige un veredicto". Allí encontrará material para la clase de hoy. **2.** Procure conseguir la presencia de un médico para explicar las posibles causas de la presencia de "agua y sangre" en la muerte de un crucificado. En el libro del Maestro encontrará algo de ayuda también. **3.** Elabore un cartelón en el que se colocarán en dos columnas las citas del AT y las del Evangelio de Juan relacionadas con la crucifixión y muerte de Jesucristo. De esta manera podrá tener a la mano las citas que confirman que Jesús era el Mesías anunciado en el AT. Para esto se sugieren las siguientes citas: Sal. 22:18 con Juan 19:24; Sal. 22:15; 69:21 con Juan 19:28; Exo. 12:46; Núm. 9:12; Sal. 34:20 con Juan 19:36; Zac. 12:10 con Juan 19:37. **4.** Conteste y luego verifique las respuestas de la sección: *Lea su Biblia y responda* del día de hoy

Comprobación de respuestas

JOVENES: HORIZONTALES: [1]Testimonio (v. 35). san[2]Gre (v. 34). [3]Espíritu (v. 30). VERTICALES: [1]lanza (v. 34). [2]vinagre (invertida) [3]agua [4]costado (invertida). La frase que se forma es **TENGO SED**. ADULTOS: **1.** a. Tengo sed (Sal. 22:15). b. Ninguno de sus huesos será quebrado (Exo. 12:46; Núm. 9:12; Sal. 34:20). c. Mirarán al que traspasaron (Zac. 12:10). **2.** No. Vv. 33 y 34. **3.** a. Porque fue un testigo de lo que pasaba. b. Para que creamos.

Ya en la clase

DESPIERTE EL INTERES

Pida al médico, si logró conseguirlo, o usted presente lo concerniente a la presencia de "agua y sangre" en la muerte de un crucificado. Sugerimos que esta presentación no sea nada técnica sino por el contrario sencilla e informativa. Cuide mucho de no imprimir un cierto ánimo morboso en torno a los sufrimientos de la muerte. Este aspecto debe ser cuidadosamente llevado para el bien del desarrollo de la clase, y para poder mirar objetivamente el alcance de la muerte de Jesús en la cruz por nuestros pecados. Recuerde que esta parte debe ocupar muy poco tiempo de la clase, pues, el propósito es no centrarse en la muerte de Jesús como tal, sino en los resultados que ésta ocasiona.

ESTUDIO PANORAMICO DEL CONTEXTO

1. Dé tiempo para que se lea y llene el material que se encuentra en el Libro del Alumno bajo la sección: *Lea su Biblia y responda*. Luego de esto verifique las respuestas entre todo el grupo. **2.** Para esta clase se debe usar el material ordenado sistemáticamente en el libro del Maestro, de acuerdo con la dinámica que las circunstancias impongan. **3.** Se ha iniciado ya la clase con la explicación biológica de la presencia de "sangre y agua", luego de que esto se ha hecho, use el material del *Enfasis* para dar una aplicación teológica al hecho físico. **4.** Sugerimos que se relacionen con el tema presentado los temas siguientes en este orden: "sangre y agua brotan del costado de Jesús", "la costumbre de romper las piernas a los crucificados", "el uso del vinagre para los crucificados". De aquí en adelante el maestro tendrá que relacionar la muerte de Jesús con la Pascua, por lo cual explicará qué es "el día de la Preparación" y finalmente "el Gran Sábado". **5.** Dé por terminada esta sección explicando muy rápidamente la presencia de los "dos discípulos especiales" y "un sepulcro nuevo".

ESTUDIO DEL TEXTO BASICO

Para la presentación del primer punto del *Estudio del texto básico:* "—¡Consumado es!", pida a los integrantes de la clase mencionar las ideas que les vienen a la mente al escuchar esta frase, mientras esto sucede usted o alguien a quien se le pida, irá anotando todas estas ideas en el pizarrrón. Esta actividad "permite la libre presentación de ideas sin restricciones ni limitaciones. No se critican ni evalúan. El objetivo es producir ideas originales o soluciones nuevas". Luego de esta actividad el maestro debe canalizar las ideas vertidas en busca de cumplir el propósito de la clase, usando el material que se encuentra en el Libro del Maestro.

Para la presentación del segundo punto: "El testimonio verdadero", pida a la clase que lean del Libro del Alumno lo que se encuentra allí. Puede hacerlo de manera que participen algunos, de acuerdo con las divisiones sugeridas de los versículos. Luego los integrantes de la clase pueden aportar ideas. El maestro debe estar listo para cualquier clase de pregunta, y para guiar a los participantes en busca de las metas propuestas.

En la presentación del tercer punto, "Conforme a la Escritura", el maestro mostrará el cartel que ha preparado con anticipación. Primeramente puede leer o hacer un resumen del material presentado en el Libro del Maestro y luego ampliará por medio del cartel que tiene. Sugerimos que se busquen y lean las citas tanto del AT como del Evangelio de Juan.

APLICACIONES DEL ESTUDIO

1. Ayude a sus alumnos a pensar en el cielo, la muerte y cosas futuras sin olvidar el presente y que la muerte de Cristo tiene efectos para la presente vida también. **2.** Si lo cree conveniente y si el tiempo lo permite, puede leer las *Aplicaciones del estudio* ya sea del Libro del Maestro o del Alumno.

PRUEBA

1. Anime a sus alumnos para que de manera individual completen la prueba. **2.** Promueva una actitud de acción de gracias por la salvación que Dios nos ha dado. **3.** Finalice pidiendo que cada uno haga una oración en privado, y luego usted despida la clase dirigiéndolos en oración de gratitud por la salvación completa que Dios nos ha dado.

Unidad 9

Jesús resucita victorioso

Contexto: Juan 20:1-31
Texto básico: Juan 20:1-18
Versículos clave: Juan 20:6, 7
Verdad central: La actitud de los discípulos revela que no estaban muy seguros de que Jesús se levantaría de entre los muertos, pero el Cristo resucitado les confirmó su victoria sobre la muerte.
Metas de enseñanza-aprendizaje: Que el alumno demuestre su: (1) conocimiento de la resurrección de Jesús, (2) actitud de confianza en que el plan de Dios se cumplió para darnos salvación.

Estudio panorámico del contexto

A. Fondo histórico:
El sepulcro de Jesús. No era una cueva natural, pues había sido labrado en roca sólida (Mar. 15:46). La piedra que tapaba la entrada era muy grande y por lo tanto muy pesada; por lo general estaba sobre un surco que servía para hacerla rodar para tapar la entrada o para tener acceso a la tumba después de ser colocado el cadáver. La piedra de la entrada tenía el sello de la autoridad, como garantía de que no sería violada por nadie (Mat. 27:66). La entrada era un tanto baja, por lo que tenían que inclinarse para ver dentro de ella. A los extremos en donde se colocaba el cadáver había espacios para una especie de asientos, en donde estaban sentados los ángeles. La tumba de Jesús no tenía un nicho dentro de ella, lo cual era común.

La manera de preparar los cuerpos de los difuntos. Los cuerpos eran envueltos en lienzos impregnados de perfumes aromáticos: mirra, mirto, áloes, aceite de rosas, etc. El cuerpo era lavado y luego lo envolvían en lienzos en forma muy apretada, sirviendo las especias como pegamento de los pliegues del lienzo.

Las especias a veces eran en grandes cantidades, por ejemplo Jesucristo fue sepultado con cien libras de mirra y áloes. La mirra era una sustancia que se adhería muy firmemente al cuerpo, de tal manera que era casi imposible desprender las ropas fúnebres del cuerpo sin romperlas. En muchas oportunidades al muerto se le vestía con una especie de camisa. La cabeza también era cubierta por un sudario. En el caso de Jesús las mujeres se vieron frustradas (Mar. 16:1; Luc. 23:56) al tratar de cumplir su tarea de poner todos los ungüentos necesarios, así que lo que hizo Nicodemo debe haber sido algo rápido y sin mucho detalle.

B. Enfasis:

Era necesario resucitar, 20:1-10. El propósito del Verbo es revelar al Padre. Luego se apunta hasta la gloria de Jesús, la misma que se puede ver en el hecho histórico de la cruz. Pero para Juan se hace necesario ir más allá de la cruz, pues se requiere presentar a este mismo Verbo que sigue actuando entre los hombres. Para los sinópticos es importante mencionar que el cuerpo de Jesús permaneció en la tumba el día sábado, pero para Juan los eventos son vistos como algo inmediato, luego de la crucificción la resurrección se debe hacer presente, pues el Verbo sigue actuando siempre.

Jesús aparece a María Magdalena. 20:11-18. La primera testigo de que algo había pasado con Jesús es María Magdalena. Ahora la primera aparición se la hace a ella. Esta aparición tiene como propósito seguir mostrándonos la importancia de ser testigos de Jesús; primero fue Juan el Bautista (1:19-34), luego Andrés (1:40-42), luego Felipe (1:43-51). También la samaritana luego de escuchar a Jesús, va a la gente de la aldea y comunica que ha hallado al Mesías; ahora es María Magdalena quien luego de haber visto al Señor puede ir a comunicar el evangelio a los discípulos.

Jesús aparece a sus discípulos. 20:19-23. Jesús decide aparecer a sus discípulos de una manera milagrosa, pues las puertas del local donde estaban se hallaban cerradas. Esta presencia de Jesús trae paz que consiste en el bienestar integral del hombre.

Jesús convence a Tomás, 20:24-29. Se hace necesario que los discípulos, ahora representados por Tomás, puedan seguir creciendo en su fe hasta el punto de llegar a tener una fe que no sea producto de las señales que han visto, sino que sea un convencimiento interno de que las promesas que Jesús había hecho son ciertas. La bienaventuranza que Jesús da a Tomás es un desafío para que podamos crecer.

El propósito de este libro, 20:30, 31. Las señales que hizo Jesús pero que no se hallan en el Evangelio de Juan se pueden encontrar en los otros Evangelios, teniendo en cuenta que tampoco estas son completas. Cada señal tiene como propósito final que la gente crea que Jesús es el Mesías quien revela al Padre y muestra que su máxima gloria se halla en el momento que cumple su misión al morir en la cruz. La consecuencia de este creer resulta en tener "vida en su nombre". La misma vida que no es solamente un vida biológica, sino que llega a ser la vida abundante de quien tiene a Jesús como su pastor.

──────────── **Estudio del texto básico** ────────────

1 La duda de María Magdalena, Juan 20:1-4.

V. 1. El evento descrito sucede *el primer día de la semana,* lo cual marca el inicio de una nueva relación y la base para una tradición que adoptaría la Iglesia unos años más tarde al reunirse cada primer día de la semana para celebrar la resurrección de Cristo.

Según el relato de Juan, a la única mujer que desea hacer sobresalir acerca de la visita a la tumba es María Magdalena, aunque se supone que hay otras mujeres (note el uso del verbo "sabemos" en el v. 2). Ella va a ser el centro del relato, además de ser el vínculo entre los discípulos y el resucitado. Cuando la mujer se acerca a la tumba, lo que era su preocupación inicial (Mar. 16:3) se convierte ahora en causa de asombro: *la piedra había sido quitada del sepulcro.* Es claro que no fue quitada para que pueda salir el Mesías resucitado, sino que ha sido quitada para que las mujeres y luego los discípulos puedan ver la tumba vacía, además de tener un significado teológico, pues era señal de que la muerte había sido vencida.

V. 2. María Magdalena en medio de su asombro acude a los dos discípulos de Jesús. Era natural que se comunique a estos dos discípulos, por un lado está *Simón Pedro* el líder indiscutible del grupo, y por otro está el *discípulo amado,* aquel que ocupa un sitio muy especial cerca de Jesús. María Magdalena les comunica su angustia, ella no ha captado la enseñanza de Jesús de que él iba a resucitar, sólo está pensando que *han sacado al Señor.* Una fe parcial demuestra, pues todavía le llama a Jesús Señor, aunque para ella era "un Señor impotente", que lo *han sacado.* La otra preocupación que tiene María Magdalena es que no saben dónde le han colocado, por lo tanto no podrán ponerle todas las especies aromáticas, además de cumplir con la costumbre de visitar el sepulcro. Estamos frente a una mujer que duda.

Vv. 3, 4. La descripción que hace Juan de este evento es en forma muy viva, parece que le impactó mucho lo que sucedió aquel día. La reacción de los dos discípulos no se hace esperar: *salieron.* Los dos son partícipes de la angustia de la mujer y deciden correr. A Simón Pedro sólo se lo describe con su apodo: *Pedro,* forma inusual del Evangelio; pero que describe a un hombre obstinado, quien creía que la muerte de Jesús era un fracaso. El *otro discípulo* tiene más afán en llegar, desea saber qué es lo que realmente ha sucedido.

2 La duda de Simón Pedro, Juan 20:5-7.

V. 5. La entrada al sepulcro era posiblemente baja, de allí que *el otro discípulo se inclinó.* Lo que él pudo ver fueron *los lienzos,* es decir aquella tela con la que envolvían los cadáveres. Parece que tenía mucho temor, además de desconcierto por lo cual decidió no entrar. No hay en su mente la duda o la pregunta sobre si Jesús había resucitado o no, esto parece que no era una posibilidad para Juan.

Vv. 6, 7. La actitud de Pedro es totalmente acorde con su temperamento, pues no puede quedar fuera de la tumba. Pedro ahora puede *ver* (literalmente contemplar) *los lienzos.* Lo que él pudo contemplar son los lienzos, pero la frase como está construida implica que se hallaban en orden, además *del sudario* que se hallaba aparte. Todas las cosas están en orden, no hay posibilidad de que se hayan robado el cuerpo, como tampoco que los discípulos se hayan llevado el cuerpo, pues no hubieran dejado los lienzos y el sudario en orden, que si hubiese seguido muerto lo necesitaría. Pero quien ha resucitado no necesita las cosas de los muertos. Sin embargo, de esto no hay prueba de que Simón Pedro haya relacionado con las palabras de Jesús de que era necesario resucitar.

3 La duda del otro discípulo, Juan 20:8-10.

Vv. 8, 9. La presencia del "discípulo amado" hace sobresalir la poca fe que poseían; eso sí, es una fe "de grado mayor" que la de Pedro, pues nos dice que al entrar en el sepulcro *vio* (literalmente contempló) *y creyó*. Pero, ¿en qué creyó? Posiblemente empezó a darse cuenta de que era posible la resurrección, pero no había captado la necesidad de la resurrección, pues *aún no entendían*. Se nota el contraste entre las palabras de María Magdalena y las que introduce Juan, ella piensa que "le sacaron", la verdad es que Jesús resucitó.

V. 10. La situación de incredulidad de parte de los dos discípulos se puede ver en que volvieron a los suyos. No estaban plenamente convencidos de lo que había pasado, su actitud es una actitud pasiva. No han visto a Jesús sólo saben que ya no está allí.

4 La victoria sobre la muerte, Juan 20:11-18.

Vv. 11, 12. La angustia hace presa de María pues *estaba llorando* de una manera que demuestra que no tiene esperanza (en Juan 11:31 y 32, se usa una palabra que denota angustia, en 11:35 se usa una palabra que implica la tristeza natural; en este pasaje se usa la primera palabra). En medio de este dolor se *inclinó para mirar dentro del sepulcro*. A diferencia de los discípulos, ella se inclina con mucha atención para mirar dentro del sepulcro. Lo que puede ver es a *dos ángeles con vestiduras blancas*. No se sabe la razón por la que sí aparecen a ella pero no a los discípulos. Lo que sí se sabe es que cumplen una tarea de testigos.

Vv. 13, 14. Los ángeles dan palabras de aliento a María, pues no es tiempo de llorar con angustia. Su situación emocional es de tal magnitud que al ver a Jesús no puede reconocerlo, posiblemente estaba esperando a un cadáver no a una persona de pie.

Vv. 15-17a. La manera en que Jesús se dirige a María Magdalena es la forma familiar, pues está usando su nombre arameo "Miriam". Jesús le llama con su lengua materna, ante lo cual ella responde también es su lengua materna: *Raboni* (literalmente mi Maestro), una forma especial del término Rabí, que implica una relación muy estrecha, además de ser un título usado para maestros de especial connotación.

Vv. 17b, 18. Ahora María Magdalena está en capacidad de ir a comunicar la noticia a los *hermanos*. Además hay una nueva forma de relacionarse con Dios, sigue siendo *mi Padre* para Jesús, pero ahora también es *vuestro Padre*. No se trata de la misma relación, la filiación que hay con su Padre es muy diferente a la que tienen sus discípulos, por esto no dice "nuestro Padre" o "nuestro Dios". El mensaje que debe transmitirles es que, como ha terminado su misión, debe subir al Padre. El Verbo ha cumplido su tarea de revelar a Dios quien le envió, ahora será glorificado con aquella gloria que tuvo siempre (Juan 17:5).

María Magdalena no piensa en el Señor Jesús como algo de su propiedad solamente, ahora ha entendido que su tarea es transmitir lo que ha visto y contar lo que el Señor le había dicho.

Aplicaciones del estudio

1. Una fe completa en las promesas de Jesús. El desafío es que podamos depositar nuestra confianza ahora, y así podremos disfrutar de una vida mejor al creer sin haber visto la promesa hecha. La resurrección de Cristo es una garantía para nuestra vida.

2. Importancia de comunicar el evangelio. El tener vida eterna no puede ser una experiencia privada, debe ser comunicada a las otras personas para que experimenten lo mismo que nosotros.

Ayuda homilética

Una fe en crecimiento
Juan 20:1-18

Introducción: Cuando nos hallamos en desconcierto, nos olvidamos que estas pueden ser situaciones que Dios nos ha colocado para que podamos crecer en nuestra relación con él. La meta de nuestra fe debe ser el crecimiento.

I. Desde el desconcierto a la "fe", vv. 1-10.
   A. Hay situaciones que nos desconciertan, vv. 1, 2.
   B. Hay señales que no entendemos, vv. 3-7.
   C. Podemos tener una fe elemental, vv. 8, 9.
   D. Esta clase de fe nos hace olvidar de nuestras responsabilidades con Dios, v. 10.
II. Desde la angustia a la "fe", vv. 11-17.
   A. Hay situaciones que conducen a la angustia, v. 11a.
   B. A veces no entendemos que Dios está allí, vv. 11b-14.
   C. Hay muestras de Dios que nos hacen tener una fe para nosotros. vv. 15, 16.
   D. Esta clase de fe nos hace olvidar de que hay más personas, v. 17.
III. De la experiencia personal a la confesión a otros, 17, 18.
   A. Es indispensable testificar para crecer, v. 18a.
   B. Es indispensable explicar para crecer, v. 18b.

Conclusión: Nuestra fe debe experimentar crecimiento, jamás puede ser algo estático. Esta fe que se manifiesta en crecimiento puede arrancar de un momento de desconcierto, pasar por la desesperación hasta llegar a la convicción total que nos ayudará a compartir con otros el contenido del evangelio.

Lecturas bíblicas para el siguiente estudio

Lunes: Juan 21:1-6   **Jueves:** Juan 21:15-17
Martes: Juan 21:7-10   **Viernes:** Juan 21:18, 19
Miércoles: Juan 21:11-14   **Sábado:** Juan 21:20-25

AGENDA DE CLASE

Antes de la clase
1. Lea todo el pasaje que se estudiará hoy, de ser posible léalo en una versión que no sea la que acostumbra a usar. **2.** Averigüe si hay en su país alguna manera especial en que se celebran los entierros, y en general costumbres concernientes a los muertos. Por ejemplo en el Ecuador, siguiendo una tradición indígena, hay la costumbre de que el 2 de noviembre se visita los cementerios y se participa de una comida, especialmente preparada para la ocasión, junto a la tumba. En caso de que usted no encuentre ningún dato interesante, puede hacer referencia a otra cultura, como por ejemplo la costumbre que tenían los egipcios de momificar a sus muertos, y en casos especiales edificarles una gran tumba en forma de pirámide. **3.** Pida con suficiente anticipación a tres personas de la clase para que cada una de ellas prepare una parte del *Estudio del texto básico*. Asigne, de preferencia a una dama, el tema: "La duda de María Magdalena", a otro el tema: "La duda de Simón Pedro", y finalmente a otro "La duda del otro discípulo". Pida a cada uno que se identifique con el personaje lo más posible, que investigue sobre la vida de éstos y sobre todo su relación con el Mesías. Puede ayudarles proveyéndoles una copia del material que se encuentra en el Libro del Maestro. **4.** Responda a las preguntas dadas en el libro del Alumno en la sección: *Lea su Biblia y responda.* **5.** Piense en la posibilidad de colocar las bancas de la clase en manera circular. Esto ayudará para que exista una mejor comunicación entre los participantes, al mismo tiempo que le imprime un ambiente de mayor familiaridad.

Comprobación de respuestas
JOVENES: _1_ 20:1a. _3_ 20:3. _6_ 20:10. _2_ 20:1b. _4_ 20:6. _5_ 20:9.
ADULTOS: **1.** a. María Magdalena: la primera vez la piedra quitada del sepulcro (v. 1); la segunda vez dos ángeles (v. 12). b. Pedro: Los lienzos y el sudario (Vv. 6 y 7) c. Juan: Los lienzos. **2.** Los discípulos volvieron a los suyos (v. 10), mientras María Magdalena fue a dar las nuevas a los discípulos. **3.** "Yo subo a mi Padre y a vuestro Padre, a mi Dios y a vuestro Dios."

Ya en la clase
DESPIERTE EL INTERES
Presente en esta parte lo que averiguó sobre las prácticas de su país u otras culturas, en lo referente a las costumbres relacionadas con los muertos. Señale que en cada caso, sea la cultura que fuese, los seres humanos siempre han tenido alguna clase de idea que apoya la enseñanza bíblica de que hay vida más allá de la muerte. Permita la participación de la mayoría de los alumnos, pero cuide que el tema no cobre mayor importancia que la de ayudarnos a captar el interés para el estudio de la lección del día de hoy.

ESTUDIO PANORAMICO DEL CONTEXTO

1. Pida que un alumno o varios, lean en voz alta el *Estudio panorámico del contexto* del estudio de hoy. **2.** A continuación comenten sobre las costumbres de la época en lo referente a la tumba y la preparación de los cuerpos. **3.** Presente un resumen rápido de las dos primeras divisiones. De la tercera a la quinta es necesario que se detenga un poco más debido a que este material no será tocado en esta oportunidad. **4.** Para finalizar esta parte hablen acerca de la manera en que Jesús se identifica a plenitud con el hombre, pasando por todos los procesos, tanto de la muerte como de la sepultura y obteniendo como resultado el vencer a la muerte.

ESTUDIO DEL TEXTO BASICO

Dé oportunidad para que los participantes llenen en sus libros la sección: *Lea su Biblia y responda.* Luego de un tiempo prudencial proceda a revisar y verificar las respuestas.

Explique a la clase la mecánica que se ha adoptado para la presentación del material el día de hoy. En primer lugar cada persona asignada para una de las tres primeras divisiones deberá tener la libertad de exponer todo su material. Luego se harán las preguntas o sugerencias que los demás participantes crean convenientes.

La persona responsable de exponer el primer punto lo hará frente a la clase. Se le debe brindar toda clase de confianza para que su material sea presentado de la manera más óptima. Luego de esta presentación el maestro deberá estar listo a complementar un posible material no presentado. Igualmente debe estar preparado para algunas preguntas que puedan surgir. Tenga durante las presentaciones siempre en mente la meta que hay en la clase. El mismo procedimiento se aplicará para las dos siguientes divisiones.

El último punto: "La victoria sobre la muerte" deberá ser presentado por el maestro quien a su juicio puede o leerlo del material del Libro del Maestro o en su defecto presentar un resumen del material. Tenga en cuenta que esta última parte es la que lleva la mayor carga en la clase, pues se presenta la culminación de la obra de Cristo, su resurrección.

APLICACIONES DEL ESTUDIO

1. Formen parejas y que trabajen en conjunto. Bien sea con nuevas aplicaciones o con las que se hallan en el material del Alumno. **2.** Para dar por terminada esta parte, pida a uno o varios participantes que den sus propias apreciaciones sobre las aplicaciones.

PRUEBA

1. Con las mismas parejas que trabajaron la actividad anterior, completen la prueba. **2.** Termine con oración dirigida por varios de los integrantes de la clase, en la que pidan ayuda a Dios para que su confianza en sus promesas se acreciente cada vez más. **3.** Indique a los integrantes de la clase que la lección del próximo domingo es la última sobre el Evangelio de Juan.

Sígueme tú

Contexto: Juan 21:1-25
Texto básico: Juan 21:15-25
Versículo clave: Juan 21:22
Verdad central: Al final de su ministerio terrenal, Jesús confirmó a Pedro y Juan su autoridad y soberanía como el victorioso Hijo de Dios.
Metas de enseñanza-aprendizaje: Que el alumno demuestre su: (1) conocimiento de las evidencias de autoridad y soberanía de Jesús, (2) actitud de sumisión a la autoridad de Jesús comprometiéndose a seguirle fielmente.

──────────── **Estudio panorámico del contexto** ────────────

A. Fondo histórico:

El mar de Tiberias. Es otra manera de llamar al mar de Galilea, que en realidad es un lago. En el AT se le llama Cineret (Núm. 34:11); en el NT, también se llama lago de Genesaret (Luc. 5:1). Actualmente se llama Yam Kinneret. Tiene 21 km. de largo por 11 km. de ancho; su profundidad llega hasta 48 m. Se halla a 210 m. bajo el nivel del mar. Es atravesado por el río Jordán. Su bajo nivel y el que esté rodeado por montañas ha dado lugar a que sucedan con frecuencia una serie de tormentas inesperadas.

Una gran pesca: 153 pescados. Se han hecho varias interpretaciones en cuanto al número de peces. La mayoría de intérpretes serios concuerdan en que posiblemente la única razón por la que se menciona este número es que Juan era testigo del hecho y se sorprendió de la cantidad de peces grandes, cuando ellos nada habían podido lograr.

Apacienta mis corderos, pastorea mis ovejas y apacienta mis ovejas. Jesús quiere que Pedro asuma su responsabilidad en forma completa: "apacentando", es decir dando el alimento que las ovejas necesitan; además de "pastorear", es decir cuidar que las ovejas puedan desarrollarse normalmente. No se puede aceptar la interpretación católica que encuentra aquí la base para uno de sus dogmas relacionados con el papado. Ellos asumen que en este pasaje se le encomienda a Pedro el trabajo de máximo pastor de la Iglesia, y así más tarde a sus sucesores. El mismo Pedro encomienda a los "pastores" de las diferentes iglesias exactamente lo mismo que le fue encomendado por el Señor (1 Ped. 5:2-4). También hace notar que hay solamente un "pastor principal": Jesucristo, el "príncipe de los pastores".

B. Enfasis:

La pesca milagrosa, 21:1-14. Juan ya ha indicado cuál fue su propósito al escribir su Evangelio, ahora es tiempo de concluir, y qué mejor que hablándonos de una señal más que nos orientan a pensar en el Verbo como un Dios soberano. Dios también se preocupa por las necesidades de sus discípulos, necesidades en su alimentación, de allí que les prepara comida; como también los problemas de trabajo, pues les orienta al indicarles el sitio donde deberían echar las redes.

Jesús y Pedro, 21:15-19. Juan presenta a Pedro como Simón Pedro, pero ahora, al final del pasaje (vv. 17 y 20) se refiere a él como solamente "Pedro" (piedra), su apodo, que en cierta manera describía su temperamento y su actitud frente a las enseñanzas de Jesús. La relación de Pedro con Jesús siempre fue estrecha hasta el final, pero esto no quería decir que Jesús demandaría menos de él. Un temperamento tan espontáneo tenía que hacer conciencia de la importancia de las demandas que hace Jesús, para que pueda asumir sus responsabilidades con todas las implicaciones que ellas traen.

Jesús y el discípulo amado, 21:20-25. En el reverso de la moneda está el discípulo amado, quien posiblemente no era tan espontáneo como Pedro, pero que también en determinado momento había reaccionado con violencia y poca paciencia frente a las personas que no creían en Jesús, hasta tal punto que fue apodado "hijo del trueno" (Mar. 3:17). A este Juan era necesario confirmarle para que siguiera adelante, pese a sus temores y falta de compromiso.

─────────── **Estudio del texto básico** ───────────

1 "Apacienta mis ovejas", Juan 21:15-19.

Vv. 15, 16. Jesús procede a interrogar a Pedro en busca de que haga conciencia de su relación con él. También se nota un deseo de comprometerlo para que asuma, pese a los problemas que tuvo al negar a Jesús, sus responsabilidades frente al pueblo de Dios. Jesús procede a hacer las tres preguntas comenzando cada una de ellas usando el nombre "oficial" de Pedro. Jesús a diferencia de Juan usa el nombre con el cual Pedro fue llamado a cumplir su misión.

Jesús interroga a Pedro acerca del "amor" que le tiene. La primera pregunta incluye no sólo el amar, sino el comparativo *más que éstos.* Pedro había dicho que todos le negarían menos él (Mat. 26:31-35), así que se hace necesario comenzar las preguntas haciendo que tenga conciencia de que ha fallado más que los otros. La respuesta de Pedro no incluye ningún comparativo, él sencillamente puede decir *te amo.* Pero hay más, la respuesta que hace Pedro es diferente a la pregunta de Jesús, tal como parece en el original, como lo indica la traducción alternativa de RVA, la llamada "Versión Popular" y la versión de Reina-Valera 1995. En esta última versión el texto dice así: "—Simón, hijo de Jonás, ¿me *amas...?* —Sí, Señor; tú sabes que te *quiero..."* (el énfasis es del escritor). Jesús está preguntando con el verbo "amar" (*agapáo*), mientras Pedro contesta con el verbo "querer", "apreciar" o "estimar" (*filéo*).

La diferencia está en que la primera palabra, la usada por Jesús, es un amor pese a todo, que demanda esfuerzo; mientras Pedro está usando la palabra que es más producto de una relación filial, en donde el amor brota como algo natural. Alguien ha dicho que el primero es "amar pese a lo que eres", el segundo es "amar por lo que eres". A lo largo del NT Dios exige que se ame con la primera clase de amor (*agape*), mientras que nunca se exige amar con la segunda clase de amor (*filéo*), pues ésta es natural y espontánea.

Pedro responde diciendo *tú sabes,* ya no es el tono orgulloso que tuvo anteriormente. Hoy Pedro empieza a aprender y reconoce que Jesús es el que tiene control de todo. A pesar de la clase de respuesta que da Pedro, Jesús le encomienda una tarea concreta. No hay escapatoria para dejar de asumir la responsabilidad que Dios desea que Pedro asuma frente al redil de Jesús. Se debe notar que Jesús siempre usa el posesivo *mis,* pues nunca son ovejas de Pedro, siempre son ovejas de Jesús.

Vv. 17, 18. La tercera pregunta de Jesús es diferente, ahora usa él la palabra *"filéo".* La Versión Reina-Valera de 1995 dice así: "—Simón, hijo de Jonás, ¿me quieres?" Se nota que Jesús desea que Pedro vaya más al fondo del asunto, que no se limite a responder lo mismo. Por esto, al darse cuenta del contenido y tono de esta pregunta Pedro *se entristeció.* Igualmente su declaración del conocimiento de Jesús, va mucho más allá de un "tú sabes" (vv. 15, 16); ahora debe reconocer que Jesús conoce *todas las cosas.* Jesús sabe de todas las limitaciones que tiene Pedro, por esto recalca que él solamente le aprecia, está conciente de que la relación que tiene con Jesús es bastante limitada.

Cuando Pedro reconoce esta situación Jesús insiste en la responsabilidad que debe tener frente a las ovejas de él (ver "Fondo histórico"). Pero agrega algo más (v. 18), Pedro debe ser más humilde y entender que llegará un momento en que no podrá hacer las cosas por sí mismo. El texto parece indicar que se está hablando de la clase de muerte que tendrá Pedro. La expresión *extenderás las manos, y te ceñirá otro y te llevará a donde no quieras,* parece que se refiere a que cuando sea viejo tendrá que extender sus manos (expresión usada para indicar la crucifixión) para ser amarrado por una soga, o tal vez clavado en una cruz, como explicaría más tarde el historiador Eusebio contándonos acerca de la tradición que dice que Pedro murió crucificado cabeza abajo en la ciudad de Roma, por mandato de Nerón.

V. 19. Las palabras de Juan son palabras de ánimo para Pedro, pues explica que la muerte de Pedro será para *glorificar a Dios.* No importa que no pueda hacer muchas cosas, lo importante es que se comprometa en el seguimiento. Pese a las limitaciones que debe tener, el mandato que Jesús le da a Pedro es *sígueme.* No hay otra posibilidad frente a Jesús. Podemos tener limitaciones, podemos tener pecados, pero nuestra responsabilidad es seguirle. Seguir a Jesús es estar listo a tomar los caminos del Maestro, especialmente en la identificación completa con la gente, como lo hizo el Verbo, menos en el pecado, como también lo hizo Jesús. El seguir a Jesús implica revelar que Jesús sigue actuando por medio de su pueblo, por medio de las ovejas y por medio de los corderos, a quienes se debe apacentar y pastorear.

2 "Sígueme tú", Juan 21:20-23.

V. 20. Pedro ha respondido en forma positiva al llamamiento del Maestro pues *dio vuelta* a su camino personal. En el camino del seguimiento al Señor Pedro se encuentra con otras personas, en este caso se encuentra con *el discípulo a quien Jesús amaba*. Juan se describe como la persona que se hallaba en intimidad en la Cena, de tal manera que fue el único confidente de la identidad del traidor. Dos clases de discípulos: el uno que ya ha estado en el seguimiento, y permanecerá como testigo del peregrinar de Pedro, mientras que este último empieza su camino. El primero nada dirá sino que será quien da un testimonio fiel (v. 24), el segundo será el que cuestiona a su compañero discípulo.

Vv. 21, 22. Pedro ha podido aprender a ser más realista en cuanto a su amor al Señor, pero todavía no ha crecido en cuanto a responder por sí mismo. Pedro sigue comparándose con los demás. Su seguimiento todavía no es incondicional, desea saber qué es lo que pasará con Juan: *Señor, ¿y qué de éste?* Pedro, no se debe preocupar por el camino del otro, cada uno tiene un camino independiente, aunque van juntos. Nada debe impedir la fidelidad de Pedro, Jesús es claro al responder a la pregunta: *Tú, sígueme.* La invitación-demanda es ahora más clara y específica de lo que había hecho antes (v. 19), Jesús no acepta un seguimiento condicionado por lo que puede o no puede hacer otro discípulo, así sea el discípulo amado. Debe existir un seguimiento, que nace de una relación estrecha con el Señor, y que tiene que ejercerse en libertad, aunque siendo parte de la comunidad. El único centro de esta comunidad es Jesús y sólo a él se le debe seguir.

V. 23. Como resultado de la hipérbole usada por Jesús, surge en la comunidad de *hermanos* el equívoco de que Juan no moriría. Pero esto definitivamente no quiso decir el Maestro. El sólo usó una exageración para hacer sobresalir la importancia de que cada uno debía seguir al Cristo, sin preocuparnos tanto por el qué le pasará al otro. Los primeros creyentes se fijaron más en la comparación que en la enseñanza acerca de un seguimiento hasta la muerte. El Evangelio casi ha terminado, las palabras finales de Jesús son: *Tú, sígueme.*

3 Testimonio verdadero, Juan 21:24, 25.

V. 24. Luego de hacer un estudio a fondo, para lo cual nos remitimos a textos especializados, se puede llegar a la conclusión de que *el discípulo que da testimonio de estas cosas y las escribió* se trata del apóstol Juan. Este versículo se convierte en una certificación de que el *testimonio es verdadero*. Esto es atestiguado por la comunidad en donde se escribió este Evangelio, o para quien se escribió este testimonio (posiblemente la iglesia de Efeso); note el uso del verbo *sabemos*, la "comunidad del discípulo amado" es la que testifica de la veracidad de lo que hasta aquí se ha escrito.

V. 25. Este último versículo hace una explicación lógica de que no se ha presentado todo lo que hizo Jesús, solamente se ha citado lo que, a criterio de Juan y bajo la dirección del Espíritu Santo, era pertinente para cumplir su propósito teológico.

Aplicaciones del estudio

1. Jesús tiene control de todo. La pesca realizada por los discípulos es una muestra de que Jesús es soberano. Si obedecemos las órdenes de él "nuestra pesca" podrá ser abundante hasta la saciedad, pues él está viendo más allá de lo que nosotros podemos ver. **2. Tomemos nuestras decisiones en serio.** Como creyentes debemos dejar a un lado las decisiones hechas en medio de la emotividad del momento. Tengamos seriedad al comprometernos en el seguimiento a Jesús. **3. Cada uno es responsable.** Tenemos la tendencia de evaluar nuestros actos en función de lo que hace el otro o de lo que tiene el otro, olvidándonos que cada uno es una persona aparte y que Dios nos demandará a cada uno de acuerdo con lo que cada uno ha hecho y ha entregado a Dios.

Ayuda homilética

Un encuentro que debe cambiarnos
Juan 20:24-29; 21:15-25

Introducción: Los encuentros con Jesús producen cambios, hay tres personajes que se encontraron con Jesús y nos dejaron enseñanzas luego de hablar con él.

I. El encuentro con Tomás, 20:24-29.
  A. Un personaje interesante.
  B. Un énfasis vital del evangelio.
  C. Un hombre que ha crecido.
II. El encuentro con Pedro, 21:15-19.
  A. Un personaje interesante.
  B. Un hombre que debe responder.
III. El encuentro con Juan, 21:20-25.
  A. Un personaje interesante.
  B. Respondamos nosotros.

Conclusión: Estos tres personajes se encontraron con Jesús: el primero aprendió que debe crecer; el segundo aprendió a que debe ser más humilde, pensar y asumir su responsabilidad; y el tercero nos enseña que cada uno es responsable en el seguimiento.

Lecturas bíblicas para el siguiente estudio

Lunes: Job 1:1-3
Martes: Job 1:4, 5
Miércoles: Job 1:6-8

Jueves: Job 1:9-12
Viernes: Job 1:13-17
Sábado: Job 1:18-22

AGENDA DE CLASE

Antes de la clase

1. Sería muy bueno tener a la mano las versiones Reina-Valera 1995 o la llamada Versión Popular, serán indispensables para el estudio de hoy. **2.** Tenga a mano un mapa en el cual se pueda distinguir el mar de Tiberias o de Galilea. **3.** A manera de curiosidad, y para estar mejor preparado para la clase de hoy, investigue acerca del simbolismo que se da a los números por parte de la cultura hebrea. Puede encontrar información en diccionarios bajo el tema de "Cábala". **4.** Pida con suficiente anticipación a su pastor o a un líder bien entrenado de su congregación, para que haga la presentación del tema: "Apacienta mis ovejas" Juan 21:15-19. Pídale que ponga énfasis en los usos de la palabra "amar" y "querer". Con el propósito de que esta persona sea de ayuda para el propósito de la clase, provéale una copia del material del Maestro, señalándole que podrá encontrar ayuda en la sección de *Fondo histórico* y el *Estudio del texto básico*. **5.** Responda a las preguntas de la sección: *Lea su Biblia y responda* del día de hoy, y verifique las respuestas.

Comprobación de respuestas

JOVENES: **1.** Simón hijo de <u>JONAS</u>, ¿me amas tú más <u>QUE ESTOS</u>?, v. <u>15a.</u> **2.** Jesús le dijo: —<u>APACIENTA</u> mis corderos, v. <u>15b.</u> **3.** Le volvió a decir por segunda vez: —Simón hijo de Jonás, ¿<u>ME AMAS</u>?, v. <u>16a.</u> **4.** Jesús le dijo: —<u>PASTOREA</u> mis ovejas, v. <u>16b.</u> **5.** Le dijo por tercera vez: —Simón hijo de Jonás, ¿me amas? Pedro se <u>ENTRISTECIO</u> de que le dijera por tercera vez: "¿<u>ME AMAS</u>?" Y le dijo: —Señor, tú conoces <u>TODAS LAS COSAS</u>. Tú sabes que te amo, v. <u>17.</u>
ADULTOS: **1.** Jesús pregunta las dos primeras veces: "¿me amas?", y Pedro responde "te quiero". La tercera vez Jesús pregunta: "¿me quieres?" **2.** a. Apacienta mis corderos. b. Pastorea mis ovejas. c. Apacienta mis ovejas. **3.** a. Sígueme. b. Tú, sígueme.

Ya en la clase

DESPIERTE EL INTERES

Dé inicio a la clase de hoy con una introducción en la que tomará en cuenta que hay distintas maneras de expresar una misma verdad. Dios ha hablado a su pueblo de varias maneras, y en el estudio del Evangelio de Juan se ha hecho resaltar que Dios nos ha dado al Verbo como la manifestación máxima para conocer al Padre. Igualmente explique que cada pueblo, como parte de su propia cultura, tiene una manera de decir ciertas cosas, esto se ejemplifica claramente en los diferentes idiomas que usan. Uno de los obstáculos que se tiene al traducir la Biblia es que hay que cruzar estas barreras idiomáticas. Esto se ve por ejemplo en las diferentes maneras como se le llama a un sitio, de acuerdo con la época; o también en la dificultad que hay en traducir una expresión guardando el significado original. Algunas culturas antiguas dan cierto significado a asuntos que las culturas contemporáneas no les dan.

ESTUDIO PANORAMICO DEL CONTEXTO
1. Usando el mapa ubique el mar de Tiberias, ponga énfasis en que este mar tiene otros nombres que aparecen en la Biblia. **2.** Sin tomar demasiado de su tiempo explique sobre la gran pesca que sucede en el mar de Tiberias, aclare sobre el número 153. Si no consiguió material adicional acerca del tema, en el libro del Maestro encontrará algunas ideas. Relacione este tema que está bajo el *Fondo histórico* con el primer tema que se halla en la sección de *Enfasis.*

ESTUDIO DEL TEXTO BASICO
Para iniciar el estudio del texto básico dé lectura, o pida a un integrante de la clase que lo haga, al texto para hoy. Hágalo en una de las versiones sugeridas. Luego de la lectura puede pedir que los integrantes de la clase en conjunto piensen en las diferencias entre la versión Reina-Valera del 60 o Reina Valera Actualizada y las otras versiones sugeridas. Oriénteles a los versículos 15b, 16b y 17.

Dé tiempo para que se conteste a las preguntas de la sección: *Lea su Biblia y responda.* Luego verifiquen las respuestas.

Presente al invitado y dele el tiempo necesario para que explique la primera división del estudio. Incentive para que la clase sea participativa y que hagan las preguntas que sean necesarias, para que no quede ninguna duda sobre lo que este pasaje quiere decirnos.

La segunda y tercera división: "Sígueme tú" y "Testimonio verdadero" pueden ser presentadas por el maestro, quien deberá siempre buscar la participación de todos los alumnos y deberá esforzarse para que el material presentado en estas secciones sea una continuación natural de la primera sección, cumpliendo de esta manera las metas propuestas. No permita que la clase se desvíe en discusiones que no son pertinentes, y que nos alejan del objetivo planteado.

APLICACIONES DEL ESTUDIO
1. Dé lectura a las aplicaciones que se encuentran en el libro del Maestro o las que se encuentran en el libro del Alumno. **2.** Permita que los alumnos participen con sus opiniones sobre estas aplicaciones y su pertinencia. **3.** Para concluir puede pedir que expresen si hay otras aplicaciones que no han sido contempladas en el estudio presentado.

PRUEBA
1. De manera individual permita que contesten la prueba. **2.** El Evangelio de Juan ha terminado. El próximo domingo se dará inicio al estudio del libro de Job. Insista en la necesidad de leer los pasajes bíblicos asignados para la semana.

PLAN DE ESTUDIOS
JOB

Escriba antes del número de cada estudio, la fecha en que lo usará.

Fecha   **Unidad 10: ¿Por qué sufren los seres humanos?**
_____ 40. Dios, Satanás y Job
_____ 41. Satanás y el sufrimiento humano
_____ 42. Lamentaciones de uno que sufre
_____ 43. Amigos que consuelan
_____ 44. Dios habla en el torbellino
_____ 45. Job reconoce el poder de Dios

03080 —*El Antiguo Testamento. Un comentario sobre su historia y literatura.*
Carrol Gillis.

Consta de un juego de cinco tomos. Entre otras cosas, el estudiante del AT podrá aprovechar:
• amplias introducciones a los periodos históricos y a cada libro
• bosquejos detallados para cada uno de los 39 libros del AT
• notas expositivas
• detallada bibliografía y completo
• índice temático.

Para el estudio de Job recomendamos el tomo 5.

JOB
Una introducción

Job

Escritor

El escritor del libro de Job fue uno de los pensadores y escritores más profundos de toda la literatura universal. ¿Quién fue y dónde vivió? En realidad nadie lo sabe. Algunos eruditos creen que Job fue un personaje histórico que sufrió aflicciones terribles y que las soportó sin abandonar su fe en Dios. Las referencias a Job en Ezequiel 14:14, 20 y Santiago 5:11 parecen establecer el hecho de que Job realmente vivió, sufrió y triunfó.

Estilo literario. Es improbable que tantos personajes sostuvieran un debate poético y a nivel tan elevado. Todos los discursos de Job, Elifaz, Bildad, Zofar, Eliú y los del Todopoderoso están en poesía. El escritor de Job discute algunos de los problemas más profundos referentes al gobierno de Dios en el mundo. No era un mero cronista que procuraba consignar literalmente los discursos de un grupo de hombres del periodo patriarcal. Así pues, podemos decir que Job es una historia vestida bellamente de formas poéticas.

Teología del libro. ¿Qué es lo que Dios reveló por medio de la inspiración dada al escritor?

I. En cuanto a Satanás
 1. Es el adversario de los hombres justos.
 2. Está sujeto al poder de Dios.

II. En cuanto a la naturaleza y el carácter de Dios
 1. Dios es poderoso, sabio y santo.
 2. Dios es justo. Aplica castigos y premios.
 3. Dios preside los acontecimientos externos.

III. El destino final
 1. El Seol no puede retener a los justos.
 2. Habrá un juicio después de la muerte.
 3. Se prepara el terreno para anunciar posteriormente la resurrección del cuerpo.

IV. Nueva interpretación del sufrimiento humano
 1. Las aflicciones pueden venir a los justos como prueba de su fe.
 2. El sufrimiento no significa que Dios está disgustado con sus siervos.
 3. Dios se goza con los que le sirven a pesar del sufrimiento.

Dios, Satanás y Job

Contexto: Job 1:1-22
Texto básico: Job 1:1-22
Versículo clave: Job 1:22
Verdad central: Dios, que es soberano, tiene un plan perfecto para la vida de cada persona. En su sabiduría infinita permite el sufrimiento, a la vez que aplica su poderoso cuidado a quien está pasando por las circunstancias más adversas, y las transforma en bendiciones.
Metas de enseñanza-aprendizaje: Que el alumno demuestre su: (1) conocimiento de cómo Job confiesa el obrar sabio de Dios, (2) actitud de reconocer y aceptar la soberanía de Dios en su vida y circunstancias.

Estudio panorámico del contexto

A. Fondo histórico:
Job se considera uno de los personajes más antiguos de la Biblia. El libro fue escrito muchos años después de vivir el personaje principal del libro. Job 1:1 dice que Job era de la tierra de Uz. En Génesis 10:22, 23 dice que Uz era hijo de Aram, hijo de Sem, quien era hermano mayor de Jafet. Esto nos ilustra que Job era descendiente de la familia de Noé.

Hay dos opiniones sobre la fecha del libro. Una teoría dice que fue escrito en el tiempo de Salomón, y que tal vez Salomón fue el escritor. El libro es principalmente poesía. Pertenece a la misma clase de literatura como los Proverbios en el Antiguo Testamento.

La otra teoría dice que el libro fue escrito durante o después del exilio, en la época de Jeremías y Ezequiel. La teología relacionada con Satanás es parecida a la teología de aquella época. Se considera a Satanás como persona y el nombre es propio y no una referencia a un adversario en sentido impersonal. Los que aceptan este punto de vista insisten en que el Job histórico pudiera haber vivido miles de años antes, pero que el escritor del libro es uno de la historia tardía veterotestamentaria. Alegan también que las ideas presentadas de la inmortalidad son ideas contemporáneas con esa época. El mensaje del libro no varía, no importa la fecha que se establezca.

El drama, forma literaria para dar enseñanzas y recalcar lo que se quería enseñar, era utilizado con mucha frecuencia en la antigüedad (1:6 y 7; 2:1, 2). En el libro de Job los primeros dos capítulos forman el prólogo y los últimos versículos son el epílogo, y el resto es un drama. Hay tres ciclos en los que cada uno de los amigos de Job habla y después Job les responde. Los monólogos tienen declaraciones que reflejan la sabiduría de la antigüedad y las respuestas de Job contienen declaraciones que se han considerado clásicas desde hace miles de años.

B. Enfasis:
La integridad y prosperidad de Job, 1:1-6. Los primeros versículos explican la prosperidad de Job. Se le hubiera considerado entre las personas más ricas en cualquier comunidad.

Cuestionamiento de la integridad de Job, 1:7-12. El diálogo entre Dios y Satanás refleja varias verdades relacionadas con la doctrina de Satanás. Aquí es proyectado como persona, pero no sabemos mucho de la naturaleza de su persona o de su apariencia física. Seguramente los conceptos de Dante en *Infierno* y las ideas modernas no se ajustan a la realidad. Lo más importante es la comprobación de que Satanás está sujeto a la autoridad de Dios. Esto anula la posibilidad de un dualismo en el universo, por medio del cual Dios es autor de lo bueno y Satanás es responsable de lo malo.

Destrucción de las posesiones y los hijos de Job, 1:13-22. Dios da permiso a Satanás para probar a Job con los sufrimientos que veremos posteriormente en el estudio. Esta circunstancia nos lleva a preguntar si Dios permite ciertos desastres para probar nuestra fidelidad. Seguramente estas experiencias sirven para fortalecernos y darnos una mejor perspectiva de la obra de Dios.

——————————— Estudio del texto básico ———————————

1 Evidencias del favor de Dios hacia Job, Job 1:1-5.

V. 1. *Hubo un hombre* comprueba la historicidad de Job. Es historia de un hombre que vivió, sufrió y perduró para disfrutar de las bendiciones al final de su prueba. *La tierra de Uz*; descendiente de Noé, según Génesis 10:23. Algunos eruditos señalan que Uz queda hacia la región al este de Palestina. Otros especifican que es región en Arabia. Otros señalan la región de Ur como el sitio más probable para la antigua ciudad. *Job*, en el hebreo puede significar "hostilizado". *Integro*, una palabra que abarca las cualidades de madurez y equilibrio que caracterizaban a Job. *Recto* abarca las cualidades morales, parecidas a la rectitud de Dios. *Temeroso de Dios* refleja su sumisión y reverencia hacia su Creador. *Apartado del mal* refleja el estilo de vida de Job y su esposa. Se mantenían separados de las influencias y actividades que podrían corromperlos. Estas cualidades representan ideales para el cristiano de hoy.

V. 2. *Le nacieron siete... y tres...*; según el concepto prevaleciente de esa región y cultura al tener muchos hijos, especialmente varones, era evidencia de la bendición de Dios sobre los padres. Esto refleja el hecho que Job se veía como persona bendecida por Dios.

V. 3. *Poseía 7,000 ovejas, 3.000 camellos... muchísimos siervos.* En una sola frase da un sumario de las riquezas de Job. Los camellos eran animales de valor elevado, ya que permitían viajar largas distancias en el desierto. *Yun-*

tas de bueyes refleja el hecho de que Job probablemente tenía terreno donde se cultivaban uvas, higos y otros productos que crecían en regiones desérticas. *Era el más grande de todos los orientales*; en este sumario se señalan las riquezas y la prominencia de Job.

V. 4. *Sus hijos iban y celebraban... para que comiesen y bebiesen con ellos.* Los hijos de Job participaron en las actividades de diversión características de jóvenes en toda época. Por medio de la participación en tales actividades el texto implica que los hijos pecaron. La indulgencia en la satisfacción de los deseos de la carne trae una lucha en contra de la orientación espiritual. **V. 5.** *Job mandaba a llamarlos y los purificaba.* Job, obviamente hacía el sacrificio por los pecados de sus hijos. *Ofrecía holocaustos;* en Levítico 1 se dan los detalles del holocausto: el animal era vacuno u ovino, macho sin defecto. El ofrendante ponía la mano sobre la cabeza del animal y después de degollado el sacerdote rociaba la sangre alrededor del altar. El animal era cortado en pedazos y quemado por completo en el fuego. *Conforme al número de todos ellos* puede indicar que eran diez holocaustos. *Pues decía: "Quizás mis hijos habrán pecado...";* Job era un padre muy interesado en el bienestar espiritual de sus hijos. ¿Cuántos padres hoy en día se preocupan tanto por el estado espiritual de sus hijos?

2 La autoridad de Satanás en el mundo, Job 1:6-12.

V. 6. *Hijos de Dios para presentarse ante Jehová;* no sabemos con qué propósito vinieron los hijos de Dios. *Hijos* probablemente es referencia a los ángeles; de todos modos sabemos que eran criaturas de Dios. *Y ...vino también Satanás.* Satanás es identificado como persona con nombre propio. Figura como un hijo de Dios, creado por Dios y sujeto a la autoridad de Dios. **V. 7.** *¿De dónde vienes?* ¿Será que Dios no sabía de las actividades de Satanás, o será una pregunta retórica, con respuesta implícita? *De recorrer la tierra y de andar por ella.* Esta respuesta concuerda con 1 Pedro 5:8. Satanás no descansa en su misión de atrapar, encadenar y destruir a toda persona posible. Actúa constantemente para hacernos caer. Ofrece las cosas más atractivas para nuestros apetitos físicos, y siempre niega las verdades de Dios. **V. 8.** *¿No te has fijado en mi siervo Job?* Preguntamos: ¿Por qué Dios dirige la atención hacia su siervo Job? ¿Había acaso alguna clase de competencia para determinar las personas más aptas para resistir las pruebas? Dios menciona las mismas cualidades con que Job es descrito en 1:1. **V. 9.** *¿Acaso teme Job a Dios de balde?* Esta es pregunta desafiante y escéptica. Por implicación lleva acusación, Satanás sugiere que uno puede creer en Dios servirle por temor, en trueque o algún otro motivo indigno. **V. 10.** *¿Acaso no le has protegido...?* Continúa con su sarcasmo, acusando a Dios de mostrar cierto favoritismo con Job y su familia. *El trabajo... has bendecido ...sus posesiones se han aumentado.* Es una afirmación que las bendiciones que tenemos las recibimos de Dios y que él se interesa en bendecir a los que le son fieles. Esto se afirma en el Salmo 33:18 y 2 Crónicas 16:9. Una de las grandes verdades de la Biblia y del cristianismo es que Dios está al lado nuestro y quiere derramar sus bendiciones a favor nuestro. El concepto negativo de algunas personas de que Dios busca castigarnos no concuerda con las verdades bíblicas.

V. 11. *Pero extiende... tu mano y toca...* Implica que sus posesiones y su familia serían quitados, lo cual acontece en los versículos siguientes. *¡Y verás si no te maldice en tu misma cara!* Satanás no tiene confianza en la devoción de Job. Piensa que su devoción se debe a las bendiciones que recibe y a su prosperidad. Tal vez Satanás conoce la naturaleza humana, porque probablemente esta sería la reacción de muchos frente a tales circunstancias.

V. 12. *Jehovah respondió...* Esta declaración afirma la verdad que Satanás tiene solamente el poder que Dios le otorga, lo cual hace que aun hoy Satanás tenga que estar sujeto a la autoridad divina. Satanás no puede ejercer un control absoluto sobre nosotros ni sobre nuestros familiares. Pero debemos orar para que aun su limitado poder no toque nuestra vida. *Solamente no extiendas tu mano contra él.* Esta limitación se impone en este capítulo. Más adelante veremos que Satanás tiene permiso de tocar el cuerpo de Job.

3 Job pierde todo, Job 1:13-22.

V. 13. Los hijos de Job según sus costumbres estaban participando en las actividades normales de la vida diaria.

Vv. 14, 15. Los sabeos llegaron y se llevaron los bueyes y las asnas, matando a los criados.

Vv. 16-19. Un rayo cayó del cielo y quemó las ovejas y los criados. Los caldeos se llevaron los camellos y mataron a otros criados. Llega la noticia que los hijos y las hijas perecieron por un viento fuerte que golpeó las cuatro esquinas de la casa (tienda).

V. 20. *Entonces Job se levantó, rasgó su manto y se rapó la cabeza;* señales de duelo muy comunes entre personas en el Cercano Oriente. *Se postró a tierra* es acto simbólico de sumisión al Creador.

V. 21. *Desnudo salí... desnudo volveré.* Job declara una verdad que todos conocemos, pero que no es difícil aceptar. *Jehovah dio, y Jehovah quitó.* Job reconoce que al fin y al cabo todo lo que pasa es por la voluntad permisiva de Dios. *¡Sea bendito el nombre de Jehovah!* Es evidencia de la madurez de Job el poder expresar bendición a Jehovah en medio de sus pérdidas.

V. 22. *En todo esto Job no pecó...* Es una afirmación de la fe de Job y su confianza en el propósito benigno de Dios en la historia. *Ni atribuyó a Dios despropósito alguno.* A esta declaración de Job se aplican las palabras de Romanos 8:28.

——————————— **Aplicaciones del estudio** ———————————

1. Nada de lo que nos pasa está fuera del control de Dios, Job 1:12. Dios es soberano y cuida de nosotros en cada circunstancia y momento. Los ojos de Dios contemplan toda la tierra para mostrarse poderoso hacia los que le aman (2 Crón. 16:9).

2. Satanás actúa, probando y tentándonos, Job 1:9-11. Hay que resistir su influencia, igual como Cristo se enfrentó con Satanás en el desierto. Si le resistimos, no le será fácil engañarnos. **3. ¿Cuál es la explicación de la existencia del mal? Job 1:13-20.** Dios permite tales acontecimientos, pero su poder absoluto actúa para bien de los que le aman. **4. Debemos ser fieles a Dios a pesar de las pruebas, Job 1:21, 22.** En momentos de dificultad necesitamos del amparo divino más que nunca. Es el momento de acercarnos a Dios y esperar el actuar de su poder.

─────────────── Ayuda homilética ───────────────

Cómo encararnos con las adversidades
Job 1:22, 23

Introducción: Hay un concepto de que el cristiano no debe expresar sus emociones frente al dolor cuando muere un ser querido, o cuando pasa una tragedia. Este concepto está equivocado. Es terapéutico expresar nuestras emociones, porque nos ayuda a experimentar la sanidad que Dios nos brindará.

    I. Está bien expresar nuestro pesar por lo acontecido, v. 20.
      A. Actuamos de acuerdo con las costumbres culturales.
      B. Actuamos de acuerdo con la gravedad de las circunstancias.
    II. Está bien expresar nuestra firmeza en la fe, v. 21.
      A. El desahogarnos es paso terapéutico; no es negación de la fe.
      B. Reconocemos que son pasos normales. ¡Sea bendito el nombre de Jehovah!, v. 21.
    III. Está bien afirmar nuestra fidelidad a Dios, v. 22.
      A. En todo lo que le pasó, Job no pecó. Otros están observando la manera en que nos encaramos con la crisis.
      B. No atribuyó despropósito alguno, v. 22. Es imposible dar explicaciones del porqué de las tragedias que traen sufrimiento para la humanidad. Es mejor guardar silencio y dejar que Dios manifieste su gracia a las personas envueltas en la crisis.

Conclusión: Job nos da un buen ejemplo de las reacciones de una persona de fe cuando pasan las tragedias en la vida. Esto nos sirve de ejemplo, aunque las costumbres en nuestra cultura dictaran un comportamiento distinto.

Lecturas bíblicas para el siguiente estudio

Lunes: Job 2:1, 2   **Jueves:** Job 2:9, 10
Martes: Job 2:3-5   **Viernes:** Job 2:11
Miércoles: Job 2:6-8   **Sábado:** Job 2:12, 13

AGENDA DE CLASE

Antes de la clase
1. Lea en su Biblia Job 1. 2. Lea los comentarios en este libro y en el libro del alumno, además del artículo en la página 288. 3. Prepare un cartel con el título de la Unidad: *¿Por qué sufren los seres humanos?* Hágalo lo más atractivo posible usando colores e ilustraciones apropiadas. Planee tenerlo a la vista durante los seis estudios de esta Unidad. 4. Confeccione tarjetones que digan cada uno, una de los siguientes títulos: "Tema", "Personajes principales", "Estilo literario", "Opiniones sobre fecha y escritor". 5. Complete la primera sección bajo *Estudio del texto básico* en el libro del alumno. Compare sus respuestas:

Comprobación de respuestas
JOVENES: **1.** a. Integro y recto. b. Padre de siete hijos y tres hijas. c. Muy rico. d. Temeroso de Dios, ofrecía holocaustos por sus hijos. **2.** a. hijos. b. recorriendo. c. duda de. d. daño. **3.** a. bueyes, asnas, criados. b. ovejas, criados. c. camellos, criados. d. sus hijos y sus hijas. **4.** Adoró y bendijo al Señor.
ADULTOS: **1.** V; **2.** V; **3.** V; **4.** F; **5.** F; **6.** F; **7.** F; **8.** V. **9.** F; **10.** V.

Ya en la clase
DESPIERTE EL INTERES
1. Muestre el cartel con el título de la Unidad y pida a un alumno que lo lea en voz alta. 2. Fije el cartel en la pared y pregunte qué respuestas tienen para responder a la pregunta. 3. Permita que hablen libremente pero haga notas de las respuestas para referirse a ellas en los distintos estudios que componen esta Unidad. 4. Diga que el libro de Job que estudian desde hoy enfoca el tema del sufrimiento humano, corrige errores sobre el porqué del sufrimiento y da la respuesta definitiva.

ESTUDIO PANORAMICO DEL CONTEXTO
1. Presente una vista panorámica del libro de Job basándose en los comentarios en este libro y en el del alumno. Para estimular el interés, hágalo mostrando por turno los tarjetones en que escribió los asuntos. Empiece con "Tema". 2. Enseguida deje que los presentes aporten lo que saben. 3. Usted agregue más información obtenida de su propio estudio. 4. Muestre el tarjetón que dice "Personajes" y proceda de la misma manera que con el anterior. Siga haciendo lo mismo con los demás tarjetones.

ESTUDIO DEL TEXTO BASICO
1. Evidencias del favor de Dios hacia Job, 1:1-5. Un alumno que lea en voz alta Job 1:1-5. Pida voluntarios para encontrar lo siguiente mientras el alumno lee el pasaje. Uno debe encontrar cómo era Job moralmente. Otro, cómo era espiritualmente y, otro, cómo era financieramente. Utilice las

respuestas para dialogar sobre el carácter, la espiritualidad y las riquezas de Job y su sentido de responsabilidad.

2. *La autoridad de Satanás en el mundo, 1:6-12.* Lean el diálogo en Job 1:6-12 entre tres voluntarios. Uno leerá la parte del relator, otro la parte de Jehová y otro la parte de Satanás. Luego, pida al que leyó la parte de Jehová que identifique lo que Dios valoraba en Job (v. 8). El que leyó la parte de Satanás que diga las razones por las cuales, según él, Job era fiel a Dios. Pregunte a los demás: ¿Es la prosperidad siempre evidencia del favor de Dios? ¿Es más fácil ser fieles a Dios cuando todo va bien? Eso es lo que insinuaba Satanás. Recalque la prueba que le propuso a Dios (v. 11) y la respuesta y única condición que Dios estableció (v. 12). Destaque que Satanás no hubiera podido hacer nada sin la autorización de Dios, que lo que después le sucedió a Job no era porque Satanás le ganara una batalla a Dios sino porque Dios lo permitió a fin de ganar él la batalla.

3. *Job pierde todo, 1:13-22.* Si a sus alumnos les gustan las dramatizaciones, presenten Job 1:13-22 de esta manera. El voluntario que hará la parte de Job estará sentado en un costado al frente del aula. Uno a uno se le acercan los cuatro mensajeros y le dan su trágica noticia. Al terminar de recibir Job la última, pregunte a los presentes cómo hubieran reaccionado ellos en el lugar de Job (quitándose la vida, deprimiéndose, teniendo un ataque de nervios, maldiciendo a Dios, etc.). Luego pida a todos que lean en silencio 1:20-22 para reflexionar en la reacción de Job. Pregunte sobre el v. 20: ¿Qué señales de duelo vemos? (rasgó su manto y se rapó la cabeza). ¿Qué señales de su sumisión a Dios? (se postró a tierra y adoró). Pregunte sobre el v. 21: ¿Cuál es la actitud de Job en cuanto a sus posesiones? ¿Les parece que basaba en ellas su sentido de identidad? ¿Qué opinan de su actitud hacia Dios quien había permitido todos estos desastres? Lean al unísono en voz alta el v. 22.

APLICACIONES DEL ESTUDIO
1. Cuente alguna desgracia propia o de alguien que conoce y cómo reaccionó en ese momento. Dé oportunidad para que los que quieran contar algo parecido, también lo hagan. **2.** Vuelvan a leer al unísono el v. 22, colocando cada uno su nombre en lugar de "Job".

PRUEBA
1. Guíe a los alumnos a completar individualmente esta sección en el libro del alumno. **2.** Forme parejas. Cada uno comparta con su pareja lo que escribió. **3.** Vea si han quedado inquietudes sobre cualquier aspecto del estudio. Si son inquietudes que se enfocarán en las próximas lecciones, anótelas y diga que las tratarán entonces. Si son preguntas que deben aclarar ahora, trate de hacerlo con la ayuda de todos los participantes. Si es imposible hacerlo, comente que muchas de las preguntas difíciles de Job, Dios las contesta hacia el final del libro y que quizá en esa respuesta encontrarán respuestas a estas preguntas también.

Satanás y el sufrimiento humano

Contexto: Job 2:1-13
Texto básico: Job 2:1-10
Versículo clave: Job 2:10b
Verdad central: El poder que tiene Satanás le es concedido por Dios, quien le pone límites a sus acciones destructoras.
Metas de enseñanza-aprendizaje: Que el alumno demuestre su: (1) conocimiento del poder limitado de Satanás, (2) actitud de resistencia a las acciones destructivas de Satanás.

―――――――――**Estudio panorámico del contexto**―――――――――

A. Fondo histórico:
En la antigüedad predominaba el concepto de que la buena salud, la prosperidad, los muchos hijos y la vida larga eran evidencias de que la persona estaba viviendo en obediencia a las leyes de Dios, y que esas bendiciones eran una recompensa por tal fidelidad. En forma negativa, el sufrimiento, la esterilidad y los reveses económicos eran prueba de que existía el pecado, abierto u oculto. Las personas que vivían experiencias positivas aceptaban tales bendiciones como de Dios. Pero hubo un hecho que no podían explicar: en muchos casos quienes tenían un comportamiento malo prosperaban en forma dramática. ¿Cómo se podría explicar esta contradicción?

El libro de Job es un drama que desafía este concepto predominante y enseña lo contrario. Job es un hombre recto, pero a pesar de eso sufre la pérdida de sus bienes, su familia y su salud. Sus amigos reciben las noticias de las tragedias en la vida de Job, y llegan para consolarle. Pero este consuelo consiste en reflejar los conceptos prevalecientes de aquel entonces: El sufrimiento implica que Job ha pecado y no acepta su necesidad de reconocerlo, confesarlo y abandonarlo. Job afirma su inocencia, insistiendo que su vida está libre de pecado.

B. Enfasis:
Se puede perder todo rápidamente, 1:13-19. La narración parece indicar que la serie de tragedias acontecieron seguidamente, de modo que tenemos una sucesión de eventos que representaron para Job reveses económicos y pérdidas personales. Cuando vemos que pasan varias tragedias juntas nos preguntamos: ¿Cómo puede una persona soportar tantas dificultades en tan corto tiempo?

La adoración de Job, 1:20, 21. Job nos da ejemplo en el hecho de que en medio de las dificultades recordó a Dios y le adoró. ¿Cuántos de nosotros tenemos el impulso de orar o adorar a Dios cuando estamos en medio de una crisis? Job nos sirve de ejemplo para cuando estamos frente a grandes problemas. Algunos dicen que en ese momento no tienen tiempo para orar, pero cuando la situación es tan crítica, lo más importante es orar.

El ejemplo de Job, 1:22. Muchas personas culpan a Dios cuando pasa una tragedia. Otras maldicen a Dios. Otras juran que nunca jamás van a orar o adorar. Pero Job nos da el ejemplo en que no quiso atribuirle a Dios la causa de sus dificultades.

Un diálogo llamativo, 2:1-6. El capítulo comienza en la misma manera de Job 1:6-12. Satanás asevera que la fidelidad de Job se debe a que no ha sufrido en forma física, ya que la pérdida de sus posesiones y sus hijos no le hizo pecar ni quejarse delante de Dios. Satanás muestra su astucia al dar el paso siguiente de desafiar a Dios para poder tocar el cuerpo de Job.

Los sufrimientos físicos de Job, 2:7-10. Muchos pueden soportar las pérdidas materiales y hasta de familiares, pero no aguantan el dolor físico. El sufrimiento físico ha sido utilizado como forma de tortura para forzar a personas a divulgar información importante en esferas personales y hasta internacionales. Soldados se han doblegado cuando son sometidos a sufrimiento intenso con estos fines. El dolor físico tiene el efecto de revelar el carácter de toda persona. El sufrimiento desafía nuestros intentos de explicar el por qué de tales experiencias.

La visita de los tres amigos de Job, 2:11-13. El libro de Job nos ayuda para reconocer que hay sufrimiento para el inocente; un concepto nuevo para la gente en aquel entonces. En las experiencias de Job vemos comprobado el hecho que a veces sufren los inocentes.

Los capítulos 4 a 37 contienen los argumentos contemporáneos con el día de Job para explicar el porqué del sufrimiento.

——————————— **Estudio del texto básico** ———————————

1 Satanás tiene poder limitado, Job 2:1-3.
V. 1. No sabemos si la presentación ante Dios era requisito establecido o simplemente una costumbre o un acto espontáneo de parte de los hijos. Recuerde que la mayoría de los comentarios interpretan que *hijos* probablemente se puede interpretar como los ángeles, que son seres celestiales que sirven, o a Dios o a Satanás. A pesar de los esfuerzos de los teólogos, todavía hay mucho que no entendemos del origen y las actuaciones de Satanás.

V. 2. Se presenta la misma circunstancia que comentamos en 1:6-8. *De recorrer la tierra y de andar por ella* refleja de nuevo que Satanás siempre está buscando presa que puede llegar a ser su víctima, no descansa en su búsqueda de víctimas que han bajado la guardia. Conoce nuestras flaquezas y las circunstancias que son más propicias para su ataque.

V. 3. *Se aferra a su integridad*; Job, sin maldecir a Dios, manifestó serenidad y aceptación de las circunstancias que le acontecieron. *Tú me incitaste contra él;* Job entendía la voluntad permisiva de Dios. Dios es el soberano en el universo y no hay competencia entre él y Satanás para determinar cuál es más poderoso. Dios acepta la responsabilidad por haber permitido el toque de Satanás en las posesiones y los hijos de Job. *Para que lo arruinara sin motivo* refleja las consecuencias de las pruebas de Satanás en la vida de Job, según la apreciación de Dios.

2 Dios permite el sufrimiento de Job, Job 2:4-6.

V. 4. *Satanás respondió: Piel por piel.* Algunos eruditos sugieren que Job estaba dispuesto a dar la piel de sus animales, sus siervos y hasta la de sus propios hijos, mientras no le llegue a él el dolor en forma personal. Otra interpretación sugiere que está refiriéndose a la carne debajo de la piel; uno daría lo que está en la superficie para salvar su parte interior, la parte integral. *Todo lo que el hombre tiene lo dará por su vida.* Esto ilustra la manera que tiene Satanás de entorpecer la vida. Si mantenemos nuestras metas muy claras y refinadas según la voluntad de Dios, podemos resistir el poder de Satanás.

V. 5. *Pero extiende... toca sus huesos y su carne.* Satanás ahora extiende su desafío a Dios con relación a Job, mencionando que el sufrimiento físico traerá un rechazo de Dios de parte de Job. *Verás si no te maldice.* Satanás está seguro de que Job no resistirá el dolor físico. Muchas personas tienen poca tolerancia del dolor, aunque son fuertes en otros aspectos, no les es posible aguantar el dolor físico.

V. 6. *Jehovah respondió a Satanás;* percibimos que Jehovah todavía está en control y establece los límites del poder de Satanás. *El está en tu poder; pero respeta su vida.* Preguntamos: ¿Por qué tiene que sufrir tanto Job para probarle a Satanás que no va a maldecir a Dios? La respuesta a esta pregunta no es fácil, como no es fácil ninguna explicación del porqué de las formas distintas de sufrimiento que existen en el mundo.

3 La realidad del sufrimiento de Job, Job 2:7, 8.

V. 7. *Satanás ...hirió a Job con unas llagas malignas.* El relato bíblico no da explicaciones científicas de la naturaleza de las llagas. Podría haber sido una de las muchas condiciones que diagnosticaron como lepra. Lo cierto es que era muy doloroso para Job, *desde la planta de sus pies...* explica que fue una infección generalizada en todo el cuerpo.

V. 8. *Tomaba... tiesto para rascarse con él;* Job intenta aliviar su desesperación usando un pedazo de una vasija de barro para rascarse. El dolor que se producía con esa práctica simbolizaba su duelo por la triste condición en la que se encontraba. *Estaba sentado en medio de cenizas;* para comunicar su dolor interno. En el Cercano Oriente cuando acontecía una tragedia en la familia o a una persona, se sentaban en las cenizas para indicar humillación. Job, hombre que había estado entre los más prominentes, ahora está entre los más desafortunados.

4 La evidencia de la integridad de Job, Job 2:9, 10.

V. 9. *Entonces su mujer le dijo*; es la primera mención de la esposa de Job. Algunos la han considerado como colaboradora de Satanás, por cuanto parece que simpatiza con él en contra de Dios. *¿Todavía te aferras a tu integridad?*, es pregunta, pero implica que ella creía en la integridad de Job a pesar de su sufrimiento. Quizás simpatizaba tanto con el dolor de Job, que fue llevada a dar un consejo muy severo: *Maldice a Dios* (la nota dice que la traducción literal es "bendice a Dios"). Se creía que el maldecir a Dios conllevaba una muerte segura. Ella usa la palabra en forma eufemística; utilizando un término suave y bonito cuando quería decir lo opuesto. *Y muérete;* con frecuencia se escucha a las personas pedir a Dios la muerte como forma de liberación del sufrimiento.

V. 10. *Pero él le respondió*; Job reprende a su esposa, no puede aceptar su perspectiva con relación a la solución del problema. *Has hablado como las insensatas*; Job insiste en que la esposa no se baje al nivel de otras personas que ofrecen soluciones tontas a su problema. *Recibimos el bien ...de Dios* con una alegría que es contagiosa. *¿Y no recibiremos también el mal?* Pero la adversidad cambia nuestra actitud hacia Dios. Estamos más inclinados a enojarnos con Dios y preguntar el porqué de lo que nos pasa. La actitud de Job es ejemplar. Su aceptación de lo que le ha pasado, sin cuestionar, sin acusar, sin maldecir, indica que es el varón perfecto, como declara Job 1:1.

En todo esto no pecó con sus labios; la integridad de Job se establece. Los intentos de Satanás son frustrados. No puede penetrar el carácter de Job, aunque ha tocado su cuerpo. Esto es lección para nosotros, porque los sufrimientos en la vida pueden hacernos más fuertes de carácter, o pueden quebrantar nuestra voluntad y encaminarnos al pecado. Satanás no aparece en el resto del libro. Cuando resistimos las influencias de Satanás, nos deja, como también hizo en el caso de las tentaciones de Jesús en Mateo 4:11: "Entonces el diablo le dejó, y he aquí, los ángeles vinieron y le servían."

Aplicaciones del estudio

1. Las tragedias no se pueden explicar. El volcán erupciona y entierra a miles de personas, entre ellas los justas y los injustos. No debemos tratar de emitir juicios sobre la causa ni la intención de Dios. Los llamamos "actos de Dios" en términos legales, pero más bien son actos de la operación de las leyes de la naturaleza.

2. Hay que utilizar sabiduría al visitar a los que sufren. Podemos expresar nuestro amor y disposición para hacer lo posible en aliviar su sufrimiento, sin mencionar el porqué de tal sufrimiento.

3. ¿Debemos aligerar la muerte de los que sufren? (2:9) ¿Cuántos de nosotros hemos orado para que Dios le dé a un ser querido la liberación del dolor? La esposa de Job está expresando una emoción que tarde o temprano cada uno de nosotros vamos a experimentar.

4. No debemos atribuir causa a los sufrimientos. Hay diversas razones por el sufrimiento: (1) Para algunos puede ser un proceso de disciplina, por medio del cual Dios busca sumisión a su voluntad. (2) Para otros, puede ser sufrimiento vicario, como el de Cristo en la cruz. Muchos sufren en el proceso de ayudar a otros. (3) Para otros, puede ser sufrimiento inocente que no tiene explicación.

Ayuda homilética

Asimilando el bien y el mal en la vida
Job 2:10b

Introducción: ¿Por qué sufren algunos y prosperan otros?

I. La vida consiste en experiencias buenas y malas, que nos tocará vivir.
A. El proceso de vivir trae desigualdades. Una familia tiene cuatro hijos saludables, mientras otra familia tiene hijos con serios problemas médicos.
B. Para algunos parece que todo les sale a su favor en el sentido económico; pero otros experimentan una serie de contratiempos.

II. Nuestra respuesta a las experiencias buenas y malas, debe ser constante.
A. Job era hombre íntegro, recto, temeroso de Dios y apartado del mal en los tiempos buenos tanto como los malos.
B. Job bendijo a Dios en medio de sus pérdidas, v. 10b.

III. La madurez espiritual nos ayuda para sobrellevar lo malo, bendecir a Dios por lo bueno, y actuar en fidelidad en todo.
A. En momentos de dolor levantamos la voz a Dios para pedir fortaleza.
B. En momentos de alegría levantamos la voz a Dios para bendecir su nombre.

Conclusión: Dios está a nuestro lado en los momentos más difíciles; siempre manifiesta su amor y gracia hacia nosotros. A veces nos sentimos solos, porque parece que Dios no interviene para cambiar las circunstancias trágicas que nos rodean. En momentos así podemos levantar nuestras voces a Dios para expresar nuestro amor y fidelidad a él.

Lecturas bíblicas para el siguiente estudio

Lunes: Job 3:1-5
Martes: Job 3:6-10
Miércoles: Job 3:11-15

Jueves: Job 3:16-19
Viernes: Job 3:20-23
Sábado: Job 3:24-26

AGENDA DE CLASE

Antes de la clase
1. Lea Job 2 y los comentarios sobre pasaje en este libro y en el del alumno. **2.** Escriba en franjas de papel o cartulina el título del estudio y los cuatro puntos del bosquejo. **3.** Consiga cinta adhesiva para, en el momento indicado, fijar en la pared cada una de las franjas. **4.** Asegúrese de que el cartel con el título de la Unidad esté en un lugar visible para todos. **5.** Necesitará lápices y papel para los grupos que formará al aplicar la lección a la vida diaria. **6.** Complete en el libro del alumno la primera sección bajo *Estudio del texto básico.*

Comprobación de respuestas
JOVENES: **1.** V, V. **2.** a. sus bienes y sus hijos. b. su salud. **3.** a. persona. b. vida.
ADULTOS: **1.** A atacarlo con alguna enfermedad. **2.** Que Job no muriera. **3.** Con llagas malignas. **4.** ¡Maldice a Dios, y muérete! **5.** Que si recibió el bien de parte de Dios, tiene que estar dispuesto a recibir también el mal.

Ya en la clase
DESPIERTE EL INTERES
1. Dirija la atención al cartel con el título de la Unidad y repase las respuestas que aportaron en la sesión pasada. **2.** Pregunte si entre la clase anterior y ésta han pensado en otras razones. Estimule el diálogo sin tratar de imponer sus propias opiniones. **3.** Si es posible, conecte los comentarios con algunas de las tragedias propias que exteriorizaron en la sesión pasada.

ESTUDIO PANORAMICO DEL CONTEXTO
1. Diga que en la época de Job predominaba el concepto de que toda prosperidad era el premio o bendición de Dios por la rectitud del individuo. De la misma manera, todo sufrimiento era evidencia de que el que sufría había pecado y su sufrimiento era el castigo de Dios. **2.** Pregunte si alguna vez han pensado lo mismo al ver el sufrimiento de alguna persona. **3.** Mencione que Job 2 es muy parecido a Job 1, con algunos agregados, como ser, aparecen en escena la esposa de Job y tres amigos. Estos últimos tendrán un papel muy importante en las discusiones sobre el porqué del sufrimiento de Job que es el grueso del libro.

ESTUDIO DEL TEXTO BASICO
Coloque en una pared la franja con el título del estudio: "Satanás y el sufrimiento humano". Diga que la primera verdad a considerar es que el poder de Satanás es limitado.
1. Satanás tiene poder limitado, 2:1-3. Coloque debajo del título del estudio, la franja con este subtítulo. Comente que hay quienes creen que Satanás es todopoderoso y que tiene control absoluto. Agregue que Job 2:1-3

prueba que no es así. Pida que los presentes lean en silencio estos tres versículos y encuentren en el v. 3: (1) Por el poder de quién fue arruinado Job. (2) Si había razón para arruinarlo. (3) La reacción de Job a su tragedia. *2. Dios permite el sufrimiento de Job, 2:4-6.* Coloque en la pared la franja con este subtítulo. Pida a un alumno que lea en voz alta estos versículos y que diga luego en qué se parece a la conversación entre Dios y Satanás en el capítulo 1 y en qué se diferencia. (Se parece en que: (1) Satanás argumenta que si se le permite hacer sufrir a Job éste maldecirá a Dios. (2) Dios accede a poner a prueba a Job. (3) Entrega a Job al poder de Satanás. Se diferencia en que: (1) Ahora Satanás pide atacar a la persona de Job. (2) La condición que Dios establece al acceder al pedido de Satanás es que se respete la vida de Job.) *3. La realidad del sufrimiento de Job, 2:7, 8.* Coloque en la pared la franja con este subtítulo. Comente que lo que Dios permitió, ahora Satanás lo lleva a cabo. Pida a un voluntario que lea en voz alta estos vv. y luego haga una comparación entre el Job de 1:1-5 y el de 2:7, 8. Según sea necesario ayude para que comprendan el contraste entre una escena y otra. *4. La evidencia de la integridad de Job, 2:9, 10.* Coloque en la pared la franja con este subtítulo. Comente que ahora verán el primer consejo de los muchos que recibirá Job a lo largo del libro. Pida a un alumno que lea en voz alta Job 2:9. Estimule el diálogo sobre este versículo con preguntas: ¿En qué sentido podría ser lógico el consejo de la esposa de Job? ¿Cuál habrá sido la motivación del consejo? En el peor momento de su vida en que necesitaba aliento, ¿qué recibió Job en cambio? Pida a otro alumno que lea en voz alta el v. 10 para ver la respuesta de Job al consejo de su esposa. Use preguntas como las siguientes para dialogar sobre este versículo: ¿Cuál es la filosofía de Job? ¿Cómo podríamos describirla con más amplitud? (Por ejemplo, si estuve dispuesto a recibir de Dios el bien que representaban mi prosperidad, mis bienes, mis criados y mis hijos, tengo que estar dispuesto a recibir el mal que es perder mis bienes, mis criados, mis hijos y aun mi salud). Recalque la madurez espiritual de Job que ante los embates de Satanás no perdió su fe en Dios.

APLICACIONES DEL ESTUDIO
1. Forme grupos de tres. Reparta papel y lápices y pida a cada grupo que prepare dos o tres aplicaciones para sus propias vidas. Pueden consultar esta sección en sus libros. **2.** Compartan con toda la clase lo realizado y elaboren entre todos una filosofía que siga el ejemplo de la filosofía de Job.

PRUEBA
1. Pida que individualmente escriban en sus libros las respuestas a las preguntas bajo esta sección. **2.** Pregunte si en sus respuestas hay algo que quisieran llevar al Señor en oración. **3.** Guíe una oración teniendo en cuenta los motivos mencionados.

Lamentaciones de alguien que sufre

Contexto: Job 3:1-26
Texto básico: Job 3:1-12, 20-26
Versículo clave: Job 3:25
Verdad central: El dolor físico puede forzar a una persona a actuar en maneras fuera de sí, insensatamente, pero Dios que le comprende, no le abandona.
Metas de enseñanza-aprendizaje: Que el alumno demuestre su: (1) conocimiento de por lo menos tres expresiones de Job en las que evidencia lamentos profundos, (2) actitud de escuchar, comprender y ayudar a quien está sufriendo.

──────────── Estudio panorámico del contexto ────────────

A. Fondo histórico:

La noticia de las calamidades en la vida de Job corría rápidamente. Puesto que él era un personaje muy bien conocido en aquellos lugares, fue noticia de primera importancia en los medios de comunicación de aquel entonces. Unos amigos que vivían en otros lugares se pusieron de acuerdo para ir simultáneamente a visitarlo. Es así que llegan juntos Elifaz, Bildad y Zofar para escuchar de las dificultades de Job. Allí está él en medio de las cenizas, rascándose las llagas. No le reconocieron, porque era tan grande el cambio desde la prosperidad y la salud, como lo habían conocido anteriormente, a la miseria de la actualidad. Alzaron sus voces y lloraron (2:12). Esparcieron polvo hacia el cielo para dejarlo caer sobre sus cabezas, lo cual era una práctica de lamentación en aquel entonces.

Los amigos llegan junto a Job justamente cuando está sintiendo los dolores más intensos. Escuchan las expresiones de desesperación sin atinar a responderle durante siete días. Era el tiempo estipulado para llorar la muerte de un ser querido. Comienzan entre sí a formular sus opiniones y a planear su manera de conversar con Job.

Este tiempo de silencio les da la oportunidad de estructurar los argumentos que sean más válidos para su participación en aconsejar al que está en desgracia. Esto es un dilema para toda persona que visita a los enfermos. No quieren decir algo inapropiado. Al fin, Job es el primero que rompe el silencio. Les expresa sus pensamientos, sus dolores y su llanto de desesperación.

Las respuestas de los amigos a las lamentaciones de Job reflejan una insensibilidad completa al marco de referencia de Job. Reflejan el estado mental de muchas personas que ya tienen elaborados sus sistemas teológicos, y las circunstancias clínicas de otros no pueden alterar su punto de vista. Los argumentos que presentan forman las explicaciones clásicas del sufrimiento según las personas de esa época: *Uno sufre porque ha pecado.* Vamos a considerar sus argumentos en este estudio y en el siguiente.

B. Enfasis:
Los sollozos del dolor, 3:1-10. Por primera vez Job abre la boca para expresar sus emociones frente al dolor físico. Anteriormente, afirmó su sumisión a la providencia divina cuando perdió sus posesiones y sus hijos, diciendo: *Recibimos el bien de parte de Dios, ¿y no recibiremos también el mal?* *Lamentaciones desesperadas, 3:11-19.* Aquí Job expresa en forma clara que hubiera sido mejor no haber nacido y crecido. Su dolor intenso lo motiva a expresar estos pensamientos, que parecen muy extremistas y hasta se acercan a la blasfemia. *Entre la vida y la muerte, 3:20-26.* La condición lamentable de Job le hace expresarse en contra de la voluntad de Dios. Dios le dio la vida y tiene un propósito para él a través del sufrimiento. Job dice que anhela la muerte más que un tesoro escondido. Los temores que le sobrevinieron cuando comenzó su postración ya han llegado a ser una realidad.

─────────────── Estudio del texto básico ───────────────

1 Lamento por haber nacido, Job 3:1-10.

V. 1. *Después de esto;* ¿quién puede imaginar todo lo que Job había pensado durante las semanas de sufrimiento que había soportado? Con la llegada de sus amigos se despertó una esperanza, como es el caso de todos los que sufren. Pero ellos guardaron silencio y al fin reaccionaron en forma defensiva. *Job abrió su boca y maldijo su día*; tarde o temprano el enfermo estalla y exterioriza lo que está sintiendo. Pero Job no maldice a Dios como anticipó Satanás y como le aconsejó su esposa; más bien maldice su día, o sea el día de su nacimiento. Dirige la maldición hacia sí mismo. La palabra *maldijo* aquí tiene el significado de burlarse de ese día o declarar el día como sin significado.

V. 2. *Tomó Job la palabra y dijo:* Aquí sigue un lamento que es respuesta a las muchas cosas que le han pasado. Job ventila su enojo. Los versículos que siguen son las expresiones de uno que ha sufrido tanto que al fin grita su sentimiento de injusticia.

V. 3. *Perezca el día en que nací;* es una expresión de deseo que ese día nunca hubiera llegado. "¡Un varón ha sido concebido!" Normalmente estas son las palabras más bellas que un padre podría escuchar, porque todos anhelaban el nacimiento de un varón.

V. 4. *Sea aquel día tinieblas;* o sea día de tristeza y no felicidad. *Dios no pregunte por él... ni resplandezca la claridad;* Job anhela que su día de nacimiento hubiera sido uno de tristeza y no de alegría.

V. 5. *Reclámenlo... tinieblas y la densa oscuridad;* Job insiste en que el día de su nacimiento fuera caracterizado por la oscuridad, símbolo de algo trágico y no algo feliz. *Oscurecimiento del día* comunica que algo fuera de lo ordinario pasa. **V. 6.** *Ni aparezca en el cómputo de los meses.* La variación que se utiliza en expresar el mismo anhelo de Job ilustra el poder de la poesía que contiene el libro. **V. 7.** *Sea aquella noche estéril; no penetren en ella gritos de júbilo*; gritos que suelen brotar cuando hay noticias del nacimiento de un nuevo ser humano, especialmente un varón. **V. 8.** *...Los que se aprestan a instigar al Leviatán;* Leviatán en la mitología semítica era un dragón que tuvo que ser derrotado antes de que fuera creado el mundo. Si el Leviatán hubiera sido instigado, tal vez hubiera ganado para prevenir la creación del mundo. **V. 9.** *Oscurézcanse sus estrellas matutinas, ...ni vea los destellos de la aurora*; Job desea que el día de su nacimiento nunca hubiera llegado. Los momentos de la aurora por regla general son momentos de felicidad; los animales están despertando; los gallos cantan. Pero Job desea que no fuera así. **V. 10.** *Porque no cerró las puertas de la matriz;* otra variación del deseo que Job expresa de no haber nacido. *Para esconder de mis ojos el sufrimiento*; Job dice que si no hubiera nacido nunca tendría que haber experimentado todo el sufrimiento que le ha sobrevenido.

2 Lamento por no haber muerto antes de nacer, Job 3:11, 12.

V. 11. *¿Por qué no morí en las entrañas, o... al salir del vientre?* Normalmente hay un anhelo de vivir y una resistencia a la muerte, pero el dolor puede transformar esos impulsos instintivos en lo opuesto. Tal es el caso de Job. **V. 12.** *¿Por qué me recibieron las rodillas?*, explica el proceso del parto y a la vez puede indicar las experiencias en la niñez cuando el niño se sienta en las rodillas de los adultos. *¿Para qué los pechos que mamé?* Es despreciar el alimento que le sustentó la vida. Otros personajes bíblicos han expresado el deseo de morir. Elías (1 Rey. 19:4), Jonás (Jon. 4:3) y Jeremías (20:14) experimentaron momentos en sus vidas cuando pensaron que sería mejor la muerte.

3 Lamento por no dejar morir al que desea la muerte, Job 3:20-25.

V. 20. *¿Para qué darle luz al que sufre y vida a los de alma amargada?* Después de expresar sus lamentos y quejarse reclamando por qué no murió en la infancia, Job entra en la etapa del lamento por medio de la pregunta: *¿Por qué?* Por regla general las personas que preguntan ¿por qué? no están esperando una respuesta a la pregunta. Simplemente es una expresión de desesperación. No hay respuesta adecuada a tales preguntas. *Y vida a los de alma amargada* se refiere a las personas que han experimentado tanto dolor que ya la vida no contiene nada de placer ni alegría.

V. 21. *A los que esperan la muerte ...más que a tesoros enterrados*; es una figura muy gráfica para ilustrar la intensidad con que algunos esperan la muerte. Hemos notado la "fiebre por el oro" que tienen las personas que les hace dedicarse a la búsqueda de ese tesoro con un enfoque que es único. Están dispuestas a sufrir toda clase de incomodidad porque esperan que algún día van a hacerse ricas con el descubrimiento de la vena madre. Job esperaba la muerte con mayor deseo que un buscador de oro.

V. 22. *A los que se alegran ante el gozo... se regocijan cuando hallan el sepulcro;* se refiere a las personas que sienten que la muerte y el sepulcro les dará el descanso que no pueden experimentar por el sufrimiento. En medio del dolor que sienten los deudos pueden también sentir gozo porque la persona que aman ya ha entrado en su descanso.

V. 23. *A quien Dios ha cercado*; aquí termina la pregunta que comenzó en el v. 20. La referencia a que Dios ha cercado significa que Job sintió que estaba completamente arrinconado por los sufrimientos físicos. Un animal salvaje pelea hasta morir cuando siente que está siendo capturado.

V. 24. *Antes de mi pan viene mi suspiro, y mis gemidos corren como el agua.* Job ha expresado con muchos detalles lo que siente. Sus suspiros son constantes como la constancia con que se busca el pan cada día. Sus gemidos salen sin cesar como las aguas de una catarata. No se puede entender cómo hay tanta agua que sale de los nevados y los manantiales, pero esa agua ha corrido por siglos sin cesar. Tantas así son las lamentaciones de Job por su dolor.

V. 25. *El miedo que presentía me ha sobrevenido;* cuando se teme tanto una experiencia no agradable, hay una tendencia de anticipar que tal acontezca. El temor al fracaso es el primer paso hacia el fracaso. *Lo que me daba terror me ha acontecido*; hay lo que se llama la realización de nuestros mayores temores. Job temía tanto un sufrimiento agudo que ahora está viviendo en carne propia lo que temía.

4 Expresión de completa desesperación, Job 3:26.

V. 26. *No tengo tranquilidad, ...quietud, ...sosiego*; tres palabras que representan lo opuesto de lo que Job está sintiendo. La repetición del paralelismo en el hebreo se hace con el fin de intensificar el efecto de su declaración. *Más bien, me viene la desesperación*; es la expresión de quien no ve ningún rayo de esperanza. El dolor tiene el efecto de quitarnos toda clase de esperanza y hacernos pensar que la muerte será bienvenida.

────────── **Aplicaciones del estudio** ──────────

1. A veces el silencio es el mejor acto de ministerio que podemos ejercer hacia los que sufren. Intentos de defender a Dios o explicar las razones caen en oídos sordos.

2. ¿Qué podemos decirles a las personas que están sufriendo por enfermedad, desastres, u otros motivos? ¿Cómo podemos convencerles de que

Dios les ama a pesar de su dolor o de las tragedias que les han sobrevenido? **3. ¿Cómo relacionamos el sufrimiento con el pecado?** Hay una tendencia de relacionar todo sufrimiento con el pecado. Indudablemente que el pecado trae consecuencias. Sin embargo, muchos de los sufrimientos no son a causa de la persona que sufre. Por ejemplo, un guiador ebrio atropella y da muerte a un niño. Los que hacen experimentos que son nocivos para la salud, etc.

──────────────── Ayuda homilética ────────────────

Tres acontecimientos especiales
Job 3:1-3, 11-12, 16

Introducción: No podemos juzgar mal al que dice cosas fuera de lo común, porque el dolor físico puede forzar a uno a actuar en manera fuera de sí. Veamos por qué las declaraciones de Job eran insensatas.

I. **La ocasión del nacimiento de un varón era día especialmente bendecido y causa de celebración, vv. 1-3.**
   A. Aseguraba la continuación del linaje paternal.
   B. Era evidencia de la bendición de Dios.
   C. Cada ser humano tiene potencial sin límites delante de Dios.

II. **Cada ser humano nace y sobrevive por la voluntad de Dios para cumplir con propósitos específicos, vv. 11, 12.**
   A. El hecho de nacer es evidencia de la bondad de Dios.
   B. El cuidado de los familiares es evidencia del amor de ellos. Debemos reconocer y agradecer sus acciones para cuidarnos.

III. **Cada ser humano debe buscar entender su propósito en haber nacido, sobrevivido la infancia y la niñez, y llegado a ser adulto, v. 16.**
   A. Dios tiene un propósito para cada uno; no debemos rechazar su plan.
   B. Dios revela su plan por medio de las experiencias providenciales en la vida.

Conclusión: Frente a la experiencia del sufrimiento podemos reconocer que Dios tenía un propósito en permitir todo lo que nos pasó.

Lecturas bíblicas para el siguiente estudio

Lunes: Job 4:1 a 6:30   **Jueves:** Job 12:1 a 14:22
Martes: Job 7:1 a 8:22   **Viernes:** Job 15:1 a 17:16
Miércoles: Job 9:1 a 11:20   **Sábado:** Job 18:1 a 20:29

AGENDA DE CLASE

Antes de la clase
1. Repase Job 1 y 2. Lea Job 3 y estudie los comentarios en este libro y en el libro del alumno. **2.** Prepare tres figuras de hombres de la antigüedad en pedazos de cartulina de unos 20 cms. de alto y de distintos colores (o coloréelas). Cada figura representará a uno de los amigos de Job, así que escriba en cada una, uno de los siguientes nombres: ELIFAZ, BILDAD, ZOFAR. Después de la clase, guárdelos para usar en las próximas sesiones. **3.** Confeccione un cartel con las cuatro cosas a encontrar en el texto básico: (1) La expresión que más desesperación refleja. (2) En sus lamentos, ¿culpó a Dios por sus desgracias? (3) ¿Qué era lo que más deseaba Job? (4) ¿Hay en el pasaje alguna nota de optimismo o esperanza? **4.** Asegúrese de que el cartel con el título de la Unidad esté en su lugar. **5.** Conteste las preguntas en la primera sección bajo "Estudio del texto básico" en el libro del alumno.

Comprobación de respuestas
JOVENES: **1.** Las respuestas deben ser en las propias palabras del alumno, algo así: a. que el día de su nacimiento no hubiera existido. b. que Dios no hubiera hecho amanecer el día en que nació. c. que hubiera sucedido un cataclismo. d. que no hubiera existido ese día. f. que no hubiera amanecido. **2.** V. 22, V. 24, V. 20, V. 25, V. 24, V. 26.
ADULTOS: **1.** El haber sido concebido y haber nacido. **2.** Que Dios lo había cercado. **3.** Que le había sucedido lo que temía. **4.** Tranquilidad; quietud; sosiego; desesperación.

Ya en la clase
DESPIERTE EL INTERES
1. Escriba en la parte de arriba del pizarrón o de una hoja grande de papel: "El dolor de haber perdido...". **2.** Diga que los dos primeros capítulos de Job enfocaron cosas que Job perdió. Pida que las vayan mencionando para completar la frase: "El dolor de haber perdido..." (sus bienes, sus criados, sus hijos, su salud). Vaya escribiendo las respuestas a medida que las dan. **3.** Proponga que no todos los dolores son iguales y vean si pueden pensar cómo se diferencian los distintos dolores de Job. (p. ej.: el dolor de perder los bienes no sería como el de perder a sus hijos porque podía volver a obtener bienes pero nunca podría recobrar a sus seres queridos). **4.** Agregue que todos sus dolores tenían una cosa en común: eran causados por una pérdida. El sufrimiento causado por la pérdida de algo que es importante en la vida va pasando por un proceso. Y este proceso muchas veces se hace más llevadero cuando uno cuenta con amigos que lo comprenden y apoyan.

ESTUDIO PANORAMICO DEL CONTEXTO
1. Comente que Job, en medio de su gran sufrimiento contó con la presencia de tres amigos. Se llamaban Elifaz, Bildad y Zofar (coloque la figura de

cada uno en un lugar visible. **2.** Presente un resumen de Job 2:11-13 tratando de hacerlo lo más vívido y emotivo posible. Asegúrese de que entiendan que todo lo que hicieron los amigos fue una expresión de condolencia y que el silencio que duró siete días demuestra lo profundo de su dolor. **3.** Recalque que cualquiera de las pérdidas que había sufrido Job eran motivo de gran dolor. Cada una, agregada a las demás, tiene que haber sido terrible, agonizante, inaguantable. **4.** Comente que lo que Job le dijo a su esposa en 2:10 parece indicar esa primera etapa en el proceso del sufrimiento en que Job estaba anonadado por las pérdidas pero se aferraba a Dios.

ESTUDIO DEL TEXTO BASICO

Comente que en el capítulo 3 vemos otra etapa en el proceso de sufrimiento: la de depresión, desesperanza y desesperación.

Forme tres grupos para ver cómo Job expresó esos sentimientos dando a cada uno el nombre de uno de los amigos de Job y asignando a cada uno los siguientes temas y pasajes.

Grupo Elifaz: Lamento por haber nacido, Job 3:1-10.

Grupo Bildad: Lamento por no haber muerto antes de nacer, Job 3:11, 12.

Grupo Zofar: Lamento por no dejar morir al que desea morir; Job 3:20-25 y Expresión de completa desesperación, Job 3:26.

Coloque el cartel en que escribió las cuatro cosas a encontrar en el *Texto básico,* indicando a cada grupo que debe encontrarlas en el pasaje que le tocó. Cuando hayan terminado su pequeña investigación, cada grupo lea en voz alta el pasaje asignado e informe lo que encontró.

APLICACIONES DEL ESTUDIO

1. Pregunte si a alguno le ha tocado alguna vez sentirse como Job. Dé oportunidad para que compartan cómo se sintieron. Guíe la conversación para que comprendan que sentirse así no es permanente, es sólo una etapa. **2.** Pregunte si a alguno le ha tocado estar junto a alguien que sufría de depresión, desesperanza y desesperación. Dé oportunidad para que compartan lo que sintieron e hicieron. Dialoguen sobre el valor de la presencia cariñosa y del silencio comprensivo.

PRUEBA

1. Pida a los presentes que abran sus libros del alumno en esta sección. **2.** Lea en voz alta cada pregunta que contestarán entre todos para luego escribir las respuestas en sus libros. **3.** Oren una oración especial recordando a personas conocidas que están pasando por el dolor de una pérdida.

NOTA: Vea en la *Agenda de clase* del próximo estudio (sección "Antes de la clase") las tareas para dar a distintos alumnos.

Amigos que consuelan

Contexto: Job 4:1 a 20:29
Texto básico: Job 4:2-8; 5:17, 18; 8:6-13; 11:7-11
Versículo clave: Job 5:9
Verdad central: Los amigos de Job expresaron las explicaciones comunes de su día, las cuales declaraban que el pecado trae el sufrimiento. Estas declaraciones, aunque están en la Biblia, no representan la verdad desde el punto de vista de Dios.

Metas de enseñanza-aprendizaje: Que el alumno demuestre su: (1) conocimiento de porqué las declaraciones de los amigos de Job no representan la verdad de Dios, (2) actitud de acercarse al que sufre con la verdad de Dios en cuanto al sufrimiento.

─────────── **Estudio panorámico del contexto** ───────────

A. Fondo histórico:
Los países de origen de los tres amigos de Job se identifican así: Elifaz era temanita (posiblemente de Edom y paisano de Job), Bildad era sujita (tal vez de cerca del Eufrates) y Zofar era namatita (de afuera de Palestina). Cada uno tenía la misma base filosófica que prevalecía en aquella época: que si uno sufre, es por algún pecado que ha cometido.

Los capítulos 4 al 27 de Job contienen tres ciclos de discursos en los cuales los amigos de Job hablan y después Job les contesta. El texto del tercer ciclo es desorganizado de modo que a veces no se puede saber con certidumbre quién está hablando. Parece que Bildad y Zofar tienen poco que decir en el tercer ciclo. Un bosquejo que puede ser útil es el siguiente:

Los discursos de los tres amigos		Las respuestas de Job
Elifaz	4; 5	6; 7
	15	16; 17
	22	23; 24
Bildad	8	9; 10
	18	19
	23 (26:5-14 tal vez)	26; 27
Zofar	11	12—14
	20	21 (27:13-23 tal vez)

B. Enfasis:

Elifaz acusa a Job de no actuar en forma adecuada frente al dolor, 4:3-5. Llega el momento cuando una persona no es capaz ni de llevar su propia carga. Necesita a otros para ayudarle. Job ha vivido esta experiencia. Necesita de la ayuda de otros para levantarlo y ser su amigo.

Uno recibe la recompensa mala de las cosas malas que hace (4:7, 8). Aquí se establece el principio de orden moral en el universo. Pero es cierto también que a veces cosechamos lo que no hemos sembrado.

El sufrimiento es inevitable, 5:7. Tarde o temprano le toca a cada uno vivir los momentos de dolor. Uno puede vivir largos años sin dificultades, pero llega el momento cuando es su turno de pasar por el valle del sufrimiento.

Uno no debe menospreciar la disciplina del Señor, 5:17. Las tragedias de la vida se pueden interpretar como mensajes de Dios para captar nuestra atención e instarnos a hacer un inventario de nuestra vida.

Bildad declara que Dios recompensa al bueno y castiga al malo, 8:20, 21. Bildad ha estudiado los problemas en el sentido intelectual, y tiene las soluciones teóricas, pero no ha vivido tiempo suficiente todavía para sentir y experimentar de lo que habla.

Zofar declara que si Job fuera inocente, podría estar firme en su forma de vivir, 11:7-21. Zofar da cuatro pasos necesarios en el arrepentimiento: (1) Predisponer el corazón a Dios, (2) extender las manos a él, (3) alejar la injusticia de sus manos y (4) no cobijar la maldad en su morada.

Bildad Zofar y Elifaz continúan sus argumentos, 8:20-29. Bildad llega a la conclusión de que Job está hablando impetuosamente. Job responde reconociendo que en realidad nadie puede luchar contra Dios y pretender salir ileso. Luego Zofar pregunta si acaso Dios no castigará la imprudencia de las palabras de Job. Job reclama que él también se considera una persona con entendimiento. Habla de la prosperidad de los malos y llega a la conclusión de que él no es menos que los demás y quiere argumentar con Dios. Elifaz vuelve a exponer sus ideas y reclama que Job menosprecia el valor de la experiencia que tienen sus amigos interlocutores. Frente a tanta presión de las opiniones de sus "amigos" Job reclama y finalmente dice que los consejos de sus amigos han angustiado su alma y dice que Elifaz, Zofar y Bildad debían sentir vergüenza por haberlo atacado.

───────────── **Estudio del texto básico** ─────────────

1 Job, que aconsejó a otros, ahora necesita consejo, Job 4:2-6.

Vv. 2, 3. Este es el comienzo del discurso de Elifaz, quien trata de ayudar a Job a entender que sus angustias se deben a algún pecado que ha cometido. *¿Quién podría reprimir las palabras?* Ha pasado siete días en silencio, observando los dolores angustiosos de Job, y ahora siente que es el momento para entrar en el tema en forma seria. *Tú instruías a muchos.* Job había dado consuelo a multitudes en sus dolores físicos, pérdidas económicas y crisis con los

hijos. Pero ahora le toca experimentar esta clase de crisis.
V. 4. *Tus palabras levantaban...* Las palabras del líder sirven para levantar al que ha tropezado. *Las rodillas que se doblaban* se refiere a la debilidad que uno siente cuando se agotan las energías. Job ha levantado en muchas ocasiones a personas que ya no tenían energías para seguir adelante. **V. 5.** *Pero... te sucede a ti, y te impacientas.* Ahora Elifaz está listo para razonar con Job con la esperanza de hacerle ver que necesita tener paciencia para recibir sus palabras.
V. 6. El concepto que el que anda correctamente recibe bendiciones y el que hace lo malo sufre como consecuencia de su comportamiento se refleja en las palabras: *la integridad de tus caminos, tu esperanza.*

2 Declaraciones rígidas, Job 4:7, 8.

V. 7. Elifaz ahora entra más directamente al argumento sobre la justicia de Dios. *¿Quién ha perecido por ser inocente?* El proceso judicial se ha establecido precisamente para proteger a los inocentes y castigar a los culpables. *¿Dónde han sido destruidos los rectos?* Elifaz cree que la culpabilidad y el castigo son compañeros.

V. 8. *Los que aran ...siembran ...cosechan,* aquí vemos el proceso necesario en la agricultura para lograr prosperidad. Pero la aplicación que da Elifaz al asunto es negativa. El arar iniquidad quiere decir que uno comete pecados graves. El sembrar sufrimiento quiere decir que se multiplica el sufrimiento por medio del trato que da a otros. Por eso, la cosecha para Job es amargo sufrimiento, porque sembró pecado.

3 Sufrimiento es una forma de disciplina, Job 5:17, 18.

V. 17. *¡Bienaventurado es el hombre a quien Dios disciplina!* La persona que Dios disciplina debe estar feliz, según Elifaz. Es un poco contradictorio pensar que en medio del sufrimiento intenso que ha observado en Job durante los siete días de silencio, puede declarar que debe sentirse bienaventurado o feliz. *No menosprecies.* El niño que es disciplinado podrá reconocer que el castigo era para su bien, pero en el momento le parece duro y doloroso. Elifaz está en lo correcto en reconocer que Dios nos disciplina, y a veces con sufrimiento.
V. 18. *El hace doler, pero también venda*; esta es una de las declaraciones más profundas en el libro. *El golpea, pero sus manos sanan.* Se refleja el concepto de Elifaz con relación a la manera en que Dios castiga el pecado, pero sana al que es obediente y sumiso a su disciplina.

4 Argumento de Bildad, Job 8:6-13.

V. 6. Bildad, el segundo amigo de Job, se impacienta con las declaraciones de inocencia de Job, y argumenta que el hecho de su sufrimiento es evidencia clara de su pecado. Bildad dice que si Job fuera *limpio y recto*, Dios estaría a su lado para velar por él.

V. 7. *Aunque tu comienzo... tu porvenir;* el comienzo de muchas personas famosas fue humilde, pero ellas se esforzaron y llegaron a hacer grandes contribuciones a la humanidad.

V. 8. Bildad exhorta a Job a indagar de las generaciones pasadas para buscar la contestación de las preguntas tan complejas que desafían el razonamiento y la sabiduría de los humanos. Piensa que tal vez si los padres y abuelos descubrieron contestaciones a tales paradojas, pueden ahora compartir su sabiduría.

Vv. 9, 10. *Somos de ayer y nada sabemos.* La sabiduría del presente no tiene el balance que viene con la consideración de lo que otros en generaciones anteriores han descubierto sobre la vida y Dios. *Nuestros días ...son una sombra;* ilustra la característica temporal de nuestra existencia aquí en la tierra.

Vv. 11, 12. La ilustración del *papiro* y el *junco,* que requieren *agua* para crecer, muestra que el autor estaba familiarizado con Egipto, donde estas plantas abundaban en las regiones del Nilo. Viven corto tiempo, porque es así su naturaleza. Son temporales, y se mueren aun si no son cortadas.

V. 13. La aplicación para la ilustración anterior es que el que se olvida de Dios también va a perecer. *La esperanza del impío perecerá* refleja la creencia que el que comete pecado sufrirá las consecuencias. Estas consecuencias serán una muerte prematura.

5 Argumento de Zofar, Job 11:7-11.

V. 7. *¿Alcanzarás tú las cosas profundas de Dios... el propósito del Todopoderoso?* Al intervenir Zofar se basa en las respuestas de Job a los argumentos de Bildad. Se impacienta con la insistencia de su inocencia de parte de Job. Puesto que Dios no ha instruido a Job en forma directa, Zofar siente que puede interpretarle los misterios de Dios. El ser humano con sus limitaciones no puede alcanzar a comprender todo lo que Dios está haciendo en nuestro medio.

V. 8. *Más alto que los cielos, ...más profundo que el Seol;* Zofar dice que no podemos hacer nada frente a la omnipotencia de Dios. Zofar está insistiendo en que Job tiene las limitaciones normales de todos los seres humanos.

V. 9. Los atributos de Dios son mucho más amplios que nuestras capacidades de comprender lo que está haciendo en nuestro universo, y mucho menos, en la vida de una sola persona, como en el caso de Job. En aquel entonces, por las limitaciones en el modo de transporte, la *tierra* parecía una extensión eterna y el *mar,* por su amplitud, parecía llegar hasta el fin de la tierra.

V. 10. *Si Dios pasa y aprisiona, o si congrega;* refleja que Dios es soberano. Puede pasar por alto lo que ve acontecer en la tierra, puede aprisionar a una persona, permitiendo toda forma de sufrimiento o puede llamarlo a juicio. Uno no tiene poder de determinar la manera en que Dios va a tratar a los seres humanos.

V. 11. Dios conoce a todo ser humano. Si conoce a los malos, ¿no va a examinar la *iniquidad cuando la vea?* Los tres amigos de Job tienen un solo tema para presentarle: su sufrimiento se debe al pecado. Si Job confiesa ese pecado y se arrepiente, Dios dejará de castigarlo con los sufrimientos que está padeciendo.

Aplicaciones del estudio

1. **Es un concepto casi universal que el sufrimiento se debe a algún pecado.** Cuando la gente le preguntaba a Cristo quién había pecado, al ver al ciego de nacimiento, ¿cuál fue la respuesta de Cristo? (Juan 9:1, 3). ¿Qué relación tiene este pasaje con el problema del sufrimiento?

2. **El mejor consuelo que podemos dar a los que sufren es nuestra presencia, un abrazo y una promesa de orar por ellos en ls crisis que están experimentando.**

3. **Los intentos de explicar la naturaleza de Dios y su manera de tratar a los seres humanos caen en oídos sordos cuando uno está sufriendo.**

Ayuda homilética

Una disciplina que resulta en bendición
Job 5:17, 18

Introducción: En varias partes de la Biblia aparece el tema de la disciplina de Dios. Proverbios 3:11, 12; Hebreos 12:6. Aunque los amigos de Job estaban equivocados en su explicación de la causa de los sufrimientos de Job, Elifaz pronunció una verdad que tiene validez en estos versículos sobre la disciplina.

I. **La disciplina es bendición porque nos guía a hacer un inventario de nuestra vida, actitudes y acciones.**
   A. La disciplina nos sirve como llamada de atención.
   B. La disciplina nos hace recordar las promesas que hemos hecho.

II. **La disciplina es bendición porque nos hace acudir a Dios para buscar alivio.**
   A. La disciplina crea sentido de pecado y propicia el arrepentimiento.
   B. La disciplina nos ayuda a experimentar la gracia, el amor y el perdón de Dios.

III. **La disciplina es bendición porque les da a otros un testimonio de la fidelidad de Dios en cumplir sus promesas.**
   A. Al observar nuestras experiencias, otros arreglan su vida.
   B. La disciplina nos ayuda para testificar a otros.

Conclusión: La disciplina tiene un valor incalculable. El secreto para convertir la disciplina en una bendición es aceptarla humildemente y buscar qué es lo que Dios pide de nosotros.

Lecturas bíblicas para el siguiente estudio

Lunes: Job 21:1 a 22:30   **Jueves:** Job 30:1 a 32:22
Martes: Job 23:1 a 26:14   **Viernes:** Job 33:1 a 36:33
Miércoles: Job 27:1 a 29:25   **Sábado:** Job 37:1 a 40:2

AGENDA DE CLASE

Antes de la clase
1. Con anterioridad, dé a distintos alumnos los distintos capítulos que contienen respuestas de Job a los argumentos-acusaciones de sus amigos (véalos en el "Estudio panorámico del contexto" en el comentario en este libro). Pida a cada uno que prepare un breve resumen de cada respuesta de Job para presentar en clase. Si esto no es posible, prepárese usted mismo para presentar dichos resúmenes. **2.** En una hoja de cartulina escriba el encabezado "No siempre es porque..." **3.** Asegúrese de que el cartel con el título de la Unidad esté en un lugar donde puede colocar debajo de él la cartulina con el encabezamiento "No siempre es porque..." **4.** Pegue las figuras que representan a los tres amigos de Job, en hojas grandes de papel dejando lugar para que los alumnos puedan escribir. **5.** Complete la primera sección bajo "Estudio del texto básico" en el libro del alumno.

Comprobación de respuestas
JOVENES: **1.** b, d, a, c. **2.** F, V, V. **3.** a. omnipotencia, omnipresencia. b. omnisciencia.
ADULTOS: **1.**V; **2.** F; **3.** V; **4.** V; **5.** F; **6.** V; **7.** V; **8.** V; **9.** V; **10.**V.

Ya en la clase
DESPIERTE EL INTERES
1. Repase las dos etapas del proceso de sufrimiento mencionadas en la lección anterior. Diga que otra etapa podría definirse con la pregunta: "¿Por qué me pasa esto a mí?" **2.** Explique que lo que estudiarán hoy es el intento de cada uno de los tres amigos de Job por dar respuesta a esta pregunta.

ESTUDIO PANORAMICO DEL CONTEXTO
1. Muestre las hojas de papel en que pegó las figuras de los amigos de Job. **2.** Dé una breve explicación de cómo se va desarrollando el tema del porqué del sufrimiento humano en base al diálogo de Job con sus amigos. Incluya el hecho que el consuelo y consejo de ellos, aunque errrado, era sincero y que cada respuesta de Job es una muestra de su inquietud porque sabe que lo que dicen no es cierto y que, por eso, preferiría hablar con Dios quien podría darle las respuestas acertadas.

ESTUDIO DEL TEXTO BASICO
Llame la atención al cartel con el título de la Unidad, y coloque debajo de él, el cartel con el encabezamiento "No siempre es porque..." Diga que en este estudio enfocarán los porqué que presentaron cada uno de sus amigos.

Forme tres grupos, si es posible con los mismos integrantes de la sesión pasada, dando a cada grupo el nombre de uno de los amigos de Job. Dé a cada grupo una de las hojas grandes de papel con la figura del amigo que ellos representan. El Grupo Elifaz debe estudiar Job 4:2-8; 5:17, 18 y escribir en la hoja de papel la razón del sufrimiento de Job según Elifaz. El Grupo Bildad debe estudiar 8:6-13 y escribir en la hoja de papel la razón del sufrimiento de Job según Bildad. El Grupo Zofar debe estudiar 11:7-11 y escribir en la hoja de papel la razón del sufrimiento de Job según Zofar. *Una vez completado el trabajo,* cada grupo debe informar a los demás sobre lo realizado. Al hacerlo, los alumnos a quienes pidió que prepararan un resumen de la respuestas de Job, las irán presentando al final de cada informe (si fue usted quien preparó los resúmenes puede pasárselos a un alumno que representará a Job y los presentará).

Guíe a los alumnos a comprender en qué sentidos los amigos tenían razón "en parte" y en qué sentidos no la tenían.

Si a su clase no le gusta estudiar en grupos, consideren todos juntos el material de estudio, dando las hojas de papel a voluntarios que harán la parte de Elifaz, Bildad y Zofar, escribiendo lo correspondiente en las hojas que luego exhibirán en una de las paredes del aula.

APLICACIONES DEL ESTUDIO

1. Diga que habiendo dado un vistazo a los argumentos de los amigos de Job, ya cuentan con los datos necesarios para contestar parcialmente la pregunta: "¿Por qué sufren los seres humanos?" que es el título de la unidad. **2.** Lea el encabezamiento "No siempre es porque..." y estimule a los alumnos para que completen la oración. Con las respuestas que sugieran, asegúrese de destacar los casos en que puede aplicarse lo que los amigos argumentaban (p. ej.: un sufrimiento a veces puede ser "a causa de", o sea una consecuencia de un pecado en particular. **3.** Comente que uno de los problemas de los amigos de Job era que se creían que sus opiniones eran la verdad absoluta lo cual los llevó a juzgar equivocadamente a Job. Inste a los presentes a no caer en el mismo error cuando consideran sus propios sufrimientos y los sufrimientos de los demás.

PRUEBA

1. Pida a los alumnos que abran sus libros del alumno en esta sección y escriban individualmente y en silencio las respuestas. **2.** En base a lo que contestaron bajo el inciso 2, pida que dos o tres voluntarios presenten una breve dramatización. Uno hará la parte de alguien que sufre y los demás lo consolarán, no como lo hicieron los amigos sino acertadamente. **3.** Si alcanza el tiempo usen la dramatización para establecer pautas que pondrán en práctica cuando les toque ser amigos de alguien que sufre.

NOTA: Maestro, por favor tome nota de que en la *Agenda de clase* (sección *Antes de la clase,* inciso 2) de la próxima sesión se sugiere que con anterioridad se les asigne un trabajo a varios alumnos.

Dios habla en el torbellino

Contexto: Job 21:1 a 40:2
Texto básico: Job 38:1-18, 34-41
Versículo clave: Job 38:4
Verdad central: Aunque a veces no reconocemos que Dios está a nuestro lado, él es fiel y siempre está actuando a nuestro favor permaneciendo en nosotros y en nuestras circunstancias.
Metas de enseñanza-aprendizaje: Que el alumno demuestre su: (1) conocimiento de cómo le habló Dios a Job desde un torbellino, (2) actitud de reconocer la realidad de lo infinito de Dios y lo finito que es el ser humano.

Estudio panorámico del contexto

A. Fondo histórico:

Los tres amigos de Job han hablado en tres ocasiones, y Job le ha contestado a cada uno. El tema básico de todos los discursos de los amigos es el mismo: que Job sufre porque tiene pecado oculto que necesita confesar. En las respuestas de Job vemos su anhelo de sentir la presencia de Dios. Siente que ha recibido trato injusto, pero insiste en que tiene que haber justicia en el mundo. El capítulo 38 de Job relata la intervención de Dios en el drama. Job se queja porque no ha escuchado la voz de Dios y siente que Dios le ha abandonado. Pero Dios, que escucha los argumentos de los tres amigos y las respuestas de Job en cada caso, ahora va a mostrarles que todos han expresado una comprensión inadecuada debido a su naturaleza humana. Dios afirma su presencia, su sabiduría y su poder. Por medio de una serie de preguntas llega a convencer a Job de que no tiene derecho de quejarse de Dios porque hay tantas facetas de la obra de Dios que ni Job ni sus amigos entienden.

B. Enfasis:

Dios afirma su presencia en el mundo, porque es Señor de la creación, 38:1-7. En el curso de la presentación de su causa, en varias ocasiones, Job ha anhelado la oportunidad de presentar su caso ante Dios o de hablar con Dios. Pero Dios, desde el capítulo 2, no ha dicho nada. Ahora viene la oportunidad de escuchar a Dios y también de hablarle.

Dios es Señor de los elementos de la naturaleza, 38:16, 19, 22, 24, 25. Las lluvias son sumamente necesarias para la existencia humana y animal, tanto en la agricultura como en la vida urbana. Pero la lluvia puede ser fuerza destructiva, como se ve en las inundaciones que acontecen como consecuencia de lluvias excesivas en tiempos cortos, donde no hay manera de controlar las aguas. Así es con todos los elementos de la naturaleza. El orden en el universo es testimonio de la existencia de un Dios inteligente, que sabe lo que los seres humanos necesitan. Dios está en control; puede hacer que llueva o puede retener la lluvia. Las fuerzas pueden ser medios de enriquecer la vida humana, o pueden ser ocasión de tragedia.

Dios ha establecido las actividades de los animales, según su especie, 39:1, 5, 9, 13, 19, 27. Es interesante reconocer que Dios estaba suministrando los medios de la sobrevivencia del universo cuando estableció la naturaleza de las criaturas y sus funciones en la naturaleza. El balance entre las plantas y los animales afirma la presencia y las actuaciones de un Ser supremo como arquitecto de todo. Por medio de una serie de preguntas Dios revela que sólo él tiene las capacidades para controlar los elementos de la naturaleza, tales como la lluvia y los relámpagos, y de alimentar los animales silvestres. El hombre puede colaborar hasta cierto punto en el plan de Dios, pero tiene que ajustarse al plan divino.

Dios ahora invita a Job a contestarle, 40:2. No ha estado dormido ni sordo a las plegarias de Job; simplemente sabe que la lucha de Job le refinará para que salga con carácter más firme. Dios le invita a contestarle si tiene algún argumento que presentar.

――――――― Estudio del texto básico ―――――――

1 Una represión, Job 38:1-3.

V. 1. *Desde un torbellino* es un medio dramático para hablarle a Job. Dios controla todos los elementos de la naturaleza. La Biblia dice que hasta las piedras pueden clamar si así lo quiere Dios (Luc. 19:40).

V. 2. *¿Quién... oscurece el consejo...?;* Job, sin entender el plan completo de Dios para el universo, ha oscurecido ese plan para los demás por medio de sus quejas, por la intensidad de su dolor. El *consejo* significa en este contexto el plan y procedimiento de Dios en tratar la creación y la historia. Es cierto que no podemos entender mucho de lo que Dios hace. Dios declara que Job ha hablado sin conocimiento. Ahora Dios quiere que Job le responda unas preguntas.

V. 3. *Cíñete, pues, los lomos*; son instrucciones dadas para el soldado que está por entrar en batalla o para alguien que va a trabajar en algo duro. Ceñían la capa que solían llevar alrededor de los lomos, para no tropezar o enredarse con su propia ropa. Era un llamado a prepararse para una tarea dura. Job debe prepararse para cubrir unos terrenos muy duros en los próximos versículos cuando Dios le va a mostrar muchas verdades. *Te preguntaré... me lo harás saber;* Dios establece su propia esfera de acción y señala la de Job. Ahora hay dos capítulos en que Dios le hace preguntas a Job, antes de darle oportunidad de contestar. Después de tantas preguntas, Job tiene poco que decir.

2 La fundación de la tierra, Job 38:4-7.

V. 4. *¿Dónde estabas tú cuando yo fundaba la tierra?* Dios creó en el principio, según Génesis 1:1. Esto significa que Dios no fue creado, ha existido desde la eternidad. Todo lo demás es creación. *Házmelo saber...* intensifica la pregunta ya hecha. **V. 5.** Ahora Dios utiliza la terminología de un constructor, refiriéndose a determinar las *medidas* y extender un *cordel* sobre la tierra. Son metáforas, pero tienen el fin de convencer a Job de que Dios es soberano en su creación. **V. 6.** Los *fundamentos* representan la parte más importante de una construcción. La *piedra angular* era colocada en los arcos, para asegurar la estabilidad y permanencia de la construcción. Así que Dios está hablando de los aspectos más importantes de la creación del universo. **V. 7.** Se solía tener una fiesta para celebrar la colocación de los fundamentos y de la piedra angular, y la fiesta era acompañada de música y alabanzas a Dios.

3 El establecimiento de los límites de los mares, Job 38:8-11.

V. 8. *¿Quién contuvo... el mar?* Sigue preguntando sobre los actos sobrenaturales relacionados con el establecimiento del orden en el universo. El mar se presenta como un parto, en que las aguas salieron en forma repentina del vientre. **V. 9.** *Las nubes* se relacionan íntimamente con las aguas y *la oscuridad* de la noche cubre las aguas. Uno no puede verlas, aunque todavía se puede escuchar el movimiento de las aguas. **Vv. 10, 11.** *Cerrojos y puertas* son formas de asegurar y limitar. Los que han estado en una tempestad en el océano pueden testificar de la fuerza de las aguas. Resisten todo intento de domarlas. Se tiene que esperar la calma.

Dios permite que las fuerzas de las aguas se manifiesten en forma destructiva, pero controla estas fuerzas poderosas según su voluntad.

4 El impacto de la aurora, Job 38:12-15.

V. 12. *¿Alguna vez... diste órdenes a la mañana?* Otra vez se refleja la omnipotencia de Dios en controlar las fuerzas del universo. *¿Has mostrado a la aurora su lugar?* Presenta la idea que en cada aurora hay asignaciones de responsabilidad y la luz del día quita las tinieblas. **V. 13.** La luz llega a los extremos de la tierra, y descubre todo acto de los impíos. La luz tiende a sacudir a los impíos y hacerles buscar escondite. **V. 14.** Se explica que la aurora causa que la imagen del día sea reflejada como el sello de un molde. La mayor parte del trabajo se lleva a cabo durante las horas del día, cuando la luz natural ayuda a cada uno a cumplir su tarea bajo las condiciones más favorables. **V. 15.** *La luz es quitada a los impíos;* la noche, o sea, la ausencia de la luz es el ambiente más provechoso para los impíos, porque la mayoría de los crímenes se cometen durante las horas de la noche. *Es quebrantado el brazo enaltecido* se refiere al poder soberano de Dios para ejercer un poder superior al poder de las personas orgullosas y quebrantar sus fuerzas. Nadie, ni aun Satanás, tiene poder sin la autorización divina.

5 La esfera de la muerte, Job 38:16-18.
V. 16. *Las fuentes del mar* ilustran que el hombre no puede saber todos los misterios de las aguas. Hay secretos del mar que todavía no hemos podido descifrar, a pesar de los equipos sofisticados. Hay personas que tratan de *escudriñar el abismo;* pero de seguro hay misterios allí que no se han resuelto. **V. 17.** Tampoco ha visto Job *las puertas de la muerte, de la densa oscuridad.* Nadie ha podido pasar la puerta de la muerte y después regresar a este lado para relatarlo. **V. 18.** Job conoció en su vida una parte muy limitada de la tierra. En su día no se tenía concepto claro de *la amplitud de la tierra*, y pasarían muchos años antes de llegar a comprender la magnitud de este planeta.

6 El examen final, Job 38:34-41.
V. 34. *¿Alzarás a las nubes tu voz?* Job no tiene la capacidad de ordenar a las nubes que derramen las lluvias en el lugar deseado. *Abundancia de aguas* era el anhelo de todo agricultor y pastor, porque eso garantizaba prosperidad. Podemos orar a Dios pidiendo lluvia para las partes donde hay sequía, pero no somos capaces de crear la lluvia ni determinar en que partes cae. **V. 35.** *¿Enviarás los relámpagos?* El relámpago tiene una trayectoria instantánea que uno no puede predecir ni controlar. Nadie puede desafiar al relámpago, diciendo: *¡Aquí nos tienes!* Obra bajo las leyes de la naturaleza que ha establecido el Dios soberano. **V. 36.** El *ibis* y el *gallo.* La implicación es que Dios da la sabiduría al ser humano y la inteligencia instintiva a los animales. El es fuente de nuestras capacidades intelectuales tanto como físicas. Ha brindado a cada ser humano inteligencia, y lo que hacemos con esa inteligencia depende de nuestra voluntad. **V. 37.** *Contar las nubes* sería una imposibilidad humana, ya que los bordes de una nube no se pueden definir. Inclinar *las tinajas de los cielos* se refiere a la capacidad de retener las lluvias o de controlar el lugar donde caen. El hombre es incapaz de hacer algo para que llueva en un lugar determinado. **V. 38.** Nadie puede hacer que *el polvo se* endurezca *como sólido.* El ser humano ha podido elaborar fórmulas para hacer el cemento y la pavimentación asfáltica, pero todavía hay cosas que quedan bajo la soberanía de Dios. **V. 39.** ¿Es capaz el ser humano de suministrar la comida que los animales silvestres necesitan y cuidar de sus hijos? Tal vez podríamos hacerlo en una escala limitada, como se hace en los parques zoológicos, pero sería imposible intentar hacerlo en gran escala con todos los animales que Dios creó. **V. 40.** La cantidad de comida que se exige para alimentarlos nos convence de que el alimentar a todos los animales es tarea demasiado grande para los seres humanos. Dios lo hace, según su plan para toda la creación. **V. 41.** *El cuervo* es ave que se alimenta por su propio esfuerzo, pero cuando la comida escasea, solo Dios les provee alimento.

1. **Debemos reconocer que el ser humano es finito; Dios es infinito.** No debemos tratar de descifrar los misterios divinos, que nos son ocultos. Demos gracias a Dios por su grandeza.

2. **El orden en la creación da testimonio de un Ser supremo que ha organizado todo para funcionar en un diseño divino perfecto.** La complejidad del cuerpo humano y la forma coordinada en que funcionan todos los órganos despierta en nosotros el sentido de reverencia hacia Dios.

3. **Dios que se encarga de mantener toda su creación en funcionamiento perfecto, se interesa en los detalles más minuciosos de nuestra vida.** Tomó el tiempo para hablarle a Job y a sus amigos, así como hoy lo hace con nosotros.

―――――――――――― **Ayuda homilética** ――――――――――――

¡Cuán grande es él!

Job 38:4-7

Introducción: Cuando consideramos la magnitud de la creación, nuestra respuesta tiene que ser una doxología afirmando la grandeza de nuestro Dios.

   I. La grandeza de Dios se manifiesta en la creación.
     A. El orden en la creación es impresionante.
     B. La creación testifica de una mente divina que la ha diseñado.
  II. La grandeza de Dios se manifiesta en los seres humanos.
     A. La creación del cuerpo físico nos impresiona.
     B. La naturaleza espiritual y el alma inmortal ilustran su grandeza.
 III. La grandeza de Dios se manifiesta en la redención.
     A. Dios diseñó un plan para salvar al hombre.
     B. Dios mandó a Jesucristo para morir en la cruz, y así redimirnos.
     C. Tenemos que poner nuestra fe en Cristo y aceptarlo como Salvador personal para gozar de la promesa de la vida eterna.

Conclusión: La bondad de Dios es abundante en las maravillas de nuestro universo y en su trato con los seres humanos. Su misericordia se manifiesta todos los días, aunque hay tantas maneras en que los seres humanos rechazan esa bondad. Pero su paciencia es infinita, y durante los siglos Dios ha esperado con paciencia hasta que el ser humano se somete a su soberanía.

Lecturas bíblicas para el siguiente estudio

Lunes: Job 40:3-5   **Jueves:** Job 41:1-24
Martes: Job 40:6-14   **Viernes:** Job 41:25-34
Miércoles: Job 40:15-24   **Sábado:** Job 42:1-17

AGENDA DE CLASE

Antes de la clase
1. No deje de leer las lecturas bíblicas diarias que aparecen al final del Estudio 43. **2.** Con anterioridad, asigne a distintos alumnos una de dichas lecturas. Cada uno debe preparar un resumen de su contenido y elegir el versículo que más le impresionó. **3.** Lea los comentarios en este libro y en el del alumno. **4.** Escriba en tiritas de papel: Job 13:3; Job 16:21; Job 23:3-5; Job 31:35. Escóndalas en el aula (debajo de los asientos, o detrás de cuadros, etc.). **5** En una franja de cartulina escriba: **Dice Dios: "Bástate mi gracia" 2 Corintios 12:9. 5.** Conteste las preguntas en la primera sección bajo *Estudio del texto básico* en el libro del alumno.

Comprobación de respuestas
JOVENES: Vv. 4-7, 18: la tierra y su grandeza. Vv. 8-11, 16: el mar y sus profundidades. Vv. 12-15: el tiempo/los días. V. 17: la muerte/ el más allá. Vv. 34, 35: lluvia/tormentas. V. 36: inteligencia/instinto. Vv. 37, 38: control del estado del tiempo.
ADULTOS: 1. Nubes. 2. Torbellino. 3. Mar. 4. Piedras. 5. Estrellas. 6. Puertas. 7. Fundar. 8. Cimientos. 9. Límites. 10. Aurora.

Ya en la clase
DESPIERTE EL INTERES
1. Diga a los presentes que ha escondido cuatro tiritas de papel con citas bíblicas y que deben encontrarlas. **2.** Los que las encuentren, deben buscar las citas en sus Biblias y leerlas en voz alta. **3.** A medida que lo hacen, haga notar que Job, al argumentar con sus amigos, no recibió de ellos respuestas satisfactorias. Por eso anhela argumentar con Dios en una especie de tribunal de justicia. Quiere presentar su caso ante Dios. Cree que al hacerlo será vindicado porque es inocente de pecado. Opina que Dios le debe una explicación.

ESTUDIO PANORAMICO DEL CONTEXTO
1. Pida a los alumnos que se prepararon para dar un resumen de las lecturas bíblicas diarias y que escogieron el versículo que más les impresionó que presenten a la clase lo que prepararon. **2.** Asegúrese de que noten que entra en escena Elihú cuando los demás terminaron de hablar. Era un hombre joven, impaciente con los argumentos de Elifaz, Bildad y Zofar y con las autojustificaciones de Job. Destaque que es después del discurso de Elihú que se cumple el anhelo de Job de encontrarse cara a cara con Dios. Mencione también que hubo etapas en el proceso de sufrimiento de Job, cuando, aunque permanecía fiel a Dios, no sentía su presencia y opinaba que Dios le estaba perjudicando injustamente.

ESTUDIO DEL TEXTO BASICO

Divida a la clase en dos sectores. Un sector enfocará las preguntas retóricas de Dios y, el otro sector, sus afirmaciones. Pida a un alumno del sector "Preguntas" que lea la pregunta de Dios en el v. 2 y que otros de ese mismo sector digan: (1) lo que quiere decir la pregunta y (2) cómo la contestarían. Escriba en la parte superior del pizarrón o de una hoja grande de papel: "¿Quién?" y haga notar cuántas veces aparece en el capítulo 38. Pida a un alumno del segundo sector que lea la afirmación del v. 3 y otros del mismo sector opinen lo que quiere decir. En caso de dificultad, pueden consultar el comentario en sus libros del alumno.

Proceda de la misma manera con el resto del texto básico, escribiendo en el pizarrón o en la hoja grande de papel, las creaciones de Dios que se mencionan (p. ej.: la tierra, el mar). Al final, pregunte qué creaciones de Job pueden escribir en el pizarrón (ninguna).

Guíe la conversación de manera que resulte bien clara la diferencia total entre Dios y Job: Dios es eterno, Job no. Dios es Todopoderoso, Job no. Dios tiene la capacidad de sustentar toda la creación, Job no. Por último, Dios todo lo sabe, Job no.

APLICACIONES DEL ESTUDIO

1. Dialoguen en base a preguntas como las siguientes: ¿Le corresponde al ser humano saber todos los misterios de Dios, de su universo y de la vida humana? ¿Si el hombre tuviera la capacidad de conocer todos los misterios de Dios y al mismo tiempo la capacidad de cambiar los planes y aestablecidos, qué pasaría? ¿A veces pretendemos querer saber más de lo que nos corresponde? ¿Qué misterios no sabemos? Ante nuestra propia incapacidad de entender tantas cosas, ¿cómo reaccionamos? ¿Qué lugar ocupa Dios en estas reacciones? **2.** Muestre la franja de cartulina donde escribió: **Dice Dios: "Bástate mi gracia" 2 Corintios 12:9.** Guíe la conversación para que comprendan cómo ésta es la respuesta perfecta a todas las incógnitas de la vida del cristiano. Lea el título de la unidad: ¿Por qué sufren los seres humanos? Pregunte qué contestarían ahora a la luz de este estudio.

PRUEBA

1. Pida a cada participante que encuentre esta sección en su libro del alumno y escriba allí las respuestas a las dos preguntas. Digan que si lo desean, pueden consultarse entre integrantes de su mismo sector. **2.** Cuando hayan terminado, pida a los de un sector que compartan sus respuestas a la primera pregunta. Después que lo hayan hecho, pida a los del otro sector que compartan sus respuestas a la segunda pregunta. **3.** Terminen con un período de oraciones conversacionales dando gracias a Dios porque su gracia ha sido suficiente en los momentos en que les ha tocado sufrir en la vida.

Job reconoce el poder de Dios

Contexto: Job 40:3 a 42:17
Texto básico: Job 40:1-5, 8-14; 42:1-17
Versículo clave: Job 42:10
Verdad central: La paciencia del ser humano frente a las pruebas y un corazón humilde, es la mejor manera de enfrentarlas para salir victorioso de ellas.
Metas de enseñanza-aprendizaje: Que el alumno demuestre su: (1) conocimiento de la expresión de humildad de Job frente al poder de Dios, (2) actitud de paciencia y humildad frente a las pruebas.

Estudio panorámico del contexto

A. Fondo histórico:

Cuando alguien ha perdido sus posesiones, sus hijos y su salud y está rogando comunicarse con Dios, es un poco difícil entender el contenido del mensaje divino. Dios habla de la creación, los cielos, los mares, las estrellas, los varios animales y después nos llama a considerar al Behemot y al Leviatán. Hubiéramos esperado algo dirigido más personalmente a Job para consolarlo. Dios no contesta las preguntas de Job, no lo felicita por su perseverancia. No reprende a sus amigos por su interpretación equivocada.

Hay cuatro hechos que nos convencen de que él está en control del universo: (1) Dios habla. Hubo silencio durante los discursos de Job y sus amigos, pero al fin habla, y ese hecho nos asegura que está activo en nuestros asuntos. (2) Dios manifiesta su sabiduría y poder en la creación. (3) El poder de Dios se ilustra en la consideración del Behemot y el Leviatán. Están entre los animales más grandes y más temidos, pero Dios cuida de ellos, y están bajo su autoridad. (4) Dios ejerce su sabiduría, poder y justicia en los eventos de la historia.

B. Enfasis:

Dios demuestra su sabiduría y su soberanía, 40:1-3. Dios permite al ser humano expresar sus luchas, frustraciones, dudas y hasta su enojo por las circunstancias. Pero al fin, llega el momento cuando el hombre tiene que callar y escuchar a Dios. Este es el segundo discurso de Dios, y aquí desafía a Job a tomar las riendas del universo, para ver si puede hacerlo mejor que Dios.

Job pone su mano sobre la boca, 40:4, 5. Después del discurso de Dios, Job reconoce que es insignificante, que no tiene nada que responder. Escucha las declaraciones de la soberanía de Dios por la manera en que ha organizado y ordenado la naturaleza. *Dios controla todas las fuerzas de la naturaleza, 40:15—41:11.* Ilustra este hecho con el Behemot y el Leviatán, que están entre los animales más fuertes y más temidos de la creación, pero Dios los domina. *Job reconoce que Dios es todopoderoso, 42:1-5.* Afirma que "de oídas había oído de ti, pero ahora mis ojos te ven". Se da cuenta que Dios hace lo mejor en cada circunstancia de la vida. *Job se arrepiente en polvo y ceniza, 42:6.* Job reconoce que su pecado era el orgullo. Había sido persona de importancia en su tierra; todos lo miraban con respeto. Personas en estas circunstancias tienden a desarrollar un orgullo debido al poder que pueden ejercer. Los sufrimientos de Job servían para humillarlo y hacerlo reconocer que no era nada. *Jehovah restaura y bendice a Job, 42:7-17.* El Señor reclama a los amigos de Job que no dijeron la verdad acerca de él, en cambio Job sí lo hizo. Job ahora tendrá el privilegio de orar intercesoriamente por sus amigos para que Dios no les haga a ellos ningún daño. Finalmente, Dios bendijo a Job más abundantemente en sus últimos años.

───────────── **Estudio del texto básico** ─────────────

1 Job responde a Jehovah, Job 40:1-5.

V. 1. Jehovah continúa su conversación con Job, para ilustrar su dominio sobre toda la creación.

V. 2. Jehovah pregunta a Job: *¿Desistirá el que contiende con el Todopoderoso? Contiende* es la traducción que se da en este pasaje, implicando que Job ha continuado su argumento con Dios. *Que responda a esto.* Dios va a darle a Job la oportunidad de razonar si las decisiones tomadas han sido las más indicadas.

V. 3. *Entonces Job...* Cuando Dios le dio la oportunidad de hablar, Job se dispuso a mantener su diálogo con Dios.

Vv. 4, 5. *Yo soy insignificante.* Job reconoce que es muy pequeño cuando se compara con las fuerzas gigantescas de los elementos de la naturaleza y los animales silvestres. *Pongo mi mano sobre mi boca* revela que Job ya está listo para terminar el argumento. Job ahora reconoce que no puede decir más. Queda inconforme, porque hay algunas cosas que todavía no comprende.

2 Dios desafía a Job para tomar decisiones, Job 40:8-14.

V. 8. *¿Invalidarás mi juicio?* Job ha caído en el error de cuestionar el juicio de Dios para vindicar su propia circunstancia. Es una reacción humana muy común el culpar a otros para justificar alguna decisión o acción.

V. 9. Dios pregunta a Job: *¿Tienes tú un brazo como el de Dios?* Las preguntas exigen una respuesta negativa de parte de Job. Frente a Dios Job reconoce sus limitaciones.

Vv. 10, 11. Dios desafía a Job a hacer el papel de Dios por un tiempo. El reto es de adornarse, vestirse y actuar como él con la responsabilidad de las decisiones que tiene que tomar. Una parte de la actividad de Dios es manifestar su ira frente a la inmundicia y juzgar el mal en el universo. Ahora Dios desafía a Job para que humille a los soberbios.

V. 12. En este versículo Dios desafía a Job para que él someta al soberbio. A la vez le da el mandato de pisotear a *los impíos*. Esto ilustra la variedad de la responsabilidad de Dios en controlar el universo.

V. 13. *Entiérralos juntos...* continúa el desafío de Dios a Job para que éste llegue a comprender que hay actos divinos como los de aplicar la justicia y juicio, que sólo corresponde a Dios realizar.

V. 14. Dios entra para hablar del Behemot y el Leviatán, que probablemente se identificaban como el hipopótamo y el caimán (pero no sin opiniones diferentes y de controversia), dos animales silvestres de mucho poder, pero que Dios controla en su soberanía.

3 Job se humilla y retracta, Job 42:1-6.

V. 1. Job llega a responder a Jehovah, después de haber sido desafiado para tomar el papel de Dios y tomar las decisiones que Dios tiene que tomar. Su respuesta está rodeada de humildad.

V. 2. *Reconozco que todo lo puedes...* es una declaración de sumo significado. Este es el punto a que tiene que llegar cada ser humano en la vida. Dios es el Señor y los seres humanos somos su creación. *No hay plan que te sea irrealizable* afirma las capacidades sin límites de Dios. Dios puede hacer todo, pero él sabe cuándo es mejor realizar su plan.

V. 3. Job confiesa: *Ciertamente dije cosas que no entendía;* toda persona habrá tenido esta experiencia de decir cosas que posteriormente reconoce que no representaban su comprensión de la verdad. *Demasiado maravillosas para mí...;* uno trata de explicar los misterios de la divinidad, pero se da cuenta de que los misterios de Dios son muy complejos, y desafían a una explicación. *Las cuales jamás podré comprender,* Job admite que durante toda una vida el ser humano no llega a comprender la manera en que Dios maneja el mundo.

V. 4. Puede ser una repetición de Job 38:3, que Job está recordando de nuevo al considerar el cambio que él mismo ha experimentado en su punto de vista referente al obrar de Dios y el sufrimiento del hombre.

V. 5. *De oídas... mis ojos...* Job había recibido las instrucciones referentes a Jehovah desde la niñez, como posteriormente todo descendiente de Abraham ha oído las enseñanzas de Dios en Deut. 6:6-9, los Diez Mandamientos y otros pasajes bíblicos. Job ha llegado al punto de tener un encuentro con Dios.

V. 6. *Me retracto...* La palabra para *arrepentimiento* en este caso es diferente a la que generalmente se utiliza. Esta palabra significa "suspiro" como el respirar profundamente, frente a una circunstancia dramática. Ya que Job no había cometido pecados carnales en forma abierta, su arrepentimiento era de un orgullo espiritual y su falta de fe en la operación final de la justicia de Dios.

4 Dios juzga a los amigos de Job, Job 42:7-9.

V. 7. Aquí se llega al sumario de la historia de Job. En forma rápida se resumen los acontecimientos, que seguramente tomaron un tiempo largo para cumplirse. *Mi ira se ha encendido...;* es terrible cuando uno cae bajo la ira de Dios. *Porque no habéis hablado lo recto acerca de mí.* Los amigos de Job habían enfocado una defensa de su punto de vista teológico, de acuerdo con la comprensión tradicional de la humanidad en aquel entonces, pero no habían tomado en cuenta la naturaleza de Dios.

V. 8. Los tres amigos de Job tenían que hacer sacrificios de *siete toros y siete carneros,* sacrificios bastante grandes, puesto que su pecado también era grande. El sacrificio normal era un solo animal; siete sacrificios eran exigidos para abarcar toda la congregación (Eze. 45:22-25). Esto ilustra la gravedad de los pecados de los amigos de Job. Fueron instruidos para ir al siervo Job y ofrecer holocaustos por sus pecados. En el holocausto todo el animal era sacrificado, y nada quedaba a los ofrendantes ni a los sacerdotes. *Job orará por ellos,* y no guardará rencor por lo acontecido.

V. 9. Los tres amigos hicieron como Dios les había mandado. Entonces Dios se dirige a Job para atenderle a él directamente.

5 Dios bendice a Job, Job 42:10-17.

V. 10. *Jehovah restauró a Job cuando él oraba por sus amigos;* Es claro que había perdón de parte de Job y una restauración en la relación de amistad entre todos. *Aumentó Jehovah al doble;* señal de una bendición especial para Job. Aunque durante un tiempo largo parecía que Dios no le atendía, ahora viene el momento de la recompensa, que es el doble de las posesiones de lo que Job anteriormente tenía.

V. 11. La reunión familiar era para festejar el cambio en las circunstancias de Job. Durante sus sufrimientos estaba abandonado y aislado de todos; ahora todos llegan para felicitarle por el cambio en su vida y en sus circunstancias, y le traen una moneda y un *pendiente de oro,* símbolos de honor y respeto.

V. 12. Job recibió exactamente el doble del número de ganado y posesiones que había tenido antes de sus pruebas.

V. 13. Job es bendecido con el mismo número de hijos e hijas. No sabemos si los hijos eran de la misma esposa. Si eran, entonces el tener veinte hijos sería amplia bendición, para aquel entonces.

Vv. 14, 15. Se da importancia a las hijas al mencionar sus nombres, y el hecho de que participaban también en la herencia. Las hijas no solían participar en la herencia excepto en casos donde no había hijos varones.

Vv. 16, 17. La tradición dice que Job tenía 70 años cuando principiaron sus pruebas. El vivir para ver a los hijos hasta la cuarta generación se consideraba bendición especial, de modo que el relato asegura que Job disfrutó de todo lo que uno normalmente podría esperar en la vida. El morir anciano y lleno de años indicaba que había disfrutado de la vida en la mejor manera.

―――――――――――― Aplicaciones del estudio ――――――――――――

1. La justicia de Dios llega finalmente. El estudio de Job nos demuestra que hay cuestiones que no tienen respuestas y que hay problemas que no tienen solución. Tenemos que vivir con fe y paciencia para aprender lo que Dios nos enseña por medio de estos problemas. **2. Dios arregla las cuentas en su tiempo.** Lo importante es confiar en Dios y esperar con paciencia hasta que él nos aclare las cosas. Para algunos esta aclaración puede llegar en el cielo. **3. Aunque pecamos por nuestra falta de fe, podemos estar seguros de que Dios no nos abandona. 4. A veces tenemos que poner la mano en la boca.** Hay momentos para hablar y momentos para callar.

――――――――――――― Ayuda homilética ―――――――――――――

La justicia de Dios
Job 42:7-14

Introducción: Se ha dicho que el tema del libro de Job es el sufrimiento. Pero otra perspectiva diría que el tema es la justicia de Dios.

I. La justicia de Dios se manifiesta en el universo.
   A. Los animales tienen su esfera de acción.
   B. Los seres humanos se ajustan a las leyes del universo.
II. La justicia de Dios se manifiesta en su trato con los justos.
   A. A veces no comprendemos el propósito de lo que nos pasa.
   B. Necesitamos esperar que se cumpla el propósito de Dios en nosotros y en otros.
III. La justicia de Dios se manifiesta en su trato con el injusto.
   A. Los injustos al fin serán juzgados.
   B. Los injustos recibirán la paga de su error.

Conclusión: Nunca vamos a comprender en forma completa el misterio del sufrimiento. Nuestra tarea es consagrarnos a Dios y reconocer que él nos acompañará en los tiempos difíciles. Confiemos en Dios con actitud paciente para ser fortalecidos por medio del sufrimiento.

Lecturas bíblicas para el siguiente estudio

Lunes: Proverbios 1:1-33   **Jueves:** Proverbios 4:1-27
Martes: Proverbios 2:1-22   **Viernes:** Proverbios 5:1-23
Miércoles: Proverbios 3:1-35   **Sábado:** Proverbios 1:5-7,
                                             20-23; 2:1-5, 12, 16

AGENDA DE CLASE

Antes de la clase
1. Lea en su Biblia Job 40:3—42:17. Lea los comentarios del estudio en este libro y en el libro del alumno. **2.** Repase los cinco estudios anteriores. Reflexione especialmente en cómo se fue desarrollando el libro y el tema del sufrimiento humano, las reacciones de Job y de sus amigos. Vea cuántos consejos dados a Job puede recordar empezando con el de su esposa (2:9) y cuántas declaraciones de Job que muestran que nunca renegó de Dios. **3.** Lleve a clase una Biblia en la Versión Popular (Dios Habla Hoy). **4.** Conteste las preguntas en la primera sección bajo "Estudio del texto básico" en el libro del alumno.

Comprobación de respuestas
JOVENES: **1.** Job. **2.** V. 4: Job se sabe insignificante. V. 5: Ya ha hablado demasiado. **3.** c. **4.** a. Reconoce que Dios todo lo puede (v. 1). b. Reconoce que había dicho cosas que no entendía (v. 3). c. Se arrepiente de haber actuado tan mal (v. 6). **5.** V. 6: Arrepentirse. V. 10: Orar por sus amigos.
ADULTOS: **1.** (Escriban Job 40:4). **2.** Todopoderoso. **3.** Antes había sabido de él, pero ahora lo conocía personalmente. **4.** No habían hablado lo recto acerca de Dios. **5.** Dándole el doble de lo que había tenido antes de su prueba.

Ya en la clase
DESPIERTE EL INTERES
1. Cuente el siguiente relato: un estudiante de primer año de medicina leyó un artículo sobre operaciones para extirpar tumores cerebrales. Lleno de sus nuevos conocimientos, fue al consultorio del mejor neurocirujano del país. Comenzó a indicarle cómo extirpar un tumor cerebral. El cirujano lo dejó hablar. Cuando el estudiante terminó su discursito, comenzó a hablar el cirujano. **2.** Pida a los alumnos que se imaginen lo que habrá dicho. Para estimular su imaginación, sugiera que completen las siguientes preguntas que puede haber hecho el cirujano: ¿Quién...? ¿Alguna vez en tu vida...? ¿Podrías...? ¿Conoces...? ¿Tienes tú...? **3.** Guíelos a imaginar qué le habrá dicho el cirujano al estudiante al concluir (Retírate, no vuelvas con cosas que no sabes, etc.) ¿Se imaginan cómo habrá quedado el estudiante? **4.** Haga notar que algo así fue el encuentro entre Dios y Job. Dios había oído todo cuando Job exponía "su sabiduría" a sus amigos.

ESTUDIO PANORAMICO DEL CONTEXTO
Presente un repaso de los cinco estudios anteriores. Mencione los consejos que Job recibió y las pruebas de que se mantuvo en su posición de inocencia y de que su sufrimiento era inmerecido. Diga que, mientras tanto, el Señor escuchaba todo. Cuando finalmente todos terminaron de hablar, lo que Dios dijo fue en el mismo tono que ha de haber usado el cirujano con el estudiante. Y la reacción de Job fue como la del estudiante.

ESTUDIO DEL TEXTO BASICO

Job responde a Jehová, 40:1-5. Escriba el título de esta sección en el pizarrón o en una hoja grande de papel. Dé a un alumno la Biblia en Versión Popular. Pida a otro alumno que lea Job 40:1-5 en su propia Biblia y luego el alumno a quien dio la Versión Popular, lea ese mismo pasaje en esta versión. Sugiera que entre todos hagan una paráfrasis propia de cómo dirían todo con sus propias palabras. Aproveche esta actividad para asegurarse de que comprendan (1) la vergüenza de Job ante Dios, la vergüenza de haberse atrevido a cuestionarle, (2) el reconocimiento de la absoluta sabiduría de Dios, implícito en la reacción de Job.

Dios desafía a Job a tomar decisiones, 40:8-14. Procedan de la misma manera que con el pasaje anterior. Asegúrese de que comprendan que Dios desafía a Job a demostrar su poder en vista de que Job se siente víctima de una injusticia de parte de Dios, o sea que Dios se equivocó. Ya que se cree que sabe más que Dios, a ver si puede dar pruebas de poder sustentar el mundo como lo hace Dios. Sólo cuando pueda demostrar un poder como el de Dios ganará "su caso".

Job se humilla y retracta, 42:1-6. Procedan de la misma manera que con el pasaje anterior. Asegúrese de que comprendan que este pasaje es el clímax, el punto culminante del libro de Job y que el cambio total en la actitud de Job se debe a su tremenda experiencia personal con Dios (v. 5). Comente que en el v. 6 tenemos la reacción de todo ser humano que realmente tiene un encuentro personal con Dios.

Dios juzga a los amigos de Job, 42:7-9. Procedan de la misma manera que con los pasajes anteriores. Asegúrese de que comprendan que a Dios le importó "la doctrina errada" de Elifaz, Bildad y Zofar y no la dejó pasar. Tuvieron que ofrecer los sacrificios por haber pecado, y valerse de Job para que intercediera por ellos ante Dios.

Dios bendice a Job, 42:10-17. Procedan de la misma manera que con los pasajes anteriores. Regocíjense con el final apoteótico del libro. Job había salido airoso de la prueba que Dios había autorizado. Dios había tenido razón: La fe de Job era inquebrantable.

APLICACIONES DEL ESTUDIO

1. Pregunte: ¿Le dio Dios a Job las respuestas como Job las esperaba? ¿Qué conclusión podemos sacar de todo esto? Llame la atención al cartel: "¿Por qué sufren los seres humanos?" ¿Hemos podido contestar esta pregunta como esperábamos? ¿Cuál es la respuesta definitiva a esta pregunta? ¿Pueden pensar en citas bíblicas que coinciden con la respuesta definitiva? (P. ej.: Rom. 8:28; 1 Cor. 13:9, 12; Ecl. 12:13; Stg. 5:11.)

PRUEBA

1. Pida a cada uno que encuentre esta sección en su libro del alumno. **2.** Realicen todos juntos las actividades.

PLAN DE ESTUDIOS
PROVERBIOS

Escriba antes del número de cada estudio, la fecha en que lo usará.

—Comentario Bíblico Mundo Hispano.
Varios autores

No. 03109

Escrito originalmente en castellano y contextualizado al mundo hispano. Los escritores son líderes de reconocido prestigio en el mundo hispano.
Tiene ayudas prácticas: semillero homilético, ilustraciones, verdades prácticas, fotografías y mapas.
Texto impreso de la Biblia RVA con sus notas explicativas. Exégesis y explicación del texto bíblico en base a párrafos o unidades de pensamiento.
Incorporación del Sistema Strong,

PROVERBIOS
Una introducción

El libro de Proverbios forma parte de la llamada literatura sapiencial de Israel. Este tipo de literatura no fue patrimonio exclusivo de ellos, sino que formó parte de una herencia cultural común del mundo antiguo. En Egipto y Mesopotamia proliferaron durante mucho tiempo los dichos sapienciales. Por sabiduría los hebreos entendían no el conocimiento especulativo, a semejanza de los griegos, sino una sabiduría práctica.

Escritor y contenido. Tradicionalmente el libro ha sido atribuido a Salomón. Entre los judíos se consideraba a David como el escritor de los Salmos, a Moisés como escritor del Pentateuco y Salomón como el escritor de Proverbios. Pero así como David no escribió todos los salmos, así Salomón no escribió todos los proverbios. Pudiera ser que él fuera el editor o compilador de los proverbios. La referencia en 1:1 puede tomarse en ese sentido.

Secciones:

1. Introducción y alabanza a la sabiduría, 1:1 a 9:18. Mayormente esta sección consiste en poemas cortos sobre una gran variedad de temas. El hombre sabio, quien toma el papel de maestro, se dirige al aprendiz como "hijo mío". El versículo 7 del capítulo 1 es el lema de esta sección: "El temor de Jehovah es el principio del conocimiento; los insensatos desprecian la sabiduría y la disciplina."

2. Proverbios de Salomón, 10:1 a 22:16. Estos dichos son considerados de Salomón mismo. Casi todos estos proverbios vienen en dos líneas, siguiendo un paralelismo, como en 10:1.

"El hijo sabio alegra a su padre, pero el hijo necio es tristeza de su madre."

Otra cosa que se destaca en esta sección es la ausencia de un orden de arreglo de los materiales. Proverbios de diferentes asuntos van uno detrás de otro sin ninguna lógica. Uno queda impresionado, sin embargo, por el alto nivel de moralidad enseñado.

3. Dichos del Sabio, 22:1 a 24:34. Treinta dichos de amonestaciones y conocimiento. Aquí el estilo es más personal y didáctico.

4. El segundo libro de proverbios de Salomón, 25:1-29. Estos difieren en algo de los primeros.

5. Las palabras de Agur, y el rey Lemuel, 30:1 a 31:31. Agur, de quien no sabemos nada más que lo que se revela en estos proverbios, parece reflejar una gran humildad e insuficiencia; pero en verdad, por sus consejos, se manifiesta como un hombre lleno de sabiduría y experiencia. El otro sabio, el rey Lemuel, parece ser un ismaelita. Repite los consejos que su madre le diera sobre cómo comportarse como rey y cómo evitar los males del día. Quizá su misma madre fue la inspiración del poema dedicado a la mujer virtuosa.

La sabiduría nos encamina a vivir bien

Contexto: Proverbios 1:1 a 5:23
Texto básico: Proverbios 1:5-7, 20-23; 2:1-5, 12, 16
Versículo clave: Proverbios 1:7
Verdad central: La sabiduría, que es la combinación adecuada entre los conocimientos profundos y la reflexión moral y espiritual, es la base para una vida significativa y feliz.

Metas de enseñanza-aprendizaje: Que el alumno demuestre su: (1) conocimiento en cuanto a qué es la sabiduría, (2) actitud de aplicar sabiduría en sus acciones diarias.

————————— Estudio panorámico del contexto —————————

A. Fondo histórico:
El libro de Proverbios forma parte de los Escritos, la literatura poética, la última parte del Canon del Antiguo Testamento. El libro de Proverbios se atribuye a Salomón, aunque también se mencionan en él varios otros escritores. Es una compilación de enseñanzas que abarcan los temas de la sabiduría y varios otros temas prácticos para ayudar a las personas a vivir bien.

Seguramente el libro fue escrito en un proceso de varios años. La palabra *proverbio* quiere decir "ser parecido a", son dichos sabios que comparan una verdad con otra. Hay muchos símiles en el libro de Proverbios. Uno de los más famosos es: *Como el ave que vaga lejos de su nido, así es el hombre que vaga lejos de su lugar.* Proverbios consisten en consejos prácticos para niños, jóvenes y adultos, para orientarles en las cualidades que contribuyen a la felicidad personal y la armonía en las relaciones interpersonales.

En los cuatro estudios que siguen vamos a considerar algunos proverbios que se relacionan con las normas morales para vivir mejor. Hemos dividido las enseñanzas en cuatro categorías, y dedicaremos un estudio a cada tema. Los temas serán: la sabiduría, las claves del éxito para los jóvenes, el buen uso del tiempo y de los bienes materiales, y el hogar feliz.

B. Enfasis:
La sabiduría y la disciplina se mencionan como las metas del libro, 1:2.
La sabiduría es el conocimiento práctico de la teoría combinada con el juicio sabio para tomar las decisiones que garantizan la felicidad y el éxito en la vida. La disciplina se adquiere de los maestros sabios y experimentados que exigen un comportamiento de acuerdo con las exigencias de su profesión o arte. Para

la gente en aquella época la sabiduría era asunto más práctico que especulativo, y en los Proverbios se resalta este hecho. *Con sabiduría la persona puede superar todo problema, 1:5-20.* La sabiduría es uno de los temas más prominentes en Proverbios. Se personifica en varias formas, inclusive como una persona que anda en las calles exhortando a la gente a abandonar la ingenuidad (1:20). *La sabiduría brinda la capacidad de valorar las cosas, 1:21-23.* Esto ayudará a colocarlas en su perspectiva debida y evitar las caídas morales y espirituales. Proverbios es uno de los libros más prácticos de toda la Biblia, porque enfoca estos temas en forma directa y franca. *La sabiduría nos ayuda para entender el temor de Jehovah, 2:1-5.* El conocimiento tiene que venir antes de la obediencia. La sabiduría nos enseña las normas que pueden guiarnos a vivir en forma correcta. *El actuar con sabiduría nos librará de actos de pecado, 2:6-22.* El conocimiento de la verdad nos obliga a obedecerla. Es el camino hacia la armonía en el hogar, en el trabajo y en toda otra relación. Es la manera de evitar las tentaciones que nos encaminan a la infidelidad en el matrimonio. *La recompensa de la sabiduría y el temor del Señor, 3:1-20.* La confianza en el Señor es el secreto del hombre sabio. *La preciosa herencia de la sabiduría, 4:1-27.* Se asegura que el que busca la sabiduría en primer lugar experimentará la honra que acompaña tal dádiva. Amonesta al ser humano a buscar con toda intensidad tal virtud, sabiendo que esto le va a costar mucho, pero que dará una recompensa abundante. *Lo verdadero y lo falso del matrimonio, 5:1-23.* El padre nuevamente previene a su hijo contra el peligro de la adúltera y de sus palabras melosas y seductoras. La disciplina y la reprensión del padre deben ser valoradas como un verdadero tesoro.

―――――――――――――― **Estudio del texto básico** ――――――――――――――

1 Los componentes de la sabiduría, Proverbios 1:5, 6.

V. 5. *El sabio oirá,* se refiere a la sabiduría que se adquiere del estudio de todos los descubrimientos de personas dedicadas a la búsqueda de la verdad. *Aumentará su saber* es proceso que requiere disciplina y paciencia. *Adquirirá habilidades*; la raíz de la palabra *habilidades* viene de dos palabras que significan amarrar una soga.

V. 6. *Comprenderá...* Se mencionan las cuatro clases de literatura que contiene el libro: (1) *los proverbios* o dichos que son famosos por su uso y naturaleza práctica durante largo tiempo; (2) los *dichos profundos,* que cada cultura elabora con los años, basados en las tradiciones; (3) las *palabras de los sabios,* quienes han dedicado mucho tiempo a la contemplación de la vida y su propósito, para después formar sus dichos sabios sobre la vida y (4) *enigmas,* que son una clase especial de dichos que forman una pregunta y que piden que el participante busque la contestación.

334

2 El principio del conocimiento, Proverbios 1:7.

V. 7. *El temor de Jehovah* tiene dos facetas. *Primera*, abarca una reverencia santa hacia Dios, reconociendo que él es digno de toda alabanza. Dios se distingue de los seres humanos por su naturaleza santa. *Segunda*, abarca obediencia a las leyes de Dios y fidelidad a su pacto. Es necesario aceptar las enseñanzas prácticas para tener éxito en la vida. Si uno tiene temor de Jehovah, puede comprender los misterios más complejos. Los *insensatos* se refiere a las personas del otro extremo que no reconocen a Dios. Por eso desprecian la sabiduría espiritual y la disciplina. Reconocemos que la persona que tiene reverencia hacia Dios vivirá disciplinadamente.

3 La sabiduría personificada, Proverbios 1:20-23.

V. 20. Se presenta la figura de la sabiduría como una persona que está hablando y clamando para ser reconocida y respetada. *Llama* indica la intensidad de la emoción, sea de gozo o de tristeza. La sabiduría proclama como un predicador su mensaje, instando a las personas a aceptar la amonestación. Las calles y las plazas se refieren a los lugares donde se congrega mayor número de personas, para asegurar que escuchen el mensaje de la sabiduría. A la vez se testifica el hecho de que la sabiduría es virtud personal y pública.

V. 21. *Las entradas de las puertas...* eran los lugares donde los negocios se celebraban; eran el centro de la vida pública y comercial del pueblo. Representaba el punto más vulnerable de la ciudad, ya que los ejércitos enemigos tratarían de entrar por allí primero.

V. 22. *Ingenuos, burladores, necios*, tres grupos que no sabían recibir las instrucciones del sabio. Los *ingenuos*, personas con deficiencias mentales, de modo que no podían asimilar las enseñanzas. Los *burladores* eran gente contenciosa y arrogante que buscaba discutir temas controversiales. Los *necios* son gente insensible a los valores morales.

V. 23. Es un llamado al arrepentimiento. La *reprensión* de Jehovah viene a los seres humanos cuando nos alejamos de él. Dios promete manifestar su espíritu, es decir, el espíritu perdonador hacia los pecadores y los rebeldes. El sentido del verbo es de derramar en forma rápida la misericordia y el perdón.

4 Los frutos de recibir y aplicar sabiduría, Proverbios 2:1-5.

V. 1. *Si aceptas mis palabras* quiere decir una aceptación intelectual y emocional, que predispone a la persona para actuar sobre tal afirmación. *Y atesoras* da un paso más, porque implica una valoración de las enseñanzas de tal manera que las memoriza y las guarda en su corazón.

V. 2. *Si prestas oído a la sabiduría* es una ampliación de los dos pasos anteriores, se tiene que prestar oído antes de aceptar y atesorar las enseñanzas. *Inclinas tu corazón* implica simpatizar con las enseñanzas y estar dispuesto a hacerlas rectoras de su vida. Uno utiliza el *oído* para escuchar y el *corazón* para ejercer la voluntad al reconocer lo que uno debiera hacer.

V. 3. *Si invocas* en forma intensa, según el verbo, y *llamas a gritos*, implica que el estudiante está pidiendo en forma insistente un entendimiento de las verdades que le ayudarán a vivir mejor. La *inteligencia* abarca el área cognoscitiva que nos ayuda a vivir bien, y el *entendimiento* abarca la capacidad de implementar estos conceptos en comportamiento moral.

V. 4. En la antigüedad cuando no había bancos, una de las formas más comunes para guardar el dinero era enterrarlo. Para recuperarlo era necesario ejercer mucha diligencia. Hay que ejercer esfuerzo para recuperar tales *tesoros escondidos*. En Proverbios se utiliza esta figura para ilustrar la intensidad del deseo de la persona para adquirir la sabiduría.

V. 5. *Entonces entenderás el temor de Jehovah.* Son las consecuencias de una búsqueda sincera de la verdad. Es interesante que la persona que decide buscar la verdad y la base del sentido de la vida termina encontrando a Dios.

5 Los efectos positivos de la sabiduría, Proverbios 2:12, 16.

V. 12. Siempre hay hombres *que hablan perversidades* y tratan de distraernos de la dedicación a Dios y a nuestra familia. Pero la sabiduría nos da la iluminación espiritual que necesitamos para enriquecer nuestras relaciones y tomar decisiones correctas. Nos damos cuenta del valor de la sabiduría espiritual cuando estamos frente a la problemática de decisiones difíciles que afectarán no solo nuestro presente sino también nuestro futuro. Pero las personas faltas de sabiduría son las que hablan perversidades cuando se encuentran en tales circunstancias. No expresan confianza en Dios; más bien expresan ignorancia y se burlan de la ayuda potencial que Dios puede ofrecerles en tales circunstancias.

V. 16. *La mujer ajena*; uno de los problemas más serios que amenazan la estabilidad de los hogares es la infidelidad en el matrimonio. Algunas encuestas indican que hasta la mitad de los cónyuges admiten la infidelidad en una o más ocasiones después del matrimonio. En las ciudades grandes del mundo las prostitutas todavía frecuentan los centros donde transitan las multitudes en busca de clientes. El esposo tiene que ser de carácter fuerte y sabio en su conducta para evitar caer en aventuras extramaritales. El hombre sabio es el que está prevenido de tales peligros y resiste la tentación de dar el primer paso hacia la infidelidad. El autor de este proverbio está advirtiendo al joven de estos peligros, y lo llama a buscar la felicidad en su propio hogar.

──────────────── **Aplicaciones del estudio** ────────────────

1. Los años no nos hacen sabios; hay que atesorar la Palabra de Dios y sus enseñanzas en nuestros corazones para adquirir sabiduría. El atleta que sigue las instrucciones del buen entrenador, rápidamente puede mejorar su rendimiento en la competencia. El hombre de negocios puede experimentar un fracaso tras otro si no toma medidas para corregir los errores que está cometiendo.

2 La sabiduría es cualidad que nos prepara para toda faceta de la

vida. Nos da la orientación para tomar las decisiones sabias en los negocios, en el matrimonio, en el hogar y en resistir las tentaciones. También, nos da una fe dinámica que puede formar la base de una vida de significado.

3. Los conocimientos de los hechos biológicos en cuanto al sexo no son suficientes para orientarnos en nuestro comportamiento. Necesitamos también las normas morales para poder actuar con sabiduría verdadera.

4. Si se vive con la perspectiva de confiar en Dios y buscar honrarle con los talentos, los bienes y las obras es una vida bendecida por Dios.

───────────── Ayuda homilética ─────────────

El temor de Jehovah
Proverbios 1:7

Introducción: Una característica de nuestra época es el temor. Algunos tienen temor a la altura o a lugares encerrados. Vamos a considerar un temor que es beneficioso para todos: el temor de Jehovah.

I. Tiene el ingrediente de reverencia.
   A. No se trata de un temor que impida el funcionamiento en las actividades diarias. Hay que encararnos con Dios cada día, con la confianza en que está a nuestro lado para guiarnos y bendecirnos.
   B. Se debe vivir con una actitud de reverencia a Dios.
II. Reconoce que el ser humano es criatura, no creador.
   A. El hombre moderno tiene temores por su naturaleza finita: puede temer una enfermedad grave, una crisis económica, el llegar a ser dependiente al ser anciano y a la muerte.
   B. Solamente la reverencia y la fe en el Dios todopoderoso nos puede dar la base para vivir sin ser consumidos por estos temores.
III. Manifiesta madurez en la utilización del raciocinio.
   A. El temor a Dios no está en conflicto con nuestro raciocinio.
   B. Podemos tomar en cuenta la voluntad de Dios antes de tomar las decisiones personales para nuestra vida.

Conclusión: Si queremos ser sabios tenemos que ejercer este temor sano de Dios. Tenemos que reverenciarlo en nuestros pensamientos y acciones. Esto será de testimonio para que otros encuentren esa misma relación con Dios.

Lecturas bíblicas para el siguiente estudio

Lunes: Proverbios 6:1 a 7:27
Martes: Proverbios 8:1-36
Miércoles: Proverbios 9:1 a 10:32

Jueves: Proverbios 11:1-31
Viernes: Proverbios 12:1-28
Sábado: Proverbios 6:20-35; 12:1, 2; 13:1; 19:18; 22:6; 29:15; 30:11, 12

AGENDA DE CLASE

Antes de la clase

1. Lea en su Biblia Proverbios 1-5. Lea el artículo introductorio de Proverbios en la página 332 de este libro. Estudie los comentarios del estudio en este libro y en el del alumno. **2.** Prepare un cartel con el título de la Unidad: "Consejos prácticos para vivir bien". Adórnelo con ilustraciones apropiadas y planee exhibirlo a la clase en las próximas siete sesiones. **3.** Con anterioridad, pida a un alumno que lleve a clase un diccionario de la lengua española y, si alguno tiene un diccionario de sinónimos que también lo lleve. O consiga y lleve usted mismo dichos diccionarios. **4.** Prepárese para explicar brevemente el paralelismo en la poesía hebrea. Encontrará información sobre esto en cualquier comentario bíblico que abarque los libros poéticos. Muy resumidamente mencionaremos que la poesía hebrea consiste en "rimas de pensamientos", no en "rimas de sonidos". A un pensamiento presentado le sigue otro "paralelo", ya sea el mismo pensamiento dicho en otras palabras, o sea: "sinónimo" (p. ej.: 1:5) o un pensamiento que sigue al primero es expresado en términos opuestos, o sea: "antitético" (p. ej.: 1:8) o un primer dicho expresado en términos generales va seguido de una amplificación en términos específicos, o sea que es: "progresivo" (p. ej.: 1:10-14). **5.** Conteste las preguntas en la primera sección bajo "Estudio del texto básico" en el libro del alumno.

Comprobación de respuestas

JOVENES: **1.** Conocer sabiduría, comprender los dichos, dar sagacidad a los ingenuos. **2.** El temor de Jehovah. **3.** 2:12, libra de mal camino. 2:16, libra de caer en tentaciones sexuales.

ADULTOS: **1.** a. Conocer sabiduría, b. Conocer disciplina, c. Comprender los dichos de inteligencia. **2.** (a) Disciplina. (b) Justicia. (c) Equidad. **3.** (a) Dar sagacidad a los ingenuos. (b) Dar a los jóvenes conocimientos y prudencia. **4.** Escuchando. **5.** Conocimiento: aumenta el saber. Entendimiento: con ella se adquieren habilidades. **6.** (Debe contestar con su propia opinión.) **7.** Los ingenuos son ignorantes, los burladores se dedican a burlarse de todo, los necios no quieren aprender. **8.** Escuchar, tener buena disposición, buscar la verdad. **9.** Protege, libra de mal camino, libra de la influencia de hombres perversos.

Ya en la clase
DESPIERTE EL INTERES

1. Escriba en el pizarrón o en una hoja grande de papel: "Proverbios". Pregunte: ¿Qué es un proverbio? Escriba las definiciones que den los presentes. Un alumno busque en el diccionario la palabra y lea en voz alta la definición. ¿Se parece a la que dieron los alumnos? Otro alumno busque "proverbios" en un diccionario de sinónimos. Elijan los sinónimos que más apropiados les parezcan. **2.** Escriba: "Sabiduría". Proceda de la misma manera que con la la palabra "Proverbios". Después haga lo mismo con el término "Encaminar". **3.** Escriba "Vivir bien:" y, debajo, en columna: "Según el mundo", "Según Dios". Dialoguen sobre "la buena vida" desde estas dos perspectivas.

ESTUDIO PANORAMICO DEL CONTEXTO

1. Coloque en un lugar bien visible, el cartel con el título de la Unidad. Los estudios en esta Unidad abarcan tres libros poéticos. Nómbrelos. **2.** Explique la característica del "paralelismo" en la poesía hebrea. Aun en esto vemos la mano del Señor, porque si la rima hubiera sido en base a sonidos como en prácticamente todos los demás idiomas, se habría perdido su hermosura al traducirla. **3.** Pida que redacten paralelismos para el título de la unidad: (1) sinónimo, (2) antitético, (3) progresivo. **4.** Presente información introductoria de Proverbios, basándose en su estudio personal. **5.** Un alumno lea en voz alta el título de la lección y, otro, la verdad central que podría considerarse como un "paralelismo progresivo". Diga que si la sabiduría que proviene de Dios nos encamina a vivir bien, nos conviene obtener más y más de ella. Es lo que tratarán de lograr con cada estudio de esta Unidad.

ESTUDIO DEL TEXTO BASICO

Forme 5 grupos y asigne a cada uno, uno de los puntos del estudio. El grupo 1 debe encontrar en 1:5, 6, "los componentes de la sabiduría". El grupo 2 debe encontrar en 1:7 "el principio del conocimiento". El grupo 3 debe encontrar en 1:20-23, cómo el escritor "personifica a la sabiduría". El grupo 4 debe encontrar en 2:1-5 "los frutos de recibir y aplicar sabiduría". El grupo 5 debe encontrar en 2:12, 16 "los efectos positivos de la sabiduría". Cada grupo debe preparar un informe sobre lo que encontró.

Al reunirse la clase entera, cada grupo dará su informe y luego leerá el pasaje que le tocó. Fíjese si supieron aplicar los términos enfocados al principio (Despierte el interés).

APLICACIONES DEL ESTUDIO

1. Pregunte qué sabiduría han adquirido con este estudio. Vaya escribiendo cada respuesta en el pizarrón o en una hoja de papel. **2.** Enseguida, guíe el diálogo a fin de que identifiquen cómo cada cosa sabia aprendida les puede encaminar a vivir bien.

PRUEBA

JOVENES: **1.** En parejas, contesten la primera pregunta. **2.** Lea en voz alta la segunda pregunta y cada uno escriba su respuesta en su libro. Desáfielos a hacer que sea una resolución a cumplir esta semana. ADULTOS: **1.** Haga la primera pregunta en voz alta y dé oportunidad para que comenten lo que piensan. Luego, cada uno escriba su respuesta en su libro. **2.** Lea el inciso 2 en voz alta y guíe la conversación a fin de estimular la máxima participación de los alumnos. Cada uno escriba su respuesta en su libro.

La clave del éxito

Contexto: Proverbios 6:1 a 12:28
Texto básico: Proverbios 6:20-35; 12:1, 2; 13:1; 19:18; 22:6; 29:15; 30:11, 12
Versículo clave: Proverbios 13:1
Verdad central: Las normas morales que han sido reveladas en la Biblia forman la única base segura para criar a los hijos en el camino de una vida exitosa.
Metas de enseñanza-aprendizaje: Que el alumno demuestre su: (1) conocimiento de las normas morales estudiadas hoy sobre la pureza sexual y la obediencia a los padres, (2) actitud de aceptar y practicar las normas morales presentadas en este estudio.

─────────── Estudio panorámico del contexto ───────────

A. Fondo histórico:
Proverbios ofrece consejos prácticos para vivir bien. El enfoque de este estudio es en los hijos jóvenes, cuando se independizan y comienzan a entablar amistades con personas fuera del hogar. La preparación para la felicidad en el matrimonio comienza en los primeros años de vida en el hogar de los padres. Allí se forman los valores morales y espirituales por medio de la creación de un ambiente espiritual en el hogar. Los padres judíos solían dialogar con los hijos sobre las normas morales. Reunían a toda la familia para leer pasajes selectos de la Tora cada día y pasar un tiempo en oración para pedir la bendición de Dios sobre cada miembro del hogar. Todo este ambiente comunicó un sentido de valores espirituales que permanecían con los hijos cuando llegaron a ser adultos.

Los jóvenes necesitan mucha sabiduría para no caer en el pecado de la promiscuidad sexual, ya que las influencias negativas abundan en todas partes.

B. Enfasis:
Una vida honrada, 6:1-15. Este pasaje advierte a los jóvenes del peligro de ser fiadores (1-5); los amonesta contra la pereza (6-11) y aclara cuáles son las características del hombre inicuo (12-15).

Cosas que el Señor aborrece, 6:16-19. Son cosas que violan la decencia humana, destruyen a la sociedad por el uso equivocado de los ojos, la lengua, las manos, el corazón, los pies y el testimoio.

Advertencias más profundas contra el adulterio, 6:20-35. Mandamientos, enseñanzas y correcciones sirven para advertir al hombre del peligro de caer en las redes de la mujer inmoral. *Hay distracciones que representan tentaciones, 7: 1-27.* Hay que estar prevenido para evitar tales peligros. En Proverbios se presenta en forma gráfica la manera en que la adúltera puede ejercer atracción para cometer adulterio. Quien piensa que el adulterio se guardará en secreto, pronto descubrirá que sus efectos destructivos le alcanzarán de variadas maneras. *La importancia de la sabiduría, 8:1-36.* Se trata de la sabiduría vista no como un sistema filosófico esotérico, sino como la práctica cotidiana del sentido común. *Dos invitaciones y su resultado, 9:1-18.* Por un lado, está el llamado de la sabiduría; quienes hacen caso a la sabiduría, verán largura de días. Por otro lado, la necedad también hace su llamado y quienes lo atienden estarán avanzando hacia la muerte. *Proverbios de Salomón, 10:1—12:28.* En realidad esta sección se extiende hasta el capítulo 22. Es aquí donde se inicia propiamente la serie de proverbios atribuidos a Salomón. No están arreglados por orden temático. Hay una repetición de algunos de los conceptos para reforzar el llamamiento al joven a acercarse a la sabiduría y vivir en ella.

─────────── **Estudio del texto básico** ───────────

1 Obedecer a los padres es imprescindible, Proverbios 6:20-23.

V. 20. El joven es amonestado a guardar los mandamientos de su *padre*. En los hogares hebreos el padre era fuente de autoridad tanto como de instrucción religiosa de los hijos. El mandato de no abandonar la instrucción de la madre es expresión paralela en el hebreo para reforzar la primera parte del versículo. La rebeldía a la autoridad paternal es señal de problemas futuros (Prov. 6:20).

V. 21. El corazón se consideraba la sede de las emociones para los hebreos, de modo que este versículo está llamando a los jóvenes a mantener las enseñanzas siempre delante de ellos en su pensamiento y en las acciones.

V. 22. *Cuando camines...* insiste en la importancia de la meditación en la Ley mientras se está caminando de un lugar a otro. *Cuando te acuestes* puede ser una buena base para la práctica de la lectura de la Biblia y devocionales al final de cada día. *Cuando te despiertes* se refiere a la costumbre de pedir la dirección de Dios sobre la vida cuando se comienza el día.

V. 23. *Antorchas.* Las instrucciones de la Ley representaban la luz, o sea, la iluminación que las personas necesitaban para poder vivir bien.

2 Obedecer las instrucciones bíblicas es protección, Proverbios 6:24-29.

V. 24. Ahora se señala en forma específica el beneficio de guardar los mandamientos, porque esto es de ayuda para no ser engañado por la *mala mujer*. La palabra se aplica a una mujer que es adúltera. El resto del pasaje indica que es una mujer casada que aprovecha la ausencia de su esposo para atraer al joven a su cama. *La extraña* se refiere a una mujer que no es su esposa, no se refiere necesariamente a una extranjera.

V. 25. El adulterio comienza con la codicia. La mejor prevención para el adulterio es no dar lugar a la codicia. *Ni te prenda ella con sus ojos...* dicen que las malas mujeres del Oriente solían pintarse los párpados de los ojos para atraer más la atención de los hombres.

Vv. 26-28. Es incierto si *una prostituta* y *la mujer ajena* se refieren a la misma mujer o a dos mujeres distintas. La mujer ajena implica enlaces complicados, que pueden robarle al hombre su dinero, su hogar y su alma. Ambas mujeres, prostitutas y ajenas conducen a relaciones pecaminosas.

Se presenta la metáfora, indicando que el meterse en una aventura con una prostituta o en una relación extramarital es para el casado como meter fuego en el seno. Continúa la metáfora, para remachar el hecho que es tonto quien piensa que puede cometer adulterio y escapar sin llevar consigo los vestigios de la culpabilidad y sus efectos sobre su hogar.

V. 29. Aquí se enfoca *la mujer de su prójimo,* para indicar la gravedad del pecado. En aquel entonces la esposa se consideraba propiedad del esposo, de modo que el adulterio representaba robo. El castigo de tal pecado era grave: el apedreamiento de los dos (Deut. 22:23, 24). *No quedará impune* indica que el castigo es cierto.

3 Cometer adulterio es robar y autodestruirse, Proverbios 6:30-33.

V. 30. Esta ilustración destaca la gravedad del adulterio. Declara que el ladrón es despreciado aun por robar pan, aunque lo haga para saciar el hambre. En el Cercano Oriente el castigo por el robo es grave. En algunas partes si capturan al ladrón le cortan las manos. La aplicación es clara: el que comete adulterio es culpable de pecado tan grave como el ladrón de alimentos.

V. 31. Se señala el castigo para el ladrón. *Siete veces* puede simbolizar lo completo, para indicar que tendrá que pagar con todas sus posesiones. La ley en Exodo 22:1-4 estipula que el ladrón tenía que pagar dos, cuatro y hasta cinco veces lo que había robado. Si no podía pagar, era vendido como esclavo. El propósito de esta ilustración es poner énfasis en la gravedad del adulterio y no en precisar el castigo para el ladrón.

V. 32. El que comete adulterio paga un precio mayor que el que roba. Además de demostrar su falta de inteligencia, *se destruye a sí mismo,* el adúltero destruye su *alma.* La palabra en hebreo es *nephesh.* La palabra se usa frecuentemente en forma reflexiva, de modo que la traducción en la RVA es *a sí mismo.* Es lamentable que muchos hoy en día no se dan cuenta de la gravedad de su pecado de infidelidad en el matrimonio. No reconocen que además de destruir su familia, están destruyéndose a sí mismos.

V. 33. El castigo por el adulterio, según Deuteronomio 22:22-24 y Levítico 20:10 era la muerte del hombre y la mujer culpables. *Su afrenta no será borrada* representa las permanentes consecuencias del pecado del adulterio.

4 Consecuencias destructoras del adulterio, Proverbios 6:34, 35.

V. 34. El esposo por largos años ha sentido celos por su esposa, y es vengativo. Esta característica era especialmente evidente en el Cercano Oriente de la antigüedad. La esposa se consideraba propiedad del esposo, de modo que la violación de su esposa representaba robo. La declaración que el esposo *no perdonará en el día de la venganza* puede referirse a la venganza personal o legal. **V. 35.** La restitución era una posibilidad en caso de daños a las propiedades. La ley estipulaba grandes multas, compensación o *restitución* pero el ofendido podía rechazarlas y optar por pedir castigos mayores. *Aunque sea grande tu soborno* quizás se refiere a los ricos que con su dinero podían comprar al esposo agraviado.

5 Respeto y obediencia a los padres, Proverbios 12:1, 2; 13:1; 19:18; 22:6; 29:15; 30:11, 12.

12: 1, 2. Este es un proverbio antitético, en el cual la segunda parte es antítesis de la primera. El que acepta la corrección sin resentimiento es uno que en verdad ama el conocimiento. El contraste con *el que aborrece la reprensión se embrutece.* Esta es una característica del animal irracional, de modo que aquí se hace claro el valor de recibir la corrección y lo necio de rechazar la reprensión.

13:1. *Hijo sabio* es el que respeta la autoridad de los padres y se somete a tal autoridad. Reconoce que sus padres tienen la sabiduría que viene con la experiencia de los años. *El burlador,* en contraste, piensa que ya tiene toda la sabiduría disponible y no tiene disposición para escuchar la corrección. En el v. 2 e refiere a la sabiduría en hablar. Hay un contraste entre el fruto de los que son fieles y el de los infieles.

19:18 *Corrige* comunica la idea de la disciplina correctiva, pero sin crueldad. Afirma la importancia de una influencia positiva sobre los hijos en los primeros años. *No se exceda tu alma...* es amonestación a los padres para no destruir a sus hijos con un castigo que llega al abuso físico o a la muerte.

22:6. *Instruye al niño* está señalando el mejor tiempo para instruir, enseñar y educar. Seguramente el versículo llama a enseñar a los hijos durante la niñez, porque esta es época impresionante cuando pueden aprovechar la enseñanza en forma máxima. La segunda parte tiene la promesa de que el adulto maduro todavía recordará las enseñanzas que recibió cuando era niño.

29:15 La *vara* era instrumento de *corrección. El muchacho dejado por su cuenta* se refiere a la carencia de disciplina y corrección. Una verdad es cierta: la responsabilidad de la disciplina cae sobre los padres de familia y ellos experimentarán los resultados si tratan de evitar tal responsabilidad.

30:11. *Una generación* se refiere a una clase de hombres y no a un tiempo. Quien maldice a su padre y no bendice o respeta a su madre es una persona que verdaderamente carece de cultura y afecto.

V. 12. *Limpia en su propia opinión* se refiere a la persona que nunca acepta culpabilidad ni responsabilidad por las dificultades. Se justifica y siempre tiene base para evadir la responsabilidad por los problemas que surgen.

1. **Hay recordatorios que nos ayudan para mantener làs enseñanzas bíblicas delante de nosotros.** Pueden ser lemas, cuadros y obras artísticas.
2. **Toda persona debe cuidar sus pensamientos y los sentidos, para evitar caer en tentación.** Es mejor no frecuentar los lugares donde hay mayor posibilidad de la tentación.
3. **Cuando nos toca experimentar la disciplina del Señor, debemos aceptarla sin resentimiento ni hacia Dios ni hacia otros.**

————————— Ayuda homilética —————————

Una póliza de seguros que sí vale
Proverbios 22:6

Introducción: Algunos consideran que las promesas de la Biblia están garantizadas como una póliza de seguros. Veamos la condición que se presenta y la bendición que resulta.

I. La condición
  A. Hay que aceptar la responsabilidad de instruir a los hijos.
    1. Al levantarse. 2. Durante el día. 3. A la hora de acostarse.
  B. Hay que recordar que esto se hace constantemente.
    1. Las circunstancias normales ofrecen ocasión de instruirles.
    2. Los momentos de crisis son oportunidad para instruir.
  C. Hay que ser fiel en instruir en toda esfera de la vida.
    1. Algunos padres esquivan temas sensibles, como el sexo.
    2. Algunos tratan de evitar temas de controversia.
II. La promesa
  A. Los hijos obedientes tendrán bases para vivir bien.
  B. Los hijos rebeldes volverán a respetar las enseñanzas de los padres.
  C. Los hijos perpetúan los valores morales en sus propios hijos.

Conclusión: Es necesario que cada generación comience de nuevo en el proceso de enseñar a los hijos. La recompensa es grande, y vale la pena esforzarnos a ser fieles en la crianza de los hijos.

Lecturas bíblicas para el siguiente estudio

Lunes: Proverbios 13:1 a 14:35
Martes: Proverbios 15:1 a 16:33
Miércoles: Proverbios 17:1 a 18:24

Jueves: Proverbios 19:1 a 20:30
Viernes: Proverbios 21:1 a 22:29
Sábado: Proverbios 6:1-11; 11:1-3; 19:15, 24; 22:28; 28:16

AGENDA DE CLASE

Antes de la clase
1. Lea cada día las lecturas bíblicas diarias indicadas en el estudio anterior. **2.** Lea el comentario en este libro y en el del alumno. **3.** Planee tener en clase el diccionario de sinónimos que usaron en la sesión anterior. **4.** Prepare cuadernillos de unas cuatro páginas para cada alumno. Escriba en la portada "Mis proverbios basados en los proverbios de Salomón". Junte lápices para repartir. **5.** Conteste las preguntas en la primera sección bajo *Estudio del texto básico* en el libro del alumno.

Comprobación de respuestas
JOVENES: **1.** a. la madre, padre. b. impune. **2.** La disciplina: el que la acepta y el que la rechaza. **3.** En la infancia. **4.** Falso.
ADULTOS: **1.** Camino de vida. **2.** El que comete adulterio. **3.** El que aborrece la reprensión. **4.** El que acepta la disciplina de su padre. **5.** Corregir al hijo mientras hay esperanza, pero sin destruirlo. **6.** El muchacho dejado por su cuenta.

Ya en la clase
DESPIERTE EL INTERES
1. Al ir llegando los alumnos, dé a cada uno un cuadernillo y lápiz. Pídales que en la primera página escriban un proverbio propio que contenga las expresiones "sabiduría" y "vivir bien". **2.** Los que deseen hacerlo, lean en voz alta lo que escribieron. **3.** Enlace lo realizado con el título de la lección. Comente que hoy verán claves para lograr el éxito en la vida. **4.** Escriba en el pizarrón o en una hoja grande de papel: EXITO. Busquen sinónimos en el diccionario y escojan los que mejor se aplican.

ESTUDIO PANORAMICO DEL CONTEXTO
1. Diga que mucho de lo que Salomón escribió y compiló en el libro de Proverbios fue para ofrecer consejos a sus propios hijos y a los jóvenes en general, que los encaminaran hacia una vida exitosa. Agregue que en los pasajes considerados en esta lección Salomón enfoca dos claves para triunfar moralmente. (*Maestro de jóvenes;* Recalque que las porciones bíblicas a enfocar fueron escritas especialmente para ellos. *Maestro de adultos:* Recalque que los proverbios que estudiarán les ayudarán a ser padres y madres más exitosos.) **2.** Pregunte cuál de los Diez Mandamientos es sobre adulterio y qué dice (ver Exo. 20:13). Pregunte cuál es el mandamiento sobre la relación de los hijos hacia sus padres (ver Exo. 20:12). Mencione que estos mandamientos eran preceptos divinos dados por Dios al ser humano porque el Dios que nos creó sabe qué conductas encaminan hacia el verdadero éxito en la vida. Haga notar que los pasajes a enfocar se basan en los principios enunciados en estos dos mandamientos.

ESTUDIO DEL TEXTO BASICO

Obedecer a los padres es imprescindible, 6:20-23. Un alumno lea en voz alta Deuteronomio 6:6, 7. En Proverbios 6:20-23, vemos lo que los hijos debían hacer con esta enseñanza. Busquen el pasaje e identifiquen: (1) qué deben hacer los hijos con las enseñanzas de sus padres (v. 20), (2) lo que esa enseñanza hará por ellos (vv. 21, 22) y (3) tres etapas del "mandamiento" (v. 23). Conversen sobre lo que identificaron. Luego, pida que encuentren qué expresiones en el pasaje sugieren que obedecer los manda- ○ mientos contribuye al éxito. Diga que estos versículos son un preámbulo para los consejos que Salomón quiere enfatizar sobre una tentación muy fuerte en la juventud.

Obedecer las instrucciones bíblicas es protección, 6:30-33. Que un alumno lea el v. 24 en voz alta. Diga que el resto del pasaje contiene pensamientos "progresivos" que se desprenden de éste. Mientras un alumno lee en voz alta los vv. 25-29, asigne a un sector de alumnos que tome nota de las palabras que denotan lo atractivo de la tentación sexual. Otro sector identifique el fracaso al que lleva ceder a la inmoralidad sexual. Guíe el diálogo a medida que los alumnos dicen lo que identificaron. Pregunte cómo es que obedecer las instrucciones bíblicas es protección.

Cometer adulterio es robar y destruirse a sí mismo, 6:30-33. Pregunte: ¿Qué es cometer adulterio? Guíe a los presentes a notar que en el título de esta sección tienen la respuesta. Un alumno lea en voz alta los vv. 30-33. Los demás deben tomar nota (1) en qué sentido el adulterio es robar, (2) más ○ fracasos a los que lleva y (3) cómo denomina al que comete adulterio (v. 32 "falto de entendimiento").

Consecuencias destructoras del adulterio, 6:34, 35. Diga que en estos versículos el autor completa la lista de fracasos a los que lleva el adulterio. Un alumno lea el pasaje en voz alta y los demás encuentren esos fracasos.

Respeto y obediencia a los padres, 12:1, 2; 13:1; 19:18; 22:6; 29:15; 30:11, 12. Distintos alumnos vayan leyendo en voz alta estos pasajes. JOVENES: Encuentren una clave para que los jóvenes logren el éxito moral en la vida. ADULTOS: Descubran, por inferencia, pautas para aplicar como padres.

APLICACIONES DEL ESTUDIO

1. Pida a los presentes que piensen en un buen consejo moral que han recibido de su padre o de su madre que les ha venido bien en la vida. A medida que respondan, guíelos a notar en qué sentido esos consejos han contribuido a su éxito moral. **2.** Reparta los cuadernillos. Cada uno redacte un ○ proverbio con paralelismo sinónimo relacionado con la importancia de hacer caso a los buenos consejos de los padres. Recoja los cuadernillos.

PRUEBA

1. Busquen esta sección en sus libros y completen las actividades.

Unidad 11

La mayordomía del tiempo y las posesiones

Contexto: Proverbios 13:1 a 22:29
Texto básico: Proverbios 6:1-11; 11:1-3; 19:15, 24; 22:28; 28:6
Versículo clave: Proverbios 6:6
Verdad central: Para lograr la verdadera seguridad material, hay que ser responsable en el trabajo, honesto en los negocios, evitar deudas excesivas y no codiciar.
Metas de enseñanza-aprendizaje: Que el alumno demuestre su: (1) conocimiento de lo que la Biblia demanda en cuanto a ser responsable en el trabajo, honesto en los negocios, evitar deudas excesivas y no codiciar, (2) actitud de aplicar a su vida las demandas bíblicas presentadas en este estudio.

―――――――――― **Estudio panorámico del contexto** ――――――――――

A. Fondo histórico:

Proverbios fue escrito dentro del contexto de la vida agraria, y por eso algunas de sus ilustraciones hablan de la hormiga, la balanza falsa y los intereses por préstamos. Las ilustraciones se refieren a los contactos constantes entre los padres y los hijos, condición que se ve raras veces hoy debido a la complejidad de la vida moderna. Pero estas enseñanzas también tienen su aplicación para los que viven en centros urbanos en la época contemporánea.

El problema económico es primordial para todo ser humano. Pasamos la mayor parte de nuestro tiempo pensando en la adquisición de bienes y trabajando para el sostenimiento. Pero en medio de todas estas actividades necesitamos recordar los valores no materiales, tales como las relaciones con los familiares y amigos, y por supuesto, nuestra relación con Dios.

B. Enfasis:

La importancia de ser sabios, 13:1 a 14:35. La práctica de la sabiduría, según como se trata en Proverbios, es el mejor camino para alcanzar una vida llena de satisfacciones. El que es sabio acepta la disciplina y aborrece la palabra de mentira. Asimismo, la mujer que es sabia hará todo lo que es capaz de hacer para edificar su casa.

Dios está atento a la actuación de los buenos y los malos, 15:1 a 16:33. Los buenos son aquellos que practican las virtudes que están expresadas en este contexto. Obviamente, los malos son aquellos que deciden normar su vida basándose en los criterios del mundo sin Dios. Los buenos responden suavemente a sus agresores para quitar la ira. Los malos son abominación a Jehová.

El Señor prueba los corazones, 17:1 a 18:24. No lo hace para condenar a las personas, sino para purificar sus corazones como se purifica el oro y la plata cuando son pasados por el fuego. Entre otras cosas, una persona tiene que aprender a vivir con las consecuencias de todo lo que dice.

La aparente ignominia de la pobreza, 19:1 a 20:30. Desde el punto de vista humano, una persona pobre queda relegada a una categoría inferior, al grado que hasta sus hermanos llegan a odiarla. Como un adelanto del evangelio, el escritor de Proverbios dice que el que ayuda al pobre presta a Jehová, es como una inversión garantizada.

La justicia del hombre es analizada por Dios, 21:1 a 22:29. El hombre califica su actuación como justa. Pero la verdadera justicia es estar en paz con Dios al hacer su voluntad. En última instancia, es prerrogativa única de Dios juzgar el corazón de los hombres.

Sobresale en este pasaje el v. 1 del cap. 22 que nos recuerda que es mejor para un hombre tener buena reputación que tener riquezas materiales.

───────────── **Estudio del texto básico** ─────────────

1 Normas para los préstamos, Proverbios 6:1-5.

Vv. 1, 2. *Hijo mío* es término utilizado al referirse al estudiante tanto como al hijo, y aparece con frecuencia también en la literatura didáctica de Egipto y Babilonia. La *fianza* es la obligación que una persona adquiere de hacer algo a lo que otro se ha obligado en caso de que este no lo haga. La persona que había respondido como fiador tenía que pagar, aunque eso le creara crisis económica en su propia vida. *Estrechaste la mano con un extraño* se refiere a un compromiso legal que se concretaba con un estrechón de mano. En la antigüedad esto era suficiente, porque la palabra de uno valía tanto como un contrato legal firmado con testigos hoy en día. *Atrapado* es palabra que se utilizaba para la caza de animales silvestres. La ilustración proyecta a una persona atrapada en sus propias palabras de promesa, y que cuando tiene que responder por sus compromisos no puede hacerlo.

V. 3. Quien no quiere ofender al prójimo a veces cede a peticiones que le dejan en una situación delicada. Los tres verbos presentan casos extremos: *anda,* lleva un sentido de urgencia para solucionar el problema. *Humíllate,* implica la necesidad de reconocer que no se es capaz de cumplir con la responsabilidad de ser fiador. *Importuna* es término más fuerte que pedir; es rogar con intensidad.

V. 4. Es una continuación del versículo anterior, que anima a tomar toda medida para librarse del compromiso que viene de ser fiador. La urgencia se refleja en que anima a no *dormir* hasta no salir de ese compromiso.

V. 5. Otra vez la enseñanza comunica la importancia de evitar ser fiador y de salir de tal compromiso en la forma más rápida.

2 Se debe evitar la pereza, Proverbios 6:6-11; 19:15, 24.

V. 6. Podemos observar *la hormiga*, que nos da lección de la necesidad de acumular las cosas necesarias cuando el tiempo es favorable, porque llegará el día cuando será difícil. Al perezoso se le condena en varios pasajes en los Proverbios (13:4; 22:13; 24:30-34; 26:13-16). El proverbista pone a la hormiga como ejemplo de laboriosidad.

V. 7. Al pasar un tiempo observando las hormigas en su trabajo, parece que no tienen *jefe, ni comisario, ni gobernador*, pero los que han estudiado la entomología reconocen que sí hay una jerarquía entre ellas, y que pertenecen a la misma familia de la abeja y la avispa.

V. 8. *Tiempo de la siega* es referencia a las actividades intensas que caracterizan la época cuando habría más grano disponible. Los segadores y los que espigaban seguramente podían observar las hormigas en su actividad tan intensa. La actividad constante no deja lugar a la pereza.

V. 9. *¿Hasta cuándo?* Está hablando a perezosos que se quedaban dormidos hasta muy avanzada la mañana y seguramente pasaba en las noches largas horas en diversiones.

Vv. 10, 11. La pobreza viene en forma paulatina, como consecuencia de la pereza. *Vagabundo* puede referirse a un extraño que camina sin rumbo preciso. Puesto que no tiene metas para cumplir, no le es importante cumplir con ningún horario, y por eso la pobreza le alcanza fácilmente. *Tu escasez* es el resultado lógico de no hacer ningún esfuerzo significativo para la provisión presente y la del futuro.

19:15. La *pereza* comunica el descuido en las responsabilidades del trabajo y la indiferencia frente a los compromisos que le impiden al perezoso dormir con tranquilidad. El resultado de tal pereza es pobreza, porque nadie va a contratar a una persona que cae en *sueño profundo* cuando debe estar trabajando.

19:24. Algunas traducciones indican que la persona perezosa descansa su mano sobre el pecho y ni tiene motivación para llevar los alimentos a su boca. Es ilustración gráfica de los efectos de la pereza sobre una persona.

3 Se debe ser honesto, Proverbios 11:1-3.

V. 1. *Balanza falsa*, se refiere a una de las formas más comunes de deshonestidad en el mundo. *Es abominación*; la Ley condenaba las balanzas falsas (Lev. 19:35, 36; Deut. 25:13-15). Era fácil para el vendedor engañar al que compraba, en lugar de poner piedras que pesaban cantidades exactas, las substituían con piedras de peso menor. *La pesa exacta* es testimonio de honestidad, y por eso *agrada a Jehová*.

V. 2. *La soberbia*, orgullo o pretensión, puede ser causa de deshonestidad. Es querer hacer las cosas a nuestra manera sin importar cómo o a quién dañe, pero es un peligro latente que puede ser causa de deshonestidad.

V. 3. *Su integridad guiará*; se refiere al hombre íntegro, honesto, en quien se puede confiar. *La perversidad* viene de una palabra que significa "torcido", y se refiere a las personas que no obran en forma honesta. *Traicioneros* se refiere a las personas que tratan de engañar. El traicionero actúa falsamente con el propósito de obtener beneficio personal y perjudicar a los demás.

4 Se deben respetar los límites, Proverbios 22:28.

V. 28. Desde muy temprano había una ley que prohibía el cambio de los linderos (Deut. 19:14; 23:10, 11). La tierra se consideraba como sagrada y era una violación legal tanto como espiritual cambiar el lindero establecido. Existía un sentido de reverencia por la tierra que se heredaba de los antepasados. Por eso Nabot no quiso vender la finca que Acab codiciaba (1 Rey. 21:1-4).

5 La honradez es riqueza personal, Proverbios 28:6.

V. 6. *Camina en integridad* se refiere a la persona que practica la honestidad en todos los aspectos de su vida. El caminar implica un estilo de vida, el cual caracteriza a la persona en todos los asuntos de su vida privada tanto como pública. En contraste, *caminos torcidos* es una referencia a acciones sucias, que se manifiestan en múltiples maneras. Es mejor ser pobre económicamente y mantener nuestra integridad que ser rico pero deshonesto. Las personas que ganan sus riquezas por medio de actos de deshonestidad tarde o temprano tendrán que pagar las consecuencias.

─────────── Aplicaciones del estudio ───────────

1. El abuso del crédito es uno de los males que más caracterizan nuestra década. Dicen que es la década de "plástico", refiriéndose a las tarjetas de crédito que nos ahorcan con sus tasas altísimas de interés. Las estadísticas indican que la persona gasta el 30% más si compra a plazos en vez de pagar al contado por una compra.

2. La pereza es tentación en todas partes. El ser humano está hecho para trabajar y sentirá su mayor felicidad en trabajar en actividades que dan satisfacción y sentido de valor. La pereza es mal que afecta a uno mismo, la familia y a toda la sociedad.

3. Debemos practicar la honestidad en toda faceta de nuestras vidas. Esto abarca la honestidad con el cónyuge y los hijos en todo aspecto, y la fidelidad en la relación matrimonial. También se aplica al trabajo, que abarca la responsabilidad de hacer un día completo de trabajo por el pago recibido.

4. Debemos ser obedientes a las leyes que protegen a propietarios. Hoy en día hay controles que hacen más difícil el cambio de los linderos en forma literal, pero todavía hay maneras de tratar de engañar a los que compran. En algunos lugares hay leyes que protegen a los consumidores y ellos pueden dar los pasos necesarios para corregir los defectos en los artículos.

5. Hay que aprender a estar tranquilos con lo que tenemos. La codicia nos motiva a meternos en negocios y actividades cuestionables, buscando ganar dinero rápidamente para cubrir los costos de cosas de lujo. La solución a todo esto está en frenar nuestro afán de adquisición de bienes materiales. Jesús nos enseñó a no afanarnos por las cosas que perecen (Mat. 6:19-21).

Ayuda homilética

Lecciones para el perezoso
Proverbios 6:6-11

Introducción: Muchas personas pasan gran parte del tiempo lamentándose por las oportunidades que han pasado y que no supieron aprovechar. En cada experiencia de la vida hay lecciones que podemos aprender.

I. Hay que aprender del pasado.
   A. La abundancia de ayer no siempre suple las necesidades de hoy.
   B. Los descuidos y fracasos del pasado nos enseñan lecciones importantes que nos ayudan a actuar con mayor cuidado.

II. Hay que aprovechar las oportunidades en el presente.
   A. El presente tiene oportunidades que no volverán a repetirse.
   B. Hay que trabajar mientras es de día; la noche llega cuando nadie puede trabajar.

III. Hay que prepararse para el futuro.
   A. Las hormigas invierten el tiempo presente en preparación para la época cuando no habra comida disponible. Hay tiempo para sembrar y tiempo para cosechar; se tiene que trabajar con diligencia según la época.
   B. Debemos trabajar y actuar para prevenir las circunstancias adversas en el futuro. Por ejemplo damos vacunas a los niños para prevenir las enfermedades que pueden dejarles inválidos o hasta pueden ser mortales.

Conclusión: Tenemos que estar listos para aprovechar las oportunidades cuando se nos presentan. La industriosidad nos pone en el lugar ventajoso, la pereza destruye la vida y las posibilidades de éxito.

Lecturas bíblicas para el siguiente estudio

Lunes: Proverbios 23 1 a 24:34   **Jueves:** Proverbios 29:1 a 30:33
Martes: Proverbios 25:1 a 26:28   **Viernes:** Proverbios 31:1-31
Miércoles: Proverbios 27:1 a 28:28 **Sábado:** Proverbios 5:1-20; 17:1;
                                            19:14; 21:9

AGENDA DE CLASE

Antes de la clase

1. Lea las lecturas bíblicas que están al final del estudio anterior. De esta manera, tendrá leído todo el material del contexto. **2.** Lea los comentarios en este libro y en el del alumno. **3.** Tome nota de los cuatro requisitos para lograr la verdadera seguridad material, enunciados en la *Verdad central*. Reflexione en cómo cada uno se manifiesta en actitudes y conductas. **4.** Con anterioridad, pida a un alumno que investigue a qué se refería Proverbios 22:28 y se prepare para informar en clase. Ayúdele según sea necesario. **5.** Repase las características de la poesía hebrea que presentó en el estudio 46. **6.** Asegúrese de que el cartel con el título de la unidad esté en un lugar donde todos lo puedan ver. **7.** Tenga a mano los cuadernillos y lápices que usaron en la sesión pasada. **8.** Escriba en cuatro tarjetas lo siguiente: *Encontrar: (1) si los proverbios contienen paralelismos sinónimos, antitéticos o progresivos, (2) consejos prácticos para tener actitudes correctas que conducen a una conducta correcta, (3) si se aplican a la conducta personal, laboral y/o financiera.* **9.** Conteste las preguntas en la primera sección bajo *Estudio del texto básico* en el libro del alumno.

Comprobación de respuestas

JOVENES: **1.** F, V. **2.** a. v. 5, b. v. 2, c. v. 1, d. v. 3. **3.** Hambre. **4.** A los límites parcelarios. **5.** Deshonestidad.

ADULTOS: **1.** F, **2.** V, **3.** F, **4.** V, **5.** F, **6.** V, **7.** F, **8.** V, **9.** V, **10.** F.

Ya en la clase

DESPIERTE EL INTERES

1. Llame la atención al cartel con el título de la Unidad. **2.** Pregunte cuáles consejos de Proverbios que han enfocado hasta ahora recuerdan y han adoptado para sí. **3.** Agregue que hoy verán otros consejos específicos e importantes. Pida a un alumno que lea en voz alta la *Verdad central* que se encuentra en su libro del alumno, y, entre todos, identifiquen los temas de los consejos.

ESTUDIO PANORAMICO DEL CONTEXTO

1. Presente un repaso de las características del paralelismo en la poesía hebrea (sinónimo, antitético, progresivo). **2.** Diga que hoy verán muy buenos ejemplos de los tres al enfocar los temas que podríamos llamar: "Actitudes correctas que deben determinar nuestra conducta personal, laboral y financiera." Recalque que todo lo que considerarán en este estudio es netamente práctico, basado en los principios morales establecidos por Dios.

ESTUDIO DEL TEXTO BASICO

Forme cuatro grupos. Asigne a cada uno, uno de los siguientes puntos del bosquejo: 1. Normas para los préstamos, Prov. 6:1-5. 2. Se debe evitar la pereza, 6:6-11; 19:15, 24. 3. Se debe ser honesto, 11:1-3. (No asignar el punto 4) 5. La honradez es riqueza personal, 28:6. *Dé a cada grupo una de las tarjetas* en que escribió tres cosas que deben encontrar en el pasaje que les tocó. Conceda unos veinte minutos para que realicen su tarea. *Luego, los grupos deben informar sobre lo que encontraron.* Cuando el tercer grupo lo haya hecho, pida al alumno a quien asignó investigar 22:28 que dé su informe ahora. Entre todos, encuentren en el versículo las tres cosas que dicen las tarjetas. Después, proceda con el informe sobre el punto 5. Otra alternativa puede ser que usted dirija al grupo a enfocar los temas. Por ejemplo, puede tener tarjetas con los puntos del bosquejo y las citas correspondientes, y pedir a determinados alumnos que las vayan leyendo. Usted hará las explicaciones correspondientes.

APLICACIONES DEL ESTUDIO

1. Guíe una conversación haciendo preguntas relacionadas con cada punto. Por ejemplo: ¿Cómo no pedir ni dar prestado nos ayuda a vivir bien? ¿Cómo ser honestos en nuestras labores nos ayuda a vivir bien? ¿Cómo vencer la pereza y ser laboriosos nos ayuda a vivir bien? Al dar los alumnos su opinión, llévelos a identificar la relación de su respuesta con la conducta personal, laboral y financiera. **2.** Reparta los cuadernillos y lápices. Inste a cada uno a escribir un proverbio que es a la vez una resolución para cumplir esta semana. El proverbio debe ser usando paralelismos antitéticos. Si a algunos les resulta difícil, júntelos en un grupo y ayúdelos estimulándoles a determinar su resolución que volcarán en un proverbio, y solicitando la ayuda de todos para redactar el proverbio de cada uno. **3.** A la mayoría le gustará compartir con la clase el trabajo realizado. Dé oportunidad para que lo hagan. Elogie el esfuerzo y la resolución de cada uno. **4.** Recoja los cuadernillos y guárdelos para usar en la próxima sesión.

PRUEBA

1. Los alumnos deben buscar esta sección en sus libros. **2.** Cada uno lea en silencio lo que allí se indica. Vea si todos entienden lo que deben hacer, aclare cualquier duda que pudiera haber. **3.** Hagan individualmente las dos actividades bajo esta sección. **4.** Cuando todos hayan terminado, forme parejas. Cada alumno debe compartir con su pareja sus respuestas. Dé oportunidad para que los que tengan dudas sobre sus respuestas las expresen. Esté preparado para disipar las dudas.

El hogar feliz

Contexto: Proverbios 23:1 a 31:31
Texto básico: Proverbios 5:1-20; 17:1; 19:14; 21:9
Versículo clave: Proverbios 19:14
Verdad central: Las relaciones armoniosas en el hogar fomentan la felicidad en todos sus miembros, esto es cuando cada uno aporta su parte para la armonía y la felicidad.
Metas de enseñanza-aprendizaje: Que el alumno demuestre su: (1) conocimiento de tres de los principios sobre un hogar feliz señalados en este estudio, (2) actitud de hacer su parte positiva como miembro de su familia.

──────────── Estudio panorámico del contexto ────────────

A. Fondo histórico:
En el antiguo Cercano Oriente, la esposa era considerada propiedad del esposo. Por eso, el adulterio representaba la violación de la persona y de la propiedad del esposo. Había castigos muy severos para las personas que cometían adulterio, incluyendo el apedreamiento de los dos (Lev. 20:10). El propósito de esta prohibición era formentar la seriedad del matrimonio y su permanencia.

El libro de Proverbios presenta el cuadro de un hogar feliz cuando hay armonía entre los varios miembros del hogar. En contraste, la contienda siempre resulta en una inseguridad y una falta de felicidad de parte de todos. Se pueden adquirir posesiones materiales, pero la formación de un carácter moral es de mayor importancia.

B. Enfasis:
Dichos de los sabios, 23:1 a 24:34. Esta colección de dichos muestra un tipo de literatura diferente que el de las "oraciones" de los capítulos anteriores. Todos estos proverbios se catalogan como instrucciones, con los respectivos verbos en forma imperativa, usualmente apoyadas por una cláusula explicando la sabiduría de seguir estas directrices. Algunas veces la explicación va de un versículo a otro. En realidad los llamados "treinta dichos de los sabios" empiezan en 22:17 y se extienden hasta 24:34.
Otros dichos de Salomón, 25:1 a 29:27. Estos proverbios forman un apéndice a la colección en los capítulos 10 a 24. Fueron copiados por hombres de Ezequías, rey de Judá (716—687 a. de J.C.). No hay registro en el libro de los Reyes de su interés por la literatura, pero su confianza en los propósitos de

Dios para Jerusalén pudo guiarle a mirar la historia de los reyes que le antecedieron. El reinado en el mundo antiguo era ocupado, según se creía, por personas que eran algo más que un simple ser humano. Así se ubica a los reyes en una posición de plena superioridad.

La maldad y la bondad en la sociedad, 28:1-5. Los que no conocen a Jehovah tienden de continuo al mal, mientras que los que lo buscan entienden la importancia del derecho.

La verdadera riqueza, 28:6-11. El pobre que tiene la capacidad de discernir las cosas está por encima de los ricos que han llegado a serlo por abusar de los demás.

La moralidad tiene efectos positivos en la sociedad, 28:12-28.

Es importante que haya personas justas y sabias en la sociedad, 29:1-11. En los vv. 12-27 encontramos una serie de dichos que muestran el tema general del gobierno y el control.

Los dichos de Agur, 30:1-33. No es muy claro cómo se originó esta división. Agur, hijo de Jaqué es reflejado en este pasaje como una persona humilde y piadosa delante de Dios.

Las palabras de Lemuel, 31:1-9. Lemuel fue un rey de quien no conocemos mucho ni de su madre a quien se le da el crédito de lo que él aprendió. Los sentimientos que se mencionan aquí hacen eco de lo que ya ha sido dicho en otros proverbios (5:8-17; 20:1; 29:14).

La mujer virtuosa, 31:19-31. Aquí tenemos el famoso pasaje de las características de la mujer virtuosa. En el original es un acróstico de 22 dichos en el que cada verso comienza con una de las letras del alfabeto hebreo.

───────── Estudio del texto básico ─────────

1 Amonestaciones contra el adulterio, Proverbios 5:1-14.

V. 1. Un llamado al joven a estar dispuesto a escuchar los consejos de un sabio. *Inclina tu oído* implica que uno está dispuesto a escuchar. Esto en contraste con la actitud de muchos jóvenes que ni escuchan ni están dispuestos a seguir los consejos de personas mayores.

V. 2. Las consecuencias de haber escuchado es el actuar en forma sabia y saber cuándo se debe hablar y cuándo se debe guardar silencio.

V. 3. Había prostitutas y adúlteras que hablaban en forma persuasiva para atraer la atención de los hombres. *Gotean miel* es una figura para ilustrar que sus palabras atraen la atención de todo hombre. El *paladar* se refiere a su capacidad de decir las cosas en forma tan suave.

V. 4. Su *fin.* La meta final de las palabras suaves de la adúltera es la condenación del que hace caso. *El ajenjo* era mata amarga, y el uso de esta figura simboliza el sufrimiento que vendrá para la persona que escucha sus palabras que al final son espada de *dos filos agudos*, acarrean la muerte.

V. 5. La destrucción a que lleva la mujer extraña es mortal y final. Los *pies descienden a la muerte*, lo cual implica una muerte prematura para la mujer tanto como para el hombre. Esto ilustra el concepto contemporáneo de las consecuencias del pecado, que se cosechaban en una vida acortada. El *Seol* era la morada de los muertos, y lleva el sentido de castigo eterno por los pecados. **V. 6.** Las prostitutas viven una vida de miseria. *Sus sendas son inestables. Ella no se da cuenta* de la felicidad que podría lograr si tuviera un hogar estable y un esposo que le ame. **V. 7.** *No os apartéis* es un llamado a recordar y obedecer las palabras de amonestación con relación a la mujer extraña. Escuchar los consejos y actuar de acuerdo con los dichos del sabio reflejan la madurez del joven. **V. 8.** *Aleja de ella,* es la estrategia que puede salvar al joven de la destrucción. Quien pasa tiempo conversando con las personas que frecuentan los lugares cuestionables, seguramente va a caer en la tentación de participar en las mismas actividades. **V. 9.** *Des a otros tu honor* se refiere a la inocencia y pureza del joven. *Y tus años a alguien que es cruel* se refiere de nuevo a la vida que es acortada por los hechos que uno ha escogido seguir. **V. 10.** Los malos amigos *se sacian con tus fuerzas.* Los amigos siempre están listos para gastar el dinero de otros. Pero cuando se acaba el dinero, desaparecen. *Frutos de tu trabajo,* o sea, el sueldo semanal o mensual se puede gastar en una sola noche. *Vayan a dar* se refiere a la actitud de liberalidad que caracteriza al joven insensato con plata, y después se da cuenta de que lo que ha gastado se ha perdido. **V. 11.** *Gemirás* es señal de tristeza y dolor, cuando uno se da cuenta de que no ha escuchado las amonestaciones de los padres, profesores y amigos. *Al final de tu vida* que ha sido acortada, todo lo que le queda son recuerdos dolorosos de decisiones fatales. *Tu cuerpo y tu carne se hayan consumido* ilustra los efectos de participar en actividades que comprometen la salud. **V. 12.** *Aborrecí la disciplina*, palabras de lamentación, porque ya muy tarde uno se da cuenta de que los descuidos del pasado resultan en cuentas por pagar posteriormente. Casi todos los jóvenes *menosprecian la reprensión*, pero luego se dan cuenta de su error. **V. 13.** Cuando uno se lamenta de que no ha escuchado la voz de sus maestros, de sus padres o sus consejeros ya es tarde. Las lecciones que no aprendió durante la juventud ahora son imposibles de aprender. **V. 14.** El *mal* a que se refiere es toda clase de desviaciones en las que el pecador que hace su confesión reconoce que lo que hizo fue del conocimiento de *la sociedad*. El pecado de una persona tiene consecuencias entre los que nos rodean.

2 La legitimidad de las relaciones sexuales en el matrimonio, Proverbios 5:15-20.

V. 15. La *cisterna* era artículo de sumo valor en el Cercano Oriente. Para las familias era muy importante. *Tu propio pozo* se refiere a la esposa como fuente de satisfacción sexual. Un matrimonio feliz y la satisfacción del deseo sexual eran las únicas preventivas del pecado del adulterio, que se menciona en los primeros versículos del capítulo.

V. 16. La pregunta aquí resalta la gravedad del adulterio, en que el esposo derrama su semilla en relaciones ajenas a su esposa. Se afirma que la fidelidad del esposo en el matrimonio resultará en bendiciones para la humanidad. En la infidelidad no sól se afectan las dos personas que la cometen sino todas las demás personas que de una u otra manera se relacionan con los transgresores.

V. 17. *Que sean para ti solo* es un llamado serio a la monogamia. El esposo debe contentarse con la esposa y la esposa con su esposo. Cuando prevalece una relación de amor y fidelidad mutuos, puede haber la tranquilidad que fomenta el placer máximo en la relación.

V. 18. *Manantial* se refiere a la esposa. Se pronuncia aquí una bendición sobre la relación íntima entre cónyuges. Había peligro de cansarse de *la mujer de la juventud* y por eso se advierte que uno debe alegrarse con ella.

V. 19. Las símiles de la esposa como una *preciosa cierva o una graciosa gacela* no serían términos ofensivos para los orientales, ya que se refieren a los animales más rápidos y con mayor gracia en sus movimientos. *Sus pechos* indican que esta parte del cuerpo de la mujer representaba una atracción sensual. *Recréate siempre* afirma que el placer sexual dentro de los lazos del matrimonio tiene la bendición de Dios.

V. 20. La pregunta ilustra la tontería de buscar satisfacción sexual en relaciones ilícitas extramaritales cuando uno tiene una esposa con quien puede disfrutar de este placer. Es un llamado a seguir el ideal establecido por Dios en el principio cuando instituyó el matrimonio.

3 La armonía en el hogar, Proverbios 17:1; 19:14; 21:9.

17:1. *Un bocado seco* se refiere a una comida pobre en cantidad y calidad. *Con tranquilidad* ilustra la actitud que puede existir en las personas a pesar de su pobreza. *Una casa llena de banquetes* sería la casa de una persona prominente en la comunidad. *Contiendas,* peleas, disputas, discusiones por diferentes motivos que rompen la armonía en el hogar.

19:14. La *herencia de los padres* puede suministrar las comodidades de una casa u otros bienes, pero no puede asegurar la felicidad. *Una mujer prudente* no se puede heredar; tiene que ser dádiva de Dios. Se debe reconocer que es Jehovah, la fuente de todas las dádivas.

21:9. *Rincón de la azotea,* sería como estar desprovisto de techo donde vivir. La ilustración tiene el fin de hacer contraste con la amplitud de *compartir una casa* pero con los sinsabores que resultan de los conflictos conyugales.

————————— Aplicaciones del estudio —————————

1. Los hombres deben evitar la prostitución. Esto tiene pertinencia para los casados tanto como para los solteros. La aplicación de esto hoy sería el actuar en forma prudente en el trabajo, en el recreo y en toda otra relación, para evitar enlaces no correctos.

2. Los cónyuges deben promover la armonía en el hogar. La participación conjunta en las tareas de la casa, especialmente si la esposa trabaja fuera del hogar para suplementar los gastos del hogar, es actividad que puede promover armonía.
3. El matrimonio es relación exclusiva. Debemos animar a los casados a enfocar su búsqueda de satisfacción física en el cónyuge.
4. Debemos evitar ser rencillosos y crear un ambiente pesado en el hogar. El momento de la llegada a la casa después del día de trabajo debe ser el momento más feliz del día, ya que tienen la oportunidad de disfrutar de la presencia del ser que ama más que a cualquier otra persona.

─────────── **Ayuda homilética** ───────────

Una mujer virtuosa
Proverbios 31:10-31

Introducción: Vamos a considerar las cualidades de esta mujer virtuosa. Esta consideración puede representar un desafío para las damas.

I. Es dádiva de Jehovah.
  A. Se puede encontrar únicamente con la ayuda divina, v. 10.
  B. Es de mayor valor que las joyas preciosas, v. 10.
II. Es persona con cualidades virtuosas.
  A. Disfruta de la confianza del esposo, v. 11.
  B. Busca traer felicidad al hogar todos los días, v. 12.
III. Es persona con capacidades impresionantes.
  A. Es buena administradora del hogar, vv. 13, 14.
  B. Vigila la salud y el bienestar de los hijos, vv. 15, 21.
  C. Es buena negociante, v. 16.
  D. Tiene misericordia hacia los pobres, v. 20.
  E. Habla con sabiduría, v. 26.
IV. Es elogiada por los hijos y el esposo, v. 28.
  A. Los hijos tienen amor por una madre tan dedicada a su bienestar.
  B. El esposo reconoce que ha sido bendecido en abundancia.

Conclusión: El autor de Proverbios considera que la esposa es la fuente principal de la felicidad y la satisfacción de las necesidades sexuales y emotivas de su esposo.

Lecturas bíblicas para el siguiente estudio

Lunes: Eclesiastés 1:1-18
Martes: Eclesiastés 2:1-26
Miércoles: Eclesiastés 3:1-22

Jueves: Eclesiastés 4:1-16
Viernes: Eclesiastés 5:1 a 6:12
Sábado: Eclesiastés 1:1-11; 2:1-3, 11-14; 3:16, 21

AGENDA DE CLASE

Antes de la clase
1. Este es el último estudio en Proverbios. Lea las lecturas bíblicas diarias que aparecen al final del estudio anterior. **2.** Al leer los comentarios en este libro y en el del alumno determine al menos tres principios que hay que aplicar para tener un hogar feliz. **3.** En un franja de cartulina escriba: "en el hogar". **4.** Tenga a mano los cuadernillos y los lápices usados en las dos últimas sesiones. **5.** Conteste las preguntas en la primera sección bajo *Estudio del texto básico* en el libro del alumno.

Comprobación de respuestas
JOVENES: **1.** a. dulce, amargo; b. no apartarse de los consejos sabios. **2.** V. 15: ser fieles en el matrimonio. V. 18: disfrutar de su cónyuge. V. 20: No apasionarse con alguien que no es su propio cónyuge. **3.** 17:1, evitar contiendas. 19:14, ser prudentes. 21:9, evitar rencillas.
ADULTOS: **1.** Para guardar la sana iniciativa y conservar el conocimiento. **2.** alegrarse con la mujer de su juventud. **3.** Las contiendas. **4.** Una mujer prudente. **5.** Con una mujer rencillosa.

Ya en la clase
DESPIERTE EL INTERES
1. Llame la atención al cartel con el título de la Unidad. Debajo de él, fije la franja con la frase "en el hogar". **2.** Pregunte qué cosas o elementos contribuyen a vivir bien en el hogar. Escriba las respuestas en el pizarrón o en una hoja de papel. Diga que en este estudio enfocarán algunos consejos de Salomón sobre este tema. A ver cuántos se parecen a los que listaron.

ESTUDIO PANORAMICO DEL CONTEXTO
1. Vea si recuerdan a quiénes dirigió Salomón el libro de Proverbios (a sus hijos y jóvenes en general). Mencione que mayormente lo dirigió a jóvenes varones, cosa que es evidente en los pasajes a estudiar. Diga que, en este sentido, iba dirigido a la sociedad de aquel tiempo y lugar, donde la mujer y los hijos eran considerados propiedad del hombre. Agregue que es motivo de reflexión pensar cómo habría encarado los temas Salomón en la actualidad. Si se hubiera dirigido a las mujeres jóvenes, ¿qué les hubiera aconsejado acerca de su relación con el hombre?

ESTUDIO DEL TEXTO BASICO
Si su clase es mixta divídala en dos grupos: uno de varones y otro de mujeres. Cada grupo enfocará los pasajes desde la perspectiva de su propio sexo. En relación con cada punto, cada grupo elabore un principio. Nombren un líder en cada grupo para llevar adelante el estudio. Si su clase no es mixta siga las siguientes sugerencias según sea clase de HOMBRES o de MUJERES.

1. Amonestaciones contra el adulterio, 5:1-14.
HOMBRES: Lean el pasaje y encuentren (1) lo que el hombre debe evitar a toda costa, (2) cómo son los amoríos al principio (v. 3) y cómo resultan al final (v. 4), (3) las frases que describen el fracaso al que lleva la mala vida sexual. MUJERES: Lean el pasaje como si hubiera sido dirigido a la mujer ("Hija mía", v. 1, por ejemplo) para prevenirle de los hombres. Encuentren: (1) lo que deben evitar a toda costa, (2) cómo son los amoríos al principio (v. 3) y cómo terminan siendo (v. 4), (3) las frases que describen el fracaso al que lleva la inmoralidad sexual.

2. La legitimidad de las relaciones sexuales en el matrimonio, 5:15-20.
HOMBRES: Lean el pasaje, un versículo a la vez, seguido por la interpretación que aparece en el libro del alumno. Luego enfoquen el consejo "alégrate con la mujer de tu juventud" (v. 18). ¿Conocen a hombres que han dejado a su esposa y su hogar por una mujer joven? Comenten los sufrimientos que esto causa y el fracaso que significa para la esposa, los hijos y, a la larga, para el hombre mismo.

MUJERES: Lean el pasaje primero, como está, y segundo con adaptaciones como para dirigirlo a la mujer. Han de conocer casos en que una mujer adulta abandonó su familia por el amor de un hombre más joven, o más próspero o más interesante. Comenten los casos, el fracaso que significó y los sufrimientos de los seres queridos.

3. La armonía en el hogar, 17:1; 19:14; 21:9. HOMBRES: Al leer 17:1 opinen cuál es la responsabilidad del esposo y padre para que haya tranquilidad en el hogar. Al leer 19:14 elaboren una definición de "esposa prudente" y otra de "esposo prudente". ¿Cómo puede cada uno ayudar al otro a ser prudente? Al leer 21:9 piensen en por qué a veces la mujer es rencillosa. ¿Son siempre las mujeres la causa de las discordias en el hogar? ¿Qué situaciones las causan y las agravan? ¿Qué puede hacer el hombre?

MUJERES: Lean 17:1 y conversen sobre lo que puede hacer la esposa en el hogar para que haya tranquilidad. Lean 19:14 y contesten la pregunta: ¿Cómo puede motivarlas el hecho de ser "herencia de Dios" a procurar ser más prudentes? Lean 21:9. Si alguna se siente aludida, aconséjenle. Si alguna es víctima de maltrato por parte de su esposo, aconséjenle cómo buscar ayuda.

APLICACIONES DEL ESTUDIO
1. Cada grupo presentará los principios que elaboraron, comparándolos con los del otro grupo. **2.** Compárenlos con los que escribieron al comienzo de la clase. **3.** Reparta los cuadernillos. Cada uno redacte su propio proverbio con paralelismo progresivo en base a uno de los principios enfocados. Recoja los cuadernos.

PRUEBA
1. Lea en voz alta el inciso 1, comenten su contenido entre todos. Hagan lo mismo con el inciso 2.

PLAN DE ESTUDIOS
ECLESIASTES y CANTARES

Escriba antes del número de cada estudio, la fecha en que lo usará.

ECLESIASTES
Una introducción

Eclesiastés significa uno que convoca a una asamblea o que pronuncia un discurso ante ella, y por eso se le ha dado el nombre de "el predicador". Posiblemente esta palabra proviene de la palabra hebrea *Qohélet,* un derivado de la palabra griega *kaleo* que significa convocar a una asamblea.

Escritor. Tradicionalmente se le atribuye la paternidad literaria a Salomón y se dice que lo escribió ya en su ancianidad como un reflejo de las reminiscencias seniles del rey sabio. Estudios más recientes ubican el libro como posterior a Salomón. Esto es factible puesto que en la antigüedad era muy usual escribir algo y luego atribuirlo a personajes inportantes de la época para que dicho escrito tuviera el éxito que se pretendía.

Propósito. Más que predicar, el escritor trata de filosofar sobre la experiencia humana. La tesis fundamental trata de establecer la absoluta incapacidad de todos los objetivos y propósitos humanos, tomados como fin principal de la vida, para brindar la verdadera felicidad. Su primera cláusula es: todo es vanidad. Su última reflexión es: teme a Dios y guarda sus mandamientos.

Entre otras cosas, el escritor muestra incidentalmente cómo deben conducirse los hombres en medio de los distintos engaños que invariablemente encontrarán a lo largo del camino de la vida.

Hay momentos en que la narración se vuelve complicada porque se usa en ella de manera indistinta la primera, la segunda y aun la tercera persona. A veces parece que el autor está narrando su biografía y en ella misma puede adoptar la posición de un científico, luego la de alguien que se entrega al placer sensual, en momentos es un epicúreo, a veces es un estoico. A veces es un hombre noble, arrepentido y humilde, pero puede parecer arrogante cuando proyecta frases y oraciones para mostrar con toda intención la personalidad de un hombre sabio y maduro.

Esta es una de las razones por las cuales hay pasajes en este libro que son difíciles de interpretar.

El libro es una narración de esperanzas fantásticas y de tremendos fracasos, con descripciones que a menudo son más fuertes que la verdad misma.

Hay una separación del polvo (cuerpo) que vuelve a la tierra y el espíritu que vuelve a Dios.

Aparentemente hay un gran escepticismo del escritor, sin embargo, al final se despide con estas palabras: "Teme a Dios, y guarda sus mandamientos; porque esto es el todo del hombre. Porque Dios traerá toda obra a juicio, juntamente con toda cosa encubierta, sea buena o sea mala."

El sentido de la vida

Contexto: Eclesiastés 1:1 a 6:12
Texto básico: Eclesiastés 1:1-11; 2:1-3, 11-14; 3:16, 21
Versículos clave: Eclesiastés 3:10, 11
Verdad central: Quien busca el sentido de la vida por medio de adquirir cosas materiales, participar en actividades que le dan placer físico y por adquirir conocimientos, descubrirá que ninguna de esas cosas le brindan la verdadera felicidad ni el verdadero sentido a su vida.
Metas de enseñanza-aprendizaje: Que el alumno demuestre su: (1) conocimiento de la verdad bíblica sobre el verdadero sentido de la vida, (2) actitud de actuar consecuentemente en relación con las enseñanzas de este estudio.

─────────── Estudio panorámico del contexto ───────────

A. Fondo histórico:

En la Biblia en hebreo la primera frase de este libro lleva el título *Qohéleth*, hijo de David, rey en Jerusalén. La palabra viene del verbo *kaleo* en griego, la cual significa "convocar a una reunión o asamblea". *Qohéleth* es la forma del participio, y por eso se puede traducir "predicador" u "orador".

El libro afirma que Salomón, *hijo de David, rey en Jerusalén*, es el escritor. Muchos eruditos dudan de este hecho, y sugieren que el escritor utilizó el nombre de Salomón para darle peso a sus conclusiones en cuanto al valor de la vida. Lo cierto es que el escritor fue alguien que había experimentado con varios estilos de vida, para llegar a la conclusión que una actitud de reverencia hacia Dios es fundamental para descubrir el sentido de la vida.

El escritor de Eclesiastés había observado mucho a las personas en su búsqueda de la felicidad, y concluyó que estaban equivocados en su inento, porque había resultado en la "vanidad de vida". El peregrinaje de la vida nos da muchas enseñanzas en el camino, pero tenemos que acudir a Dios para descubrir el sentido verdadero.

El libro nos revela el concepto limitado de la inmortalidad en aquel entonces. Parece que 3:20, 21 indica que se pensaba que los seres humanos y los animales van al mismo lugar después de la muerte. Pregunta si el espíritu del hombre va arriba después de la muerte, o se vuelve polvo como los animales. Damos gracias a Dios porque en el Nuevo Testamento tenemos una revelación más completa en cuanto a la inmortalidad.

B. Enfasis:

Búsqueda del sentido de la vida, 1:1-11. Refleja el orden del universo bajo el Dios soberano y la manera en que las leyes de la naturaleza exigen una sucesión de eventos. Las generaciones vienen y se van, el sol sale y se pone, los vientos vienen y se van; parece que todo sigue un ritmo monótono. Muchas personas viven día tras día sin sentir que su vida ha tenido significado. *El camino del placer, la riqueza y el conocimiento es un callejón que no produce felicidad, 2:1-19.* El predicador decidió buscar el sentido de la vida por medio del placer. Al final se dio cuenta de que la felicidad duradera no radica allí. Descubrió que las personas con riquezas son las más miserables, porque sus posesiones materiales representan barreras para relaciones genuinas con otras personas. También decidió buscar por medio de las ciencias y la sabiduría la respuesta a las preguntas fundamentales de la vida. La conclusión es que uno lucha por conseguir la sabiduría y los conocimientos y ejerce sus talentos, pero deja las riquezas a otro que jamás se afanó en ello (2:21). Así que ese camino también es vanidad de vida.

Impiedad en vez de justicia, 3:1 a 4:5. El predicador cuestionó la diferencia entre los seres humanos y los animales, y llegó a dudar si había inmortalidad para la humanidad o si morimos como los animales. Concluyó preguntando: "¿Quién sabe si el espíritu del hombre sube arriba, y si el espíritu del animal desciende abajo a la tierra?" Esta es una pregunta que muchas personas se hacen hoy. La respuesta está en el Nuevo Testamento, donde Cristo prometió vida eterna para todos los que creen en él.

Las ventajas de una vida sabia, 4:6-12. Es de sabios cultivar amistades puesto que somos seres gregarios y tenemos la necesidad natural de convivir y apoyarnos en otros. Es de sabios también saber retirarse a tiempo, dando lugar a nuevas generaciones para llevar adelante los proyectos que demandan fortaleza y determinación.

───────────── Estudio del texto básico ─────────────

1 La rutina de la vida da lugar al aburrimiento, Eclesiastés 1:1-11.

V. 1. El escritor se refiere a sí mismo como *Predicador,* término hebreo *Qohéleth* que se refiere al que congrega al pueblo para instruirlo. La tradición atribuye el libro a Salomón, pero muchos dudan de esto. Piensan que fue otra persona que utilizó el nombre del hijo de David, rey en Jerusalén, para darle peso a lo que iba a decir. Esto es una permisión en el método literario que se utiliza hasta hoy. Lo importante es reconocer que el libro es parte de la Biblia, la cual tiene a Dios como el autor divino.

V. 2. *Vanidad de vanidades* es el tema que aparece repetidas veces en el libro. El Predicador va a enfocar este tema al considerar los varios campos de la búsqueda de la sabiduría, el placer, los bienes materiales y los enigmas del por qué del sufrimiento de los buenos y la prosperidad de los malos. Al fin descubre que la vida es vacía y deja de lado lo que no se pueden contestar.

V. 3. *¿Qué provecho...?* Hay personas hoy, como en el día del Predicador, que todavía buscan provecho de la inversión que han hecho de sus energías tanto intelectuales como físicas. *Duro trabajo* ilustra que el Predicador reconoció lo duro de las labores de muchas personas. Les tocó sudar mucho para cosechar los frutos de sus labores. Las palabras *se afana* ilustran lo duro del trabajo en aquel entonces.

V. 4. *Generación va y viene*, ilustrando el punto de vista pesimista de la historia. *La tierra permanece*, implicando que los asuntos diarios de la existencia eran iguales como antes.

V. 5. El sol sigue la misma trayectoria todos los días: *sale y se pone*. No se puede notar mucha diferencia de un día a otro. Aun las diferencias en las estaciones no se notan, porque los cambios vienen paulatinamente.

V. 6. *El viento sopla... y gira*; refiriéndose a los vientos predominantes de esa región. Los beduinos estaban acostumbrados a los vientos fuertes que cambian la topografía de las arenas de día en día, creando así la posibilidad de perderse fácilmente en los desiertos. La monotonía de ver las mismas arenas día tras día contribuía al aburrimiento.

V. 7. *Los ríos van al mar*, el Predicador está observando las varias facetas de la naturaleza, para resaltar el hecho de que no hay cambio.

V. 8. *Las cosas son fatigosas*, era la conclusión a que llegó el Predicador, al resumir las varias manifestaciones de la operación de las leyes de la naturaleza. *El ojo... el oído...;* aunque podemos ver y escuchar somos incapaces de dar explicaciones de muchas cuestiones en el universo.

V. 9. Es otra referencia al ciclo de la naturaleza y la vida. El Predicador en su pesimismo no ve nada nuevo en la repetición de las cosas.

V. 10. Ahora viene la pregunta para afirmar lo dicho en versículo 9. Seguramente cualquier cosa que podemos percibir como siendo nueva ya ha sido observada por otros anteriormente, y ellos concluyen que ya sucedió.

V. 11. El ser humano tiene memoria muy corta. Difícilmente las generaciones que vienen recordarán los logros de la presente. Pocos pueden trazar su geneología familiar más atrás que sus bisabuelos.

2 Los placeres de la carne no dan satisfacción perdurable, Eclesiastés 2:1-3, 11-14.

V. 1. *Dije en mi corazón*; el Predicador ya ha concluido que la sabiduría no podía darle la satisfacción que buscaba, de modo que va a seguir otro camino. *Te probaré*; el escritor está hablandose a sí mismo, como si tuviera que convencerse de que otra prueba vale la pena y decide buscar sentido a la vida en los *placeres*

V. 2. *A la risa... ¡locura!* Es la conclusión lógica a la indulgencia sensual en que hay mucha risa, pero no hay alegría. Las expresiones externas no siempre reflejan la realidad interna. Alguien que ríe con frenesí, no necesariamente está demostrando felicidad.

V. 3. *Propuse... agasajar mi cuerpo*; en hebreo la palabra es "estimular" o "refrescar" el cuerpo. Era común el consumo del vino, porque las uvas eran producto principal de la tierra. Pero esto trajo los males acompañantes también. *Echar mano a la necedad* significa dar rienda suelta a sus impulsos más bajos para experimentar los placeres que el hedonismo ofrece. *Mientras mi corazón ...en sabiduría* ilustra la lucha contradictoria de los impulsos que batallan dentro del ser humano. Hay un elemento que busca el camino alto de la sabiduría, pero hay otro que quiere saciar los deseos de la carne.

V. 11. El rey había invertido bastante esfuerzo en la adquisición de los bienes materiales (vv. 4-9). También fue hasta el último punto en saciar los apetitos de lujuria (v. 10). Pero después de la prueba revisó su situación, y llegó otra vez a la conclusión que todo era vanidad y aflicción de espíritu. *Aflicción de espíritu* se refiere al sufrimiento mental, emocional y espiritual.

V. 12. Volvió a considerar la *sabiduría*, la *locura* y la *necedad*, y concluyó que todo era vanidad. Cuando el hombre busca el sentido de la vida por medio de la sabiduría, los placeres y las riquezas llega a la misma conclusión a que llegó el rey.

V. 13. El Predicador reconoce que la sabiduría da una *satisfacción* más alta que la *necedad*, y que el contraste es marcado.

V. 14. *El sabio...;* es obvio que el Predicador favorece el estilo de vida del sabio. Las *tinieblas* en que anda el necio se refiere al aspecto espiritual tanto como la ignorancia. *Lo mismo acontecerá* se refiere a la muerte física. No importa lo que uno ha logrado en la vida; la muerte llegará.

3 La injusticia en la vida, Eclesiastés 3:16.

V. 16. *En el lugar del derecho*, que abarca lo correcto y lo benigno en todas las relaciones, *allí está la impiedad*, o sea, todo lo opuesto. Esto representa el problema moral fundamental del universo que ha confundido a los filósofos, los religiosos y los seculares. ¿Por qué sufren los buenos y los inocentes y prosperan los malos? Parece que el Predicador quedó perplejo frente a lo que era una injusticia desde su perspectiva.

4 ¿Qué de la vida futura?, Eclesiastés 3:21.

V. 21. El pesimismo en cuanto a esta vida da lugar para el escepticismo con relación a la vida futura. *¿Quién sabe...?,* es la pregunta que hacen los escépticos con relación a la inmortalidad. Con la venida de Cristo al mundo, la seguridad de la inmortalidad vino a ser una verdad más clara.

─────────── Aplicaciones del estudio ───────────

1. Dios da sentido a la vida. Sin Cristo, la vida consiste en una búsqueda constante del sentido, pero uno experimenta una frustración constante porque no se encuentra. Con Cristo la vida se llena de propósito. Cristo dijo: "Yo he venido para que tengan vida, y para que la tengan en abundancia" (Juan 10:10). El que conoce a Cristo tendrá su vida llena de actividades positivas.

2. Los valores en la vida. La búsqueda de la sabiduría, de la satisfacción de los placeres físicos y de las riquezas materiales, sin la seguridad de la vida eterna, no brindará la satisfacción y la tranquilidad que uno anhela. **3. La inmortalidad es doctrina que florece más completamente en el Nuevo Testamento.** Es la fe en Jesucristo lo que hace la diferencia. **4. Cada uno escoge la actitud que tendrá frente a la vida.** Si uno quiere ver las cosas desde una perspectiva más clara y brillante, puede hacerlo.

─────────────── Ayuda homilética ───────────────

Esperanza para el espíritu afligido
Eclesiastés 1:14

Introducción: Fundamentalmente las circunstancias no han cambiado desde el día del "Predicador", el punto de vista de los que analizaban las circunstancias cambió. Esto nos enseña varias lecciones en cuanto a la esperanza.

I. La naturaleza de la esperanza.
A. La esperanza tiene su origen fuera del ser humano.
B. Quien considera a Dios y su poder, se llena de esperanza.
II. Los elementos de la esperanza.
A. El elemento divino. Tenemos que darle a Dios el lugar primordial.
B. El elemento humano. El ser humano tiene que aportar su esfuerzo personal después de colocar su fe en Dios.
C. Elemento divino-humano. Cristo era hijo de Dios pero tomó la forma humana para identificarse con la humanidad. La fe en él nos da una relación que garantiza la esperanza en la vida eterna.
III. Los resultados de la esperanza.
A. Nos hace más optimistas en cuanto a la vida actual.
B. Nos permite funcionar con la fe en el triunfo final de la familia de Dios.
C. Nos da una esperanza eterna en el cielo después de la muerte.

Conclusión: La esperanza es elemento que nos inspira a vivir y actuar en forma moderada cuando pasan experiencias trágicas. A la vez nos motiva para usar nuestras energías en actividades que promuevan el reino de Dios.

Lecturas bíblicas para el siguiente estudio

Lunes: Eclesiastés 7:1-29
Martes: Eclesiastés 8:1-17
Miércoles: Eclesiastés 9:1-18

Jueves: Eclesiastés 10:1-20
Viernes: Eclesiastés 11:1 a 12:14
Sábado: Eclesiastés 11:1-8; 12:1, 2, 6, 7, 13, 14

AGENDA DE CLASE

Antes de la clase
1. Lea Eclesiastés 1:1-6:12. Le será más fácil hacerlo si lee las lecturas bíblicas diarias que aparecen al final del estudio anterior. **2.** Lea la introducción a Eclesiastés en la página 362 de este libro y estudie el comentario en este libro y en el del alumno. **3.** Al considerar cada tema en Eclesiastés, hágalo a la luz de la revelación que tenemos ahora en el Nuevo Testamento. Reflexione en qué citas del Nuevo Testamento ofrecen solución al desaliento que los pasajes en Eclesiastés denotan. **4.** En tiritas de papel escriba las siguientes preguntas: (1) ¿Qué sentido tiene la vida? (2) ¿Para qué nací? (3) ¿De qué vale mi vida? En otras tres escriba: Contesta la pregunta 1. Contesta la pregunta 2. Contesta la pregunta 3. **5.** Conteste las preguntas en la primera sección bajo *Estudio del texto básico* en el libro del alumno.

Comprobación de respuestas
JOVENES: **1.** Se pregunta si hay provecho en trabajar tanto. **2.** b. **3.** a. Vino, placer y risa. b. Sabiduría, locura y necedad. **4.** pesimista; alegre. ADULTOS: **1.** F. **2.** V. **3.** V. **4.** V. **5.** F. **6.** F. **7.** V.

Ya en la clase
DESPIERTE EL INTERES
1. Escriba en el pizarrón o en una hoja grande de papel el título de este estudio: EL SENTIDO DE LA VIDA. **2.** Reparta a seis alumnos las tiritas de papel que preparó. El que tiene la primera pregunta debe leerla en voz alta y el alumno a quien le tocó la tirita que dice "Contesta la pregunta 1", debe contestarla. Dé oportunidad para que los demás agreguen sus propias ideas. Proceda de la misma manera con las otras dos preguntas. **3.** Seguramente incluirán conceptos que el NT enseña. Aproveche esto para decirles que una actividad interesante de este estudio será ofrecer respuestas al autor de Eclesiastés a la luz de las verdades reveladas en el NT.

ESTUDIO PANORAMICO DEL CONTEXTO
1. Haga una transición de Proverbios a Eclesiastés comentando que Proverbios fue escrito y compilado por un Salomón maduro con espíritu joven, empeñado en guiar a sus hijos y jóvenes con sus sabios consejos. En cambio, Eclesiastés muestra a un Salomón anciano que le ha perdido el gusto a la vida, que a veces no le encuentra sentido. **2.** Presente una introducción más detallada a Eclesiastés en base al material en la página 362 y a la sección "Estudio panorámico del contexto" en este libro.

ESTUDIO DEL TEXTO BASICO
1. La rutina de la vida da lugar al aburrimiento, 1:1-11. Forme parejas para leer el pasaje y descubrir el tono de (1) aburrimiento, (2) cansancio y (3) melancolía. Cada pareja comente con toda la clase lo que descubrió.

Pregunte cómo se leería este pasaje sobre la creación de Dios si lo hubiera escrito alguien lleno de fe en el Señor. Pregunte qué verdades del Nuevo Testamento podríamos ofrecerle a Salomón para responder a su pregunta del v. 3. Si no mencionan 1 Corintios 15:58, hágalo usted.

2. *Los placeres de la carne no dan satisfacción perdurable, 2:1-3, 11-14.* Trabajen nuevamente en parejas. Al considerar estos pasajes deben descubrir (1) las cosas que Salomón había probado para lograr satisfacción en su vida, (2) si de entre éstas había encontrado alguna que diera sentido a su vida y (3) expresiones que denotan desesperanza y negativismo. Después que informen sobre lo que descubrieron, pregunte qué verdades del Nuevo Testamento usarían para dar a Salomón nueva esperanza y optimismo. Si no mencionan Efesios 5:13-20, hágalo usted. Búsquenlo en la Biblia y léalo usted en voz alta. Elaboren entre todos un consejo para Salomón basado en este pasaje.

3. *La injusticia en la vida, 3:16.* En parejas consideren este versículo. Lean el comentario en sus libros del alumno. Deben descubrir cuál era el problema de Salomón en relación con la "injusticia en la vida". Informen sobre lo que descubrieron. Pregunte qué verdad del Nuevo Testamento usarían para argumentar con Salomón. Si no mencionan Romanos 1:18 y 2:16 hágalo usted. Elaboren un razonamiento para ofrecer a Salomón.

4. *¿Qué de la vida futura?, 3:21.* En parejas consideren este versículo y contesten la pregunta del título según lo que enseña el Nuevo Testamento. Si al dar sus contestaciones no mencionan Romanos 6:23, hágalo usted. Elaboren la respuesta correcta y segura para Salomón.

Llame la atención a los *Versículos clave: 3:11, 12.* Comente que son unos de los versículos en este libro que muestran un rayo de esperanza y una nota de optimismo. Léanlos al unísono y en voz alta. Haga notar que el escritor reconoce que Dios ha dado al ser humano la percepción de que es eterno y que ésta es la semilla que puede hacer brotar la fe y motivar la búsqueda de un sentido para la vida. Agregue que una vez que encontramos la razón de nuestra vida es posible "alegrarse y pasarlo bien en la vida" en el verdadero sentido de la palabra.

APLICACIONES DEL ESTUDIO

1. Pregunte si alguno se siente a veces como Salomón o si conocen a alguna persona cansada de la vida como el escritor de Eclesiastés. **2.** Reparta los cuadernillos y pida que escriban un proverbio al cual recurrir cuando están desalentados y para compartir con alguien que parece no disfrutar de nada. Los que deseen hacerlo, lean su proverbio. Recoja los cuadernillos.

PRUEBA

1. Busquen esta sección en sus libros del alumnos. **2.** JOVENES: Realicen individualmente la actividad del inciso 1. Usen el tema del inciso 2 como base para una discusión de mesa redonda. ADULTOS: Tienen 2 ejercicios para completar. Háganlo individualmente.

Bases para el éxito

Contexto: Eclesiastés 7:1 a 12:14
Texto básico: Eclesiastés 11:1-8; 12:1, 2, 6, 7, 13, 14
Versículo clave: Eclesiastés 12:1
Verdad central: La persona que reconoce la soberanía de Dios se sentirá feliz en vivir una vida con propósito, pues tiene la motivación verdadera, y actuará correctamente para su propio beneficio y el de otros.
Metas de enseñanza-aprendizaje: Que el alumno demuestre su: (1) conocimiento de que aceptar la soberanía de Dios es la motivación adecuada para vivir feliz, (2) actitud de adecuar sus acciones diarias a la soberanía de Dios.

────────── **Estudio panorámico del contexto** ──────────

A. Fondo histórico:

Algunos eruditos consideran que el escritor de Eclesiastés fue un profesor de jóvenes que tenía muchos consejos prácticos para ofrecerles con relación a la mejor manera de vivir. El había experimentado varios estilos de vida, y tenía la autoridad moral para aconsejar a otros.

Las circunstancias del mundo en aquel entonces no daban base para una mayor felicidad durante esta vida ni seguridad para la vida futura. Después de reflexionar sobre la futilidad de los esfuerzos humanos en todos los campos, llega a los últimos capítulos del libro para darles consejos prácticos a los jóvenes, para que puedan aceptar los enigmas de la vida con el ojo de la fe y vivir con buen juicio en todo momento. La única alternativa del hombre es temer a Dios y guardar sus mandamientos.

B. Enfasis:

El valor de la sabiduría en un mundo imperfecto, 7:1-14. En una serie de proverbios, algunos propios y otros que ha tomado prestados, el escritor encara la realidad de la vida y hace algunas sugerencias. Recomienda actitudes que ayuden a una persona a aceptar las circunstancias de la vida.

Una advertencia a evitar los extremos, 7:15-29. El hombre tiene que estar muy consciente de que puede ser que una persona recta perezca muy temprano en su vida mientras que habrá pecadores que en su maldad alargan sus días.

La autoridad y la justicia, 8:1-13. Si la justicia no se aplica en el tiempo preciso el corazón de los hijos tiene mayor disposición al mal.

La vanidad del destino humano, 8:14 a 9:10. A menudo es difícil ver un principio de justicia operando en el mundo. Parece que esta falta de retribución anima a las personas a pecar.

El poder de la sabiduría, 9:11-18. De nuevo se retoma el tema de la importancia y el poder de la sabiduría.

Consejos para vivir bien, 10:1 a 11:8. Los capítulos 10 y 11 contienen una colección miscelánea de máximas que eran dichos comunes en aquel entonces, y que el Predicador quería ofrecer como consejos.

Consejos para los jóvenes, 11:9 a 12:8.

Es necesario mantener una perspectiva espiritual, 12:1-8. Esta es la mejor manera de vivir y de encararse con los sinsabores en la vida. Es importante ejercer esta fe durante la niñez, porque esto ayuda a edificar la vida sobre una base orientada a los valores espirituales.

Hay felicidad para el anciano que ya no tiene todas las capacidades que tenía, al reflexionar sobre su pasado y reconocer que ha hecho muchas cosas de valor y que las generaciones futuras podrán disfrutar.

Muchos libros se escribirán que hasta fatigarán el cuerpo, 12:9-14. El deber fundamental es temer a Dios y guardar sus mandamientos. Este es el sumario de la vida, según la conclusión a que llegó el Predicador después de su largo peregrinaje por todos los vericuetos de la vida.

─────────── **Estudio del texto básico** ───────────

1 Una recompensa segura, Eclesiastés 11:1, 2.

V. 1. *Echa tu pan.* Tradicionalmente se acepta que aquí hay una referencia a la generosidad: el que es generoso con otros un día será recipiente de la generosidad. *Sobre las aguas...* Algunos ven en esta expresión una referencia al comercio en los mares.

V. 2. *Reparte a siete ...ocho.* Siete en la Biblia simboliza lo completo, y la utilización de ocho indica que uno debe dar un paso más allá de lo perfecto. Es un desafío para extender nuestras relaciones más allá de las amistades ya formadas y de aumentar nuestros actos de caridad.

2 Causa y efecto, Eclesiastés 11:3, 4.

V. 3. Uno puede observar la naturaleza, y reconoce que si las nubes se recargan de agua, derramarán lluvia sobre la tierra. Tal vez al escribir Eclesiastés no se entendía todo lo relacionado con la evaporación del agua, y los efectos de la altitud sobre la precipitación, pero la observación del fenómeno vez tras vez le daba a la gente la clave para entender lo que pasaba y así predecir el futuro. Nubes oscuras traen lluvia.

Si el árbol cae...; los árboles eran pesados, y no se podían mover fácilmente. Era más fácil dejarlos en el lugar donde habían caído y dejarlos para que se pudrieran allí o partirlos con un hacha. La enseñanza es que es mejor dejar algunas cosas sin intentar alterarlas, porque en el proceso pueden herir a multitudes de personas.

V. 4. Hay muchas personas para las cuales las circunstancias nunca son propicias para hacer lo que necesitan hacer. O es muy temprano o muy tarde para emprender la tarea. Los que se pasan la vida haciendo planes no van a tener la oportunidad de cosechar.

3 Vivir responsablemente confiando en Dios, Eclesiastés 11:5-8.

V. 5. Aunque no comprendemos la obra de Dios, *quien hace todas las cosas,* podemos ejercer la fe y colaborar con él en lo que se propone hacer en nuestro mundo. Este versículo refleja la soberanía de Dios en el universo y nuestra necesidad de reconocerla.

V. 6. Uno no puede saber si la *semilla* sembrada en la mañana dará mayor cosecha que la que se siembra en la tarde, de modo que debe mantenerse ocupado durante todo el día y de esta manera asegurarse el fruto. Se anima a cada uno a hacer la inversión de todas las energías y la mejor sabiduría cuando se emprende una tarea, confiando que Dios prosperará tal actividad.

V. 7. *Agradable es la luz,* porque anuncia la llegada de otro día, el cual nos ofrece nuevas oportunidades para utilizar nuestros talentos. *Bueno es ...ver el sol*; es decir, cada día debe tomarse alegremente, más cuando somos conscientes de que la vida es un don de Dios. Cada nuevo día es la renovación de la misericordia de Dios. Nosotros necesitamos que el anuncio de un nuevo día refresque nuestra esperanza de que no estamos condenados a la tinieblas, sino que tenemos como promesa la luz.

V. 8. Vivir *muchos años.* El llegar a ser anciano, el haber tenido muchos hijos, el haber prosperado y el gozar de buena salud eran evidencias, según la filosofía predominante del día del Predicador, de la bendición de Dios. Es bueno alegrarse de las bendiciones que se han tenido en la vida. Es buen ejercicio repasar los años y contar los motivos de alegría. *Traiga a la memoria los días de las tinieblas.* Cada cual puede enfocar las experiencias dolorosas, cuando pasaba por el valle de las sombras de muerte y experimentaba los días de tinieblas. Estos son días de tristeza, que formarán una parte normal de la vida si uno vive durante muchos años.

4 Vivir alegre recordando al Creador, Eclesiastés 12:1, 2, 6, 7.

V. 1. *Acuérdate* lleva el sentido de recordar con respeto y reverencia a quien es el Creador. *En los días de tu juventud* se refiere a la necesidad de formar nuestras creencias durante los años tiernos cuando es más fácil creer. La juventud es el tiempo para tomar las decisiones que afectarán el resto de la vida. Tomamos la decisión en cuanto a la vocación o la profesión, la persona con quien nos casaremos, dónde vamos a vivir y muchas otras decisiones importantes que afectarán los años futuros. *Los días malos* puede referirse a un día futuro hipotético, cuando uno no siente tanta alegría por las cosas. Debemos aprovechar el día que tenemos, porque no sabemos si mañana o cualquier día futuro puede traernos experiencias tristes. Debemos someternos a las leyes que Dios ha establecido para lograr la felicidad y el sentido de satisfacción con la vida. Los años futuros en que dice *no tengo en ellos contentamiento* se refiere a las limitaciones de la vejez y la miseria que muchos experimentan en esa época de la vida.

V. 2. *Antes que se oscurezcan el sol... luna, ...estrellas.* Es una metáfora para hablar de los efectos de la vejez: la vista se empieza a deteriorar, todo se ve nublado, como cuando *las nubes vuelven tras la lluvia.*

V. 6. *Antes que se rompa el cordón;* se utilizaba un cordón para sostener la lámpara de aceite que brindaba luz para la casa durante las horas de la noche. *Se destroce el tazón.., el cántaro se quiebre.., el manantial.., la rueda,* todas las analogías son referencias simbólicas a la muerte.

V. 7. *El polvo* alude al cuerpo humano (Gén. 2:7; 3:19), la materia. *El espíritu* habla del aliento de vida que el hombre recibió de su Creador (Gén. 2:7). Al tiempo de la muerte hay una separación de estos elementos; el polvo vuelve a la tierra, pero el espíritu vuelve a Dios.

5 Vivir en obediencia y temor a Dios, Eclesiastés 12:13, 14.

V. 13. El Predicador ahora llega al fin del discurso. Ha reflexionado sobre la vida y los muchos caminos que es posible seguir para los seres humanos, para lograr algún sentido y concluye que todo es vanidad. Pero esto no tiene que ser el fin de todo ser humano, porque podemos afirmar la vida y sentir que ha tenido valor. El temer a Dios y guardar los mandamientos abarca los deberes del ser humano en relación vertical y horizontal. El temer a Dios puede incluir nuestra reverencia, nuestra devoción y nuestro servicio para Dios. El guardar sus mandamientos abarca todo lo que nos mandó hacer con relación a los demás.

V. 14. El Predicador termina su libro con la advertencia de que Dios *traerá a juicio* a cada persona. El juicio se basará en la relación de cada persona con Jesucristo como Salvador personal. Los que creen en él recibirán la recompensa de la vida eterna y recompensas por la mayordomía de los talentos que uno ha recibido. *Junto con todo lo escondido* se refiere a los secretos que otros no saben, pero que son conocidos por Dios. Esto nos motiva a vivir una vida buena, es decir, hacer las obras que avanzarán el reino de Dios y evitar las obras malas.

─────────── **Aplicaciones del estudio** ───────────

1. Podemos crear nuestras oportunidades. La persona pasiva no va a progresar porque no capta el potencial en las circunstancias que le rodean. La persona que con sabiduría "echa su pan sobre las aguas" va a lograr las metas, porque está dedicada a las tareas que son de importancia en ese proceso.

2. Debemos estar dispuestos a ayudar a otros. Hay que tener una actitud generosa hacia los demás y ayudar a los que tienen desventajas. Estos actos nos guardarán de la avaricia y nos darán una perspectiva de gratitud por las bendiciones que gozamos en la vida.

En el Antiguo Testamento hay varias referencias a la necesidad de ayudar a las viudas, los huérfanos y los extranjeros, porque estas personas eran las que más desventajas tenían en su medio.

3. En todo esfuerzo por ganarnos la vida, tenemos que recordar a Dios. Si lo reconocemos desde la juventud, formamos la base para una vida de tranquilidad. Podemos tener la confianza en que Dios va a recompensar nuestra fidelidad.

Ayuda homilética

Aproveche el momento presente
Eclesiastés 11:1-8; 12:1-5, 14

Introducción: No podemos aceptar la conclusión del predicador de que todo en la vida es vanidad, porque hemos podido disfrutar de muchas facetas de la vida que traen felicidad y un sentido de satisfacción. Entre los dichos que sí podemos aceptar y obedecer está el pasaje que nos anima a aprovechar las oportunidades del presente.

   I. Porque el presente es todo lo que tenemos, 11:4.
   A. Ayer ya pasó y no podemos volver a vivirlo.
   B. Mañana no ha llegado; ni hay seguridad de su llegada.
   II. Porque el esfuerzo en el presente traerá recompensa en el futuro, 11:1, 6.
   A. Habrá recompensa futura para la persona que trabaja con ahínco hoy, v. 1.
   B. Hay que sembrar la semilla y no pasar todo el tiempo analizando las nubes, v. 6.
   III. Porque llegará el día en que no podremos trabajar, 12:1-5, 14.
   A. La vejez nos alcanza, cuando las funciones normales del cuerpo están debilitadas, 12:1-5.
   B. El día de juicio vendrá, cuando seremos juzgados por lo que hemos hecho, 12:14; en ese día ya no habrá oportunidad para trabajar.

Conclusión: Aunque el Predicador tenía un sentido limitado de la inmortalidad, sabemos que en el cielo nuestras obras nos siguen, que estaremos conscientes y cada cual gozará de la felicidad eterna.

Lecturas bíblicas para el siguiente estudio

Lunes: Cantares 1:1 a 2:17
Martes: Cantares 3:1 a 4:16
Miércoles: Cantares 5:1 a 6:13

Jueves: Cantares 7:1-13
Viernes: Cantares 8:1-14
Sábado: Cantares 2:3-10; 3:1-11; 5:2-8

AGENDA DE CLASE

Antes de la clase
1. Leyendo cada lectura bíblica diaria que aparece al final del estudio anterior, completará la lectura del libro de Eclesiastés. **2.** Lea los comentarios en este libro y en el del alumno teniendo en cuenta la *Verdad central* y las Metas de enseñanza-aprendizaje. **3.** Asegúrese de que el cartel con el título de la unidad esté en su lugar. **4.** Tenga a mano los cuadernillos y lápices. **5.** Conteste las preguntas en la primera sección bajo *Estudio del texto básico* en el libro del alumno.

Comprobación de respuestas
JOVENES: **1.** v. 1, v. 3, v. 6. **2.** Alégrese, alégrate, tenga placer tu corazón. **3.** La ansiedad y el mal. **4.** 12:1, 2: Acuérdate de tu Creador/antes de que llegue la ancianidad. 12:6, 7: Acuérdate de tu Creador/antes de que llegue la muerte. 12:13, 14: Teme a Dios y guarda sus mandamientos/Dios juzgará todo.
ADULTOS: **1.** V; **2.** V; **3.** V; **4.** F; **5.** F; **6.** F; **7.** F; **8.** V; **9.** V.

Ya en la clase
DESPIERTE EL INTERES
1. Pida a los presentes que abran sus Biblias en Eclesiastés 1. Diga que los consejos de Salomón que ahora considerarán son el resultado de la observación y la experiencia de él a través de su larga vida. Comente que en cada capítulo encontramos expresiones como "he observado", "he considerado" y "he visto" las cuales reflejan las conclusiones a las que su observación y análisis lo ha llevado. **2.** Haga notar rápidamente: 1:14; 2:24; 3:16; 4:4; 5:18; 6:1; 7:15; 8:9; 9:11; 10:15.

ESTUDIO PANORAMICO DEL CONTEXTO
1. Diga que a pesar de su actitud a veces negativa y melancólica, Salomón siempre se acordaba de Dios. No entendía el porqué de muchos de los actos de Dios o del acontecer humano, pero reconocía la presencia de Dios y su actuación. Noten la mención que hace de Dios a lo largo del libro; por ejemplo: 1:13; 2:24; 3:10; 5:2, 4; 6:2; 7:13; 8:12; 9:10. **2.** Mencione que en el capítulo 10 comienza una lista de proverbios sobre las consecuencias buenas y malas de las acciones, y que enfocarán algunas importantes en los capítulos 11 y 12.

ESTUDIO DEL TEXTO BASICO
Forme cinco grupos y asigne a cada uno, una de las secciones del estudio: Grupo 1, Una recompensa segura, 11:1, 2. Grupo 2, Causa y efecto, 11:3, 4. Grupo 3, Vivir responsablemente confiando en Dios, 11:5-8. Grupo 4, Vivir alegre recordando al Creador, 12:1, 2, 6, 7. Grupo 5, Vivir en obe-

diencia y temor a Dios, 12:13, 14. **2.** Llame la atención al cartel con el título de la Unidad y también al título del estudio. Luego indique que cada grupo debe, en el pasaje asignado: (1) encontrar "consejos que ayudan a vivir bien" según lo que el escritor "ha visto", "ha considerado" y "ha observado", (2) determinar en qué sentido estos consejos contribuyen al éxito en algún aspecto de la vida. Pueden consultar sus libros del alumno. **3.** Dediquen unos 15 minutos para investigar los pasajes y preparar sus informes. Al informar cada grupo, vea si los demás tienen comentarios que quisieran agregar. **4.** Escriba en el pizarrón o en una hoja grande de papel los consejos y un éxito al cual cada uno lleva.

Una alternativa a la formación de grupos es que organice la clase en dos sectores, sin que nadie se mueva de sus asientos. Al enfocar cada sección del estudio, un sector debe encontrar los consejos y el porqué de cada uno. El segundo sector debe determinar en qué sentido los consejos contribuyen al éxito en algún aspecto de la vida. Vaya escribiendo en el pizarrón o en una hoja grande de papel, los consejos que mencionen y un éxito al cual cada uno predispone.

APLICACIONES DEL ESTUDIO
JOVENES: Memoricen Eclesiastés 12:1. Para estimular un diálogo y llevar la enseñanza a un terreno personal, pregunte: ¿En qué consiste olvidarnos de nuestro Creador? En qué consiste acordarnos de nuestro Creador? ¿Qué consecuencias sufrimos si nos olvidamos de él? ¿Qué recompensas disfrutamos si nos acordamos de él?
ADULTOS: Lean todos juntos en voz alta, Eclesiastés 12:13, 14. Haga preguntas como las siguientes para estimular el diálogo: ¿Cómo demostramos que tememos a Dios? ¿Cuáles mandamientos nos resultan más difíciles de guardar en la actualidad? ¿Cómo reconocemos la soberanía de Dios en nuestro quehacer cotidiano?
JOVENES y ADULTOS: Reparta los cuadernillos y lápices y pida a los alumnos que escriban un proverbio con paralelismo antitético sobre uno de los temas tratados en este estudio. Luego, los que deseen hacerlo, lean su proverbio a toda la clase. Recoja los cuadernillos y lápices.

PRUEBA
1. Pida que busquen la sección *Prueba* en sus libros del alumno. **2.** Pida a distintos alumnos que vayan leyendo en voz alta cada pregunta en esta sección y contéstenlas entre todos antes de escribir las respuestas en sus libros. **3.** Sugiera finalizar el estudio con dos oraciones: Una de intercesión por los jóvenes y otra de intercesión por los ancianos. Que los alumnos mismos mencionen los motivos que quieren incluir en cada caso, según las necesidades que han captado al considerar el libro de Eclesiastés.
Maestro, recuerde que el siguiente es el último estudio. Procure tener los materiales necesarios para los siguientes estudios.

CANTARES
Una introducción

Escritor. Tradicionalmente se ha atribuido este libro a Salomón. Su tema es el amor mutuo de un hombre y una mujer que en un momento dado están unidos, luego se separan. En ese sentido, este es el único libro de la Biblia que habla acerca del amor humano, y más precisamente del aspecto erótico del amor. Es esta realidad lo que hace que muchos se nieguen a aceptar la canonicidad.

Ocasión y personajes. No se sabe a ciencia cierta en qué acontecimientos se inspiró el escritor para sus poemas, aunque parece que las imágenes son tomadas de la boda de Salomón, ya sea con la hija del faraón o con alguna doncella de Palestina. Hay dos personajes centrales en los cantos: el rey Salomón y la sulamita. El siguiente esquema puede ayudar a la comprensión del poema:

Escena I. Se desarrolla en los jardines de la mansión de Salomón. El coro de las doncellas de Jerusalén elogia a la novia (1:2-4). La sulamita excusa su rusticidad y pregunta dónde puede hallar al esposo; las doncellas le responden (1:5-7). Entra Salomón y sigue un diálogo cariñoso (1:8 a 2:7).

Escena II. La sulamita sola. Describe una visita de su amado, y después un sueño en el cual él aparece como perdido y luego hallado (2:8 a 3:5).

Escena III. Las bodas reales. Los habitantes de Jerusalén describen la llegada del rey (3:6-11). Sigue una escena de amor mutuo (4:1 a 5:1).

Escena IV. En el palacio. La sulamita narra un sueño al coro de doncellas (5:2-8). Ellas replican (5:9). Responde la esposa ensalzando a su amado (5:10-16). El coro responde (6:1). Replica la esposa (6:2, 3). Entra Salomón y expresa su delicia (7:6-9). La esposa invita a su amado a visitar su hogar campesino donde ella se crió (7:10 a 8:4).

Escena V. En el hogar de la sulamita. Los habitantes de la región (8:5a); Salomón (8:5b); la esposa (8:6, 7); sus hermanos (8:8, 9); la esposa (8:10-12); Salomón (8:13); la esposa (8:14).

Interpretación. Hay dos corrientes principales: (1) La interpretación literal o natural del poema que acepta el poema como un relato destinado a exaltar el amor conyugal como una de las bendiciones del Creador. (2) La interpretación alegórica que mistifica el relato como significando la relación espiritual entre Dios y su pueblo (en el caso de los intérpretes judíos) o entre Cristo y su iglesia (en el caso de los intérpretes cristianos).

Si el amor ideal entre un hombre y una mujer es tan fuerte como la muerte, podemos deducir que el amor de Dios en Jesucristo, comparado en las Escrituras con el amor del esposo hacia su esposa, es aun más fuerte (Ef. 5:25-29).

La intimidad en el matrimonio

Contexto: Cantares 1:1 a 8:14
Texto básico: Cantares 2:3-10; 3:1-11; 5:2-8
Versículo clave: Cantares 1:4b
Verdad central: Dios, creador del matrimonio, quiere que los cónyuges disfruten de una relación íntima y exclusiva.
Metas de enseñanza-aprendizaje: Que el alumno demuestre su: (1) conocimiento del mandato de Dios de que la relación sexual debe ser exclusiva entre esposo y esposa; (2) actitud de aceptar y vivir en pureza sexual.

─────────── **Estudio panorámico del contexto** ───────────

A. Fondo histórico:
Cantares ha sido llamado uno de los libros más difíciles de la Biblia, por varias razones. Por ejemplo, no aparece el nombre de Dios en el libro y no menciona atributos morales o teológicos. Es poesía, y los pronombres crean confusión para el traductor. A veces es difícil determinar quién está hablando.

El libro se atribuye a Salomón, pero la mayoría de los eruditos, al analizar el lenguaje del libro, indican que fue escrito años después de Salomón. Era costumbre atribuirle a una persona famosa las obras literarias, para darles peso frente a los lectores.

Hay interpretaciones distintas de Cantares. **(1) La interpretación alegórica.** Por prudencia los intérpretes antiguos buscaban una interpretación alegórica en el libro. Así identificaron a los personajes con Jehovah e Israel en la antigüedad, y posteriormente en la época cristiana los padres eclesiásticos aplicaron los personajes a Cristo y su iglesia. **(2) La interpretación dramática con dos personajes.** Esta interpretación trató de identificar a Salomón con el joven pastor. Otra interpretación dramática incluye a tres personajes: el rey, la doncella y el joven pastor. **(3) La interpretación literal y secular.** Esta apareció posteriormente y ha enseñado que el libro describe las emociones que sienten dos personas que se quieren y que se comprometen.

La mayoría de los eruditos en el Antiguo Testamento insisten en que la interpretación más aceptable es la literal. Hoy se escucha terminología franca con mayor frecuencia que en épocas anteriores, de modo que las personas no se escandalizan si reconocemos que Cantares habla de un aspecto de la vida que es normal, y que trae satisfacción cuando las emociones sanas se expresan dentro de los lazos del matrimonio.

B. Énfasis:
El amor se debe expresar verbalmente, 1:1-11. Cantares se ha considerado una canción de amor. Un pastor humilde y una doncella del campo disfrutan de la relación y expresan en forma franca sus sentimientos.

El primer amor, 1:12 a 2:7. En el cortejo hay oportunidad de divertirse, soñar juntos y expresar sus emociones. Algunos intérpretes opinan que hay tres personajes en el libro: el rey, la doncella y el pastor, pero la traducción en la RVA revela con claridad que hay solamente dos personas: el amado y la amada. El libro es un diálogo entre ellos.

El cortejo nupcial, 3:1 a 5:1. Se describe un procesional real y se presenta al rey Salomón participando en el desfile. Después de casados hay oportunidad para el juego de amor. El libro entra en detalle sobre los varios órganos del cuerpo y su significado erótico para dos personas que se quieren. Para los orientales el lenguaje no era ofensivo ni demasiado franco, y se aceptaba como expresión sana de la emoción del amor.

El temor de perder al ser amado, 5:2 a 6:3. La falta de habilidad para responder al llamado de su amado, causó problemas entre esta pareja.

La respuesta del amado, 6:4 a 7:9. El novio declara orgulloso su amor por su compañera.

La primavera del amor, 7:10 a 8:14. Ahora es la novia quien se regocija en la unidad y confianza de su amor. Si por una parte la fiesta de las bodas llega a su fin, apenas comienza una relación de amor permanente.

─────────────── **Estudio del texto básico** ───────────────

1 Expresiones de afecto, Cantares 2:3-10.

V. 3. El *manzano* junto con los cedros, cipreses y las palmas, crecía en Palestina, y era considerado como el más deseado y atractivo por su fruto. La amada prefiere a su *amado entre los jóvenes.* Es un cuadro de dos jóvenes que gozan de la compañía uno del otro y de la oportunidad de expresar sus emociones en un lugar aislado de la muchedumbre.

V. 4. *Sala del banquete* ilustra el cambio repentino de las metáforas. Ahora el amado lleva a la amada a un banquete, lugar donde hay abundancia de comida. *Su bandera sobre mí es el amor*; habla de la manera en que él la rodea con muestras de cariño y ella se siente envuelta por su amor.

V. 5. Las *pasas* eran preparadas en tortas pequeñas y se utilizaban en los cultos de fertilidad como símbolo del deseo erótico (Os. 3:1; Jer. 7:18; 44:19). Esto ilustra la influencia perdurable de los cultos paganos entre los israelitas aun después de establecerse en la tierra de Canaán. *Enferma de amor* es expresión de los que están experimentando el amor por primera vez.

V. 6. *Brazo izquierdo... me abraza*; algunas traducciones, como la RVA, expresan una declaración de un hecho y otras expresan un anhelo no realizado. Se ve que la expresión tangible del afecto es tan viejo como la humanidad.

V. 7. *Por las ciervas, ...las gacelas*; son animales que formaban parte de los cultos de fertilidad a Astarte, consorte de Baal, y algunos opinan que estas expresiones reflejan las influencias duraderas del paganismo. *No provocaréis ni despertaréis* es advertencia de no despertar el deseo de expresar el amor hasta el tiempo propicio.

V. 8. La amada escucha *la voz* de su amado. Viene *saltando* sobre las montañas y *brincando* sobre las colinas. Se capta la alegría y la despreocupación que caracterizan a un joven enamorado. Piensa que puede hacer lo imposible.

V. 9. La metáfora del *venado* y el *cervatillo* ilustra el concepto alto que tiene de su amado. El joven enamorado suele tener algo de vergüenza cuando llega a la casa de su novia. Mira por *las ventanas* para ver si atrae la atención de su novia antes de llamar a la puerta.

V. 10. En realidad es necesario tomar en cuenta los vv. 11-13 para entender mejor esta expresión. Es una invitación a levantarse cuando el alba comienza a despuntar. El día promete ser hermoso porque ya pasó el invierno y las lluvias ya se han ido. Todo es acorde con la sensación de gozo que invade el corazón del amado.

2 El deseo de estar junto al ser amado, Cantares 3:1-5.

Vv. 1, 2. En ausencia del amado, todo pensamiento de día y de noche se enfocan en esa persona. *No lo hallé* es comentario triste del anhelo de la amada para estar con su novio. *Me levantaré e iré...* La amada decide que puede encontrar a su novio si sale a la ciudad en busca de él. *Las calles y las plazas,* muestra el deseo de hacer cualquier cosa por tenerlo a su lado. Su esfuerzo no dio resultados positivos; *no lo hallé.*

V. 3. Toda ciudad tenía a sus *guardias,* quienes *rondan la ciudad,* vigilaban para evitar el ataque sorpresivo de un enemigo. La averiguación *si habían visto a su amado* lleva la implicación que lo hubiesen conocido.

V. 4. *Al que ama mi alma* refleja la seguridad que tiene la amada del amor del joven. *Me prendí... no lo solté;* indica la intensidad de su placer al encontrar a la persona, y su determinación de quedarse a su lado. Al llevarlo a la *casa* de su *madre,* comunica que es una relación abierta, no escondida. Todo ilustra la confianza e intimidad que sentía la doncella con la madre y el amado.

V. 5. *Juradme* es ruego con mucha intensidad. *...ciervas* y *gacelas del campo,* animales silvestres que posiblemente tenían significado erótico para la doncella, para esperar despertar el amor hasta el tiempo propicio, o sea, después de las nupcias. La amonestación de no despertar ni provocar el amor *hasta que quiera* puede indicar que las tentaciones para los jóvenes enamorados de expresar el amor en el acto sexual antes del matrimonio eran tan intensas como son hoy en día.

3 Una ceremonia de bodas, Cantares 3:6-11.

V. 6. Varios intérpretes indican que este pasaje presenta el procesional para la ceremonia de bodas. El rey Salomón participa en el desfile como un acompañante distinguido. *¿Quién es aquella..?* la forma femenina indicaría que es la amada acompañada por el cortejo nupcial. Era costumbre estar *perfumada con* *mirra,* y un cortejo tan numeroso levantaría mucho *polvo* en el procesional que se veía como *humo.*

V. 7. *Litera de Salomón* puede indicar que en esta ocasión especial para la pareja el rey se hizo presente en la ceremonia. Era costumbre transportar a los dignatarios en literas. *Sesenta valientes* vigilaban la seguridad del rey. **V. 8.** *Los temores de la noche* refleja que la inseguridad era problema en aquel entonces. Hay mayor peligro de ataque o robo por la noche. **Vv. 9, 10.** Dan detalles relacionados con la *carroza* de Salomón. En el *Líbano* abundaba el cedro, madera de la mejor calidad en el Cercano Oriente. *Su interior fue decorado con amor,* aunque algunos opinan que la palabra *amor* debe ser traducida "cuero". **V. 11.** *Salid...* es una invitación a las hijas de Sion para presenciar una ceremonia de tanto significado. Es *día en que se regocijó su corazón.*

4 Los ajustes en el matrimonio, Cantares 5:2-8.

V. 2. *Yo dormía;* la amada está en la cama de noche. *Mi corazón... despierto;* la sede de las emociones sigue activa aun cuando se está durmiendo. *Oí a mi amado... tocaba;* el amado llega a la casa, pero la puerta está cerrada. El esposo llama con expresiones tiernas de cariño. Tal vez se impacienta por la demora en abrirle la puerta. *Mi cabeza está llena de rocío... cabellos están mojados;* es urgente que abra la puerta por la inclemencia del tiempo.

V. 3. *Me había desvestido;* la esposa se resiste a tener que levantarse de noche, ya que hizo los preparativos y estaba dormida. *Había lavado mis pies;* lo cual era necesidad diaria, ya que había mucho polvo en todas partes.

V. 4. Aunque las puertas de la calle estaban cerradas las familias tenían sus modos de permitir a los mismos familiares entrar y salir. Parece que había un *agujero* por donde el amado *metió su mano* para abrir. *Mi corazón se conmovió* cuando escuchó los ruidos que anunciaban la llegada del amado.

V. 5. *Me levanté para abrir;* parece que había puerta interna de la alcoba de la pareja para brindarles privacidad. La esposa se levanta para recibir al esposo. *Mis manos y dedos gotearon perfume de mirra* refleja el grado de cuidado personal de la amada.

V. 6. *Mi amado se había ido ...desaparecido.* Tal vez por la espera en levantarse para abrirle el esposo se impacientó. Ilustra que las parejas jóvenes tenían sus disgustos en aquel entonces tanto como hoy en día. *Se me salía el alma* refleja el efecto emotivo que tal golpe significó para la amada.

V. 7. La esposa fue en busca del esposo, pero encontró a los *guardas* que la *golpearon* y la *hirieron.* El *manto* era el velo que llevaban las damas respetadas. Sin manto la mujer era considerada una prostituta. Los guardas, quienes debían proteger a los ciudadanos, son los agresores en este caso.

V. 8. *Juradme, oh hijas...* es petición de agonía, porque la esposa no ha encontrado a su esposo. La esposa siente el efecto de la ausencia de su amado. *Si halláis a mi amado* puede implicar que estaba por allí, pero no regresaba a la casa. *Estoy enferma de amor* refleja el estado anímico de la esposa. Ha perdido a su amado, y eso la afecta en todos los aspectos de su vida.

Aplicaciones del estudio

1. Es importante expresar el afecto en el hogar. La expresión visible del cariño en el hogar tiene efecto positivo en la pareja y en los hijos. **2. Necesitamos cultivar el amor para que crezca.** Los cónyuges deben planear los tiempos cuando pueden salir juntos y dialogar sobre temas de interés común. Celebrar los días especiales, tales como cumpleaños y los aniversarios de boda, es una manera de fomentar la intimidad. **3. Cada pareja descubrirá la mejor manera de resolver sus diferencias.** La comunicación sana y franca ayudará para evitar los malos entendidos. Si no pueden con sus esfuerzos, deben buscar ayuda profesional.

Ayuda homilética

El amor que no se apaga
Cantares 1:2-5; 3:6-11; 4:12-16; 5:2-8; 6:4-10

Introducción: El amor es fuerza muy poderosa pero a la vez es muy frágil. En los Cantares se dice que las poderosas aguas no pueden apagarlo. El amor es lo que da vida al matrimonio. Hay cualidades en el amor que no se apaga. Veámoslas con el fin de involucrarlas en nuestros matrimonios.

  I. Se basa en la atracción física, emocional y espiritual.
   A. El elemento físico es esencial en el matrimonio, 6:4-10.
   B. El elemento emocional da felicidad y estabilidad al matrimonio, 3:11; 5:4.
   C. El elemento espiritual aporta permanencia al matrimonio, 4:16.
  II. No se avergüenza delante de los demás.
   A. Anuncia delante de la comunidad su ceremonia de bodas, 3:6-11.
   B. Cumple con las costumbres sociales de su cultura, 4:12-15.
  III. Se alimenta con frecuentes atenciones.
   A. La pareja expresa su afecto emotivo en forma visible, 1:2-4.
   B. Los cónyuges se hacen regalos de vez en cuando, 2:5.
  IV. Busca resolver conflictos.
   A. Por medio de una comunicación clara y sincera, 5:2-6.
   B. Por medio de una iniciativa para solucionar malentendidos, 5:8.

Conclusión: Predomina en los Cantares un énfasis sobre la expresión física y verbal del amor. Ojalá nuestros matrimonios tengan las características anteriormente mencionadas para garantizar su estabilidad y permanencia.

Lecturas bíblicas para el siguiente estudio

Lunes: Efesios 1:1, 2
Martes: Efesios 1:3-10
Miércoles: Efesios 1:11-14

Jueves: Efesios 1:15, 16
Viernes: Efesios 1:17-19
Sábado: Efesios 1:20-23

AGENDA DE CLASE

Antes de la clase
1. Lea todo El Cantar de los Cantares. **2.** Lea la introducción en la página 377 de este libro. **3.** Cantares abunda en metáforas. Busque en un diccionario el significado de "metáfora" y prepárese para explicar el significado a su clase, dando algún ejemplo romántico de la vida actual. **4.** Al leer el texto básico, vaya identificando las metáforas asegurándose de que las comprende bien. **5.** Leer cada pasaje del *Texto básico* y luego el comentario del mismo en este libro y en el del alumno le facilitará la tarea de enseñar la lección. **6.** Escriba en una franja de cartulina "en el matrimonio". **7.** Asegúrese de que el cartel con el título de la unidad esté en su lugar. **8.** Tenga a mano los cuadernillos y lápices. **9.** Conteste las preguntas en la primera sección bajo *Estudio del texto básico* en el libro del alumno.

Comprobación de respuestas
JOVENES: **1.** a. un manzano y un venado o cervatillo. b. su sombra y su fruto, sus brazos, su voz. **2.** el que ama mi alma. **3.** Salomón, su boda. **4.** llama a, irse.
ADULTOS: **1.** pasas; **2.** manzano; **3.** incienso y mirra; **4.** cabeza; **5.** calles y plaza; **6.** desierto; **7.** gacela; **8.** monte; **9.** amor; **10.** paladar; **11.** cierva.

Ya en la clase
DESPIERTE EL INTERES
1. Si usted es casado, cuente cómo conoció a su esposo o esposa y qué cualidades le atrajeron. Dé oportunidad a los presentes que quieran hacerlo, que cuenten lo mismo. Si usted no es casado, consiga la colaboración de alguien que lo es para que presente su historia de amor. **2.** Diga que hoy estudiarán uno de los grandes cantos de amor de la Biblia.

ESTUDIO PANORAMICO DEL CONTEXTO
1. Pida a los presentes que abran sus Biblias en Cantares. Biblia en mano, vaya explicando sus características valiéndose del material en la página 377 y en el "Estudio panorámico del contexto" en este libro y en el del alumno. **2.** Haga notar en la Biblia cómo los títulos ("El amado", "La amada", "El cortejo nupcial") indican diálogo, como el diálogo de una dramatización.

ESTUDIO DEL TEXTO BASICO
Expresiones de afecto, 2:3-10. Primero, noten quién es que habla. Escriba la palabra "metáfora" en el pizarrón o en una hoja grande de papel. Pregunte qué quiere decir. Permita que respondan. Usted agregue su ejemplo de la vida real. Pida que al leer un alumno en voz alta Cantares 2:3-6, encuentren una metáfora (el ser amado es presentado como un manzano). Pregunte qué representa el hecho de decir que es como un manzano (pue-

den consultar sus libros del alumno). *"Su bandera sobre mí"* también es una metáfora. Explique su significado. Noten la frase "estoy enferma de amor". ¿Cómo lo dirían en la actualidad? (Estoy muy enamorada.) Lean en silencio 2:7 pregunte qué querrá decir no provocar el amor "hasta que quiera". Comparen sus respuestas con la exégesis en sus libros. "Hasta que quiera" es "hasta el tiempo propicio". El tiempo propicio es después de casarse. Un alumno lea en voz alta los vv. 8-10. Encuentren otra metáfora que representa al amado (venado, cervatillo) ¿Qué está haciendo el amado? (Buscando a su amada).

El deseo de estar junto al ser amado, 3:1-5. Haga notar que aquí también es la amada quien habla. Mientras un alumno lee el pasaje, los demás encuentren expresiones de la amada que denotan sus deseos. ¿Qué deseos sugiere? Cuando den su opinión agregue o corrija en base a su propio estudio del pasaje.

Una ceremonia de bodas, 3:6-11. Vean en sus Biblias el título de esta sección. Cuatro distintos alumnos lean un versículo cada uno. Después de la lectura de cada uno, explíquelo brevemente en base a la exégesis en este libro. Al final, comente que la ocasión de la boda significaba, en aquel entonces tanto como ahora, el comienzo de una nueva etapa en la expresión del amor. Marcaba "el tiempo propicio" para la expresión plena del amor tanto en lo físico como en lo emocional e intelectual.

Los ajustes en el matrimonio, 5:2-8. Presente una breve explicación del v. 1 en que habla el novio quien está disfrutando de la fiesta de bodas con sus amigos. Mientras tanto, la novia se ha ido a acostar. Quizá esperó a su amado hasta que finalmente la venció el sueño. Distintos alumnos lean un versículo cada uno. Explique cada uno. Es una "noche de bodas" muy inusual. El novio se ocupó más de las festividades que de su novia. A la novia, semidormida, le costó levantarse para recibir a su amado. Cada uno actuó con cierto egoísmo a pesar de que se amaban. El resultado fue la separación en aquella noche que debió haber sido tan especial.

APLICACIONES DEL ESTUDIO

1. Llame la atención al cartel con el título de la Unidad. Agréguele la franja en que escribió "en el matrimonio". Pregunte qué cosas les sugiere este estudio que serían buenos consejos para "el matrimonio". **2.** Después que los hayan sugerido, reparta los cuadernillos y lápices. Cada uno escriba su propio proverbio-consejo que contribuya a la felicidad en el matrimonio. Sugiera que sea un proverbio con paralelismo progresivo. Esta vez pueden llevarse sus cuadernillos (sus propios libritos de proverbios) a sus casas.

PRUEBA

1. Busquen esta sección en sus libros del alumno. **2.** Escriban individualmente las respuestas. **3.** Dialoguen sobre las respuestas. De esta manera, podrá comprobar la tarea realizada.

384